Hans-Jürgen Arlt · Sabine Nehls (Hrsg.)

Bündnis für Arbeit

Hans-Jürgen Arlt · Sabine Nehls (Hrsg.)

Bündnis für Arbeit

Konstruktion · Kritik · Karriere

Eine Publikation
der Hans-Böckler-Stiftung

Westdeutscher Verlag

Alle Rechte vorbehalten
© Westdeutscher Verlag GmbH, Opladen/Wiesbaden, 1999

Der Westdeutsche Verlag ist ein Unternehmen der Bertelsmann Fachinformation GmbH.

Das Werk einschließlich aller seiner Teile ist urheberrechtlich geschützt. Jede Verwertung außerhalb der engen Grenzen des Urheberrechtsgesetzes ist ohne Zustimmung des Verlags unzulässig und strafbar. Das gilt insbesondere für Vervielfältigungen, Übersetzungen, Mikroverfilmungen und die Einspeicherung und Verarbeitung in elektronischen Systemen.

www.westdeutschervlg.de

Höchste inhaltliche und technische Qualität unserer Produkte ist unser Ziel. Bei der Produktion und Verbreitung unserer Bücher wollen wir die Umwelt schonen: Dieses Buch ist auf säurefreiem und chlorfrei gebleichtem Papier gedruckt. Die Einschweißfolie besteht aus Polyäthylen und damit aus organischen Grundstoffen, die weder bei der Herstellung noch bei der Verbrennung Schadstoffe freisetzen.

Umschlaggestaltung: Horst Dieter Bürkle, Darmstadt
Umschlagbild: Jürgen Zang, Sprockhövel
Druck und buchbinderische Verarbeitung: Rosch-Buch, Scheßlitz
Printed in Germany

ISBN 3-531-13444-2

Inhaltsverzeichnis

Einleitung 9

Beobachtungen

Claus Leggewie
Böcke zu Gärtnern?
Das Bündnis für Arbeit im Politikprozess 13

Hans-Jürgen Arlt/ Sabine Nehls
Das SchröderSchulteHundt-Stück.
Die Vorstellung entsteht durch die Darstellung 25

Gert Keil
Ein Kursbuch des Bündnisses?
Das Blair-Schröder-Papier gegen den Strich gelesen 37

Ziele

Gerhard Schröder
Das Bündnis als Fokus unserer Politik der neuen Mitte 49

Dieter Hundt
Der Kampf gegen die Arbeitslosigkeit ist zu gewinnen 57

Dieter Schulte
Effektiv und nachhaltig für Arbeit und soziale Gerechtigkeit 69

Ilse Brusis
Viele Bündnisse braucht das Land 77

Rudolf Kuda/ Klaus Lang
Perspektiven eines gesamtgesellschaftlichen Reformprojekts 85

Ludolf-Georg von Wartenberg
Deutschland fit machen für den globalen Wettbewerb 97

Kritiken

Angela Merkel
Bestenfalls Hoffnung, schlimmstenfalls Betrug.
Die Idee des Bündnisses hat sich überlebt 107

Angelika Beier
Kein Platz für Arbeitslose in der neuen Mitte? 109

Christine Penning
Wer, wenn nicht wir.
Erfahrungen und Erwartungen Jugendlicher 117

Rudi Kurz
Wettbewerbsfähig oder zukunftsfähig.
Bündnis für Arbeit zu Lasten der Umwelt? 125

Ingrid Kurz-Scherf
Männerbündischer Traditionalismus.
Die Zukunft ist weiblich 135

Streitfragen

Wolfgang Streeck/ Rolf G. Heinze
Runderneuerung des deutschen Modells.
Aufbruch für mehr Jobs 147

Brigitte Stolz-Willig/ Franziska Wiethold
Auf konfliktreichen Wegen zu neuer Arbeit.
Gegen naive Vorschläge und billigen Konsens 167

Ulrich Mückenberger
So viel Pull wie möglich - so wenig Push wie nötig.
Was zieht die Menschen zur Umverteilung der Arbeit? 181

Uwe Jean Heuser
Digitale Ökonomie. Der Sozialstaat löst sich auf 193

Petra Kodré/ Stephan Leibfried
Moderne Solidarität. Ihre Spaltungs- und Entwicklungslinien 203

Aussichten

Anke Hassel/ Rainer Hoffmann
Nationale Bündnisse und Perspektiven
eines europäischen Beschäftigungspakts 213

Martina Klein
Tripartistische Konsensstrategien.
Erfahrungen, Voraussetzungen und Chancen 231

Warnfried Dettling
Erfolgreiches Scheitern?
Das Bündnis für Arbeit und die Optionen für die Gewerkschaften 241

Dirk Baecker
Ein korporatives Projekt gegen den Korporatismus 249

Dokumentation
zusammengestellt von Daniel Enzkat 255

Internet-Adressen 301

Literaturverzeichnis 303

Die Autorinnen und Autoren 311

Einleitung

Das *Bündnis für Arbeit, Ausbildung und Wettbewerbsfähigkeit* ist mehr als das wichtigste Werkzeug im eiligen Einsatz gegen die Arbeitslosigkeit. Es bildet zugleich die politische Bühne, auf der in Deutschland die Zukunft der (Arbeits)Gesellschaft und des Sozialstaates verhandelt wird. Der Vorhang ist auf und noch jede Frage offen. Die Bündnis-Akteure stehen im historischen Rampenlicht, jetzt sind sie gezwungen, Geschichte zu machen. Ob das Bündnis als Stückwerk oder als Meisterstück endet, ob es scheitert oder den großen Sprung nach vorne schafft - noch ist der Bündnisprozess ereignis- und ergebnisoffen.

Deshalb ist für alle, die das Bündnis für Arbeit beobachten, beschreiben, kommentieren, kritisieren, das Risiko sich zu irren erfreulich groß. *Hoffnungsträger*, weil ausgestattet mit den Potenzen eines „gesamtgesellschaftlichen Reformprojekts" (*Kuda/Lang*), *Beschwerdestelle*, weil es sich als Bündnis „zu Lasten der Umwelt" (*Kurz*) entpuppt, *Beileidsadresse*, versammelt es doch nur „die alten Schlachtrösser des industriellen Korporatismus" (*Dettling*) - beeindruckend, die Vielzahl positiver Vorurteile, das bunte Spektrum der Urteile, die Nachdrücklichkeit der Verurteilungen, die das Bündnis auf sich zieht. 'Aussichtsreich' versprechen die einen und vergleichen die Möglichkeitsräume des Bündnis-Projekts mit gläsernen Sälen, 'aussichtslos' behaupten andere und beschreiben die Bündnis-Wirklichkeit als fensterlose Zelle. Die Wege der Bündnis-Politik sind nicht unerforschlich, aber alles andere als sicher. Die Bündnis-Partner sind für Überraschungen gut - so sehr jeder von ihnen die Wiederholungen liebt. Wer Gewissheiten sucht, sollte sich nach einem anderen Thema umsehen.

Über ihre Ziele *im* Bündnis können die *Spitzenakteure* detailliert Auskunft geben. Das belegen ihre Texte in diesem Band in komprimierter Form und auf überzeugende Weise. Über den Sinn *des* Bündnisses darf philosophiert werden. Sinn ist kontextgebunden. Um den Sinn des Bündnisses zu verstehen, muss es eingeordnet werden. Was tun, wenn der Ordnungsrahmen fehlt, wenn die Unsicherheit schon bei der Frage beginnt, in welcher Gesellschaft dieses politische Großprojekt installiert wurde? Das Industriesystem konfrontierte die Agrargesellschaft mit einer fundamentalen Verwandlung sozialer Lebenszusammenhänge. Für die neue Gesellschaft, in die wir uns gerade hineinbewegen, haben wir noch keine stabilen Begriffe - kein Wunder, wer hätte sie schon begriffen. „Informationsgesellschaft" taucht am häufigsten auf. Wie das Kapital Grund und Boden als organisierendes ökonomisches Zentrum abgelöst hat, so tritt „Wissen" an die Stelle des Kapitals, ist immer öfter zu lesen und inzwischen auch zu erfahren. Aber „wenn man heute von 'Wissensgesellschaft' spricht, dann ist das ein Euphemismus für die Einsicht, dass wir neue Wege finden müssen, mit unserem Nichtwissen umzugehen", warnt *Dirk Baecker*. Welche Rolle werden die Bündnis-Partner in diesem Orientierungs- und Transformationsprozess spielen? Sehr grundsätzlich und sehr forsch hält *Gert Keil,* früher Wirtschaftsberater Oskar Lafontaines, dazu fest:

„Im Bündnis muss grundsätzlich geklärt werden, dass eine künstliche Hemmung des Strukturwandels kein Beitrag zu nachhaltigem Wachstum ist."

Uns ging es darum, Einblicke in die inzwischen gewachsene Konstruktion und die potentielle Karriere des Bündnisses zu eröffnen. Mit Tiefenschärfe und immer neuen Perspektivwechseln wird dieses Projekt ausgeleuchtet, geröntgt und in gesellschaftspolitische Zusammenhänge eingeordnet. Spitzenakteure und Berater kommen ebenso zu Wort wie kritische Beobachter/innen und Visionäre. Und was das Beste ist: Sie diskutieren miteinander. Es bilden sich Anschlüsse, reiben sich Argumente und entfalten sich Kontroversen, als ob sie gemeinsam auf einer der seltenen Veranstaltungen wären, deren Diskutanten einander zuhören und aufeinander eingehen. *Streeck/ Heinze* beispielsweise zielen auf den Aufbau von (viel) mehr Beschäftigung. *Angelika Beier* fordert ein Bündnis für weniger Arbeit. *Stolz-Willig/ Wiethold* setzen darauf, Zielkonflikte scharf herauszuarbeiten. Martina Klein attestiert Konsensstrategien große Erfolgsaussichten. *Ingrid Kurz-Scherf* attackiert den männerbündischen Traditionalismus: „Es mangelt der real-existierenden Androkratie an einer unverzichtbaren Grundqualifikation zur Bewältigung der Herausforderungen, Chancen und Risiken des aktuellen Gestaltwandels der Moderne, nämlich an sozialer Kompetenz in einem sehr grundsätzlichen Sinn." *Ulrich Mückenberger* schreibt sozial und sensibel wie kein(e) andere(r).

'Arbeitslosigkeit' und 'Modernisierung', darauf konzentrieren sich die Beiträge in diesem Buch, um diese beiden Begriffe dreht sich die Bündnisdebatte - und der größte Teil der gesellschaftspolitischen Auseinandersetzungen. Deshalb kann das Bündnis unseres Erachtens kein Ruheraum für Entscheidungsträger sein, wie sehr die Verantwortlichen sich das auch wünschen mögen. Vielfältige Dispute, öffentliche Reflexions- und Interpretationsarbeit müssen das Bündnis für Arbeit ständig begleiten, wenn es wachsen und gedeihen soll. Erst die öffentliche Arbeit am ohnehin nicht verschleierbaren Dissens, erst die Öffnung der Bündnis-Arbeit über das nationale institutionelle Trio hinaus, bringt das Rad in Schwung, das die kollektiven Akteure zu handlungsfähigem Konsens zu bewegen vermag. Das Buchkonzept entspringt und entspricht dieser Einschätzung, dass das Bündnis für Arbeit seinen Aufgaben nur dann gerecht werden kann, wenn es sich nicht in seinen Verhandlungsräumen einigelt, sondern im öffentlichen politischen Raum ebenso kontrovers wie konstruktiv diskutiert - und diskutiert wird. *Claus Leggewies* Analyse bekräftigt dieses Konzept: „Wer dem Bündnis... Erfolg wünscht, ... wird seine stärkere Vernetzung befürworten: 'nach unten' in Richtung auf regionale, lokale und betriebliche Bündnisse, 'horizontal' in Richtung auf (jedenfalls in den beteiligten Interessenverbänden) nicht-organisierte Gruppen, 'nach oben' auf die europäische und transnationale Ebene."

Während des Entstehungsprozessses dieser Publikation, der bis zum Februar 1999 zurückreicht, haben wir wiederholt die skeptische Frage gehört, ob es nicht zu früh sei für ein solches Bündnis-Buch. Sofern unser Konzept richtig ist, kann es nicht früh genug kommen. Aber davon einmal abgesehen: Sollte das Verfallsdatum der politischen Debattenbeiträge zu diesem herausragenden Thema tatsächlich mit dem Erscheinungsdatum von Wochen- bestenfalls Monatszeitschriften zusammenfallen?

Reicht die Haltbarkeit der Positionen und Argumente zur „Bündnis-Politik" wirklich nicht für die Strecke zwischen 'Neuerscheinung' und 'Modernem Antiquariat'? Wir haben dies aus den genannten Gründen anders beurteilt und mit uns erfreulicherweise fast alle unserer Wunschautorinnen und -autoren. Ihnen, die mit ihren Beiträgen diesem Buch politisches Gewicht, analytische Kraft und diskursive Qualität geben, gilt unser herzlicher Dank. Sie haben geschrieben, Ina Ritter hat die Texte wie ihre eigenen behandelt und sie - in einer Siegesserie über die Computertechnologie - gesetzt und gestaltet, der Verlag hat termingenau Druck und Vertrieb geregelt. Jetzt liegt alles in der Hand der Leserinnen und Leser.

Hans-Jürgen Arlt/ Sabine Nehls
August 1999

Beobachtungen

Claus Leggewie

Böcke zu Gärtnern?
Das Bündnis für Arbeit im Politikprozess

> Die Verbände sind in
> Deutschland suspekt -
> aber ich glaube aus
> falschen Gründen.
> (Wilhelm Hennis, 1961)

Ein *Bündnis für Arbeit* kann man definieren als mittelfristige, themen- und ressortübergreifende Dreieckskooperation zwischen den Tarifparteien und der Regierung zur Überwindung der Arbeitsmarktkrise. Lange Dauer und hohe Dringlichkeit dieses Problems haben dazu geführt, dass tarifpolitische Angelegenheiten im engeren Sinne, also die periodische Aushandlung von Löhnen und Arbeitszeiten, mit Reformen der Sozial-, Steuer-, und Rentenpolitik, das heisst mit dem generellen Umbau des Wohlfahrtsstaates verknüpft wurden. Sozialpakte dieses Zuschnitts sind während der letzten anderthalb Jahrzehnte in zahlreichen EU-Staaten beschlossen worden (vgl. Hassel/ Hoffmann, in diesem Band), zuerst und in vieler Hinsicht exemplarisch in den Niederlanden, zuletzt durch die rot-grüne Regierung. Das hiesige Bündnis visierten seine Befürworter als institutionelle Arena an, „in der die wichtigen sozialen und politischen Akteure (einen) neuen Gesellschaftsvertrag auszuhandeln in der Lage wären" (Esser/ Schroeder 1999: 51). Auf dieser Basis soll der auf Sozialpartnerschaft und Verteilungsgerechtigkeit angelegte *rheinische Kapitalismus* saniert und die Berliner Republik sozialpolitisch fundamentiert werden. Angeregt wurde ein solches Bündnis 1995 durch den IG Metall-Vorsitzenden Zwickel (vgl. Dokumentation) und sozialdemokratische Bundestagsabgeordnete. Eine sektorale Umsetzung in der Metall- und Elektroindustrie scheiterte zunächst genau wie das regionale „Bündnis Ost", vor allem am Desinteresse der damaligen Bundesregierung und der Arbeitgeberverbände. Letztere waren geneigt, die (west-)deutsche „Konsensgesellschaft" aufzukündigen, räumten aber ein, dass die Bündnis-Formel eine „geniale semantische Leistung unseres Sozialpartners" war und anhaltende Verweigerung „grob gegen die ungeschriebenen Gesetze der politischen und sozialen Hygiene verstoßen würde" (Vajna 1998: 1f.).

Schon von Schattenminister Walter Riester als Kernstück sozialdemokratischer Regierungspolitik annonciert, erklärte die rot-grüne Koalitionsregierung das Gelingen des zwei Monate nach dem Machtwechsel geschlossenen „Bündnisses für Arbeit, Ausbildung und Wettbewerbsfähigkeit" zum Testfall ihrer gesamten Politik. Daran, hat Bundeskanzler Schröder mehrfach betont, werde sich seine Regierung am Ende der Legislaturperiode messen lassen. Da Vollbeschäftigung bis 2002 nicht annähernd erreichbar und vor allem die Masse der Langzeitarbeitslosen schwerlich in den regulären Arbeitsmarkt zu reintegrieren sein dürften, hat die Exegese des bewusst vage gehaltenen Erfolgskriteriums „spürbarer Rückgang" bereits begonnen[1]. Messlatten werden sein das neidvoll registrierte „holländische Wunder", aber auch ohne formelles Bündnis erzielte Beschäftigungserfolge in den Vereinigten Staaten und in Großbritannien. Zu Erfolg oder Scheitern des Bündnisses kann man naturgemäß noch nichts sagen. Da aber der fatale Vorwurf im Raum steht, *demokratische* Systeme könnten mit dem sozialen Problem Massenarbeitslosigkeit nicht fertig werden, muss nicht allein das materiale Ergebnis bewertet werden, sondern auch der politische Prozess, der im Sinne der komplexen Demokratietheorie (Schmidt 1995: 204ff.) unter Gesichtspunkten von Effizienz *und* Legitimation zu betrachten ist. Auch wenn von Arbeitslosigkeit betroffene oder bedrohte Beschäftigte und die Öffentlichkeit hauptsächlich danach verlangen, *dass* endlich etwas geschieht, ist nicht belanglos, *wie* dies geschieht und ob dabei gegebenenfalls Prärogative des Gesetzgebers, die Tarifautonomie und Interessen nicht organisierter beziehungsweise beteiligter Gruppen verletzt werden. Es besteht hier eine starke Pfadabhängigkeit, indem formaler und materialer Politikprozess aufs engste verknüpft sind, mithin nur ein inklusives Verhandlungssystem zufriedenstellende Ergebnisse des Bündnisses erwarten lässt. Zu fragen ist also,

- ob zwischen den Tarifpartnern annähernde „Waffengleichheit" besteht und wie staatliche Moderation wechselseitiges *Vertrauen* schafft;
- ob, hier eher am Rande, der Gesetzgebung im Bundestag unstatthaft vorgegriffen und eventuell die *Gewaltenteilung* ausgehöhlt wird;
- ob die beteiligten Akteure das *soziale Kapital* dieser Gesellschaft hinreichend zur Geltung bringen.

Da europäische Sozialpakte als Renaissance des Neokorporatismus gelten (Schmitter/ Grote 1997), möchte ich hier zunächst Merkmale korporatistischer Steuerung rekapitulieren, bevor ich Entstehung und bisherigen Verlauf des Bündnisses nachvollziehe und auf einige Defizite hinweise. Meine These ist, dass es höchstens eine rudimentäre Neuauflage korporatistischer Politik darstellt, die von vorwiegend defensiven Reflexen der beteiligten Akteure getragen ist. Die Exekutive ist intern mangelhaft koordiniert, die Interessenverbände können nur schwer über ihren Schatten springen. Ohne wohlfeile Verbändeschelte üben zu wollen und Illusionen über die Kraft der Zivilgesellschaft zu hegen, möchte ich behaupten, dass eine Öffnung und Dezentralisierung des Bündnisses notwendig wären. Es muss institutionell erweitert und inhaltlich vertieft werden, um den erwünschten Erfolg erzielen zu können.

"Elefantenrunden" - Verbände als soziales Kapital?

Bi- und trilaterale „Gipfelgespräche" im Bundeskanzleramt sind nichts Neues, und es war für jeden Kanzler gut, sich demonstrativ mit den Verbänden gut zu stellen und ihren Spitzen Immediat-Vortrag zu gewähren. Wiederholt gab es „konzertierte Aktionen" in der Beschäftigungs- und Industriepolitik und anderen Politikfeldern wie Umwelt oder Gesundheit. Paradigmatisch für die Bundesrepublik Deutschland war die (makroökonomisch ausgerichtete) Konzertierte Aktion, die auch erwähnt werden soll, weil sie im kollektiven Gedächtnis der Sozialpartner verankert sein dürfte und abweichende Voraussetzungen und Eigenschaften des Bündnisses daran verdeutlicht werden können (vgl. Klein, in diesem Band). Ins Leben gerufen als „Tisch der gesellschaftlichen Vernunft" (so Wirtschaftsminister Karl Schiller als erster Vorsitzender), war die 1967 im Stabilitäts- und Wachstumsgesetz eingeschriebene Konzertierte Aktion nicht mehr, aber auch nicht weniger als ein permanenter Gesprächskreis wichtiger Wirtschaftsakteure, die freiwillige Verhaltensabstimmung mit positiven Folgen für die Gesamtwirtschaft bewirken sollten. Galt sie zunächst als durchaus probates Mittel zur Überwindung der ersten, eher harmlosen Wachstumsschwäche der westdeutschen Ökonomie, überstand sie die weit gravierendere Weltwirtschaftskrise ab 1974 nicht. 1977 schied die Gewerkschaftsseite aus, obwohl die Konzertierte Aktion ein hohes Konfliktniveau nicht ausschloss und letztmals auch Mitgliederzuwachs und Imagegewinn erlaubte, abgesehen von den beachtlichen Reallohnsteigerungen, Arbeitszeitverkürzungen und *side-payments*.

Die Konzertierte Aktion war das tarifpolitische Pendant der Großen Koalition und, auch in der sozialliberalen Ära, neokeynesianischer Politik. Globalisierung, der Strukturwandel der Wirtschaft und das neoliberale Mantra entzogen diesem Typ der Interessenvermittlung den Boden[2]. Der derzeitige Aufschwung von Verhandlungslösungen und verbandlicher (Selbst-)Regulierung in den kontinentaleuropäischen Sozialpakten (dazu Fajertag/ Rochet 1997; Hyman/ Ferner 1998) können nicht darüber hinwegtäuschen, dass mittlerweile „ganz andere Zeiten" herrschen. Die durch divergierende Logiken kollektiver Aktion bedingte Asymmetrie zwischen den industriellen Interessenverbänden und der daraus resultierende Vorteil der Arbeitgeber ist noch gewachsen. Arbeitnehmerorganisationen müssen also in Sozialpakten weit mehr Vorleistungen erbringen und mehr Risiken eingehen als die andere Seite des Tisches, und sie müssen niedrige Lohnabschlüsse akzeptieren, ohne dass ein Wachstum der Beschäftigung und/oder die Realisierung anderer beschäftigungspolitischer Ziele garantiert sind. Bleibt ihnen also kaum etwas anderes übrig als mittelfristige Lohnzurückhaltung und stärkere Berücksichtigung der Interessen von Nicht-Mitgliedern (Arbeitslosen), so fragt sich, warum auch die Interessenverbände des Kapitals neuerlich auf Verhandlungen und „öffentliche Güter" setzen, da Unternehmer ihre Marktmacht leicht ausspielen könnten. Ebenso fragt sich, warum sozialdemokratisch geführte Regierungen, zum Teil im Bunde mit linkssozialistischen und grünen Parteien, nicht genauso entschieden für ihre traditionelle Klientel Partei ergreifen wie konservative Regierungen in der Ära der *Reaganomics* und des Thatcherismus und eben „Nachfragepolitik" betreiben?

Liberaler Korporatismus ist eine Form antagonistischer Kooperation und politischer Regulierung, die zwischen Staat (hierarchische Auflagen) und Markt (Selbstorganisation individueller Präferenzen) angesiedelt wird. Damit sie funktioniert, müssen die intermediären Organisationen hierarchisch strukturiert sein, ein weitreichendes, offiziell anerkanntes Repräsentationsmonopol über die von ihnen vertretene Gruppe besitzen und Mitverantwortung für die getroffenen Entscheidungen tragen; eine andere Voraussetzung ist die Vernetzung der Verbände mit Parteien und Regierungen, welche die Gewähr für die ausgehandelten Ergebnisse übernehmen. Nie waren solche Arrangements dicht und dominant genug für einen neokorporatistischen *Gesellschafts*typ (Czada 1994), doch sind mehr oder weniger straff gespannte Verhandlungsnetzwerke ein wesentlicher Modus der Interessenvermittlung entwickelter kapitalistischer Gesellschaften. „Ein Staat ohne eine ausgebaute Infrastruktur intermediärer Interessenorganisationen", behaupten deshalb Verfechter der Verhandlungsdemokratie, sei „nur begrenzt regierungsfähig und deshalb für seine Gesellschaft kosten- und krisenträchtig" (Streeck 1999:2). Anders als eingefleischte „Pluralisten" rechnen sie Verbände zum „sozialen Kapital" der zivilen Gesellschaft, worüber eingefleischte „Kommunitaristen" nur den Kopf schütteln können. Wie also verhält es sich mit der Repräsentativität verbandlicher Organisation in Zeiten „postmoderner Politik"?

Die förderlichen Effekte der Verbandstätigkeit sind unbestreitbar: Sie ermöglicht kostengünstige und wirksame Kooperationen zwischen Akteuren mit übereinstimmenden wie konfligierenden Interessen und verhindert Abwanderung (*exit*). Verbände erbringen, in Verfolgung egoistischer Interessen und bisweilen jenseits davon, soziale Ordnungs- und politische Steuerungsleistungen, die Staat und Markt (so) nicht zustande bringen. Die Schattenseiten müssen jedoch auch benannt werden, und als Quellen „sozialen Kapitals" kommen andere Netzwerke ebenso und besser in Frage (Putnam 1995). Korporatistische Interessenregulierung ist, wie bereits angedeutet, selektiv, asymmetrisch und demokratisch schwach legitimiert, weshalb auch eine höchst effiziente Lösung, die ein Verhandlungsnetzwerk gefunden hat, demokratiepolitisch zweifelhaft sein - und scheitern kann. Sie ist nämlich nicht nur beteiligungsfeindlich, sie neigt aufgrund einseitiger Information auch zum Strukturkonservatismus und zur systematischen Marginalisierung sozialen Innovations- und Vertrauenskapitals. Wenn ein „Bündnis für Arbeit, Ausbildung und Wettbewerbsfähigkeit" erneut ausschließlich auf die zentrale Kooperation von Ministerialbürokratie und Institutionen der Arbeitsgesellschaft setzt, werden vermeintlich periphere Akteure sträflich ignoriert und unterschätzt.

Neo-Neo? Zur Architektur eines neuen Bündnisses

Anstoß für das Bündnis war weniger die übereinstimmende Wahrnehmung des zu bearbeitenden Problems Arbeitslosigkeit, über dessen Priorität Konsens bestand, als der Regierungswechsel von 1998, der von einigen Protagonisten der rot-grünen Koalition als „Politikwechsel" annonciert und von den Gewerkschaften entsprechend beworben worden war. Neu war also nicht, dass im ersten Spitzengespräch vom Dezember 1998 die „Überwindung der hohen Arbeitslosigkeit (als) größte Herausforderung für Politik und Gesellschaft am Übergang ins nächste Jahrhundert" bezeichnet wurde, sondern der Imperativ, „die Wettbewerbsfähigkeit der Wirtschaft nachhaltig zu stärken". Die Wiedergewinnung eines hohen Beschäftigungsstandes wurde explizit mit der Thematik der „Standortdebatte" verbunden, womit die Bündnis-Konturen kognitiv „gerahmt" - und Konflikte innerhalb der Sozialdemokratie und mit den Gewerkschaften vorprogrammiert waren. Verstärkt wurde diese Sollbruchstelle durch die Ernennung des deklarierten „Modernisierers" Bodo Hombach zum Kanzleramtsminister und Bündnis-Koordinator.

Zunächst wurde das bloße Zustandekommen des Bündnisses der neuen Bundesregierung als Erfolg angerechnet. Die Konzertierte Aktion war seit über zwanzig Jahren tot, und es bestanden nicht, wie anderswo, Wirtschafts- und Sozialräte oder dergleichen, deren institutionelle Routine und personelle Kontinuität die Wiederaufnahme korporatistischer Regulierung erleichtert hätte. Mit dem Bündnis etablierte die Regierung wieder ein Verhandlungsgremium neben der Arena der Verteilungskonflikte - und die Tarifrunde 1999 versprach, turbulent zu werden. Die Übernahme der Moderatorenrolle gelang der Exekutive vor allem, weil die Arbeitgeberverbände auf einen Regierungs- oder gar Politikwechsel kaum eingestellt waren. Auch wenn sie murrten, traten sie dem auf Dauer angelegten Dreiergespräch bei, um einen Fuß in der Tür zu haben; nach eigenem Bekunden sehen aber auch sie „keine aussichtsreiche Alternative, um eine wirkliche Verbesserung der wirtschaftlichen Rahmenbedingungen in Deutschland zu erreichen" (BDA-Chef Hundt, Welt 5.7.1999)

Die Zusammensetzung des Bündnisses erinnert frappierend an die der Konzertierten Aktion. Beim ersten Spitzengespräch unter Leitung des Bundeskanzlers waren wieder die Spitzen von Kanzleramt und Kabinett, die Präsidenten der vier Spitzenverbände der deutschen Wirtschaft (BDI, BDA, ZDH und DIHT) sowie die Vorsitzenden von DGB und DAG und dreier großer Einzelgewerkschaften (IG Metall, IG Bergbau, Chemie, Energie; ÖTV) zugegen. Die tripartistische Struktur dieser „Elefantenrunde" reproduziert sich in der Steuerungsgruppe und den acht Arbeits- und Expertengruppen für Aus- und Weiterbildung, Steuerpolitik, Lebensarbeitszeit, Rentenreform, Reform der Kranken- und Pflegeversicherung, Arbeitszeitpolitik, Aufbau Ost, Entlassungsabfindungen, womit auch das umfassende thematische Programm vorgegeben war. Ausgelagert wurden Fach- und Themendialoge in jeweiliger Ressortverantwortung (Mittelstand, Forschungs- und Wissenstransfer, Handwerk, et cetera) und frauenspezifische Aspekte der Beschäftigungspolitik; als absolute Priorität vorgezogen und mit einem Milliardenprogramm ausgestattet wurde die Ausbildungsinitiative zur Vermehrung des Lehrstellenangebots. Ferner wurde eine „Benchmarking-Gruppe" aus hochrangigen Beamten des Bundeskanzleramtes und zweier Bundesministerien mit „Fachleuten und renommierten Wissenschaftlern"[3] gebildet, die unter anderem eine verbindliche Datenbasis erarbeiten soll und zuletzt mit der Bearbeitung der Problemgruppe der Geringqualifizierten, der Langzeitarbeitslosen und Bezieher von Sozialhilfe betraut wurde.

Voraussetzung für substantielle Ergebnisse ist nun das tatsächliche Umschwenken der beteiligten Verbände von negativer auf positive Koordination, in Erwartung eines Positivsummenspiels für beide Seiten. Gründe der Arbeitgeberverbände für ihre Kooperationsbereitschaft sind bereits genannt worden: Nach einseitiger Ausrichtung auf die Vorgängerregierung und jetzige Opposition den Zugang zum Entscheidungszentrum im Kanzleramt zu behalten und das Klima mit den Sozialdemokraten zu verbessern, über deren Kurs Unsicherheit bestand. Würde der industrie-freundliche und deklarierte „Automann" Schröder den Ton angeben oder sein Rivale Lafontaine, der eine Wiederauflage keynesianischer Politik auf europäischer und sogar globaler Ebene ansteuerte? Da der Finanzminister die Gewerkschaften zu einem Ende der Bescheidenheit ermunterte und sie durch sozial- und familienpolitische Transferleistungen unterstützte sowie Kürzungen der Regierung Kohl (Lohnfortzahlung, Schlechtwettergeld, et cetera) zurückgenommen wurden, schien Mitarbeit im Bündnis allein deshalb geboten, um Schlimmeres zu verhüten und Zugang zu Informationen zu bekommen. Die Gewerkschaften, welche ja die Initiative für das Bündnis ergriffen hatten, erhofften sich, wenn nicht die Wiederherstellung des alten „Schulterschlusses", so doch wieder engere Beziehungen zur Regierungspartei, mit anderen Worten: den Lohn für ziemlich unverblümte und kostspielige Wahlkampfhilfe. Der sozial- und steuerpolitische Auftakt der neuen Regierung und die in der Tarifrunde erzielte „Drei vor dem Komma" versetzte die Gewerkschaften in eine für die erste Phase nach einem Linksschwenk typische Euphorie, so dass die in ein Bündnis gesetzten Erwartungen vor allem bei der IG Metall hoch gesteckt waren.

Jenseits dieser eher atmosphärischen Motive haben beide Seiten jedoch tiefere Gründe für ihre Kooperationsbereitschaft. Vor allem hoffen sie, über die Beteiligung im Bündnis Regierungsmacht und Steuerungsfunktionen „geliehen" zu bekommen und mit diesem Einflussgewinn die in den letzten Jahren ramponierte Vertretungs- und Kontrollmacht über die eigene Mitgliederbasis zurückzugewinnen. Ein drastischer Rückgang des gewerkschaftlichen Organisationsgrades (Ebbinghaus/ Visser 1998), aber auch die nicht minder schmerzhafte Welle von Austritten von Betrieben aus den Arbeitgeberverbänden (Schröder/ Ruppert 1996) mündete in einer rasanten, seit der deutschen Vereinigung verschärften Erosion des Flächentarifvertrages durch Betriebsabschlüsse und zahlreiche Öffnungsklauseln. Eine „Modernisierung" des Tarifsystems wäre für beide Seiten ein Erfolg.

Diese Konstellation war durchaus günstig für die rot-grüne Regierung, aber auch sie verfolgte mit dem von ihr inszenierten Bündnis andere Ziele. Außer einem raschen symbolischen Anfangserfolg („die tun was!") erhoffte sich vor allem das Kanzleramt im Spagat der Regierungsparteien zwischen sozialdemokratischen Traditionswählern und der „Neuen Mitte" mit einem expliziten „Bündnis der Modernisierer" Handlungsspielraum gegenüber der (später so apostrophierten) „Sozialmafia" in Partei und Fraktion. Unter der Ägide Hombachs wurde die Konfrontation mit den sogenannten Traditionalisten bewußt angeheizt. Experten der Benchmarking-Gruppe polemisierten im „Spiegel" gegen den „von Teilen der Bundesregierung und der SPD nach dem Regierungswechsel vertretenen Vulgär-Keynesianismus," (i.e. Lafontaines) und redeten Klartext: „Das politische Scheitern der Nachfragetheorie, lenkt die Aufmerksamkeit zurück auf die institutionellen Reformen, ohne die unser Beschäftigungssystem nicht wieder inklusiv werden kann" (Streeck/ Heinze 1999: 40, auch in diesem Band). Emanzipation von der Partei- und Gewerkschaftslinken war das eine Ziel, die Eröffnung einer außertariflichen Verhandlungsarena eine andere. Doch insbesondere bestand die Notwendigkeit, auch nach Erreichen der Maastricht-Kriterien eine konvergente europäische Sozialpolitik verbindlich zu machen. Supranationale makroökonomische Gesichtspunkte sind ein starker Anreiz für die Rückkehr an den Verhandlungstisch (Lehmbruch 1996). Indem sie beide Seiten ins Boot holt, sucht die Bundesregierung eine Teilung der Verantwortung und damit eine Staatsentlastung in der heiklen, symbolisch hoch besetzten Frage der Massenarbeitslosigkeit.

Im Lauf des Jahres 1999 haben sich Fokussierung und Thematik des Bündnisses erheblich verschoben. Ganz im Sinne der „Modernisierer" liegen die Akzente nun auf der Entlastung der Unternehmen von Steuern und Sozialabgaben sowie der Konsolidierung der öffentlichen Haushalte - und auf der Tarifpolitik. Sozialpakte haben normalerweise regulative, keine distributiven Aufgaben, und die Respektierung der Tarifautonomie gilt zu Recht als „heilige Kuh" der industriellen Beziehungen. Für Lohngestaltung im engeren Sinne war zunächst keine gesonderte Arbeitsgruppe des Bündnisses zuständig; die Gewerkschaften wollten es für explizite Beschäftigungsmaßnahmen (wie Arbeitszeitverkürzung, Überstundenabbau, Frühverrentung) reserviert sehen. Doch seit dem Spitzengespräch im Juli 1999 lassen sich tarifpolitische Themen kaum noch weiter ausklammern. Während die Arbeitgeber das gemeinsame Kommuniqué (vgl. Dokumentation) als Einstieg in eine „mittel- und langfristig verläßliche Tarifpolitik" feierten, welche die unterschiedliche Ertrags- und Wettbewerbssituation der Unternehmen berücksichtigt, und auf eine Reform des Flächentarifvertrages mit Wahl- und Ergänzungskorridoren, Öffnungsklauseln und betrieblichen Bündnissen zusteuern, verneint vor allem die IG Metall diese Inkorporation der Tarifpolitik (vgl. Dokumentation). Eine Einschränkung der Tarifautonomie (bzw. die Politisierung der Tarifverhandlungen) ist aber fast unabweisbar, wenn sich die Bewältigung des demographischen Ungleichgewichts in den Vordergrund schiebt, die eine bloß technische Reparatur der Renten- und Gesundheitspolitik nicht mehr zulässt. Hinzu kommt, dass mit der in den Vereinigten Staaten resolut eingeschlagenen Politik des *balanced budget* europäische Haushaltspolitik unter starken Zugzwang geraten ist. Einzelne Landes- und Bundespolitiker der SPD spekulierten offen darüber, ob sich nicht allein die Rentner, sondern auch die Arbeitnehmer zwei Jahre lang mit einem Inflationsausgleich begnügen sollten, eine Formel, an welcher auch Gerd Andres, der parlamentarische Staatssekretär und Bündnis-Vertreter des Arbeitsministeriums, Gefallen fand (FR 13.7.1999). Wenn Produktivitätsgewinne aber nicht mehr in höhere Löhne umgesetzt werden sollen, sind auch für Arbeitnehmer höhere Nettolöhne durch sinkende Steuer- und Sozialabgaben die einzige Kompensationsmöglichkeit.

Hiermit ist ein echter „Paradigmenwechsel" sozialdemokratischer Politik eingetreten, der durch das (noch von Hombach initiierte) „Schröder-Blair-Papier" zur Europawahl im Juni 1999 unterstrichen wurde (vgl. Keil, in diesem Band) und zwangsläufig nicht nur zu parteiinternen Debatten, sondern auch zur Entfremdung der Gewerkschaften führte. Der DGB-Vorsitzende Dieter Schulte wollte keinen Unterschied mehr erblicken zwischen der Regierungspolitik Schröders und der seines Vorgängers Helmut Kohl und warf dem Kanzler vor, den Arbeitgebern „alles hintenrein" zu stopfen; der Bezirksleiter der nordrhein-westfälischen IG Metall, Schartau, drohte bei Fortführung des „neoliberalen" Kurses organisierten Protest an (FAZ 11.8.1999). Ohne dass im Lager der Arbeitgeber Begeisterung über das Bündnis gewachsen wäre, ist das Missvergnügen unter Gewerkschaftlern eindeutig gewachsen, die mit ihren Themen nicht vorankommen und sich noch als „Bremser" diffamiert fühlen. Im Verlauf des Sommers 1999 zeichnete sich die Gefahr eines Wahldebakels der SPD bei den Kommunalwahlen in Nordrhein-Westfalen und Landtagswahlen im Saarland ab; auch der mit der Bundestagswahl in Ostdeutschland geschaffte Sprung nach vorn scheint verspielt. Es ist höchst fraglich, ob der deutschen Sozialdemokratie als Regierungspartei ein schmerzhafter Anpassungsprozess nach dem Vorbild Großbritanniens gelingen kann, wo sich die im Hinblick auf die Parteitradition ebenso exzentrische Position des Regierungschefs durchsetzte. Während der britische Premierminister nach Zähmung des Gewerkschaftsflügels als Chef von *New Labour* relativ frei schalten und walten konnte, ist Bundeskanzler Schröder nicht nur in eine Koalition, sondern auch in eine starke Politikverflechtung mit den Ländern eingebunden, und als Parteivorsitzender wird er für Wahlniederlagen auf lokaler und regionaler Ebene verantwortlich gemacht. Aufgrund dieser Politikverflechtung kann ein deutscher Sozialpakt die Regie über die Partei und ihre Verbindung zum geborenen Bündnispartner, den Gewerkschaften, nicht vernachlässigen.

Ein solches Kräfteringen ist jedenfalls nur erfolgversprechend, wenn die Bundesregierung Ge- und Entschlossenheit zeigte, wovon sie weit entfernt ist. Nach Hombachs überstürztem Wechsel in das Amt des Kosovo-Beauftragten war offenbar zunächst vorgesehen, die Bündnis-Leitung dem Abteilungsleiter im Kanzleramt Klaus Gretschmann zu übertragen, Hombachs Nachfolger Frank-Walter Steinmeier übernahm sie selbst, auch um den Eindruck zu vermeiden, sie sei „hierarchisch zu tief angesiedelt" (Handelsblatt 5.7.1999). Wenn aber aufgrund der inneren Polarisierung der Sozialdemokratie die staatliche Koordinations- und Moderationsrolle ausfällt, fehlt das notwendige Vertrauen, um die strukturelle Asymmetrie der industriellen Beziehungen zu kompensieren.

Vernetzen - nach unten, horizontal, nach oben

Substantielle Fortschritte, gar die geforderte „Radikalkur gegen die Arbeitslosigkeit" (Spiegel 10/1999) sind der programmatischen Wende bisher leider nicht gefolgt. Die offizielle Arbeitslosenzahl hat sich kaum (und saisonbereinigt überhaupt nicht) verringert, bei der Erschließung von Beschäftigungsmöglichkeiten für Geringqualifizierte ist man nicht weitergekommen. Weder kann das Bündnis eine effektive Ausbildungsgarantie für Jugendliche vorweisen (vgl. Penning, in diesem Band) noch den von den Gewerkschaften angestrebten Abbau von Überstunden. Erreicht worden ist eine Vorvereinbarung der Tarifpartner mit der Bundesregierung zur „Altersteilzeit" (vorzeitiges beschäftigungswirksames Ausscheiden älterer Arbeitnehmer aus dem Erwerbsleben). Der Bundestag muss freilich noch die gesetzlichen Grundlagen für die Wiederbesetzung freigewordener Arbeitsplätze schaffen. Auch im Hinblick auf andere denkbare Vereinbarungen ist das „altmodische" verfassungsrechtliche Monitum angebracht, dass zwischenverbandliche und tripartistische Arrangements die parlamentarische Gesetzgebung nicht unter Druck setzen dürfen. Deren Souveränität ist ein ebenso teures Gut wie die Tarifautonomie. Aus der Sicht des Bündnisses könnte man zu der Auffassung neigen, der Bundestag solle bestimmte Regelungen nur noch

„abnicken"; um diese verächtliche Praxis zu vermeiden, wäre anzuraten und vorstellbar, auch Bundestagsabgeordnete der zuständigen Ausschüsse ins Bündnis hineinzuholen und damit die parlamentarische Ebene in das Verhandlungssystem einzubeziehen. Die Symbiose zwischen Verbandsvertretern und Ministerialbürokratie ist ein altes Übel der Bonner Demokratie (Hennis 1961), das sich unter dem politisch-moralischen Druck des Themas Arbeitslosigkeit nicht auswachsen darf.

Abschließend soll ein weiteres Manko des Bündnisses angesprochen werden: seine mangelnde Öffnung und Dezentralisierung. Das Bündnis ignoriert das „soziale Kapital" der deutschen Gesellschaft, das sich mittlerweile außerhalb der industriellen Interessengruppen und quer zu ihnen angesammelt hat. Kritische Retrospektiven des Neokorporatismus (und der sozialen Bewegungen!) der siebziger Jahre haben ja bereits gezeigt, dass die einschlägigen Verhandlungsgremien de facto niemals jene Exklusivität und Disziplinierungsmacht besaßen, welche sie der Theorie nach hätten haben müssen. In den industriellen Beziehungen, in der Beschäftigungs- und Industriepolitik, auch bei Gesundheits- und Umweltpolitik herrschten eher pluralistische, flexible Netzwerke auf Meso- und Mikroebene vor (Czada 1994). Insofern greift diese neuerliche "Elefantenrunde" industrieller Großorganisationen zu kurz. „Die Akteure sind allemal dieselben: Gewerkschaften, Verbände und ein Staat, der darauf hofft, dass keiner etwas merkt. Die Böcke spielen sich als Gärtner auf", kommentierte eine wirtschaftsnahe Zeitung das Scheitern von Pilotprojekten eines Niedriglohnsektors in Nordrhein-Westfalen (FAZ 19.8.1999).

Wer dem Bündnis weniger skeptisch gegenübersteht, vielmehr seinen Erfolg wünscht, wird - um eine bloße Inszenierung symbolischer Politik der (nicht mehr ganz so) „gesellschaftlich relevanten Gruppen" zu vermeiden - seine stärkere Vernetzung befürworten: „nach unten" in Richtung auf regionale, lokale und betriebliche Bündnisse, „horizontal" in Richtung auf (jedenfalls in den beteiligten Interessenverbänden) nicht-organisierte Gruppen, „nach oben" auf die europäische und transnationale Ebene. Bisher ist lediglich vorgesehen, sich mit Bündnissen auf Landesebene zu verzahnen; im März 1999 fand dazu ein Treffen mit Vertretern von Staats- und Senatskanzleien und regionalen Arbeitgeber- und Arbeitnehmerorganisationen statt. Das vorläufige Scheitern des nordrhein-westfälischen Bündnisses zeigt schon: Was auch immer in Bonn beziehungsweise Berlin „beschlossen" worden ist und noch „vereinbart" werden wird, es muss auf regionaler, lokaler und betrieblicher Ebene verwirklicht werden. Hier findet, wenn überhaupt, der kollektive Lernprozess statt, der Verhaltensänderungen der Akteure und substantielle Beschäftigungserfolge ermöglicht.

Dieser Ebenen- und Perspektivenwechsel ist mehr als eine bloße Frage der „Feineinstellung". Die kapitalistische Modernisierung hat nicht allein „Globalisierung" beschleunigt, sondern auch industrielle und Dienstleistungsdistrikte hervorgebracht, also regionalspezifische Wirtschaftskulturen mit einem sehr eigenen Mix aus Unternehmen, Kammern und Verbänden, Ausbildungs- und Forschungseinrichtungen sowie Gremien der Landes- und Kommunalpolitik (Heinze/ Schmid 1994). Hier werden Schul- und Beschäftigungssystem, berufliches Bildungsangebot und betriebliche Qualifikationserfordernisse, Arbeitsmarkt- und Sozialpolitik am besten verklammert. In Städten, Kreisen und Regionen (die sich nicht unbedingt mit Ländern oder Regierungsbezirken decken) können sich auch „sonstige" Akteure wie Stiftungen, Kirchen und bürgerschaftliche Initiativen, Vertreter des „dritten Sektors" sowie kommunale Planungs-, Entwicklungs- und Dienstleistungseinrichtungen wirkungsvoll einschalten (Schulze-Böing/ Freidinger 1995). Und besonders dort ist das „soziale Kapital" zu vermuten, auch im Sinne von Selbsthilfe und Eigenqualifikation, das manche noch in großen Verbänden suchen. Eine stärkere Regionalisierung des Bündnisses missachtet keineswegs den strategischen Nutzen eines nationalen Bündnisses, der vor allem darin besteht, lokalen und betrieblichen Initiativen einen „kognitiven Rahmen" zu verleihen und ihnen Mut und Dampf zu machen - hier kann man im besten Sinne „symbolische Politik" betreiben. Anzuerkennen ist allerdings, dass auf der „unteren Ebene" seit längerem jener Lernprozess in Gang gekommen ist, der „oben" noch pathetisch beschworen wird; in dünner Gipfelluft gedeiht bisweilen die Arroganz von Verbandsvertretern und Regierungschefs, die den alleinigen „Überblick" zu haben beanspruchen. Die Skepsis vieler Akteure etwa kommunaler Beschäftigungsgesellschaften über die mangelnde Informiertheit und den fehlenden Praxisbezug der Spitzenverbände ist oftmals berechtigt.

Ebenso notwendig (und schwierig) wäre eine Europäisierung des Bündnisses. Der „Linksschwenk" der zweiten Hälfte der Neunziger Jahre erweckte die trügerische Hoffnung, man könne nachfrageorientierte oder „aktive" Arbeitsmarktpolitik von der nationalen auf die europäische Ebene hochaggregieren, also einen „europäischen Sozialpakt" schließen und diesen gar mit der Kontrolle der Geldpolitik zum integralen Bestandteil der Euro-Stabilisierung erklären. Die Entwicklung verlief bekanntlich eher umgekehrt: Der anhaltende Konvergenzzwang des Maastrichter Vertrages lässt für die entsprechende Nutzung europäischer Sozial- und Regionalmittel kaum Platz und den Linksregierungen wenig Spielraum. Eine institutionelle Konzertierung auf europäischer Ebene ist schon deswegen schwer vorstellbar, weil die Interessengruppen kaum zu einer der politischen Vergemeinschaftung adäquaten Reorganisation im europäischen Rahmen bereit sind. Auch die Staatsapparate machen keine Anstalten, auf diesem Feld nationale Souveränität abzugeben, ist eine „national-korporatistische" Arena für sie doch gerade ein Mittel, sich bei der Umsetzung der von der EU auferlegten Stabilitätspolitik die freiwillige und aktive Kooperation von Verbänden zu sichern. Gemeint ist etwas anderes: Unterdessen suchen nämlich EU-Behörden, vor allem der Regional- und Strukturfonds, Kontakt zu den erwähnten „industrial districts" beziehungsweise subnationalen Netzwerken und schließen „territoriale Pakte", auch hier übrigens in tripartistisch besetzten Gremien (Grote 1997). Vielleicht lassen sich kognitive Lernprozesse auch praktisch einleiten, wenn etwa Aspekte des „holländischen Modells" in grenznaher und unternehmensinterner Kooperation experimentell erprobt würden.

Erkenntnisleitend ist der „Tausch von (weniger) Einkommen für (mehr) Arbeit" (Visser 1998: 663) im Bündnis längst, also der Wechsel von einer Verringerung des Arbeitsvolumens zu seiner Expansion, vor allem mittels Flexibilisierung und Verkürzung der Arbeitszeiten und dank des raschen Anstiegs der Teilzeitarbeit (Streeck/ Heinze 1999). Damit ist der niederländische Arbeitsmarkt in den letzten 15 Jahren um ein Prozent jährlich gewachsen, ohne dass die soziale Sicherheit dort in dem Maße in Mitleidenschaft gezogen worden ist wie gleichzeitig in Großbritannien und den USA.

Dem inhaltlichen Paradigmenwechsel muss ein anderes, besseres institutionelles Arrangement folgen. Die korporatistische Regulierung setzte auf möglichst wenige Teilnehmer aus großen Interessenverbänden; der Vorteil der Monopolisierung bestand darin, dass erzielte Ergebnisse relativ problemlos an die „Basis" zu vermitteln und verbindlich zu machen waren. Doch haben sich, wie eingangs dargestellt, die Verhältnisse drastisch gewandelt, insbesondere seit die vom Produktionsprozess und aus dem Beschäftigungsmarkt ausgeschlossene Gruppe der „Dauerarbeitslosen" (vor allem ältere und weibliche, zunehmend jugendliche Arbeitskräfte) gewachsen ist. Im Verhandlungssystem der Sozialpakte sind diese „Ausgeschlossenen" höchstens rhetorisch-appellativ präsent; die großen Interessengruppen und vor allem eine Linksregierung beanspruchen, Langzeitarbeitslose und Sozialhilfeempfänger im laufenden *bargaining* (mehr oder weniger) mitzuvertreten.

Statt dieses advokatorischen Musters ist eine stärkere Selbstvertretung der betroffenen Gruppen denkbar und erforderlich. Gewiss: Arbeitslose sind ausgesprochen schwer zu organisieren und mobilisieren. Das liegt an ihrer von betrieblichen und industriellen Kernen abgeschiedenen Lebensweise, aber eben auch daran, dass die „übliche" tripartistische Koordination „diffusen" Interessen Nicht-Beschäftigter dank der (lizensierten) Standardformen kollektiver Aktion keine Chance gibt. Auf dem „Interessenmarkt" finden Vorhaben und Anliegen der Problemgruppen des Arbeitsmarktes keine „Interessenunternehmer", so dass die schon seit langem als *neue soziale Frage* thematisierte Spaltung zwischen Arbeitsplatzbesitzern und Arbeitslosen keine „offizielle" Entsprechung gefunden hat, obwohl außerhalb der korporatistischen Arena mittlerweile eine ganze Reihe von Arbeitsloseninitiativen aktiv sind (vgl. Beier, in diesem Band). Dass sie zur aktiven Mitarbeit an Sozialpakten eingeladen und auf Dauer zugelassen werden sollen, ist trotz der allfälligen Schwierigkeiten nicht a priori auszuschließen. In Irland beteiligten sich auch Arbeitslosenorganisationen an der 1997 getroffenen Vereinbarung „Partnership 2000".

Das Bündnis vernachlässigt Transparenz und Legitimation

Der privilegierte Zugang organisierter Interessen zur Macht und die asymmetrische Berücksichtigung sozialer Gruppen ist eine institutionelle Hypothek der „Arbeitsgesellschaft", die nicht mehr (im Sinne der Korporatismustheorie) mit der höheren Effizienz eines auf wenige Akteure begrenzten Verhandlungsgremiums gerechtfertigt werden kann. Als Moderator eines Sozialpaktes darf der Staat diese Asymmetrie weder bestätigen oder gar fördern (Schmitter 1994), er muss vielmehr die Inklusion systemisch unberücksichtigter Interessen unterstützen. Die Initiative dazu muss nicht notwendigerweise „von unten" ausgehen, sie kann auch der universalistisch inspirierten Umverteilung öffentlicher Gewalt durch den Staat entspringen (Cohen/ Rogers 1994). Jeder auf „Aktivierung" setzende staatliche Akteur wird mittels einer „assoziativen Demokratie" vernachlässigte Interessen in das Verhandlungsnetzwerk zu integrieren suchen; dabei werden die Betroffenen den Nutzen einer Inklusion abwägen (Dryzek 1996).

Die erneute Hinwendung zu verbandlicher Steuerung stellt keine Renaissance korporatistischer Politik dar. Voraussetzungen und Ziele, institutioneller Rahmen und Politikprozess unterscheiden sich wesentlich von Modell und Praxis der sechziger und siebziger Jahre. Vor allem die Gewerkschaften, aber auch die Arbeitgeberverbände sind erheblich geschwächt durch die Dispersion der Beschäftigten und sinkende Organisationsgrade. Das zehrt am System zentralisierter Tarifverhandlungen, an deren Stelle vermehrt Betriebsvereinbarungen oder Einzelabsprachen treten. Arbeitgeberverbände müssen nicht mehr, wie in der Blütezeit des Neokorporatismus, den durch Vollbeschäftigung hervorgerufenen Lohndruck begrenzen, doch auch sie wollen Kontrolle über ihre Basis, die auf Verselbständigung drängenden Unternehmer und Manager, zurückgewinnen. Die Beteiligung am Bündnis, das sich auf öffentliche Resonanz stützen kann, verspricht ihnen trotz der (im Sinne des neoliberalen Dogmas) suboptimalen wirtschaftlichen Resultate eine gewisse Autorität über die (potentielle) Mitgliederschaft. Darüber hinaus haben Europäisierung und supranationale Homogenisierung der Wirtschafts- und Sozialpolitik ein Revival tripartistischer Regulierung verursacht, von der sich die Exekutive eine Teilung der Verantwortung erhofft. Zudem hat das Bündnis eine Katalysatorenfunktion bei der „Modernisierung" der Sozialdemokratie, deren Verwerfungen seine Durchschlagskraft allerdings zugleich in Frage stellen.

Generell laufen die Bündnispartner Gefahr, aus Gründen der Effektivität und Sicherung der „Regierbarkeit" die demokratische Transparenz und Legitimation ihrer Politik zu vernachlässigen. Dies gilt für den Vorgriff auf parlamentarische Entscheidungen (Beispiel Altersteilzeit), aber auch für die mangelnde Beteiligung anderer „gesellschaftlich relevanter Gruppen" jenseits von Kapital und Arbeit. Dezentralisierung und Erweiterung, also eine input-orientierte, auf partizipatives Handeln von Regierung und Verwaltung ausgerichtete Korrektur beseitigt das notorische Demokratiedefizit der Verhandlungssysteme nicht, verleiht aber wenigstens dem „kooperativen Staat" Elemente „assoziativer Demokratie". Diese Inklusion soll die Leistungsfähigkeit des Bündnisses erhöhen und seine Implementation verbessern, ohne den Entscheidungsprozess zu lähmen und neu beteiligten Gruppen ihre Autonomie zu rauben. Wenn einem die Verbände in Deutschland immer noch suspekt sind, dann nicht, weil ihre vermeintliche Herrschaft staatliche Steuerung behindert, sondern weil sie das „soziale Kapital" dieser Gesellschaft so unvollkommen repräsentieren.

1 Arbeitsminister Riester erklärte im Januar 1999 vorbeugend, es „könnte im schlimmsten Fall ein Erfolg sein, mit einer offensiven Arbeitsmarktpolitik den gegenwärtigen Stand der Arbeitslosigkeit zu halten!" (Frankfurter Neue Presse,12.1.1999).
2 Das niederländische Bündnis war, angefangen mit dem „Abkommen von Wassenaar" (1982), ein bilaterales Projekt zwischen Arbeitgeber- und Arbeitnehmerorganisationen ohne Beteiligung der Regierung. Das gilt auch für die private Stiftung der Arbeit, welche die Initiative ergriffen und weitere gemeinsame Empfehlungen und Vereinbarungen auf den Weg gebracht hat. (Visser 1998, Visser/ Hemerijck 1998, Hassel 1998)
3 Der Gruppe gehören mit Wolfgang Streeck und Rolf G. Heinze zwei Riester bzw. Hombach nahestehende Sozialwissenschaftler an, jedoch kein Vertreter des „Lafontaine-Flügels" oder der „Alternativ-Gutachter".

Hans-Jürgen Arlt / Sabine Nehls

Das SchröderSchulteHundt-Stück.
Die Vorstellung entsteht durch die Darstellung

Wie Licht die natürliche Welt einteilt in Sichtbares und Unsichtbares, so unterscheidet Kommunikation in der sozialen Welt zwischen dem, was mitgeteilt wird, und dem, was nicht mitgeteilt wird. Weltbilder, kollektive Vorstellungen von Ereignissen und Personen, entstehen *nur* durch Kommunikation. Deutungen und Bedeutungen bilden sich im Kommunikationsprozess. Das Nicht-Mitgeteilte ist an keiner *Bildung*, auch nicht an der politischen Meinungs- und Willensbildung beteiligt - kann aber *Ein*bildungen hervorrufen. Zu Images, zu den Vorstellungen, die wir uns von anderen machen, trägt auch bei, wie wir es interpretieren, wenn Mitteilungen ausbleiben, die wir erwarten.

Ein solches Verständnis von Wahrnehmungs- und Erkenntnisprozessen widerspricht der verbreiteten Unterstellung, es gäbe so etwas wie Tatsachen, die für sich selbst sprächen. Bei dieser Annahme handelt es sich unseres Erachtens um eine - für den Alltag mit hohem Gebrauchswert ausgestattete - Reduktion von Komplexität. Zum bequemeren, wahrscheinlich nur so praktikablen, Umgang mit Realität wird ausgeblendet, dass alles zu anderen Zeiten, an anderen Orten, für andere Menschen eine andere Bedeutung haben kann.

Der moderne Totalitarismus, der mit Propaganda und Terror radikale Interpretationsbrüche inszeniert und realisiert, bestätigt in pervertierter Form die konstitutive Rolle der Kommunikation für die politische Meinungs- und Willensbildung. Da er mit der Pluralität von Bedeutungen nicht leben kann, führt er den Deutungskampf als Deutungskrieg und setzt Ein-Deutigkeit mit gewaltgestützter Kommunikation durch (auf neudeutsch violence added communications). Was gestern eindeutig war, ist heute eindeutig anders. Hier sticht dem externen Beobachter direkt ins Auge wie beliebig Eindeutigkeit produziert wird.

Die folgende Analyse geht von der Annahme aus, dass der Totalitarismus nur die Perversion einer gültigen Version ist: Die Erzeugung des Nicht-Beliebigen ist insofern beliebig, als politische Fakten keine Natur-, sondern Kommunikationsprodukte sind. Was, um auf unser Thema zu kommen, das Bündnis für Arbeit darstellt, was Menschen sich darunter vorstellen, bildet sich auf dem Weg der Kommunikation. Dieser Weg verlangt allen Akteuren mit jedem Schritt die Entscheidung ab, was sie mitteilen und was sie nicht mitteilen. Schweigen vermeidet - auf der Seite des Absenders - die Gefahr, das „Falsche" zu sagen. Als erkanntes Schweigen, sprich *Ver*schweigen, erhöht es das Risiko, dass - auf der Seite des Adressaten - etwas „Falsches" gedacht wird. Was Regierung, Arbeitgeber und Gewerkschaften nicht mitteilen, geht in das Bild des Bündnisses nicht mit ein; es sei denn als Interpretation des Eindrucks, dass etwas verschwiegen wird. Die Vorstellung entsteht durch die Darstellung.

Wir fragen zunächst, wie die drei kollektiven Akteure Arbeitgeber, Gewerkschaft, Regierung das Bündnis kommunizieren, gehen dann auf die massenmediale Darstellung des Bündnisses ein und diskutieren abschließend einige Konsequenzen.

Die drei Bündnispartner kommunizieren ihre „Bündnis-Arbeit" auf drei verschiedenen Ebenen: *Intern*, was mit dem Begriff der *Binnenkommunikation* erfasst wird; *interaktiv*, was sich als nichtöffentliche *Verhandlungskommunikation* bezeichnen lässt; sowie *öffentlich*, was mit dem Begriff der *Darstellung* oder auch der *Vermittlung* gekennzeichnet werden soll. Mögen die Grenzen zwischen diesen Ebenen noch so fließend sein, sie sind vorhanden. Hinreichende Zugänge, um analytische Beobachtungen ansetzen zu können, existieren nur für die öffentliche Dimension. Sie bildet unseren Bezugspunkt, wobei wir die öffentlichen Mitteilungen in einen Erklärungszusammenhang stellen mit Funktionsbeschreibungen des Bündnisses für den jeweiligen kollektiven Akteur.

Alte Bedenken, neuer Goodwill

Der Bündnisgedanke als tragende Säule korporatistischer Abstimmungsprozesse zwischen Regierungspolitik und organisierten gesellschaftlichen Interesssen ist sowohl generell akzeptiert als auch allseitigen grundsätzlichen Bedenken ausgesetzt. Innerhalb der Gewerkschaften gibt es Misstrauen, hier konstituiere sich ein Bündnis zwischen Regierung und Unternehmerschaft auf Kosten der Interessenorganisationen der abhängig Beschäftigten. In Wirtschaftskreisen wird befürchtet, dass sich Regierung und Gewerkschaften gegen das freie Unternehmertum verbünden, und konservative Anhänger der Staatsautorität mutmaßen, Wirtschafts- und Gewerkschaftsverbände würden sich auf Staatskosten Vorteile verschaffen.

Mit der Neubildung des Bündnisses Ende 1998 wurden die Bedenkenträger hinter die Kulissen verbannt. Auf der aktuellen Bündnis-Bühne heißt der Hauptdarsteller auf allen drei Bänken „Goodwill". Über die zentrale Aufgabe des jetzigen Bündnisses, die Arbeitslosigkeit abzubauen, sind sich die rot-grüne Regierung, die Gewerkschaften und die Arbeitgeber einig - mit einer signifikanten Einschränkung. Auf Arbeitgeberseite wird immer wieder einmal darauf verwiesen, dass es des Bündnisses nicht bedürfe, um diese Aufgabe zu erledigen.

Eine gewisse Distanz seitens der Wirtschaft zur Aufgabendefinition des SchröderSchulteHundt-Stückes ist nach unserer Auffassung systembedingt. Im Rahmen der Handlungsrationalität des Arbeitgebers ist Arbeitslosigkeit kein Problem, sondern die mögliche Folge einer Problemlösung: Mit Entlassungen verbessert er seine ökonomische Lage. Von daher kann die Bekämpfung der Arbeitslosigkeit für die Wirtschaft nie die erste Aufgabe sein. Zusätzlich erwächst aus Beschäftigungskrisen für die Unternehmen der Vorteil, dass sich ihre Verhandlungsposition als Nachfrager von Arbeitskräften verbessert. Arbeitslosigkeit wird für Arbeitgeber erst dadurch zu einer Herausforderung, dass die Gesellschaft diese als veränderungsbedürftigen Missstand anerkennt und es zur *politischen* Aufgabe erklärt, sie zu bekämpfen. Ein wesentlicher Teil der gewerkschaftlichen Öffentlichkeitsarbeit ist darauf ausgerichtet, diesen Zustand herzustellen oder zu erhalten. Indem sie Arbeitslosigkeit skandalisiert, trägt sie dazu bei, deren Entpolitisierung zu verhindern. Solange alle Meinungsumfragen signalisieren, dass die Beschäftigungskrise als das größte innenpolitische Problem bewertet wird, ist jede Regierung beweispflichtig nach der Devise: Wir tun was. Und solange Erwerbsarbeit die entscheidende gesellschaftliche

Determinante für die soziale Existenz der Individuen bleibt, ist auch nicht zu erwarten, dass sich an diesen demoskopischen Resultaten Nennenswertes ändert.

Zusammengefasst: Im Bündnis für Arbeit nimmt die politische Verpflichtung, die Bekämpfung der Arbeitslosigkeit als vorrangige Aufgabe anzuerkennen, ihre höchste Form an. Deshalb ist das Bündnis für die Gewerkschaften so wichtig, dass sie seine Institutionalisierung 1998 zur zentralen Botschaft ihrer Wahlkampagne machten. Deshalb bleibt es für die Arbeitgeber immer eine zwiespältige Angelegenheit.

Diese Zwiespältigkeit hat eine doppelte Konsequenz. Einerseits verschärft sie für die Binnenkommunikation der Arbeitgeberverbände die Anforderung nachzuweisen, dass Beschlüsse und Resultate der Bündnis-Arbeit im Interesse der Wirtschaft liegen. Denn welche andere zwingende Begründung gäbe es aus der Arbeitgeber-Perspektive, sich an dieser Veranstaltung zu beteiligen als die Erwartung, Wirtschaftsinteressen besser einbringen und durchsetzen zu können. Die rationale Funktion des Bündnisses liegt für die Arbeitgeberverbände darin es zu instrumentalisieren, um ihre Interessen durchzusetzen. Diese Interessenfixierung gilt auch für die Gewerkschaften, aber nicht mit denselben Folgen, denn Arbeitslosigkeit zu verringern ist *Teil ihrer originären* Interessen. Davon geht die öffentliche Meinung bei den Arbeitgebern - mit guten Gründen wie wir gesehen haben - erst einmal nicht aus. Deshalb erhöht sich andererseits für die öffentliche Kommunikation der Arbeitgeberverbände der politisch-moralische Druck, glaubhaft zu machen, dass auch die Wirtschaft der Lösung der Beschäftigungskrise große Bedeutung beimisst. Ihre Beteiligung am Bündnis ist das vielleicht wirksamste Signal in diese Richtung.

Der Sinn der Austrittsdrohungen

Die Doppelfunktion ihrer Beteiligung am Bündnis als öffentlicher Beleg ihres guten Willens sowie als verbandspolitisches Instrument, um ihre Interessen durchzusetzen, ist an der öffentlichen Kommunikation der Arbeitgeberverbände gut ablesbar. Die *Austrittsdrohung* ist die rhetorische Figur, mit der sich diese Doppelfunktion am besten ausdrücken lässt, denn als Androhung ist sie Druckmittel im Interessenkonflikt, als bloße, weil nicht wahr gemachte Drohung Beweismittel für den guten Willen.

Gewerkschaftliche Austrittsdrohungen hingegen, die insbesondere aus der zweiten Reihe auch immer wieder einmal auftauchen, verkünden andere Botschaften. Sie entspringen entweder dem - oben benannten - tiefliegenden Vorbehalt gegen eine Vereinnahmung durch das Bündnis oder dem - unten noch darzustellenden - Frust über einen gewerkschaftsunfreundlichen Modernisierungskurs „ihrer" Regierung. Gemeinsam ist allen Austrittsdrohungen, egal von welcher Verbandsseite, die Absicht in Richtung Binnenöffentlichkeit zu wirken: „Wir lassen uns nicht über den Tisch ziehen", soll bei der eigenen Klientel ankommen.

Gemeinsam ist allen Verbänden auch ihr Grundverständnis von öffentlicher Kommunikation (vgl. Arlt 1998).Wesentliche Kennzeichen eines Verbandes sind „neben der Gemeinsamkeit des Interesses und der nach außen gerichteten, politischen Zielrichtung die formale Zugehörigkeit der Mitglieder und eine ausdifferenzierte Organisationsstruktur" (Hackenbroch 1996: 482). Aus der Perspektive der Verbände ist öffentliche Kommunikation ein prekäres Mittel für ihre Zwecke. Selbstverständlich können sie sich als Bündnis-Akteure der massenmedialen Beobachtung nicht entziehen. Ihre Beteiligung an der öffentlichen Debatte wird von den Redaktionen immer wieder eingefordert. Aus freien Stücken aber praktizieren die Verbände öffentliche Präsenz dann und fast nur dann, wenn sie auf der interaktiven Ebene, also im Verhandlungs- und Entscheidungsprozess ohne Aussicht auf Erfolg agieren und sich (deshalb) innerorganisatorisch unter Druck fühlen. Als zugespitzte These formuliert: Zeigt der Pegel der öffentlichen Lautstärke eines Verbandes Höchststand an, sieht er seinen machtpolitischen Einfluss auf einen Tiefpunkt sinken. Empirisch ließe sich eindrucksvoll zeigen, wie viele Pressemitteilungen, Pressekonferenzen und sonstige Publikationsmittel einerseits der DGB und die Gewerkschaften während des (schnell gescheiterten) Bündnisses für Arbeit unter der konservativ-liberalen Regierung eingesetzt haben und wieviele andererseits die Arbeitgeber- und Wirtschaftsverbände seit der Neuauflage des Bündnisses unter der rot-grünen Regierung aufwenden.

In der sicheren Erwartung, auf der interaktiven Ebene über die unkomplizierten Zugänge zu Kanzler und Kabinett entscheidend voranzukommen, hatten der DGB und die Gewerkschaften ihre Öffentlichkeitsarbeit in Sachen Bündnis, außer für die Spitzentreffen, im ersten halben Jahr mehr oder weniger eingestellt. Die Folge war, dass die gewerkschaftlichen Themen in der öffentlichen Debatte selten wurden und Gewerkschaftspolitik weniger als Lösungsangebot, denn als Teil des Problems Massenarbeitslosigkeit diskutiert wurde. Unmittelbar vor dem dritten Spitzentreffen reagierten die Gewerkschaften darauf mit einer sogenannten Kampagne („So wird es ein Bündnis für Arbeit"), nach der innerorganisatorisch kaum ein Hahn gekräht hat und die in der externen Öffentlichkeit so gut wie nicht zur Kenntnis genommen wurde.

Wenn wir versuchen, die bisherige öffentliche Verbändekommunikation zum Bündnis für Arbeit auf einen einzigen Begriff zu bringen, wählen wir, wenn ein bisschen Polemik sein darf, lärmende Langeweile. Die Arbeitgeber produzieren eine Mischung aus deklamatorischem Goodwill und massivster Penetration ihrer Interessenpositionen. Die Gewerkschaften wechseln zwischen engagierten Plädoyers pro Bündnis, verschwiegenem Mitmachen und dröhnendem Draufhauen. Auf der Ebene öffentlicher Darstellung wird es dem Publikum nicht leicht gemacht, eine neue politische Qualität zu entdecken. Als Gesamteindruck bleibt eher, dass mit überkommenen Deutungen auf gesellschaftlichen Wandel reagiert wird: Hier streiten sich zwei darüber, wer beim Weitsprung bevorzugt beziehungsweise benachteiligt wird, während schon seit geraumer Zeit Hochsprung auf dem Programm steht. Der Informationswert solcher Konflikte verliert sich bald und irgendwann auch der Unterhaltungswert.

Ein öffentlich bekannt gemachter Versuch, die sich so darstellende Verbände-Konstellation zu durchbrechen, ist die gemeinsame Erklärung des DGB-Vorsitzenden Dieter Schulte und des BDA-Präsidenten Dieter Hundt. Dieses Elf-Punkte-Papier (siehe Dokumentation) könnte, wenn es nicht Papier bleibt, interessante Impulse liefern. Eine Prognose über die Karriere dieser Erklärung wagen wir nicht.

Provokation und Moderation

Die Bundesregierung hat ihr politisches Schicksal mit dem Erfolg des Bündnisses verknüpft. Ob im Wahlkampf, in der Koalitionsvereinbarung oder in der Regierungserklärung (siehe Dokumentation), immer wird dem Bündnis die Hauptrolle bei der Lösung der Hauptaufgabe, der konsequenten Bekämpfung der Arbeitslosigkeit, zugewiesen. Deshalb würde ein Erfolg des Bündnisses alle zu Gewinnern machen, aber sein Scheitern eine große Verliererin produzieren, die Bundesregierung.

In seiner Darstellung des Bündnisses versäumt Bundeskanzler Schröder allerdings nie, die Bündnis-Arbeit neben der Bekämpfung der Arbeitslosigkeit an einen zweiten Begriff zu koppeln, den Begriff der Modernisierung beziehungsweise des Wandels. Das Bündnis „muss eine Scharnierfunktion bei der Politik des Wandels übernehmen und durch strategische Allianzen neue Handlungsoptionen bei der Bekämpfung der Arbeitslosigkeit eröffnen", schreibt er etwa im Vorwort der offiziellen Bündnis-Broschüre (Presse- und Informationsamt der Bundesregierung, Mai 1999: 6). „Das 'Bündnis für Arbeit' gilt als Konzept, welches über den Tag hinaus für die Sozialdemokraten jene programmatische Wirkung entfalten soll, mit welcher Modernität und soziale Gerechtigkeit wieder zur Deckung kommen" (Berthold/ Hank 1999: 28) urteilen kritische Beobachter über die Funktion des Bündnisses für das Regierungshandeln. Aus dieser Funktionsbeschreibung wird klar, dass das rot-grüne Kabinett nicht nur Operationen, also politische Einzelmaßnahmen mit den Interessenverbänden abstimmen will. *Strukturveränderung im Konsens* ist das hochgesteckte Ziel. (Um Missverständnissen vorzubeugen: Wir diskutieren im Folgenden nicht die Inhalte der bisherigen rot-grünen Politik, sondern fragen nach den Kommunikationsaufgaben, die sich aus dem Politikansatz „Strukturveränderung im Konsens" ergeben.)

Gesellschaftliche Strukturen, das vermag die Systemtheorie sehr anschaulich zu entfalten, sind nichts anderes als handlungsleitende *stabile Erwartungen* (vgl. z.B. Luhmann 1984: 73f. und 377ff.) Einmal gebildet, schränken sie Entscheidungs- und Handlungsmöglichkeiten ein, sind insofern Hilfe und Hindernis zugleich: Möglichkeiten, die diesen Erwartungen nicht gerecht werden, scheiden aus. Jeder politische Versuch, Strukturen zu verändern, frustriert bewusst Erwartungen, riskiert Proteste. Das selten geglückte Kunststück eines *politisch* erfolgreichen Strukturwandels liegt darin, die Enttäuschung alter Erwartungen vergessen zu machen, indem neue Erwartungen, sprich Hoffnungen geweckt werden.

Politisches Handeln, das gesellschaftliche Strukturen gewaltfrei und evolutionär verändern will, kann wählen zwischen Provokation und Moderation. Regierungshandeln, das auf Wiederwahl aus ist, muss eine gelungene Mischung aus beiden suchen. Misslingt die Mischung - und aus der Perspektive der erwartungsvollen Betroffenen kann sie nur falsch dosiert sein - erntet die Regierung dort, wo sie ihren Willen zur Veränderung konkretisiert oder gar Entscheidungen trifft, den Vorwurf der Provokation. Wo sie auf Moderation setzt, wird ihr vorgeworfen, zu unkonkret und entscheidungslahm zu sein. Der mit Richtlinienkompetenz ausgestattete Kanzler wird auf diese Weise schnell in eine Doppelrolle gedrängt, weil er gegen zu viel Provokation mäßigende und gegen zu lange Moderation provozierende Machtworte sprechen soll (und vorher entscheiden muss, was „zu viel" und was „zu lang" ist).

Aus der Perspektive der Bundesregierung kann das Bündnis für Arbeit als eine große Moderationsveranstaltung für Strukturveränderung im Konsens bezeichnet werden. Die Schröder-Regierung verbindet damit die Hoffnung, dass die Repräsentanten der Verbände ihr einen Teil der Arbeit abnehmen, indem sie ihren Mitgliedern die mit Strukturveränderung notwendig verbundene Enttäuschung gelernter Erwartungen erklären und vermitteln. Was die Verbandsspitzen überfordern könnte. Denn sie werden von ihren Organisationen zur Bündnis-Teilnahme legitimiert, um die Erwartungen ihrer Mitglieder durchzusetzen, nicht um sie umdefinieren zu lassen. Wer aus Bündnis-Gesprächen mit der Botschaft kommt, wir müssen unser (Selbst)Verständnis überprüfen und korrigieren, setzt sich erst einmal dem Verdacht aus, schlecht verhandelt zu haben. Gleichwohl wurde diese Zumutung in der Regierungserklärung mit aller Deutlichkeit angekündigt: „Ich erwarte, dass sich die Gesprächspartner vom Denken in angestammten Besitzständen und von überkommenen Vorstellungen lösen." (Presse- und Informationsamt der Bundesregierung 1998: 22) Zumindest in der öffentlichen Darstellung neigen die Verbandsvertreter mehrheitlich bislang dazu, diese Herausforderung nicht anzunehmen und stattdessen die Moderationsrolle der Regierungsvertreter anzugreifen. Diese werden - von beiden Seiten - aufgefordert, klare Vorgaben zu machen und Entscheidungen zu treffen, jeweils verbunden mit der Mahnung, inhaltlich nicht den Empfehlungen der anderen Seite zu folgen. Den Mitgliedern Erfolge zu verkünden oder deren Protest zu artikulieren, ist allemal leichter, als mit ihnen an der Korrektur von Erwartungen zu arbeiten.

Die Regierung ihrerseits glaubt, dass sich ihre Moderatorenrolle auf der *interaktiven* Ebene mit einer offenen und offensiven Darstellung auf der öffentliche Ebene *nicht* verträgt. Weshalb sie sich in den (langen) Zeiträumen zwischen den Spitzentreffen öffentlich sehr zurückhält - mit der einen spektakulären Ausnahme, als ein Beitrag der wissenschaftlichen Regierungsberater der Benchmarking-Gruppe, Wolfgang Streeck und Rolf Heinze (vgl. auch ihren Beitrag in diesem Buch) via „Spiegel" eine Diskussion über veränderte Arbeitsformen in der Dienstleistungsgesellschaft anstieß. Aufgrund des ansonsten völlig anderen Kommunikationsverhaltens der Regierung lag es für die Verbände nahe, diese Veröffentlichung als unfreundlichen Coup zu interpretieren - was ihnen sehr entgegenkam. Dieser Fall macht beispielhaft deutlich, dass die ohnehin schwierigen Kommunikationsverhältnisse zwischen den drei Bündnispartnern noch dadurch verkompliziert werden, dass ein Vierter immer dabei ist.

Probleme - der Stoff aus dem politische Nachrichten sind

Das Bündnis für Arbeit wird gewöhnlich als eine tripartistische Veranstaltung gekennzeichnet, aber das öffentliche Bild der Bündnis-Arbeit produzieren die Massenmedien maßgeblich mit. Ohne den Journalismus, ohne die Vermittlungsarbeit der Massenmedien käme das Bündnis in der politischen Wirklichkeit kaum vor. Realismus gilt als wichtige politische Tugend, doch als Medienpublikum sind wir Realisten bestenfalls aus zweiter Hand.

Das Verhältnis zwischen Politik und Massenmedien ist häufig erörtert und interpretiert worden. Für die These, dass die Politikvermittlung, also die Öffentlichkeitsarbeit das journalistische Angebot bestimmt, werden ebenso gute Gründe angeführt (Baerns 1985) wie für die Gegenthese, dass die journalistischen Anforderungen den Politikprozess maßgeblich beeinflussen (Sarcinelli 1987). Weshalb überzeugend für eine Art Synthese argumentiert werden kann, dass zwischen beiden eine „symbiotische" (Jarren 1988) oder auch „intereffikative" (Bentele 1997) Beziehung bestehe. Was das Publikum wahrnimmt und tendenziell auch für wahr nimmt, sind jedenfalls Informationen, die mindestens einem, in aller Regel jedoch einem *doppelten Auswahlverfahren* unterliegen, nämlich dem des interessierten Absenders und dem des journalistischen Berichterstatters.

Im Vergleich zur Interessengebundenheit der Verbände, deren Kommunikation Einseitigkeit, Abhängigkeit und Beschränktheit nach allgemeiner Auffassung a priori zuerkannt werden kann, aber auch im Vergleich zur Regierungskommunikation, der Machterhalt als generelles Motiv immer unterstellt werden darf, ließ sich der Journalismus, wie sehr er sie im Alltagsgeschäft auch verfehlen mochte, gerne Objektivität, Unabhängigkeit und Überparteilichkeit als Leitwerte attestieren. Gegen einen Funktionär erschien eine Journalistin allemal glaubwürdiger und realitätstüchtiger.

Sowohl im öffentlichen Meinungsbild als auch im wissenschaftlichen Urteil unterliegt die journalistische Darstellung inzwischen einer kritischeren Einschätzung. Die blinden Flecken des journalistischen Weltbildes werden sichtbar und dabei zeigt sich, dass auch aus der scheinbar höheren Warte des professionellen Beobachters die Dinge, Personen und Ereignisse sich nur auf eine besondere, eben journalistische Weise erschließen.

Wie im Polizeibericht der Alltag vorwiegend aus Unfällen und Überfällen zu bestehen scheint, so vermittelt die politische Berichterstattung den Eindruck, dass Diskontinuitäten und Brüche, jedenfalls *Probleme* das gesellschaftliche Leben beherrschen. Probleme und die dazugehörige Auseinandersetzung um mögliche Lösungen bilden den Stoff, aus dem politische Nachrichten sind. Als Medienpublikum wissen wir über das Gesundheits-, das Bildungs- oder Verkehrssystem, über den Sozialstaat und über die Umwelt, über die Gewerkschaft und über die Studentenschaft immer nur das eine: Dass sie ein Problem sind oder zumindest Probleme haben. Entsprechend unterbelichtet bleiben Regelmäßigkeiten und Routinen, die Stabilität der Rahmenbedingungen und die Normalität des tagtäglichen Funktionierens.

Was an dieser massenmedialen „Problem-Orgie" maßgeschneidert sein könnte für die Rolle der Politik in funktional differenzierten Gesellschaften, sei hier nur angedeutet. Politik ist nur noch in einem Restbereich verbliebener Symbolik die hoheitliche Instanz, die souverän über alle und alles sich erhebend die Geschicke der Nation steuert. In diesem rudimentären Bereich tritt Journalismus im dunklen Anzug als Hofberichterstattung auf. Für das „Tagesgeschäft" aber gilt: Wann und wo immer in gesellschaftlichen Subsystemen reibungslose Abläufe zu verzeichnen sind, muss und soll sich kein politisches Interesse auf sie richten. Moderne Regierungspolitik ist im Kern Troubleshooting: Sie soll sich heraushalten, sie soll die funktionierenden Teilbereiche nicht stören. Aber sobald Akteure Störungen diagnostizieren, verbinden sie diese Diagnose mit - häufig öffentlichen - Interventionsappellen an die Adresse des Staates und der Parteien. Insgesamt dürfte es also kein Zufall sein, wenn die Kommunikationswissenschaft zu dem Resultat kommt: „Die Artikulation von Problemen und die Definition dieser Probleme als entscheidungsbedürftige Streitfragen wurden in der Agenda-Building- und Agenda-Setting-Forschung als die wichtigsten politischen Funktionen von Medien herausgearbeitet." (Beyme/ Weßler 1998: 315)

Um journalistisch wahrgenommen zu werden, genügt es freilich keineswegs, Probleme beziehungsweise Lösungskompetenz zu behaupten. Mindestens seit sich die Massenmedien von der Herrschaft der Absenderinteressen befreit und zu Dienerinnen des Publikumsgeschmacks gemacht haben, folgen sie gut durchschaubaren Kommunikationsregeln (vgl. Schulz 1990). Die Nachrichtenwert-Theorie konnte nachweisen, dass der Neuigkeitswert, die Prominenz inklusive Personalisierung, die Konflikthaftigkeit und die Betroffenheit der Adressaten das vierblättrige Kleeblatt bilden, das jedem, der es vorzeigen kann, massenmediale Aufmerksamkeit schenkt. Für das gegenwärtige Leitmedium Fernsehen kommt natürlich die Möglichkeit der Visualisierung hinzu.

Die politische Wirklichkeit der Massenmedien sieht deshalb so aus: Politik, das ist der ständige Streit einiger bekannter Personen über neue oder aktualisierte alte Probleme, die das Publikum betreffen. (Nicht eingegangen wird hier auf zeitgenössische Entwicklungen des Mediensystems, die häufig als dysfunktional für das politische System beschrieben werden, wie vor allem die Kommerzialisierung, die Ausdifferenzierung der Medienangebote, die zu einer Segmentierung des Publikums in Special-Interest-Groups führt, und die Unterhaltungsorientierung der Programme.)

Moralisieren, die Melodie der Kommentare

Der politische Journalismus berichtet nicht nur, er kommentiert auch - die Welt, wie sie in seinen Berichten erscheint. Die Journalist(inn)en lassen ihr Publikum mit dieser Wirklichkeit, die sie produzieren und reproduzieren, nicht alleine, denn „die Realität wird in einer Weise beschrieben, und dies durchaus im Modus recherchierter Wahrheit, die als ausgleichsbedürftig empfunden wird. Der kontinuierlichen Reproduktion des „ist" wird entgegengesetzt, wie es „eigentlich sein sollte". Der institutionell vorgesehene Parteiengegensatz, der das politische System befähigt, Regierung und Opposition auszuwechseln, wird in den Tagesnachrichten so stark repräsentiert, dass die kontinuierlichen Werte des Verantwortungsbereichs der Politik als defizitär erscheinen und angemahnt werden müssen." (Luhmann 1996: 144) In den Kommentaren wird als moralische Forderung eingeklagt, was in der Berichterstattung aus journalistischen Gründen zu kurz kommt: Konsens, „Vernunft", Kompromisse. Das unaufhörliche Problematisieren der Berichterstattung hat als Kehrseite das ständige Moralisieren des Kommentars.

Welche Folgen ergeben sich daraus für die journalistische Darstellung des Bündnisses für Arbeit? Der politische Journalismus kann den Bündnisprozess nicht umfassend und nicht jederzeit beobachten. Von den Ereignissen der Verhandlungs- und Entscheidungspolitik erfahren die Medien bestenfalls über Hintergrundgespräche, aus der Binnenkommunikation der Akteure erreicht sie nur der öffentlich zugängliche Teil. Zwischen den Bündnis-Akteuren und den Journalist(inn)en findet eine Art permanentes Tauziehen statt, das die Grenze zwischen öffentlich und nicht-öffentlich definiert. Worauf das Mediensystem seine Aufmerksamkeit richtet, ist von den Verbänden und der Regierung steuerbar - aber nur im Rahmen der journalistischen Wahrnehmungsmuster.

Ursache dieses Tauziehens ist, dass das Bündnis für Arbeit ein Ereignis höchsten journalistischen Interesses ist, denn es erfüllt zumindest in der Form der Spitzentreffen die Selektionskriterien der Massenmedien optimal: Prominente streiten sich mit Aussicht auf Neuigkeiten um das wichtigste Problem der Bevölkerung, die Bekämpfung der Arbeitslosigkeit. Zusätzliche massenmediale Attraktivität bieten die vor- und eingelagerten Konfliktstoffe.

- Erstens ist das Bündnis für Arbeit an und für sich schon eine prekäre Konstruktion, denn jeder der drei Akteure verfügt über eine Exit-Option. Die Drohung, das Bündnis platzen zu lassen, spielt auf allen drei Kommunikationsebenen, der internen, der interaktiven - hier zum Beispiel nach allem, was darüber zu erfahren war, am 6. Juli 1999 durch den Bundeskanzler - und der öffentlichen, eine ständige Rolle.
- Zweitens sind alle Einzelthemen innerhalb des Dreiecksverhältnisses Regierung, Wirtschaft, Gewerkschaft konfliktträchtig.
- Drittens sind die meisten Einzelthemen nicht nur zwischen, sondern auch innerhalb der kollektiven Akteure umstritten.

Insoweit ist das Bündnis für den Journalismus und deshalb auch umgekehrt der Journalismus für die Bündnis-Akteure eine permanente Herausforderung.

Als Geheimbund hat das Bündnis keine Chance

Aus dieser höchst störanfälligen Konflikt- und Kommunikationslage haben die Bündnis-Verantwortlichen die Konsequenz gezogen, jede öffentliche Darstellung der Verhandlungskommunikation in der Steuerungsgruppe und auf der Arbeitsgruppenebene zu verbieten. Die Idee ist, die Bündnis-Arbeit nicht durch vorzeitige Publikationen und Debatten zu beschädigen. Der frühere Leiter der Steuerungsgruppe, Bodo Hombach, benutzte dafür gerne das Bild, der Öffentlichkeit dürften erst die reifen Früchte dargeboten werden, der Journalismus neige dazu, unreife Früchte zu pflücken oder sogar die Blüten abzureißen. Davor müsse das Bündnis für Arbeit geschützt werden.

Wir halten dieses Vorgehen aus mehreren Gründen für problematisch, sogar für falsch. Dieser Versuch, der Funktionslogik des Journalismus zu entgehen, mutet ein wenig an wie der Entschluß, nicht mehr Einkaufen zu gehen, um der Funktionslogik der Wirtschaft auszuweichen, immer alles bezahlen zu müssen. Ein so bedeutsames öffentliches Ereignis wie die Bündnis-Politik lässt sich nicht durch Kommunikationsverweigerung vor journalistischer Dauerbeobachtung bewahren. Gut überlegte Kommunikationsangebote bilden einen weitaus besseren Schutz vor unwillkommenen Recherchen.

Zum anderen: Eine solche „Nachrichtensperre" kann als Schutzschild für eine konkrete Einzelmaßnahme im operativen Geschäft temporär Sinn machen. In der Praxis führt sie freilich regelmäßig dazu (der Arbeitsminister kann ein Lied davon singen), dass die politischen Akteure ihre Interpretationshoheit verlieren: Die Maßnahme wird von anderen entdeckt, aufgedeckt und entsprechend negativ in der Öffentlichkeit eingeführt. Wenn es um Strukturveränderung geht, macht publizistische Defensive überhaupt keinen Sinn. Ohne ständige und offensive Auseinandersetzung mit den Erwartungen des Publikums sind Verständnis, Verständigung und am Ende vielleicht sogar Zustimmung nicht erreichbar. Wer auf die Chance verzichtet, nachhaltig und gezielt ausgewählte Schwierigkeiten des Bündnis-Prozesses zu vermitteln und so öffentliches Verständnis zu wecken, für die schwer erträgliche Langsamkeit des Erfolgs, verunsichert auf Dauer sogar seine Sympathisanten.

Vergegenwärtigt man sich die Funktionen des Bündnisses für seine Akteure stellt sich zum Dritten die Frage: Was spricht eigentlich dafür, dass die Arbeitsgruppen hinter einer Mauer des Schweigens effektiver und zielorientierter verhandeln im Vergleich zu Arbeitsbedingungen, die ihnen eine regelmäßige öffentliche Darstellung ihres Diskussionsstandes abverlangen würden?

Schließlich verleiht die Verweigerung öffentlicher Darstellungen *zwischen* den Spitzentreffen diesen den Charakter einer weihnachtlichen Bescherung. Die Spannung steigt mit dem Herannahen des Termins. Spätestens in der Vorwoche beginnen die Spekulationen. Die Recherchen nach den eventuellen „Geschenken" intensivieren und die Indiskretionen häufen sich. Dieses Versteckspielen schürt kaum erfüllbare Erwartungen und erhöht so das Risiko nachträglicher Enttäuschungen.

Gegen unsere Bewertung spricht vordergründig das sehr positive massenmediale Echo auf die (bisherigen drei) Spitzentreffen. Es verdankt sich folgender Dramaturgie: Den Hintergrund bildet die prinzipielle Zustimmung zur Bündnis-Idee sowohl in der öffentlichen Meinung als auch darüber hinaus in der demoskopisch ermittelten Bevölkerungsmeinung (zu dieser Unterscheidung vgl. Neidhardt 1994). Das Bündnis ist nach wie vor ein Hoffnungsträger. Eine Mischung aus lärmender Langeweile, Kommunikationsverweigerung und Indiskretionen lässt auf diesem positiven Resonanzboden Skepsis, Kritik und schlechte Noten wachsen bis hin zu Einschätzungen wie, es bewege sich nichts, das Bündnis sei stehend k.o. Im klaren Kontrast zu dieser akuten öffentlichen Missstimmung tritt nach dem Spitzentreffen ein gelöster, zufriedener, optimistischer Kanzler vor die versammelten Medien, flankiert von einem Arbeitgeber- und einem Gewerkschaftsvertreter, die, nicht ohne Klagen in Details, den gemeinsamen Erfolgskurs bekräftigen. Das (Medien)Publikum ist froh, seine akuten Befürchtungen zerstreut und seine prinzipiellen Hoffnungen bestätigt zu finden - und klatscht Beifall. Auf Dauer ist diese Inszenierung nicht wiederholbar.

Als Objekt öffentlicher Kommunikation gibt das Bündnis für Arbeit ein Bild ab, das dieses Gesellenstück rot-grüner Regierungskunst nicht auf Meisterkurs zeigt, noch nicht einmal seiner Rolle als innenpolitisches Großprojekt gerecht wird. Zu diesem Bild hat das Bündnis-Trio mit seinen Kommunikationsdefiziten wesentlich beigetragen. Noch hat das Bündnis insgesamt ein positives Echo. Noch kann Vieles gelingen. Aber am Ende müssen wir an den Anfang erinnern: Deutungen und Bedeutungen bilden sich im Kommunikationsprozess. Wir halten es für illusorisch, auf den großen Durchbruch in den Verhandlungen zu warten und zu erwarten, dass er die

Bündnis-Geschichte automatisch in eine Erfolgsstory verwandelt. Zwei Bedingungen müssen unseres Erachtens erfüllt werden:

Zum einen muss an der öffentlichen Darstellung des Bündnis-Prozesses *kontinuierlich* gearbeitet werden. Als Geheimbund hat das Bündnis keine Chance. Das Vertrauen, von dem als notwendige bündnis-interne Basis so viel die Rede ist, gilt es auch in der Öffentlichkeit zu erhalten und auszubauen. Die größere Verantwortung dafür, die Öffentlichkeit zuverlässig zu informieren, liegt bei der Regierung und ihren einzelnen Mitgliedern.

Nur wenn die kontinuierliche öffentliche Darstellung des Bündnis-Prozesses gewährleistet ist, wird auch die andere Bedingung erfüllbar, nämlich das Bündnis im gesellschaftlichen Diskurs zu verankern. Struktureller Wandel kann nicht als bloße Politikerpolitik stattfinden. Wenn es mit der Absicht ernst ist, im Bündnis Strukturveränderungen zu gestalten, dann muss sich die politische Auseinandersetzung darüber weit über Bonn und Berlin hinaus als offener und vielfältiger Meinungs- und Willensbildungsprozess in zahllosen kleinen und großen Öffentlichkeiten vollziehen. Nicht als Objekt der Begierde, nur als Brennpunkt der gesellschaftlichen Zukunftsdiskussion kann das Bündnis am Ende zu Entscheidungen finden, die die Erwartungen an *das* politische Großprojekt erfüllen.

Gert Keil

Ein Kursbuch des Bündnisses?
Das Blair-Schröder-Papier gegen den Strich gelesen

Die Massenarbeitslosigkeit ist nicht das Schicksal reifer Volkswirtschaften, sie ist das Ergebnis schlecht organisierter oder fehl angepasster Volkswirtschaften. Der institutionelle Wettbewerb zwischen den Staaten ist die zentrale Herausforderung für eine gestaltende, sozialdemokratische Politik. Das ist der zentrale ökonomische Kern des Blair-Schröder-Papiers, zuweilen auch gegen die Verfasser gedacht.

Was kann man nicht alles einwenden gegen dieses Papier: Es sei schlampig formuliert, das ist noch das Freundlichste, was zu hören ist. Es sei kein europäisches, sondern ein angelsächsisches Papier. Es berücksichtige nicht die letzten drei Jahrzehnte der Geschichte der SPD. Die SPD verabschiede sich damit von der Arbeiterklasse. Die neoklassische Wende. Verrat an den heiligen Traditionen der Partei. Es baue den Popanz der Lernunfähigkeit der Partei auf, damit man sich schillernd als Modernisierer präsentieren kann. Nun gut. Das alles interessiert hier nicht. Hier soll es darum gehen, wie es auch geschrieben hätte werden können, wäre es besser durchdacht worden. Ich beschränke mich weitgehend auf ökonomische Aspekte, auf die sozialpolitischen Bemerkungen und die dahinter verborgene und auch verbogene Philosophie.

Gegen den Strich gebürstet

Das Blair-Schröder-Papier (BSP) „Der Weg nach vorne für Europas Sozialdemokraten" erregte in den deutschsprachigen Medien große Aufmerksamkeit. Es wurde im politischen Teil der Zeitungen vorgestellt, in Meinungsartikeln gewürdigt und stieß auch im Feuilleton auf große Resonanz. Letzteres scheint mir ein Zeichen zu sein, dass die Sozialdemokratie gewillt ist, nach der Wahl den Kampf um die geistige und die „kulturelle Hegemonie" doch noch aufzunehmen. Im Bundestagswahlkampf selbst war davon wenig zu spüren: Wahlkämpfe sind kein geeignetes Medium zur Organisation von Lernprozessen. Der ehemalige Erste Bürgermeister der Stadt Hamburg, Hans-Ulrich Klose, bemerkte kürzlich, die SPD könne sich nicht in der Opposition reformieren, sondern nur in der Regierung. Hic Rhodos, hic salta!

Gehen wir einmal davon aus, das BSP sei mehr als „ein Steinwurf ins Wasser". Nehmen wir es als Kursbuch und bürsten wir es teilweise gegen den Strich, denn nur so wird es in sich stimmig.

Doch zuvor muss noch einiges zurechtgerückt werden: Hartnäckig hält sich die Mär, Schröder sei Lafontaine nur als Kanzlerkandidat vorgezogen worden, weil dieses die Erfolgsaussichten der SPD erhöhte. Dies ist plausibel. Aber es gab auch nicht wenige in der Partei, die glaubten, durch diese Personalentscheidung käme die SPD leichter aus der Gefangenschaft ihrer eigenen Gefühls- und Denktradition heraus. Ideologische Hahnenkämpfe auf Parteitagen sind sicherlich kein probates Mittel, um eine Partei in kurzer Zeit neu zu justieren.

Und dann stelle ich noch die „psychologische Mechanik" vor, die es Volksparteien erlaubt, einen Neuanfang zu wagen. Es gibt viele Gründe, die zu einer Veränderung der Politik oder der politischen Entwürfe führen können. Ich unterscheide zwei Reformansätze:

Ein Reformansatz bezieht sich auf die Korrektur des eigenen Denkens, darauf also, nicht andere Dinge zu sehen, sondern die Dinge anders zu sehen. Der Grund für eine Veränderung der politischen Entwürfe ist dann eine neue Einsicht. Der Ansatz ist dann nicht, die „Erfordernisse der neuen Zeit nachzuvollziehen" - das Aufholen des Modernisierungsverzugs -, sondern Klarheit in bisheriges Denken zu bekommen und, wo nötig, es zu korrigieren. Ein solcher Ansatz pflügt tief in den Besitzständen des Denkens und ist gemeinhin mit rüden Gegenattacken verbunden.

Der zweite und vertrautere Reformansatz ist der Ansatz der Modernisierung. Grob skizziert bedeutet er, dass es Entwicklungen in der Welt gibt, die bisherige Lösungsansätze entwerten. Wenn wir die Welt nicht verändern können, müssen wir uns selbst verändern, so einfach ist das in der Theorie.

Im BSP wird beiden Reformansätzen Rechnung getragen, wenn auch in unterschiedlichem Maße. Er ist auf Risiko angelegt, weil er auch eine Korrektur des bisherigen Denkens abverlangt. Naturgemäß ist das Risiko asymmetrisch auf die beiden Reformpartner verteilt: Während Tony Blair mit dem Papier einen in weiten Teilen schon zurückgelegten politischen Weg reflektiert, fungiert es für Gerhard Schröder als regulative Idee zukünftiger sozialdemokratischer Praxis.

Aus sozialdemokratischer Sicht verfolgt das Papier einen dreifachen Zweck:
1. soll die Partei rücksichtslos mit der Realität konfrontiert werden. (nebenbei: Die Förderung der Realitätstüchtigkeit war eine der vornehmsten Pflichten Willy Brandts);
2. soll die Partei - bei Wahrung der Grundwerte - von einer neuen Konzeption politischen Handelns und Argumentierens überzeugt werden;
3. sollen Ansehen und Selbstdefinition der Partei nachhaltig geändert werden.

Mitte & Mehrheit gleich Macht

Die Rezeption des Papiers in der „Zeit" (17.6.99) erweist sich als weitgehend typisch: Chefredakteur und Ökonom Roger de Weck glaubt, das Papier ziele inhaltlich in die falsche Richtung. Werner Perger hingegen sympathisiert mit dem Denkansatz. Beiden gemeinsam aber ist: Sie bewerten es als einen Bruch mit dem bisherigen politischen Denken und Fühlen der Partei und zugleich als einen Bruch mit der Politik von Oskar Lafontaine. Dieser Eindruck ist gerechtfertigt - und meines Erachtens auch gewollt. So nimmt in dem Papier die Abrechnung mit den eigenen Irrtümern sehr breiten Raum ein. Das ist der eine Dreh- und Angelpunkt der Umkehr.

Die psychologische Metapher dafür, dass eine solche Wende funktionieren kann, steht schon im Alten Testament: Es ist die Rückkehr des verlorenen Sohnes. Nicht, dass die Sätze wahr sind, ist das Ereignis, sondern dass sie von der SPD ausgesprochen werden - oder jedenfalls von Schröder. Schröder will weg von den alternativen Nobelpreisträgern und hin zu den Nobelpreisträgern, von einer Oppositionsmentalität zur Regierungsmentalität. Mitte & Mehrheit gleich Macht. Das ist der eine Kern der Politik der Neuen Mitte: Politik im Einklang mit dem vorherrschenden Sachverstand. Wirtschaftspolitik mit Hans-Werner Sinn, nicht mit Rudolf Hickel, bildlich gesprochen. Dies gilt jedenfalls für die erste Etappe des neuen politischen Denkens. Die Überwindung des postmodernen Denkens - anything goes, alles sei nur eine Sache der Konvention - geht durchaus konform mit der Wende in den Wissenschaften und liegt auch im Zuge der Zeit.

Der zweite Dreh- und Angelpunkt der Umkehr des Denkens ist die veränderte Wirklichkeit bzw. der Kampf um deren Anerkennung. Was charakterisiert nun das relevante Umfeld?

Es ist die Globalisierung der Wirtschaft, die durch die Zerlegung und Digitalisierung der ökonomischen Prozesse erst ihre volle Wirkung zeitigt. Auch wenn in Gebäuden und Maschinen gebundenes Sachkapital nicht so mobil ist wie das Finanzkapital, müssen wir davon ausgehen, dass sich die Unternehmen nicht national, sondern rational verhalten. Und das meint in einer globalen Wirtschaft, dass sie alle relevanten und stabilen Kosten- und Qualitätsvorteile realisieren - wo in der Welt auch immer. Wir können uns auch nicht darauf verlassen, dass sie von diesen Kostenvorteilen oder Qualitätsunterschieden nichts erfahren. Dafür sorgen schon die international tätigen Unternehmensberatungsgesellschaften, die dieses Wissen bewirtschaften.

Durch die Vertiefung der internationalen Arbeitsteilung, die Zerlegung der Wertschöpfung und die Digitalisierung der Information steht uns bereits mittelfristig ein Nebeneinander konventioneller Arbeitsbeziehungen ins Haus, ergänzt um Arbeitsbeziehungen nach dem Prinzip „form follows function". Es wird weniger Arbeitsplätze geben, aber viele Arbeitsprojekte, an denen sich unterschiedliche Personen beteiligen und die sich immer neu zusammenfügen - ein typisches Prinzip der Wissensökonomie. Die „Zeitarbeiterschaft" wird sich zusammensetzen aus Gelegenheitsarbeitern wider Willen und aus Spezialisten, denen jede Unterwerfung unter einen Tarifvertrag lebensfremd ist und bleiben wird. Die „Ökonomie des Raumes" - die Maschinenhalle, das Büro - verflüchtigt sich sukzessive, die Arbeit trennt sich vom traditionellen Arbeitsplatz. Dass viele Menschen einen Kernarbeitsplatz - ausgedrückt in der alten Fortschrittsterminologie - nicht bekommen, andere hingegen ihn willentlich ablehnen, das wird ein Signum der neuen Arbeitswelt werden. (Das Gesetz gegen die Scheinselbständigkeit von Walter Riester ist ein Versuch, diesen Wandel juristisch zu begleiten).

Dies ist die neue Arbeitswelt, von der das Papier, zunächst noch implizit oder eher schemenhaft, ausgeht. Diese plurale Arbeitswelt wird für einen größeren Teil der Bevölkerung später kommen, als die kulturelle Avantgarde vermutet, aber früher, als es manche Gewerkschafter erhoffen.

Warten, dass die Flut vernünftig wird?

Auf die durch die Globalisierung hervorgerufenen Entwicklungen und Brüche gibt es im Prinzip drei Antworten:
- einen Wettbewerb der Institutionen, das heißt der Steuersysteme, der Systeme der sozialen Sicherheit, der Gesundheitssysteme usw.;

- eine internationale Verständigung auf gleiche Regeln, kurz gesagt: eine Normierung der Rahmenbedingungen - sei es auf europäischer Ebene, sei es auf der Ebene des GATT;
- eine Begrenzung oder Zurückführung des freien Welthandels oder andere Formen des Protektionismus.

Letzteres fordert in der Bundesrepublik heute niemand offiziell, ich diskutiere es deshalb auch nicht.

Die normale sozialdemokratische Haltung zur verbleibenden Alternative ist die Präferenz Nummer zwei, also der Vorrang einer internationalen Normierung, wie sie auch Roger de Weck in dem erwähnten Artikel in der „Zeit" empfiehlt. Das BSP kommt hier zu keiner klaren Entscheidung. Aber es stellt implizit drei Fragen:

Was können wir?

Was wollen wir?

Und was tun wir in der Zwischenzeit, wenn das Wasser steigt? Warten wir darauf, dass die Flut allmählich vernünftig wird, oder bauen wir eine Brücke?

Diese Abfolge der Fragen liegt dem Papier zugrunde, und das ist neu - nicht die Fragen, sondern ihre Reihenfolge. Die Sozialdemokratie war seit jeher gewöhnt abstrakte Zieldebatten zu führen, die sie dann nur mühsam mit der Realität vernetzen konnte. Auch deshalb kam es häufig zu der verqueren Frontstellung zwischen „Modernisierern ohne Moral" und „Moralisierern ohne Konzept". Die zeitlos gültigen Werte werden im BSP vorangestellt, Ziele und Maßnahmen hingegen werden in der gültigen historischen Situation konkretisiert. In der Umkehrung der Fragestellung ist ein Teil der pragmatischen Wende der Sozialdemokratie verborgen. Politische Fragen werden, so gesehen, nicht immer gleich Fragen der Moral, sondern der Urteilskraft. Erst die Urteilskraft ermittelt die Spielräume einer praktisch zu begründenden Politik.

Jeder bedeutsame politische Streit ist ein Kampf um die Sachverhalte, sagte es einmal Kurt Biedenkopf. Der Kampf um die Anerkennung der Wirklichkeit wird in dem Papier exemplarisch am Beispiel der Globalisierung ausgetragen, aber er wird nicht konsequent zu Ende geführt. Das Papier räumt ein, es gäbe einen Wettbewerb der Unternehmen um das weltweit verfügbare Kapital. Diese Konkurrenz wird sich tendenziell verstärken, und zwar in dem Maße, wie das Kapital der partiell auf Kapitaldeckung umgestellten Alterssicherungssysteme der reichen Gesellschaften alternative Anlagemöglichkeiten sucht. Aber das Papier stellt nicht wirklich klar, dass es auch einen - mittelbaren - Wettbewerb der Staaten gibt. Diese „Wirklichkeit" ist allerdings alles andere als trivial und somit ist sie auch umstritten. Paul Krugman, einer der führenden Köpfe der amerikanische Ökonomie, sagt (mit dem ehemaligen sozialdemokratischen Parteivorsitzenden Oskar Lafontaine), Staaten stünden nicht im Wettbewerb. Seine Begründung ist ziemlich lapidar: Anders als Firmen könnten Staaten nicht pleite gehen. Aber Staaten können durch ihre Politik natürlich Firmen ruinieren, insofern ist die Relevanz des Krugmanschen Einwandes mehr als fraglich.

Oskar Lafontaine bestreitet einen Wettbewerb der Steuer- und Sozialsysteme, weil er befürchtet, dieser Wettbewerb führe zu Steuer- und Sozialdumping. Aber Befürchtungen helfen uns gewöhnlich nicht bei der Klärung von Tatsachenfragen. Meine

Behauptung hingegen ist, es gibt diesen Wettbewerb - und er ist auch weitgehend vernünftig. Grundsätzlich gilt es, zwei Fälle zu unterscheiden: 1. Ein Unternehmen nimmt an seinem Produktionsstandort die staatlich vorgehaltene Infrastruktur in Anspruch, aber es entzieht sich der Bezahlung, weil es seinen Steuerstandort nach Belieben verlagert. Und 2. Ein Unternehmen im Lande A stellt sich besser als ein Unternehmen im Lande B, weil in jenem die Infrastruktur effektiver organisiert ist. Beide Unternehmen beteiligen sich an den Kosten der Infrastruktursysteme. Zur Infrastruktur zählen zum Beispiel die Verkehrssysteme, die Bildungs- und Ausbildungssysteme, das Steuersystem, die sozialen Sicherungssysteme und vieles andere mehr. Während für den ersten Fall, den Fall des „gesetzlich ermöglichten Unrechts", Handlungsbedarf besteht, und zwar im Sinne einer Normierung, entsteht er im zweiten Fall ebenfalls - aber auf ganz andere Weise. Während es im ersten Fall einer gemeinsamen internationalen Anstrengung bedürfte, bedarf es im zweiten einer nationalen Anstrengung. Während es im ersten Fall um internationale Normierung geht, geht es im zweiten Fall um einen gestalteten Wettbewerb. Nicht der von den Neoliberalen dogmatisch geforderte Rückzug des Staates ist angesagt, sondern die Erneuerung des Staates. Das Problem ist: Wie kann man den vernünftigen Wettbewerb vom unvernünftigen Wettbewerb unterscheiden, und wie begrenzt man den Wettbewerb auf einen Leistungswettbewerb?

Paul Krugman hat nachgewiesen, dass Konzerne, die dem globalen Wettbewerb ausgesetzt sind, ihre Strukturen zügig erneuern. Unternehmen und Institutionen hingegen, die nicht unter Wettbewerbsdruck stehen - oder sich nicht unter Wettbewerbsdruck wähnen -, leiden unter einer „systembedingten" Trägheit. Die deutsche Automobilindustrie, die im globalen Wettbewerb steht, hat sich in den 90er Jahren tiefgreifend erneuert. Die Universitäten hingegen, die eher als „geschützte Orte" gelten dürfen, legen ein sehr viel langsameres Tempo der Erneuerung vor. Ob es einen Wettbewerb zwischen den Staaten gibt, ist keineswegs eine akademische Frage: Von ihrer Beantwortung hängt es ab, ob wir die Reorganisation des Staates zügig oder zögerlich voranbringen.

Schröders magisches Viereck

Die (modernen) Sozialdemokraten machen gerade eine wichtige Erfahrung: Unterschiedliche Gesetze oder Systeme haben eine unterschiedliche Charakteristik und manchmal auch eine unterschiedliche Effizienz. Das amerikanische Steuersystem kann zum Beispiel mit niedrigeren Steuersätzen ein höheres Steueraufkommen erwirtschaften als das deutsche. Die holländische Regierung lässt gerade darüber nachdenken, ob man die Einkommensteuer ganz abschaffen sollte und die direkte Besteuerung auf die Vermögensteuer konzentriert. Die Debatte um die Neuordnung der Rentensysteme wird derzeit international geführt, bei weltweit zunehmender Transparenz. Die steigende Transparenz hängt auch mit der Steigerung der Rechenleistung von Computern zusammen. (Es wird eine der größten Herausforderungen der Sozialdemokratie werden, Transparenz und Solidarität zu versöhnen, und zwar nicht nur in der Rentenversicherung und im Gesundheitswesen). Ich wiederhole: Eine Gleichheit der Wettbewerbsbedingungen - und damit die Wettbewerbsneutralität für die Unternehmen - wäre durch Normierung zu gewinnen, auch wenn sie gegenwärtig recht unrealistisch zu sein scheint. Die Dynamik der Volkswirtschaften und ihr Niveau hingegen werden durch den Vergleich und die Ermittlung unterschiedlicher Lösungen unterstützt. Warum sollten wir bei der Beantwortung der Frage nach dem leistungsfähigsten Steuersystem auf den Wettbewerb als Entdeckungsverfahren verzichten? Steueroasen sind meist nichts als unlauterer Wettbewerb - und sie gehören geschlossen.

Die Ermittlung der leistungsfähigsten Systeme erfolgt durch das Benchmarking, ein Verfahren, das die unterschiedliche Leistungsfähigkeit von Unternehmen transparent macht und seit vielen Jahren von Unternehmensberatern angewandt wird. In der Regel ermöglicht es dieses Verfahren, die Kernfaktoren der Leistungsfähigkeit zu identifizieren und damit auch zu vergleichen. Betriebliches Benchmarking kann auf politisches Benchmarking allerdings nicht eins zu eins übertragen werden. Richtig bleibt der Grundgedanke: dass sich auch die Politik bemüht, transparente Leistungsvergleiche unterschiedlicher Gesetze und Maßnahmen zu ermöglichen. Recht verstandenes Benchmarking ist mehr als die Lösung einer politischen Aufgabe mit „dem Taschenrechner": Häufig verbieten sich bestimmte Lösungen schon deshalb, weil sie den kulturellen Eigensinn einer Gesellschaft verletzen oder mit den Grundwerten einer Partei nicht übereinstimmen. Aber das ist eine Frage der „politischen Hermeneutik". Die Grundwerte einer Gesellschaft oder einer Partei können durch dieses Verfahren ohnehin nicht „optimiert" werden: Im Gegenteil, ihre Klärung ist die Voraussetzung, dass das Verfahren überhaupt sinnvoll eingesetzt werden kann. Das BSP widmet dem Benchmarking einen eigenen Abschnitt. Benchmarking ist die zentrale Verfahrensinnovation, die es ermöglichen soll, Handlungsbedarf im Strukturwandel zu orten und gerichtet zu gestalten. Benchmarking ist Teil einer rationalen, politischen Heuristik, nicht mehr - aber auch nicht weniger. Dass das Papier gleichwohl den institutionellen Wettbewerb nicht offensiv vertritt, scheint mir einerseits eine Konzession an alte Denkgewohnheiten zu sein. Andererseits hat man wohl die vage Vermutung, die kontinentalen Wirtschafts- und Sozialordnungen könnten, auch bei grundlegenden Reformen, dem globalen Wettbewerbsdruck nicht standhalten. Das scheint mir eine voreilige Kapitulation zu sein, wie nicht zuletzt die Fusion von Daimler und Chrysler unter dem Dach des deutschen Rechtes zeigt.

Im Zusammenhang mit der Globalisierung ist der institutionelle Wettbewerb der ausschlaggebende Punkt. Dies schließt natürlich nicht aus, dass es sinnvoll ist, sich im europäischen oder im Weltmaßstab auf ein Verfahren zu einigen, wie es jüngst mit der Agenda 21 geschah. Durch welche Maßnahmen diese Agenda 21 wiederum national und regional umgesetzt werden kann, darüber sollte wiederum der Wettbewerb entscheiden.

Gerhard Schröder hat in einer Regierungserklärung ein magisches Viereck der Politik gezeichnet. Als ersten Punkt nannte er dabei die „wirtschaftliche Wettbewerbsfähigkeit". Wirtschaftliche Wettbewerbsfähigkeit aber ist, um einen früheren Wirtschaftsminister zu zitieren, weitgehend eine Sache der Wirtschaft. Es geht nicht um wirtschaftliche Wettbewerbsfähigkeit sondern um wirtschaftspolitische Wettbewerbsfähigkeit. Was sich zunächst wie ein bloßes Wortspiel anhört, markiert in Wirklichkeit einen anderen Denkansatz.

Das BSP sollte sich klar zum institutionellen Wettbewerb bekennen. Erst dieser verlangt den gestaltenden Staat; ihm sind weder der „Nachtwächterstaat" der Neoliberalen gewachsen, noch die Reste neosozialistischen Denkens, die bei der Inventur der Denkstube übersehen wurden.

Die Sozialdemokratie - allen Glückes Schmied?

Es geht im BSP aber nicht nur um eine Erneuerung der Wirtschaftspolitik und um eine Steigerung der Effizienz des Staates. Vielmehr soll der Staat auch seine Rolle wechseln: Er soll sich vom bevormundenden Staat zum aktivierenden Staat weiterentwickeln. Auch dieser Gedanke mutet der SPD einiges zu - und der Gesellschaft, wenn man den Umfragen aus Allensbach trauen darf. Pate steht hier die Einsicht, dass man eine Gesellschaft auf zweierlei Weise verderben kann: zum einen, in dem man die Menschen dauerhaft überfordert, zum anderen aber auch, indem man die Menschen dauerhaft unterfordert. Während konservative Regierungen zum ersten neigen, sympathisieren sozialdemokratische Regierungen mit der zweiten Haltung. Konservative Regierungen - in diesem Sinne war die Kohl-Regierung keine konservative Regierung - handeln nach der Devise: Not macht erfinderisch, und jeder ist seines Glückes Schmied. Sozialdemokratische Regierungen erwecken gelegentlich den Eindruck, sie wären allen Glückes Schmied. Diese permanente Überforderung des Staates und Unterforderung der Menschen wird im BSP zu Recht aufgekündigt. Aber wie die gestaltete Zivilgesellschaft aussehen könnte, bleibt weitgehend unklar, welche aktive Rolle der Staat bei der partiellen Vergesellschaftung der sozialen Sicherheit und der kulturellen Teilhabe spielen soll, wird nicht mitgeteilt. Der aktivierende Staat soll der dritte Weg sein zwischen dem bevormundenden Staat und dem desinteressierten Staat. Aber dieser Weg wird bestenfalls angedeutet. Hier sollte nachgelegt werden, und sei es nur durch den Verweis auf gelungene Beispiele. In einigen Kommunen - zum Beispiel in Hamburg - wird der Übergang vom „Sozialhelfer zum Sozialunternehmer" schon erfolgreich eingeübt. Die Geschichte dieser erfolgreichen Beispiele muss erzählt werden. Die erfolgreichen Beispiele sollten zu einem (auch die internationale Entwicklung berücksichtigenden) „Innovationsthesaurus" verdichtet werden. Dazu können die am Ende des BSP angeregten Netzwerke einen sinnvollen Beitrag leisten.

Roger de Weck sagt in seinem Artikel zu Recht, dass die Sozialdemokraten der neuen Mitte oder des dritten Wegs den Strukturwandel noch beschleunigen wollten. Das klingt in den Ohren vieler Menschen wenig vertrauenerweckend: Haben sie doch auch die Sprüche der Unternehmensberater und der Managementtheoretiker im Ohr, die weissagen, dass in der Wissensgesellschaft der Schnelle den Langsameren schlüge und der Gewinner alles gewönne. Das liebt man vielleicht im Lotto, aber nicht im wirklichen Leben. Die Menschen - jedenfalls die Europäer - verlangen ein Minimum an „Alltagssicherheit", für das der Staat die Verantwortung zu tragen hat. Je unsicherer und riskanter die Arbeitswelt wird, desto größer ist das Bedürfnis nach einer sicheren Lebenswelt. Auch die skandinavischen Sozialdemokraten haben die Arbeitsmärkte dereguliert - sie nahmen in der Regel auch an Fahrt auf - und die sozialen Sicherungssysteme redimensioniert, aber an den Grundlagen haben sie wenig verändert. Das BSP teilt die Einsicht, dass nur dann, wenn die Alltagssicherheit gewährleistet ist, die Menschen den Mut zum Strukturwandel haben würden. An dieser Stelle gibt es eine Umkehrung von „Ausnahme und Regel": Die Grundsicherung, in welcher Form auch immer gesetzlich ausgestaltet, soll nur noch im Ausnahmefall rein geldlich gestaltet sein. Im Regelfall aber nimmt sie den Staat und die Betroffenen in die Pflicht, mitzuwirken beim Wiedereintritt in die Arbeitsmärkte. Das ist mit dem etwas verspielten Bild des „Trampolins" gemeint, das Bodo Hombach in seinem Buch „Aufbruch" kreiert hat. Das Ganze „do ut des", das Geben und Nehmen, Rechte und Pflichten, sollen neu justiert werden. „Freiheit wovon" und „Freiheit wozu" soll wieder in eine Balance gebracht werden. Hier markiert das BSP einen Bruch mit einer kulturellen Tradition der 68er Generation, der aber nicht explizit gemacht wird. Wie wird sich das Versprechen einer Grundsicherung, bei der jeder auch noch selber mitwirken soll, auf den Wählermarkt auswirken? Viele Menschen haben schließlich weit mehr zu verlieren, als nur ihre Ketten. Wer die Frage so stellt, hat die Politik der neuen Mitte nicht verstanden.

Tausche einen Stammwähler gegen zwei Wechselwähler

Über einige Elemente der Politik der Neuen Mitte habe ich schon gesprochen. Die Politik der neuen Mitte blendet den „common sense" nicht aus. Sie versucht, „Norm und Normalität" auszusöhnen. Sie versucht, die Menschen da abzuholen, wo sie gerade stehen. Sie versucht, Zentrum und Peripherie zu ordnen. Sie macht Schluss mit der Partei als Avantgarde: Die Partei darf den Menschen nur in Rufweite voraus sein. Einige andere Aspekte wurden in verschiedenen Presseartikeln genannt: Den Autoren des BSP wird unterstellt, sie teilten die ganze Wählerschaft in verschiedene Zielgruppen auf und wollten ihr Portfolio optimieren . Weil den Sozialdemokraten die traditionelle Arbeiterschaft abhanden zu kommen droht, sucht man flugs nach Ersatz. Und weil die Menschen sich gerne als zur Mitte gehörig empfinden, andererseits aber auch nicht gerne nur durchschnittlich sein wollen, verschafft man ihnen mit dem Wort „neu" ein zusätzliches Angebot. Neue Mitte, da wollen viele dazu gehören. Das scheint das glatte Kalkül der Schröder-Politik zu sein: Tausche einen Stammwähler gegen zwei Wechselwähler. Das zentrale Instrument der Politik der Neuen Mitte aber ist weder der Taschenrechner noch der Rechenschieber. Das ist die alte, die statisch verstandene Politik. Das zentrale Instrument der Politik der Neuen Mitte ist die politische Idee selber. Schröder und Blair trauen sich zu, durch ein innovatives politisches Angebot den „Wählermarkt" neu zu strukturieren. Wenn in diesem Kontext das Wort von der „Angebotspolitik von Links" einen Sinn macht, dann hier, und nicht im Rahmen einer Wirtschaftspolitik, wo es doch etwas künstlich erscheint. Wie mit einem innovativen Produkt neue Märkte entstehen, zeigt uns die Wirtschaft alljährlich. In der Politik ist dies seltener anzutreffen. Das letzte Beispiel in Deutschland ist die Ostpolitik Willy Brandts, die, zunächst umstritten, als politische Idee die partikularen Interessen der Zahnärzte, der Ingenieure und der Religionslehrerin überwand. Eingebunden in ein Konzept zur Modernisierung des Landes regte diese Politik eine neue Dynamik an und entfesselte die blockierte Gesellschaft. Die zentrale politische Idee Schröders, formal gesehen, scheint mir zu sein: dass man eine Gesellschaft auch gegen große Besitzstände des Denkens, Fühlens und Habens modernisieren kann. Und dass, wenn man dies bewiesen hat, man auch wieder gewählt werden kann. Selbstverständlich ist dies nicht: Nahezu alle Reformregierungen weltweit wurden zügig abgelöst, was Wolfgang Schäuble zu dem Umkehrschluss veranlasste, die Ablösung der CDU hätte bewiesen, dass sie eine Reformregierung gewesen sei. Die „Strategie" von Bundeskanzler Schröder ist sehr ehrgeizig und voller Risiken: Eine solche Innovationsstrategie lässt sich auch mit den Mitteln der Demoskopie nicht berechnen.

Man sollte die Folgen seines Handelns auch mögen, sagte Max Weber. Das BSP ist, bezogen auf die sozialdemokratische Denk- und Gefühltradition, eine ziemlich derbe Provokation. Bezogen auf die deutschen Verhältnisse könnte man gar von einer paradoxen Intervention reden, denn nicht zuletzt sozialdemokratische Parteiführer nährten einige jener Überzeugungen, deren Kündigung jetzt abverlangt wird. Zum Beispiel gehen die Autoren des BSP zu Recht davon aus, dass jede künstliche Hemmung des Strukturwandels zwar Gegenwartsprobleme beseitige, aber in der Regel zulasten weit größerer Probleme in der Zukunft. Darüber herrscht zwar weitgehend Einigkeit unter den Ökonomen, aber keineswegs in der Gesellschaft - und schon gar nicht in der SPD und bei ihren „gesellschaftlichen Verbündeten". Da ist man eher vom Gegenteil überzeugt. Viele ernsthafte, ja gemeißelte Überzeugungen müssen noch „entlernt" werden, soll der neue Kurs an Fahrt gewinnen.

Die politische Wende ist allerdings besser vorbereitet, als die Erfahrung mit dem ersten halben Jahr dieser Bundesregierung ahnen lässt. Diese Zeit war im Wesentlichen geprägt durch den aussichtslosen Kampf eines Ministers gegen die Wirtschaft, ihre Verbandsvertreter und gegen die ökonomische Zunft - ein Kampf, der unabhängig von den Inhalten nicht zu gewinnen war.

Bereits im Jahr 1997, noch vor der Wahl in Niedersachsen, sprach der niedersächsische Ministerpräsident mit einflussreichen Vertretern der Gewerkschaften und der Arbeitgeberverbände. Ziel dieser Gespräche war, die Chancen eines Bündnisses für Arbeit auszuloten, auch wenn dieses Vorhaben damals noch nicht unter diesem Titel aufgegriffen wurde. Die Gewerkschaften und die Arbeitgeber sollten sich auf ein gemeinsam geführtes wissenschaftliches Institut verständigen, das jährlich einen „Bericht zur Lage auf dem Arbeitsmarkt" vorzulegen hätte. Der Verständigungszwang auf eine realistische Sicht sollte den ideologischen Debatten entgegenwirken, die da glauben machen, Wahrheitsfragen könne man einfach entscheiden. Selbst wenn man kein Konsenspapier zustande gebracht hätte, wäre deutlicher geworden, ob den unterschiedlichen Empfehlungen verschiedene Wertvorstellungen, Theorien oder bloße terminologische Missverständnisse zugrunde lägen. Der Plan wurde damals nicht weiter verfolgt. Als das Bündnis in Bonn dann aus der Taufe gehoben wurde, konnte auf die damaligen Überlegungen zurückgegriffen werden.

Große Lösungen sind realistischer als kleine

Das Bündnis für Arbeit ist die zweite Verfahrensinnovation - neben oder zusammen mit dem Benchmarking - der Regierung Schröder. Wer es auf den runden Tisch reduziert, der auf Verständigung als solche ausgerichtet ist, gleichsam ohne Beachtung der Inhalte, hat es gründlich missverstanden. Im Bündnis muss grundsätzlich geklärt werden, dass eine künstliche Hemmung des Strukturwandels kein Beitrag zu nachhaltigem Wachstum ist. Aus zwei Gründen sind die Chancen begrenzt: Zum einen wissen wir relativ genau, in welchen Branchen Stellen abgebaut werden, wir haben aber keine zwingende Vorstellung, welche neuen Branchen oder in welchen Branchen neue Stellen entstehen. Und zum anderen: Die Gewerkschafter und die Arbeitgeberfunktionäre vertreten fast ausschließlich schrumpfende Branchen, die Neigung zu Umverteilungsdebatten - sei es der Arbeit, sei es der Löhne - kann zum vorherrschenden Denkstil werden. Das Bündnis für Arbeit wird zum Lackmustest, der klären wird, ob das neue Denken eine Chance bekommt. Insofern kann sich das Bündnis als eine Fehlkonstruktion erweisen. Es muss erst noch belegen, dass man im Konsens ein größeres Reformrad drehen kann als im Konflikt.

Auch bei einem besser durchdachten Positionspapier wäre der größte Risikofaktor für Gerhard Schröder die eigene Partei und die zunehmend verunsicherte Stammwählerschaft. Sie diskutiert und empfindet Politik nach anderen Kategorien, sie wittert förmlich den Tatbestand der kulturellen Entfremdung. Sie hat gelernt, Interessen zu vertreten und Bedürfnisse zu artikulieren. Politik, zumal sozialdemokratische Politik, geht nicht darin auf, mehr oder weniger kluge Papiere zu schreiben, sondern sie ist in erster Linie Vertrauensarbeit. Die SPD ist auf den Wandel nicht vorbereitet. Gerade deshalb setzt Schröder auf den Wandel durch Wort und Tat.

Mit großem Geschick ist es Schröder gelungen, das Ergebnis der Europawahl der alten SPD anzulasten und es zugleich zum Anlass zu nehmen, eine neue Politik einzufordern. Er hatte den Mut, die Verhältnisse einfach „mal so zu interpretieren" - Wandel durch Worte. Parallel dazu zeigen sich aber auch die Konturen einer neuen Politik: Der Sparkurs von Finanzminister Eichel ist ein Element der neuen Politik, die kapitalgedeckte Rente, vorgeschlagen von Arbeitsminister Riester, ein anderes. Die Erfahrung lehrt, dass sich in der Politik große Lösungen oftmals leichter durchsetzen lassen als kleine. Diese Einsicht sollte zu einem Lehrsatz der neuen Politik werden. Der Ehrgeiz des Finanzministers, die außerordentliche Summe von 30 Milliarden einzusparen, wurde von einigen Ministerien eher als Herausforderung aufgenommen denn als eine Zumutung. Acht Milliarden, das hätte ein Hauen und Stechen gegeben, 30 Milliarden, das kann nur mit einer unternehmerischen Haltung und mit einer neuen Qualität der Politik bewältigt werden. Auf die Sparpolitik Hans Eichels müssen die Kollegen in den Ministerien mit neuen Konzepten antworten, nicht alleine mit Kürzungen - dann könnte das Sparprogramm tatsächlich ein Zukunftsprogramm werden. Das wäre die wirkliche Einlösung des Satzes: „Wir haben verstanden".

Inzwischen ist die Affekttemperatur der öffentlichen Debatte gestiegen und die Beweislast in den Medien hat sich sukzessive verkehrt: Beweispflichtig sind nun diejenigen, die alles beim Alten lassen wollen. „Mut Kanzler, der Kraftakt", so titelten Gazetten, die gelegentlich eher zur Häme neigen. Die Neugier ist gewachsen, ob der Paradigmenwechsel möglich sein wird, ob die demokratische Trägheit überwunden werden kann. Der Regierung wird erneut eine Chance gegeben.

Auch das BSP setzt auf die Einsicht, dass in der Politik große Probleme oft leichter gelöst werden können als kleine. Es verlangt von der eigenen Partei, Denkfehler zu korrigieren, Veränderungen der Realität anzuerkennen, innovativem Denken gegenüber aufgeschlossen zu sein und die „Haltung der Trauerarbeit" grundsätzlich zu revidieren. Es ist allerdings nicht zu Ende gedacht. Eine Chance wird das BSP ohnehin nur haben, wenn es Schröder gelingt, die Hypothese, die es wie ein roter Faden durchzieht, zu „beweisen":

Die Massenarbeitslosigkeit ist nicht das Schicksal reifer Volkswirtschaften, sie ist das Ergebnis schlecht organisierter oder fehlangepasster Volkswirtschaften. Andere Länder zeigen uns, wie man mit dem bedrückenden Problem verständiger umgehen kann. Lasst uns von ihnen lernen. Hic Rhodos, hic salta.

Ziele

Gerhard Schröder

Das Bündnis als Fokus unserer Politik der neuen Mitte

Die Begriffe sind zwar verschieden, doch ob Bündnis für Arbeit, Konzertierte Aktion, Sozial- oder Beschäftigungspakt - die Idee ist in fast allen westeuropäischen Staaten dieselbe: Die Massenarbeitslosigkeit lässt sich nur dann wirkungsvoll bekämpfen, wenn sich Steuerpolitik, Sozialpolitik, Tarifpolitik und Zukunftsinvestitionen sinnvoll ergänzen. Denn erst im Zusammenwirken von Staat, Arbeitgebern und Gewerkschaften kann in einer Volkswirtschaft dauerhaft mehr Beschäftigung entstehen.

Die Erfahrungen mit der von Karl Schiller in den 70er Jahren entwickelten Konzertierten Aktion wie auch die aktuellen Beispiele in vielen anderen Industrieländern zeigen, dass dieser konsensuale Ansatz einer beschäftigungsorientierten Wirtschafts-, Sozial- und Finanzpolitik zum Ziel und zum Erfolg führt. Voraussetzung ist allerdings, dass sich alle Beteiligten im Rahmen einer solchen korporativen Politik auf eine gemeinsame Problemanalyse verständigen. Denn nur dann ist auch sichergestellt, dass alle dasselbe meinen, wenn sie dieselben Begriffe benutzen.

Grundlage für ein erfolgreiches Bündnis ist die Verständigung aller Beteiligten darauf, dass

- das Bündnis nicht allein Angelegenheit der Bundesregierung ist;
- Staat und organisierte Interessen ihre jeweilige Verantwortung wahrnehmen und ihren eigenen Beitrag leisten;
- das Bündnis auf längere Frist angelegt sein muss;
- das Bündnis die Reformarbeit der Bundesregierung während der gesamten Legislaturperiode begleiten und Anstöße geben soll.

Die zwischen der Sozialdemokratischen Partei Deutschlands und Bündnis 90/ Die Grünen geschlossene Koalitionsvereinbarung vom 20. Oktober 1998 beschreibt die Erwartungen, die die Bundesregierung an die einzelnen Akteure hat:

- Gewerkschaften und Unternehmen sind zuständig für eine beschäftigungsorientierte Tarifpolitik und eine Organisation der Arbeit, die dem Flexibilitätsbedarf der Betriebe und dem Wunsch der Beschäftigten nach mehr Zeitsouveränität Rechnung trägt.

- Aufgabe der Wirtschaft ist es, die Anstrengungen für Investitionen und Innovationen zu verstärken. Wirtschaft und öffentliche Verwaltung stehen in der Pflicht, durch Erhöhung der Lehrstellenzahl jedem Jugendlichen einen qualifizierten Ausbildungsplatz anzubieten.
- Die neue Bundesregierung wird die Rahmenbedingungen für nachhaltiges Wachstum und zukunftsfähige Arbeitsplätze schaffen. Dazu gehören eine umfassende Steuerreform, die Senkung der gesetzlichen Lohnnebenkosten, die Modernisierung der öffentlichen Verwaltung und eine Innovationsoffensive in Bildung, Forschung und Wissenschaft.

Das Bündnis versteht sich weder als Nebenregierung noch als Reparaturwerkstatt. Es muss eine Scharnierfunktion bei der Politik des Wandels übernehmen und durch strategische Allianzen neue Handlungsoptionen bei der Bekämpfung der Arbeitslosigkeit eröffnen.

Ein Blick über die Grenzen

Im Unterschied zu Deutschland haben sich unsere europäischen Nachbarn in den letzten Jahren mit großem Erfolg für den Dialog zwischen Tarifparteien und Staat entschieden. Dreiseitige Bündnisse zwischen Regierung, Gewerkschaften und Arbeitgebern zur Bekämpfung der Arbeitslosigkeit sowie für die Reform des Arbeitsmarktes und des Sozialstaates gibt es mittlerweile in zahlreichen europäischen Staaten.

Die Niederlande erlebten zu Beginn der achtziger Jahre ihre tiefste Wirtschaftskrise nach dem Kriege. Sie haben sich früher als andere Staaten den notwendigen Reformen zugewandt. Sie machten sich die dort schon lange vorhandene korporatistische Gesprächs- und Verhandlungskultur zunutze, um zu gemeinsamen Lösungsansätzen zu kommen. Eine herausragende Rolle spielt dabei die „Stiftung der Arbeit", die die Sozialpartner unmittelbar nach Ende des Zweiten Weltkrieges als gemeinsame Initiative gründeten. Auf dem Höhepunkt der niederländischen Krise verständigten sie sich im Herbst 1982 auf das sogenannte Wassenaar-Dokument. Es steht für die einschneidende Kehrtwende der niederländischen Beschäftigungspolitik. Die in der „Stiftung" zusammengeschlossenen Arbeitgeber- und Arbeitnehmervertreter einigten sich auf folgende Empfehlungen:

- Verbesserung des Wirtschaftswachstums, stabiles Preisniveau, Förderung der Konkurrenzfähigkeit der Unternehmen,
- eine Politik des langen Atems in allen Bereichen der Sozial- und Wirtschaftspolitik,
- eine bessere Verteilung der bestehenden Arbeitsplätze, unter anderem durch Teilzeitarbeit und Arbeitszeitverkürzung und
- Lohnmäßigung zur Schaffung neuer Arbeitsplätze.

Die Niederländer haben sich damit auf eine Art „volkswirtschaftliche Mischkalkulation" verständigt. Sie funktioniert nach folgendem Muster: Der Staat senkt die gesetzlichen Lohnnebenkosten, im Gegenzug erklären sich die Gewerkschaften bereit, mit ihren Lohnforderungen auch mal unter dem Produktivitätsfortschritt zu bleiben, während die Arbeitgeber ihrerseits einen Teil der Zugewinne für Beschäftigung einsetzen und für die Beteiligung der Arbeitnehmer am Produktivvermögen - was wiederum der Alterssicherung dient und damit zu einer Entlastung der Rentenkassen beitragen kann.

Derartige Beschäftigungsbündnisse in Europa gehen in der Regel auf Initiativen der Regierungen zurück. Wenn die Suche nach Konsens über eine neue nationale Wirtschafts- und Sozialpolitik nicht Chefsache ist, hat sie keine Chance. Autonomie der Tarifpartner und politische Führung durch die Bundesregierung schließen sich nicht gegenseitig aus. Aufgabe der Regierung ist es, die Tarifpartner an ihre Verantwortung für den Arbeitsmarkt zu erinnern und deutlich zu machen, dass sie notfalls im Wege der Gesetzgebung allein handeln wird.

Die neue Bundesregierung will die positiven Erfahrungen, die unsere europäischen Nachbarn mit solchen Bündnissen gemacht haben, auch für Deutschland nutzen. Wir wollen aus diesen erfolgreichen europäischen Erfahrungen lernen und damit wieder eine positive Beschäftigungsentwicklung anstoßen. Wir wollen auf diese Weise neue „Innovationsallianzen" schließen. Dem „Benchmarking" im europäischen Vergleich kommt für uns daher eine wichtige Bedeutung zu. Wir wollen von den „best practices" unserer Nachbarn lernen und uns an den Ergebnissen erfolgreicher Politik messen lassen. Hierzu ist im Bündnis eine eigene Arbeitsgruppe mit namhaften Wissenschaftlern eingerichtet worden. Ziel der Arbeitsgruppe ist es, eine gemeinsame Datenlage herzustellen, die Probleme zu identifizieren und damit die Grundlage für abgestimmtes Handeln zu schaffen.

Die Themen des Bündnisses

Beim ersten Spitzengespräch des Bündnisses für Arbeit, Ausbildung und Wettbewerbsfähigkeit am 7. Dezember 1998 haben sich die eingeladenen Spitzenvertreter der Unternehmerverbände und der Gewerkschaften darauf verständigt, in einem Bündnis gemeinsam auf einen Abbau der Arbeitslosigkeit hinzuwirken und die Wettbewerbsfähigkeit der Wirtschaft nachhaltig zu stärken. In einer gemeinsamen Erklärung wurden die wichtigsten Aufgaben und Themenfelder des Bündnisses festgelegt. Die Bündnispartner streben vor allem an:

1. eine weitere dauerhafte Senkung der gesetzlichen Lohnnebenkosten; eine strukturelle Reform der Sozialversicherung;
2. eine beschäftigungsfördernde Arbeitsverteilung und flexible Arbeitszeiten, wodurch Überstunden abgebaut werden können (Arbeitszeitkonten, Ausbau und Förderung der Teilzeitarbeit);
3. ein Inkraftsetzen der Unternehmenssteuerreform insbesondere zur Entlastung der mittelständischen Wirtschaft zum 1. Januar 2000 (vorgesehen ist jetzt 2001);
4. weitere Verbesserung der Innovations- und Wettbewerbsfähigkeit der Unternehmen;

5. flexibilisierte und verbesserte Möglichkeiten für das vorzeitige Ausscheiden im Rahmen der bestehenden gesetzlichen Altersgrenzen durch gesetzliche, tarifvertragliche und betriebliche Regelungen;
6. eine Tarifpolitik, die den Beschäftigungsaufbau unterstützt;
7. eine Verbesserung des Zugangs von kleinen und mittleren Unternehmen zu Chancenkapital;
8. einen Ausbau der Möglichkeiten für Vermögensbildung und Gewinnbeteiligung der Arbeitnehmer;
9. Fach- und Themendialoge für Beschäftigung, Innovation und Wettbewerbsfähigkeit;
10. einen weiteren Abbau struktureller Hemmnisse für Gründung und Wachstum von Unternehmen;
11. die Erschließung neuer Beschäftigungsfelder und Ausbildungsmöglichkeiten für gering qualifizierte Arbeitnehmer unter Erprobung und Einsatz neuer Instrumente;
12. einen Ausbau des arbeitsmarktpolitischen Instrumentariums zur Bekämpfung von Jugendarbeitslosigkeit und Langzeitarbeitslosigkeit, insbesondere durch Verbesserung von Aus- und Weiterbildungsmöglichkeiten sowie verstärkte Anreize zur Arbeitsaufnahme. Die Instrumente der aktiven Arbeitsmarktpolitik müssen stärker innovationsfördernd eingesetzt werden.

Direkt im Anschluss an das erste *Spitzengespräch* haben wir neben der erwähnten *Benchmarking-Gruppe* eine *Steuerungsgruppe*, sieben weitere *Arbeitsgruppen*, eine *Expertengruppe* sowie *Fach- und Themendialoge* für verschiedene Politikbereiche eingerichtet. Zusätzlich hat das Bündnis für Arbeit, Ausbildung und Wettbewerbsfähigkeit Fach- und Themendialoge verabredet, in denen vor allem neue und bislang nicht ausreichend erschlossene Beschäftigungsfelder erkundet und Vorschläge erarbeitet werden sollen, wie diese besser ausgeschöpft werden können.

Erste gemeinsame Erfolge

Von interessierter Seite ist das Bündnis schon wenige Wochen nach seiner Konstituierung mehrfach totgesagt worden. Solchem Gerede hat das dritte Spitzengespräch am 6. Juli 1999 eindrucksvoll die Grundlage entzogen. Es hat gezeigt, dass das Bündnis ein ausgesprochen lebendiger Verein ist und - wichtiger noch - zu vorzeigbaren Ergebnissen führt.

Mit der Gemeinsamen Erklärung von BDA und DGB gab es unter dem Patronat des Bündnisses eine Einigung in einem Streit, der für einige kaum lösbar erschien: die Frage, ob im Bündnis auch über makroökonomische Daten, also vor allem das, was Löhne und Gehälter betrifft, geredet werden kann. Ich halte die Erklärung für einen großen Durchbruch in dieser wichtigen Frage. Beide Organisationen bekennen sich zu der Erfordernis einer gemeinsamen, auf Beschäftigungsaufbau ausgerichteten Orientierung in den zentralen Feldern der Haushalts-, Finanz-, Sozial- und Tarifpolitik. Um Arbeitslosigkeit abzubauen ist ihrer gemeinsamen Überzeugung nach eine mittel- und langfristig verlässliche Tarifpolitik erforderlich. Und: Produktivitätssteigerungen sollen vorrangig der Beschäftigungsförderung dienen.

Damit sind wir den Voraussetzungen, die in den Niederlanden und andernorts zu wesentlichen Erfolgen bei der Bekämpfung der Arbeitslosigkeit geführt haben, ein deutliches Stück näher gekommen. Zumal sich BDA und DGB in dem gemeinsamen Dokument auch zu einer differenzierten und flexibilisierten Arbeitszeitpolitik und zu einem Abbau von Überstunden verpflichten.

Der nächste Schritt wird vollzogen, wenn die Benchmarking-Gruppe den im zweiten Spitzengespräch am 25. Februar 1999 erhaltenen Auftrag erfüllt, einen „Kranz" der wichtigsten volkswirtschaftlichen Daten im internationalen Vergleich zu erstellen, auf den die Bündnispartner sich einigen können. Eine gemeinsame Verständigung darauf, was alle Bündnispartner als Wirklichkeit anerkennen, ist eine der wichtigsten Voraussetzungen für eine erfolgreiche Problemlösung.

Ein konkretes Ergebnis gab es zu einem weiteren wichtigen Problemfeld, der Ausbildungsfrage. „Jeder junge Mensch, der kann und will, wird ausgebildet." Dies ist Ziel des von den Bündnispartnern vereinbarten Ausbildungskonsenses. Er sieht vor: Allen bis zum 30. September bei den Arbeitsämtern als unvermittelt gemeldeten Bewerberinnen und Bewerbern wird je nach regionalen Gegebenheiten ein möglichst wohnortnahes Ausbildungsverhältnis im gewünschten Berufsfeld angeboten. Ab 1999 finden in jedem Jahr im Oktober regionale Ausbildungskonferenzen von Arbeitsverwaltung, Gewerkschaften, Wirtschaft und anderen in der Region Verantwortlichen auf Arbeitsamts- und Landesarbeitsamtsebene statt. Die Vermittlung in betriebliche Berufsausbildung hat Vorrang. Die Bündnispartner unterstützen Initiativen der Tarifvertragsparteien, Betriebe dabei mit einem externen Ausbildungsmanagement zu unterstützen.

Zudem haben die Wirtschaftsverbände noch einmal ihre beim Spitzengespräch im Februar erteilte Zusage bekräftigt, 1999 den demographisch bedingten Zusatzbedarf an betrieblichen Ausbildungsplätzen zu decken und darüber hinaus mindestens 10.000 zusätzliche Ausbildungsplätze zu schaffen. Für die Folgejahre streben sie an, zumindest den jährlichen, demographisch bedingten Zusatzbedarf zu decken. Im März jeden Jahres werden regionale Ausbildungskonferenzen durchgeführt, um die Lehrstellenbilanz des vorangegangenen Jahres zu bewerten, Einvernehmen über den voraussichtlichen Ausbildungsbedarf für das laufende Jahr zu erzielen und Massnahmen zu verabreden, diesen zu decken. Die Ergebnisse der Regionalkonferenzen werden auf der Bundesebene durch die Bündnispartner zusammengeführt. Dabei findet eine kritische Prüfung und gegebenenfalls Ergänzung oder Korrektur der Massnahmen des Ausbildungskonsenses statt.

Es wurden auch Vereinbarungen getroffen, die über die traditionelle Ausbildungspolitik hinausgehen. So sehen die Bündnispartner einen erheblichen Bedarf an zusätzlichen Fachkräften im Bereich der Informations- und Kommunikationstechnologien (IT). Sie haben sich daher auf eine mehrjährige Offensive zum Abbau des IT-Fachkräftemangels verständigt. Dazu gehört unter anderem die Steigerung des Ausbildungsvolumens neuer IT-Berufe auf 40.000 Stellen in drei Jahren. Ziel ist es, den akuten Engpaß auf dem deutschen Arbeitsmarkt abzubauen und bis 2005 die Zahl der Beschäftigten in diesen Berufen um weitere 150.000 zu erhöhen.

Dies alles sind Beispiele des inzwischen erreichten produktiven Zusammenwirkens aller Bündnisteilnehmer. Die Zusammenarbeit funktioniert auch unterhalb der Ebene des Spitzengesprächs in den einzelnen Arbeitsgruppen sowie den Fach- und Themendialogen. Hier sind vielfältige Vereinbarungen erzielt worden. Sie reichen von einer Weiterentwicklung der Altersteilzeit über Instrumente zur Förderung des überregionalen Absatzes ostdeutscher Produkte und Dienstleistungen bis hin zu einer Verständigung auf ein Massnahmenpaket, das die Benachteiligtenförderung verbessert.

Die Leitfunktion des Bündnisses für die Landesebene

Das Bündnis auf Bundesebene hat positive Auswirkungen auf die Bundesländer. Es erfüllt einerseits eine Initiativfunktion für die Bündnisaktivitäten auf Landesebene. In zahlreichen Bundesländern sind in den vergangenen Monaten eigenständige Bündnisse ins Leben gerufen worden; in anderen haben bereits bestehende Bündnisse neue Schubkraft erhalten. Das Bündnis auf Bundesebene nimmt andererseits eine Orientierungsfunktion für die Bündnisse auf Landesebene wahr - konzeptionell und organisatorisch. Es haben sich weitgehend vergleichbare Arbeitsstrukturen herausgebildet: Spitzengespräche, Arbeitsgruppen, Fachgespräche zu Themen oder Handlungsfeldern beziehungsweise Branchen- und Themendialoge sowie Steuerungsgruppen der Beauftragten der Spitzenebene. Das Bundes-Bündnis hat darüber hinaus für die Länder auch eine Implementierungsfunktion. Hier werden Rahmenbedingungen gesetzt und überregionale Zielvorgaben entwickelt.

Inwieweit die Länder sich diese Funktionen des Bündnisses auf Bundesebene zunutze machen können, ist auch abhängig von den ökonomischen Gegebenheiten vor Ort. Bei allen Synergieeffekten der Kooperation darf nicht übersehen werden: Die Bündnispartner müssen angemessen auf regionale Unterschiede in der Wirtschaftsstruktur, im Qualifikationsprofil der Arbeitskräfte oder der Leistungsfähigkeit der Unternehmen reagieren können. Es wäre fehl am Platze, den Bündnisgedanken im Sinne einer Zentralisierung der Wirtschafts-, Sozial- und Finanzpolitik zu interpretieren. Der Subsidiaritätsgedanke ist ein konstituierendes Prinzip des Bündnisses für Arbeit, Ausbildung und Wettbewerbsfähigkeit.

Die verschiedenen „Bündnisse für Arbeit" in den Bundesländern zeigen, dass der konsensuale Ansatz mehr und mehr Raum gewinnt. Wie der Vergleich der Agenden belegt, sind die Bündnisse auf Landesebene und im Bund weitgehend auf gemeinsame inhaltliche Schwerpunkte fokussiert. Neben den Bemühungen um eine verbesserte Ausbildungssituation und den Abbau der Jugendarbeitslosigkeit (Sofortprogramm „100.000 Jobs für Junge") sehen die Länder vor allem in der Bekämpfung der sich verfestigenden Langzeitarbeitslosigkeit ein zentrales Anliegen zukünftiger Bündnisaktivitäten. Auch die Förderung von innovativen Entwicklungen und des Technologietransfers sowie bessere Rahmenbedingungen für Existenzgründer und die mittelständische Wirtschaft stehen im Zentrum der Bündnisinitiativen auf Landesebene.

Prinzipien moderner sozialdemokratischer Regierungspolitik

Die Aufkündigung des gesellschaftlichen Konsenses durch die alte Bundesregierung hat Deutschland um viele Jahre zurückgeworfen. Wertvolle Zeit für dringend notwendige Reformvorhaben wurde vergeudet. Mit dem von der neuen Bundesregierung initiierten Bündnis für Arbeit, Ausbildung und Wettbewerbsfähigkeit bestehen gute Chancen, gemeinsam den Stillstand der letzten Jahre zu überwinden. Deutschland kann mit der Einrichtung des Bündnisses endlich zu seinen beschäftigungspolitisch erfolgreichen Nachbarstaaten aufschließen, die schon lange erkannt haben, dass nur ein konsensualer Ansatz der wachsenden Komplexität der Wirtschafts-, Sozial- und Finanzbeziehungen gerecht wird.

Eine solche Politik verlangt allerdings, ideologische Scheuklappen abzulegen. Wir leben in einer von Globalisierung geprägten Welt, in der die Menschen mit einem immer rascher werdenden Wandel leben und zurechtkommen müssen. Menschen, die in ihrem täglichen Leben Initiative und Reaktionsfähigkeit auf die wirtschaftlichen und sozialen Veränderungen beweisen müssen, erwarten das gleiche von ihren Regierungen, aber auch den Vertretern von Unternehmern und Gewerkschaften.

So muss der unproduktive Scheinwiderspruch zwischen Angebots- und Nachfragepolitik der Wirklichkeit angepasst werden und zugunsten eines fruchtbaren Miteinanders von mikroökonomischer Flexibilität und makroökonomischer Stabilität überwunden werden. In der heutigen Welt haben die meisten wirtschaftspolitischen Entscheidungen Auswirkungen sowohl auf das Angebot als auch auf die Nachfrage. Erfolgreiche Programme, die von Sozialhilfe in Beschäftigung führen, steigern zum Beispiel das Einkommen der zuvor Beschäftigungslosen und erweitern das den Arbeitgebern zur Verfügung stehende Arbeitskräfteangebot.

Moderne Wirtschaftspolitik strebt an, die Nettoeinkommen der Beschäftigten zu erhöhen und zugleich die Kosten der Arbeit für den Arbeitgeber zu senken. Deshalb hat die Senkung der gesetzlichen Lohnnebenkosten durch strukturelle Reformen der sozialen Sicherungssysteme und eine zukunftsorientierte, beschäftigungsfreundliche Steuer- und Abgabenstruktur eine besondere Bedeutung.

Eine solche neue angebotsorientierte Agenda für die Linke ist für mich eines der Kennzeichen dessen, was ich als Politik der Neue Mitte bezeichne. Das Bündnis für Arbeit ist der Fokus einer solchen Politik.

Wenn die neue Politik gelingen soll, muss sie eine Aufbruchstimmung und einen neuen Unternehmergeist auf allen Ebenen der Gesellschaft fördern. Das erfordert:

- Kompetente und gut ausgebildete Arbeitnehmer, die willens und bereit sind, neue Verantwortung zu übernehmen,
- ein Sozialsystem, das Initiative, Kreativität und neue Spielräume öffnet sowie
- ein Klima, in dem unternehmerische Selbständigkeit und Initiative gedeihen können.

Dort, wo die Politik ihre Hausaufgaben machen muss, werden wir das tun. Ich habe das für mich in fünf Prinzipien zusammengefaßt, die Richtschnur einer modernen, sozialdemokratischen Regierungspolitik sein werden:

- Aktivierung der Menschen zu selbstverantwortlichem Handeln,
- Realitätssinn und Bürgernähe,
- Transparenz und Überprüfbarkeit,
- gerechter, innovativer Umbau des Sozialstaates zu einem neuen „Modell Deutschland" sowie
- Konsens und Kooperation mit allen an dieser Erneuerung interessierten gesellschaftlichen Kräften.

Mit dem Zukunftsprogramm, der Steuerreform, der bereits vorgenommenen Entlastung bei den Lohnnebenkosten und dem Sofortprogramm gegen Jugendarbeitslosigkeit bringt die Bundesregierung gute Vorleistungen in das Bündnis ein. Nun müssen auch die anderen wirtschaftlich Handelnden unserem Beispiel folgen.

Dieter Hundt

Der Kampf gegen die Arbeitslosigkeit ist zu gewinnen

Mit dem Bündnis für Arbeit, Ausbildung und Wettbewerbsfähigkeit haben wir uns viel vorgenommen. Gemeinsam wollen wir auf den Abbau der Arbeitslosigkeit hinarbeiten und damit das drängendste gesellschaftliche Problem in Deutschland angehen. Ich kann jeden verstehen, der Zweifel hat, ob wir dieses gemeinsam gesteckte, anspruchsvolle Ziel erreichen. Schließlich ist das Bündnis für Arbeit, Ausbildung und Wettbewerbsfähigkeit nicht der erste Versuch, mit Hilfe einer gemeinsamen Einrichtung von Regierung, Wirtschaft und Gewerkschaften den Kampf gegen die Arbeitslosigkeit aufzunehmen. Die Vorläufer hatten allesamt keinen Erfolg. Warum also sollte es diesmal anders laufen?

Als Optimist bin ich überzeugt, dass wir es diesmal besser machen werden. Für mich steht fest, dass der Kampf gegen die Arbeitslosigkeit zu gewinnen ist. Wenn wir die notwendigen Reformen in der Steuer-, Sozial- und Tarifpolitik umgehend entschlossen angehen, können wir bereits kurzfristig die Arbeitslosigkeit deutlich reduzieren und langfristig auch wieder Vollbeschäftigung erreichen. Dazu brauchen wir nicht unbedingt ein Bündnis für Arbeit, Ausbildung und Wettbewerbsfähigkeit. In den Vereinigten Staaten hat es in den vergangenen Jahren und Jahrzehnten ein wahres Jobwunder gegeben - auch ohne ein Bündnis für Arbeit. Die Rahmenbedingungen für Beschäftigung sind dort so günstig wie in kaum einem anderen Industrieland: Die Steuersätze liegen wesentlich niedriger, die Sozialabgaben sind spürbar geringer und der Arbeitsmarkt ist deutlich flexibler als in den meisten Konkurrenzländern.

Dennoch kann es gerade in einem Land wie Deutschland aufgrund seiner Historie, seiner Kultur, seiner Gesetzgebung und seiner Institutionen sinnvoll sein, dass sich Regierung, Wirtschaft und Gewerkschaft gemeinsam auf Wege zum Abbau von Arbeitslosigkeit verständigen. Wann immer notwendige, durchgreifende sozialpolitische Strukturreformen diskutiert werden, geht es auch um Eingriffe in Besitzstände. Diese aber werden nur dann akzeptiert, wenn sie von einer breiten Basis getragen werden. Hier kann der große gemeinsame Rahmen eines Bündnisses Entscheidungen möglich machen, die teilweise schmerzhaft sind. Darin liegt die eigentliche Chance von Bündnisrunden. Einige europäische Länder wie zum Beispiel die Niederlande oder Irland haben sie bereits genutzt.

Weil ich an diese Chance glaube, war es für mich auch eine Selbstverständlichkeit, der Einladung des Bundeskanzlers zum ersten Bündnisgespräch am 7. Dezember 1998 zu folgen. Und dies obwohl das Verhältnis zur neuen Bundesregierung damals angesichts der Vielzahl angekündigter wirtschaftsfeindlicher Vorhaben überaus kühl gewesen ist. Nach meiner Auffassung war es aber gerade deshalb besonders wichtig, zu diesem Zeitpunkt in den Dialog mit der neuen Bundesregierung zu kommen und Überzeugungsarbeit zu leisten.

Das erste Bündnisgespräch war dann auch ein guter Auftakt. Alle wesentlichen Punkte wurden angesprochen und als Ziele in einer gemeinsamen Erklärung festgehalten: Senkung der Personalzusatzkosten, Strukturreformen in der Sozialversicherung, eine Unternehmenssteuerreform insbesondere zur Entlastung der mittelständischen Wirtschaft zum 1. Januar 2000 und vor allem eine Tarifpolitik, die den Beschäftigungsaufbau unterstützt.

Nach diesem insgesamt guten Start wurde das auf den Weg gebrachte Bündnis für Arbeit, Ausbildung und Wettbewerbsfähigkeit jedoch erheblich belastet. Besonders ärgerlich war dabei für mich, dass die Bundesregierung nach unserem ersten Gespräch ihre ursprünglichen wirtschaftsfeindlichen Gesetzesvorhaben unbeirrt weiter verfolgt hat, ohne sie gemeinsam mit den Bündnispartnern zu diskutieren. Von der noch im Dezember 1998 zugesagten *engen Abstimmung* aller Bündnispartner war zu diesem Zeitpunkt nichts zu merken. Bis in das Frühjahr hinein folgte eine Massnahme zu Lasten der deutschen Wirtschaft der nächsten: Reformrücknahmen in der Renten- und Krankenversicherung, bei der Lohnfortzahlung im Krankheitsfall und beim Kündigungsschutz, die Neuregelungen zur Scheinselbständigkeit und bei der geringfügigen Beschäftigung sowie die milliardenschweren Mehrbelastungen durch das Steuerreformgesetz. Natürlich ist es richtig, dass allein der Gesetzgeber für diese Massnahmen die Verantwortung trägt und sie auch selbst zu entscheiden hat. Aber wer den Erfolg eines Bündnisses für Arbeit, Ausbildung und Wettbewerbsfähigkeit will, muss auch bereit sein, zentrale wirtschafts- und sozialpolitische Fragen gemeinsam zu diskutieren und Konsens anzustreben.

Ebenso schädlich für den Fortgang der Bündnisgespräche war die Tarifrunde 1999. Das von den Gewerkschaften ausgerufene und dann auch vehement durchgesetzte "Ende der Bescheidenheit" bedeutete gleichzeitig das vorläufige Ende der moderaten und beschäftigungsorientierten Tarifpolitik der vorangegangen drei Jahre. Der im Jahr 1998 erzielte Beschäftigungsaufbau wurde damit leichtfertig wieder aufs Spiel gesetzt. Besonders unerfreulich war, dass die Gewerkschaften für ihre überzogenen Lohnforderungen auch noch Rückendeckung durch den damaligen Bundesfinanzminister erhielten. Die Tarifabschlüsse in dieser Runde fielen aber nicht nur zu hoch, sondern vor allem auch zu undifferenziert aus. Die unterschiedlichen Branchensituationen fanden zu wenig Berücksichtigung. Auch bei der inhaltlichen Reform des Flächentarifvertrags wurden bei dieser Tarifrunde keine Fortschritte erzielt.

Zentrale Felder: Tarif-, Steuer- und Sozialpolitik

Diese erheblichen Vorbelastungen der Bündnisgespräche haben deutlich gemacht, dass wir vor allem in den drei Bereichen Tarif-, Steuer- und Sozialpolitik im Bündnis zu einer Verständigung kommen müssen. Dies sind die zentralen Felder, die für Investitionen, Wachstum und Beschäftigung entscheidend sind. Keiner dieser Themenbereiche darf ausgegrenzt werden. Sicher muss dabei die Gesetzgebung Sache des Gesetzgebers und die Tarifpolitik Sache der Tarifvertragsparteien bleiben. Es geht weder um die Schaffung einer Nebenregierung noch um Eingriffe in die Tarifautonomie. Dennoch müssen alle Bereiche im Bündnis behandelt und aufeinander abgestimmt werden. Niedrige Steuersätze nützen wenig, wenn die Sozialabgaben weiter steigen. Niedrige Tarifabschlüsse nützen wenig, wenn die Personalzusatzkosten ungebremst zunehmen. Nur wenn wir in allen Bereichen zu den notwendigen Reformen kommen, kann das Bündnis wirklich zu mehr Wettbewerbsfähigkeit und damit zu mehr Beschäftigung führen.

Natürlich gibt es auch viele andere wichtige Themen. Es ist richtig, die Frage der steuer- und sozialrechtlichen Behandlung von Entlassungsabfindungen zu regeln oder weiter intensiv am Aufbau Ost zu arbeiten. Genauso wie es angesichts der hohen Zahl von geringqualifizierten Arbeitslosen notwendig sein wird, dass wir uns über die notwendigen Voraussetzungen für die Schaffung eines Niedriglohnbereichs verständigen. Dennoch können Ergebnisse in diesen Einzelbereichen nicht die notwendige Verständigung in den zentralen Feldern ersetzen.

Vorrangiges Thema des Bündnisses für Arbeit, Ausbildung und Wettbewerbsfähigkeit ist vor allem die Tarifpolitik. Nur wenn es gelingt, hier zu einem Grundkonsens zu kommen, kann das Bündnis ein Erfolg werden. Denn für die Schaffung von Arbeitsplätzen hat die Lohnentwicklung neben der Steuer- und Sozialpolitik eine ausschlaggebende Bedeutung. Die Ziele des 7. Dezember 1998 können daher nur erreicht werden, wenn diese entscheidende ökonomische Größe in den Bündnisgesprächen ausreichend berücksichtigt wird. Auch die Erfahrungen im europäischen Ausland belegen, dass am Anfang eines erfolgreichen Bündnisses für Arbeit immer die Vereinbarung einer moderaten Lohnentwicklung steht. Die Bereitschaft der Gewerkschaften, niedrige Lohntarifverträge nicht nur für ein Jahr, sondern längerfristig abzuschließen, hat sich international als zwingende Vorbedingung für funktionierende dreiseitige Vereinbarungen erwiesen. Dabei wird die Lohnentwicklung entweder durch konkrete Lohnleitlinien festgelegt, wie zum Beispiel in Irland, oder es erfolgt eine Einigung auf allgemeine Regeln für die Entwicklung der Löhne, wie in Italien, den Niederlanden, Belgien oder Portugal.

Die Tarifpolitik hätte daher auch im deutschen Bündnis für Arbeit, Ausbildung und Wettbewerbsfähigkeit gleich von Beginn an intensiv behandelt werden müssen. Grundsätzlich war das auch bereits in der Erklärung vom 7. Dezember 1998 vorgesehen, denn darin wurde eine "Tarifpolitik, die den Beschäftigungsaufbau unterstützt" vereinbart. Bereits kurz nach Verabschiedung dieser Erklärung jedoch verweigerten die Gewerkschaften jede Diskussion über dieses Thema. Der IG Metall-Vorsitzende Zwickel drohte sogar damit, den Bündnistisch zu verlassen, wenn die Tarifpolitik angesprochen würde. Der überzogene Tarifabschluss für die Metall- und Elektroindustrie in Baden-Württemberg vom 17. Februar 1999, bei dem die IG Metall einen deutlich oberhalb des Verteilungsspielraums liegenden Abschluss erzwingen konnte, hat dann noch einmal ganz deutlich gezeigt, dass es zur Einbeziehung der Lohn- und Tarifpolitik in das Bündnis für Arbeit, Ausbildung und Wettbewerbsfähigkeit keine Alternative gibt und das Thema daher unbedingt und umgehend auf die Tagesordnung gesetzt werden musste. Denn nach dem sich abzeichnenden Verlauf der Tarifrunde war klar, dass es in der Folge zu Arbeitsplatzverlusten kommen würde. Auch Gewerkschafter räumten dies - zumindest unter vier Augen - ein.

Orientierungen für die Tarifpoltik ja - feste Lohnformeln nein

All das hat mich veranlasst, beim zweiten Bündnisgespräch am 25. Februar 1999 die künftige Moderation der Tarifpolitik durch das Bündnis vorzuschlagen. Vor allem sollten wir uns in Zukunft im Bündnis vor jeder Tarifrunde über grundsätzliche Orientierungen verständigen. Durch diese Orientierungen können wir die Grundlage für eine langfristig verlässliche, moderate und damit beschäftigungsfördernde Tarifpolitik schaffen. Wie eine solche Verständigung über Orientierungen im Detail aussehen kann, müssen wir gemeinsam und in Ruhe diskutieren. Damit es keine Missverständnisse gibt: Es geht um grundsätzliche Orientierungen und nicht darum, schematische Vorgaben für einzelne Tarifbereiche festzulegen oder gar feste Lohnformeln zu vereinbaren. Tarifverträge werden selbstverständlich auch in Zukunft nicht am Bündnistisch vereinbart, sondern in den einzelnen Branchen und Regionen von den jeweiligen Tarifvertragsparteien. Wir hätten bereits viel erreicht, wenn wir uns darauf verständigen könnten, welche ökonomischen Parameter bei der Lohnfindung Berücksichtigung finden sollen. Das wäre ein großer Schritt, die Lohnpolitik berechenbarer und rationaler zu gestalten. Das Bündnis für Arbeit, Ausbildung und Wettbewerbsfähigkeit bietet eine gute Chance, dass wir uns hier näher kommen.

Viele Jahre war als Leitlinie für Lohnverhandlungen das Konzept der produktivitätsorientierten Lohnpolitik anerkannt. Grundgedanke ist dabei, dass nur so viel zusätzlich verteilt werden kann, wie zusätzlich erwirtschaftet wird, dass also die Reallöhne im gleichen Masse steigen können wie die Produktivität der Arbeit. Dieses Konzept ist jedoch nur bei Vollbeschäftigung bedingt richtig. Sicher ist die Produktivitätsentwicklung ein maßgeblicher Faktor bei der Lohnfindung, sie darf jedoch nicht das alleinige Kriterium sein. Insbesondere dürfen Produktivitätssteigerungen nur insoweit als Massstab für die Lohnentwicklung berücksichtigt werden, als sie nicht auf einem Abbau von Beschäftigung beruhen.

Erforderlich ist auch, dass der jeweilige Beschäftigungsstand beziehungsweise die Höhe der Arbeitslosigkeit bei der Lohnfindung berücksichtigt wird. In diese Richtung geht auch der Ansatz der Reformkommission Soziale Marktwirtschaft der Bertelsmann-Stiftung, die eine Orientierungsregel für die Lohnentwicklung vorgeschlagen hat. Nach ihr sollen die Löhne entsprechend der Produktivitätssteigerung abzüglich eines halben Prozentpunktes für jeweils zwei volle Prozentpunkte der Arbeitslosigkeit steigen. Untergrenze sind dabei die bestehenden Löhne. Ich bin nicht für die Festlegung einer Lohnformel, halte den Vorschlag aber durchaus für diskussionswürdig.

Reden müssen wir auch über die Frage, welcher Produktivitätsmaßstab gelten sollte. Erfahrungsgemäß wollen die Gewerkschaften in Branchen mit hoher Produktivitätsentwicklung die branchenspezifische Produktivitätsentwicklung anlegen, während in Branchen mit geringerer oder ohne messbare Produktivitätsentwicklung der gesamtwirtschaftliche Massstab als Begründung für die eigenen Lohnforderung angelegt werden soll. Diese Rosinentheorie betreiben teilweise auch die Arbeitgeberverbände. Dabei müsste es doch möglich sein, sich langfristig darauf zu verständigen, welche Produktivitätsentwicklung als Massstab gelten soll. Auch das würde Verlässlichkeit schaffen und die Lohnfindung transparenter machen.

Neben Produktivitätsentwicklung und Beschäftigungsstand gibt es natürlich noch eine Reihe weiterer Parameter, die bei der Lohnfindung Berücksichtigung finden müssen. Dies gilt vor allem für die Entwicklung der Abgabepreise einer Branche, für die Änderungen bei der Belastung mit Steuern und Abgaben oder für die Höhe der Kapitalkosten. Im europäischen Ausland gibt es bereits seit vielen Jahren die Diskussion über den richtigen Massstab für Lohnanpassungen. Den Stein der Weisen hat auch dort sicherlich noch niemand gefunden. Vielfach erfolgt eine simple Orientierung an der Lohnentwicklung im Ausland. Das ist eine bequeme Lösung, die für kleinere Länder oder für eine Übergangszeit auch in größeren Ländern in Betracht kommen kann. Langfristig ist dieser Ansatz jedoch unbefriedigend, weil er nationalen Besonderheiten nicht Rechnung trägt. Daß wir generelle Orientierungen für die Lohnfindung auch in Deutschland schaffen sollten, können wir vom europäischen Ausland lernen. Wie wir dies erreichen, müssen wir aber selbst herausfinden.

Vom Ausland lernen: zentrale Lohnzurückhaltung und dezentrale Tarifverhandlungen

Zentrale Orientierungen, die wir im Bündnis für Arbeit, Ausbildung und Wettbewerbsfähigkeit schaffen wollen, bedingen keineswegs, dass der Raum für Differenzierungen nach Branchen, Regionen und Unternehmen beschränkt wird. Im Gegenteil zeigen die Erfahrungen im europäischen Ausland, dass zentrale Lohnvereinbarungen Hand in Hand mit der Bedeutungszunahme von dezentralen Tarifverhandlungen gehen. Die Tarifparteien haben Regeln und Prozeduren entwickelt, mit denen zentrale Vorgaben über allgemeine Lohnentwicklungen mit dezentralen kombiniert werden. Gerade der Erfolg des niederländischen Bündnisses basiert auf einer sehr langfristig zentral verabredeten Lohnzurückhaltung verbunden mit einer Dezentralisierung des Tarifverhandlungssystems.

Diese jährlichen Orientierungen für die Tarifrunden könnten in einer gemeinsamen Einrichtung des Bündnisses erarbeitet werden. Als Vorbild kann dabei durchaus die niederländische „Stiftung der Arbeit" dienen. Die Einrichtung sollte primär von den Sozialpartnern getragen werden. Allerdings kann ich mir auch vorstellen, dass vor der Verabschiedung von Grundorientierungen für eine Tarifrunde die Bundesregierung oder wissenschaftliche Institutionen wie zum Beispiel der Sachverständigenrat angehört werden. In Anbetracht der weitreichenden gesamtwirtschaftlichen Wirkungen einer Tarifrunde und der damit verbundenen hohen Verantwortung der Tarifpartner kann es nicht falsch sein, die geplanten Entscheidungen einer kritischen Prüfung von dritter Seite zu unterwerfen. Entscheidend ist, dass wir mit einem solchen regelmäßigen Forum einen dauerhaften Prozess der Verständigung anlegen, der Vertrauen auf eine längerfristige Entwicklung begründet. Dies liegt gleichermaßen im Interesse der Arbeitnehmer.

Die Aufgabe einer solchen Einrichtung sollte sich nicht nur auf das Erarbeiten von Orientierungen beschränken. Anzustreben ist vielmehr darüber hinaus, dass wir in diesem Rahmen zu einer ganz neuen Kultur der Sozialpartnerschaft kommen und alte Grabenkämpfe beenden. Dazu gehört vor allem, dass wir endlich die alten Rituale beim Abschluss von Tarifverträgen überwinden. Es passt nicht zusammen, wenn wir im Bündnis für Arbeit, Ausbildung und Wettbewerbsfähigkeit zusammensitzen und an einem neuen, gemeinsam getragenen Konsens in der Wirtschafts- und Sozialpolitik arbeiten und gleichzeitig in einzelnen Tarifbereichen Vorbereitungen für Arbeitskämpfe laufen oder bereits stattfinden.

Eine Situation, die wir im Januar 1999 erlebt haben, als die IG Metall noch während der Friedenspflicht illegale Warnstreiks durchführte, darf sich nicht wiederholen. Von einigen Vertretern der deutschen Wirtschaft wurde damals die Frage aufgeworfen, wie sich dies mit dem Geist des Bündnisses verträgt und ob wir nicht deshalb aus dem Bündnis aussteigen sollten. Diese Frage war berechtigt. Dennoch habe ich die zum Teil auch öffentlich geäußerten, mehr oder weniger versteckten Ausstiegsdrohungen als falsch empfunden. Wir können nicht im Dezember vereinbaren, dass das Bündnis für Arbeit, Ausbildung und Wettbewerbsfähigkeit "auf Dauer und als Prozess der Verständigung" (BüfA 1998) arbeiten soll und bereits wenige Wochen später bei den ersten auftretenden Konflikten, und bevor wir überhaupt ein zweites Mal zusammengetroffen sind, mit dem Ende der Veranstaltung drohen. Aus diesem Grund habe ich mich nie an den Ausstiegsdiskussionen beteiligt, sondern sie im Gegenteil auch öffentlich als falsch bezeichnet.

Ich habe beim zweiten Bündnisgespräch im Februar daher vorgeschlagen, dass in Zukunft vor der Durchführung von Arbeitskampfmaßnahmen eine Konsultation der Tarifvertragsparteien bei der gemeinsamen Bündniseinrichtung erfolgt. Dies würde die Möglichkeit einer schlichtenden Initiative ermöglichen. Damit soll keine Beschränkung des Arbeitskampfrechts erreicht werden. Vielmehr geht es darum, dass wir Arbeitskämpfe in Zukunft möglichst vollständig vermeiden und Tarifkonflikte friedlich und vor allem sachlich austragen. Arbeitskämpfe liegen weder im Interesse der Arbeitnehmer noch im Interesse der Arbeitgeber. Sie schaden den Unternehmen und dem Standort Deutschland und kosten Arbeitsplätze. Der entscheidende Vorteil des Tarifvertrags, seine Friedensfunktion, kann dadurch noch gestärkt werden. Dies wäre auch keine Entmachtung der Tarifvertragsparteien, weil ihr Verhandlungsmandat unangetastet bleibt. Niemand würde seine verfassungsrechtlich verbürgten Rechte verlieren. Wir würden ein Signal setzen, dass wir entschlossen sind, Tarifverträge gemeinsam und ohne Schaden für Wachstum und Beschäftigung abzuschließen. Es wäre ein Zeichen, künftig mehr miteinander als gegeneinander zu agieren.

Die Bundesregierung hat meinen Vorschlag im Februar positiv aufgegriffen. Bei den Gewerkschaften gab es hingegen - erwartungsgemäß - nur teilweise und bedingte Zustimmung. Insofern konnten wir uns damals nur auf den kleinsten gemeinsamen Nenner verständigen und haben auf Vorschlag des Bundeskanzlers beschlossen, die Benchmarking-Gruppe des Bündnisses für Arbeit, Ausbildung und Wettbewerbsfähigkeit mit der Erstellung eines volkswirtschaftlichen Datenkranzes für Politik und Sozialpartner zu beauftragen. Mit Hilfe dieses Datenkranzes - so hat es damals der Bundeskanzler ausgedrückt - könnten zu einem späteren Zeitpunkt lohnpolitische Orientierungen entwickelt werden.

Tarifpolitik im Bündnis ist kein Tabu mehr

Der erste Schritt für die Einbeziehung der Lohn- und Tarifpolitik ins Bündnis war damit im Februar 1999 gelungen. In der Folgezeit galt es, diesen Ansatz weiter zu verfolgen und zu konkretisieren. Natürlich konnte dies nicht im Rahmen der offiziellen Bündnisgespräche geschehen. Hierfür war schon der Teilnehmerkreis zu groß. Vor allem aber bestand Einvernehmen, dass die Tarifpolitik unverändert Sache der Sozialpartner bleibt. Deshalb musste auch von ihnen eine Verständigung in diesem Punkt ausgehen.

Wir haben nach dem zweiten Bündnisgespräch von Seiten der BDA in mehreren vertraulichen Gesprächen mit den Gewerkschaften versucht, die Einbeziehung der

Lohn- und Tarifpolitik in das Bündnis zu konkretisieren. Ich bin froh, dass uns dies bei der dritten Bündnisrunde am 6. Juli 1999 trotz aller Schwierigkeiten gelungen ist. Durch die von BDA und DGB vorgelegte und von den anderen Bündnispartnern begrüßte gemeinsame Erklärung wurde die Tarifpolitik als zentrales Bündnisthema enttabuisiert. (DGB/ BDA 1999) Im Einzelnen bedarf diese gemeinsame Erklärung zwar noch einer weiteren Detaillierung. Ich bin aber zuversichtlich, dass uns dies bis zum Jahresende gelingt.

Besonders wichtig ist für mich, dass wir bereits erste Orientierungen für die künftige Lohn- und Tarifpolitik im Bündnis vereinbaren konnten. Mit der Aussage, dass Produktivitätssteigerungen vorrangig der Beschäftigungssicherung dienen müssen, haben wir schon einen ganz wichtigen Konsens in der Tarifpolitik erreicht. Dies ist eine gute Grundlage für eine "mittel- und langfristig verläßliche Tarifpolitik" (DGB/ BDA 1999), wie sie in der gemeinsamen Erklärung angestrebt wird. Richtungweisend ist auch die Aussage, auf betrieblicher Ebene zu einer stärkeren Beteiligung der Beschäftigten am Unternehmenserfolg zu kommen. Dadurch kann der unterschiedlichen Wettbewerbs- und Ertragssituation der Unternehmen besser als bislang Rechnung getragen werden. Gleichzeitig wird damit die notwendige Flexibilisierung des Flächentarifvertrages unterstützt. Mit Blick auf dieses Ziel haben wir uns darauf verständigt, durch tarifliche Öffnungsklauseln die betrieblichen Handlungsspielräume insgesamt zu erweitern. Gerade auf betrieblicher Ebene müssen die Voraussetzungen für Bündnisse für Arbeit gegeben sein. Wie die Praxis zeigt, können derartige Massnahmen zur Beschäftigungssicherung, zur Schaffung von Ausbildungsplätzen und zur Verbesserung der Wettbewerbsfähigkeit besonders erfolgreich sein.

In der Frage der Arbeitszeitpolitik sind wir uns - trotz unbestreitbarer und weiter fortbestehender Auffassungsunterschiede - ein Stück näher gekommen. Immerhin besteht inzwischen Einigkeit, dass Überstunden nicht gänzlich vermeidbar sind, und insbesondere, dass der Abbau von Überstunden nicht kurzfristig zu mehr Beschäftigung führt. BDA und DGB haben sich daher in ihrer gemeinsamen Erklärung für eine differenzierte und flexibilisierte Arbeitszeitpolitik ausgesprochen, mit der eine beschäftigungswirksame Verminderung von Überstunden erreicht werden kann. Auch wenn wir derzeit fast einen historischen Tiefststand an Überstunden haben, können tarifvertragliche Vereinbarungen von langfristigen Arbeitszeitkorridoren, Jahresarbeitszeiten und die Verständigung über Jahres-, Langzeit- und Lebensarbeitszeitkonten dazu beitragen, dass teure Überstunden noch mehr vermieden werden. Viele Tarifverträge sehen schon heute entsprechende Gestaltungsmöglichkeiten vor. In den Tarifbereichen, in denen dies noch nicht der Fall ist, sollten umgehend Vereinbarungen in diesem Sinne getroffen werden. Je flexibler Arbeitszeiten gestaltet werden und je länger die Ausgleichszeiträume von Arbeitszeitkonten bemessen werden, desto geringer wird auch die Zahl der Überstunden. Allerdings darf niemand die Erwartung haben, dass damit kurzfristig und in erheblichem Umfang Arbeitsplätze geschaffen werden können. Zum einen wird ein Teil der Überstunden auch in Zukunft weiter als Flexibilitätspuffer der Unternehmen, mit dem sie auf rasch veränderte Bedarfssituationen reagieren, unverzichtbar sein. Zum anderen führt die Vermeidung von Überstunden durch Langzeitarbeitskonten erst mittel- und langfristig zu positiven Beschäftigungseffekten.

Die gemeinsame Erklärung von BDA und DGB ist noch kein Programm mit konkreten Punkten, die jetzt ohne weiteres und kurzfristig umgesetzt werden können. Aber diese Erklärung wird für uns eine Basis sein, um im Rahmen des Bündnisses für Arbeit, Ausbildung und Wettbewerbsfähigkeit auch der Tarifpolitik weitere Orientierung zu geben und einen Handlungskonsens zu entwickeln, mit dem wir das Bündnis zum Erfolg führen können.

Unternehmen steuerlich entlasten

Einen Erfolg des Bündnisses wird und kann es aber nur dann geben, wenn neben der Lohn- und Tarifpolitik auch in den beiden anderen zentralen Bereichen, der Steuerpolitik und den sozialen Sicherungssystemen, die erforderlichen und in der ersten Bündnisrunde vereinbarten Reformen erfolgen. Natürlich liegt dieser Bereich ausschließlich in der Verantwortung des Gesetzgebers, Wirtschaft und Gewerkschaften stehen insofern in den Bündnisgesprächen vor allem beratend zur Seite. Wir werden allerdings in beiden Bereichen die Umsetzung der von der Bundesregierung im Bündnis zugesagten Massnahmen nachdrücklich einfordern.

Dies gilt vor allem für die Steuerpolitik. Hier hat die Bundesregierung im Dezember 1998 versprochen, bereits zum 1. Januar 2000 eine Unternehmenssteuerreform mit einer Entlastung insbesondere der mittelständischen Wirtschaft durchzuführen. Im Frühjahr 1999 wurden dann jedoch zunächst durch das *Steuerentlastungsgesetz 1999/ 2000/ 2002* zusätzliche Belastungen der deutschen Wirtschaft in Höhe von insgesamt 63 Milliarden DM in den Jahren 1999 bis 2002 beschlossen. Die Entlastungen durch die gleichzeitige Senkung der Steuersätze summieren sich dagegen nur auf 34 Milliarden DM, so dass sich allein für diesen Zeitraum eine Netto-Belastung von 29 Milliarden DM ergibt. Ab 2002 liegt die Zusatzlast für die Unternehmen bei nahezu 11 Milliarden DM pro Jahr. Dies steht im Widerspruch zu den Zielsetzungen des Bündnisses für Arbeit, Ausbildung und Wettbewerbsfähigkeit, die Voraussetzungen für mehr Investitionen, Wachstum und Beschäftigung zu verbessern. In- und ausländische Investoren werden entmutigt, Arbeitsplätze vernichtet.

Nach den am 23. Juni 1999 vom Bundeskabinett beschlossenen "Eckpunkten für eine Unternehmenssteuerreform" ist nun zum 1. Januar 2001 eine steuerliche Entlastung der deutschen Wirtschaft geplant. Die Bundesregierung versucht damit die Trendwende in der Steuerpolitik. Unter anderem soll der Körperschaftssteuersatz für Kapitalgesellschaften bei Aufgabe des Anrechnungsverfahrens auf 25 Prozent sinken und ein vergleichbares Belastungsniveau für Personengesellschaften geschaffen werden. Bei näherer Betrachtung mehren sich jedoch die offenen Fragen und Zweifel an dem vorgelegten Konzept. Insbesondere ist aus heutiger Sicht nicht zu erkennen, dass bis zum Ende der Legislaturperiode eine Nettoentlastung der Unternehmen erfolgt. Von der ehemals zugesagten Unternehmenssteuerbelastung in Höhe von maximal 35 Prozent, einschließlich Gewerbesteuer, ist derzeit keine Rede mehr. Der vorgesehene Umfang der angestrebten Nettoentlastung in Höhe von 8 Milliarden DM jährlich ist zu gering. Dadurch werden die Mehrbelastungen durch das "Steuerentlastungsgesetz" noch nicht einmal annähernd ausgeglichen. Auch steht die Antwort auf die Frage noch aus, wie die Personengesellschaften, die rund 90 Prozent der deutschen

Unternehmen ausmachen, entlastet werden sollen. Besonders schädlich ist, dass die im Bündnis für Arbeit, Ausbildung und Wettbewerbsfähigkeit von der Bundesregierung gegebene Zusage für ein Entlastungssignal bereits zum 1. Januar 2000 offensichtlich nicht eingehalten werden kann. Der erforderliche Aufbruch zum Aufschwung kann damit nicht gelingen, weil dann die deutsche Wirtschaft im kommenden Jahr voll und unkompensiert von den Mehrbelastungen aus dem "Steuerentlastungsgesetz" getroffen wird.

Für einen Erfolg des Bündnisses reicht das vorgelegte Unternehmenssteuerpaket nicht aus. Hierfür erforderlich wäre, dass die Bundesregierung alle drei von ihr zugesagten steuerpolitischen Ziele verwirklicht: eine Entlastung vor allem der mittelständischen Wirtschaft zum 1. Januar 2000, eine wirkliche Netto-Entlastung für alle Unternehmen, auch und vor allem für alle Personengesellschaften, sowie einen Höchstsatz der Besteuerung einschließlich der Gewerbesteuer in Höhe von 35 Prozent.

Soziale Sicherung auf Basissicherung konzentrieren

Der dritte zentrale Themenbereich ist die Reform der sozialen Sicherungssysteme. Hier sind die bislang von der Bundesregierung vorgelegten Reformpläne leider noch sehr unzureichend. Wirkliche Strukturreformen der Sozialversicherung mit dem Ziel einer deutlichen und dauerhaften Abgabenreduzierung sind nicht in Sicht. Mit den jetzigen Plänen wird es trotz milliardenschwerer Umfinanzierung von neuen Steuermitteln in die Sozialversicherung nicht gelingen, das angestrebte Ziel der Senkung der Beitragssätze zur Sozialversicherung auf unter 40 Prozent zu erreichen.

Dabei sind durchgreifende Reformen gerade in der Sozialversicherung mehr als überfällig. Die Ausgaben der einzelnen Sozialversicherungszweige steigen nach wie vor schneller als die Löhne. Die Kostendynamik ist ungebremst. Das überhöhte Sozialleistungsniveau hat seine Hauptursachen in mangelnder Steuerungseffizienz und Zielgenauigkeit, aber auch in dem Wechselspiel zwischen steigender Beitragsbelastung und wachsender Anspruchshaltung. Hinzu kommen in immer stärkerem Umfang zusätzliche Anforderungen insbesondere an die Renten-, Kranken- und Pflegeversicherung aus der weiteren demografischen Entwicklung.

Dies zeigt, wie notwendig die Rückbesinnung auf die ordnungspolitischen Grundsätze der Sozialen Marktwirtschaft und wie wichtig die Wiedererlangung eines Gleichgewichts zwischen marktwirtschaftlichem Leistungs- und sozialpolitischem Solidarprinzip ist. Wir müssen die sozialen Sicherungssysteme endlich auf eine Basissicherung zurückführen, die den Einzelnen als mündigen Bürger akzeptiert, der zur Eigenvorsorge fähig ist und von der Gemeinschaft vor den Folgen derjenigen Risiken geschützt wird, die seine eigene Kraft übersteigen. Indem der Staat durch umfassende Konsolidierungsanstrengungen in den öffentlichen Haushalten und durch effizienzsteigernde, kostensenkende und leistungsfördernde Strukturreformen die Steuer- und Abgabenlast vermindert, eröffnet er dem Einzelnen dabei wieder größere Spielräume für die individuelle Eigenverantwortung und Eigenvorsorge.

Im Bündnis für Arbeit, Ausbildung und Wettbewerbsfähigkeit sind wir bisher im Bereich der sozialen Sicherungssysteme nicht ausreichend vorangekommen. Die

Themen Arbeitslosen- und Pflegeversicherung standen überhaupt noch nicht auf der Tagesordnung. Über die Rentenreform wurde erstmals nach Vorlage der am 23. Juni 1999 vom Bundeskabinett beschlossenen *Eckpunkte* diskutiert. Die angestrebte schnelle Rentenniveausenkung ist zwar grundsätzlich richtig, geht aber mittel- und langfristig nicht weit genug, weil eine nur vorübergehende Beitragssatzstabilisierung bei rund 19 Prozent nicht ausreicht. Weitere Entlastungen müssen über Strukturreformen, insbesondere durch den Einbau einer Demografiekomponente in die Rentenanpassungsformel, und nicht über Umfinanzierungen oder neue Steuererhöhungen erreicht werden. Teilweise gehen die *Eckpunkte* sogar in die falsche Richtung. Dies betrifft insbesondere die vorgesehene Einführung einer *sozialen Grundsicherung* unter dem Dach der gesetzlichen Rentenversicherung.

Rente mit 60 nicht konsensfähig

Vor dem Start des Bündnisses für Arbeit, Ausbildung und Wettbewerbsfähigkeit stand die von Bundesarbeitsminister Riester und den Gewerkschaften vorgeschlagene *Rente ab 60* im Vordergrund der öffentlichen Diskussion. Der dahinterstehende Gedanke, durch das vorzeitige Ausscheiden älterer Arbeitnehmer die Beschäftigung jüngerer Menschen beziehungsweise Arbeitsloser zu fördern, beruht auf altem Arbeitsumverteilungsdenken. Dieser Ansatz stellt eine Verwaltung des Mangels dar und hat noch nie zu mehr Beschäftigung geführt. Die leidvollen Erfahrungen, die wir mit teuren Frühverrentungen in vergangenen Jahren machen mussten, sind ein Beleg dafür. In Anbetracht der demografischen Entwicklung und der Finanzierungsprobleme der gesetzlichen Rentenversicherung müssen wir vielmehr dahin kommen, dass deutlich mehr Beschäftigte als bislang bis zur Regelaltersgrenze von 65 Jahren arbeiten. Beschäftigungspolitisch erfolgreiche Länder sind uns gerade in diesem Bereich deutlich voraus. Wir sollten daher die Beschäftigungsfähigkeit von älteren Arbeitnehmern und nicht wieder die Frühverrentung fördern. Es war daher gut und richtig, dass wir uns gleich zu Beginn der Bündnisgespräche im Dezember 1998 darauf verständigt haben, dass an den bestehenden Altersgrenzen in der gesetzlichen Rentenversicherung nicht gerüttelt wird. Leider sind die Gewerkschaften von dieser Vereinbarung später abgegangen, als sie ihr Tarifrentenmodell mit einem Rentenzugang ab 60 Jahren vorlegten. Für uns war und ist dieses Konzept der *Rente ab 60* nicht konsensfähig. Daher haben wir in diesem Punkt auch keine Einigung erzielt.

Der einzige Weg, vorzeitiges Ausscheiden aus dem Arbeitsleben beschäftigungswirksam zu gestalten, ist Altersteilzeit. Ihre Förderung setzt grundsätzlich die Neueinstellung eines Arbeitslosen voraus. Dass Altersteilzeit bislang nicht den erhofften Verbreitungsgrad erreicht hat, liegt vor allem an den komplizierten Voraussetzungen der Wiederbesetzungspflicht, die insbesondere für kleinere und mittlere Unternehmen ihre Anwendbarkeit erschwert. Die BDA hat daher in einem mit den anderen Spitzenverbänden der deutschen Wirtschaft erarbeiteten Konzept vorgeschlagen, hier anzusetzen und die Wiederbesetzungspflicht zu flexibilisieren und zu vereinfachen. Erfreulicherweise konnten wir uns hier mit den Gewerkschaften und dem Bundesarbeitsministerium verständigen. Beide Seiten haben den Vorschlag positiv aufgegriffen und zügig an der Ausarbeitung der dann im Juli 1999 verabschiedeten Beschlussvorlage für Verbesserungen im Bereich Altersteilzeit mitgearbeitet. Mit dem DGB haben wir uns auf die verstärkte Nutzung von Altersteilzeit verständigt.

Betriebliche Altersversorgung stärken

Wichtig ist mir vor allem, dass wir im Zusammenhang mit der Rentenreform auch über den Ausbau der betrieblichen und privaten kapitalgedeckten Altersvorsorge sprechen. In der gemeinsamen Erklärung von BDA und DGB sind wir hier schon einen ersten Schritt in die richtige Richtung gegangen, indem wir uns darauf verständigt haben, dass auf der Basis betrieblicher und gegebenenfalls auch tariflicher Regelungen - unter Aufrechterhaltung des Freiwilligkeitsprinzips - Einkommensbestandteile künftig im Rahmen betrieblicher Alterssicherungssysteme angelegt werden können. Dazu allerdings müssen die steuerlichen Rahmenbedingungen der betrieblichen Altersversorgung verbessert werden. Hier ist nun die Bundesregierung am Zug. Gemeinsam werden wir darauf drängen, dass das Prinzip der nachgelagerten Besteuerung durchgängig für alle Durchführungswege der betrieblichen Altersversorgung eingeführt wird.

Bei der geplanten Reform der gesetzlichen Krankenversicherung gibt es kaum Lichtblicke. Unbefriedigend ist vor allem, dass in diesem Sozialversicherungszweig lediglich Beitragssatzstabilität, das heißt die Beibehaltung des heutigen Rekordniveaus von 13,6 Prozent, angestrebt wird. Inhaltlich bestehen hier kaum Übereinstimmungspunkte zwischen Wirtschaft und Gewerkschaften. Die BDA fordert vor allem die Erschließung von Wirtschaftlichkeitsreserven im System, die Auslagerung versicherungsfremder Leistungen sowie die Einführung marktwirtschaftlicher Strukturen und Lenkungsinstrumente mit dem Ziel, den durchschnittlichen Beitragssatz auf unter 12 Prozent zu senken und den Arbeitgeberanteil gesetzlich auf höchstens 6 Prozent sowie zusätzlich auf die Hälfte des Beitragssatzes der jeweils günstigsten wählbaren Krankenkasse zu begrenzen.

Mit den bisher von der Bundesregierung vorgelegten Plänen zur Reform der Sozialversicherung wird das Ziel der im Bündnis für Arbeit, Ausbildung und Wettbewerbsfähigkeit vereinbarten dauerhaften und nachhaltigen Senkung der gesetzlichen Personalzusatzkosten nicht zu erreichen sein. Notwendig wäre die konsequente Umstellung der sozialen Sicherungssysteme auf eine Basissicherung. Hierfür ist jedoch bislang noch kein Konsens in Sicht.

Der Erfolg des Bündnisses für Arbeit, Ausbildung und Wettbewerbsfähigkeit hängt ganz entscheidend davon ab, ob wir es schaffen, in den drei zentralen Bereichen, der Lohn- und Tarifpolitik, der Sozialpolitik und der Steuerpolitik die angestrebten Fortschritte zu erzielen. Zum jetzigen Zeitpunkt ist die Bündnisbilanz noch spärlich. Konkrete Ergebnisse gibt es lediglich in den Bereichen Ausbildungsplatzangebot, Altersteilzeit und Aufbau Ost. Dennoch haben wir nach meiner Einschätzung, vor allem nachdem die Einbeziehung der Lohn- und Tarifpolitik ins Bündnis gelungen ist, die Chance zu einer Trendwende. Wir haben die Chance zum Erfolg dann, wenn wir uns auf die richtigen Massnahmen in den maßgeblichen Politikbereichen verständigen. Dafür haben wir nur noch wenig Zeit. Anfang nächsten Jahres werden wir kritisch prüfen müssen, ob wir in der Tarifpolitik erste Fortschritte erzielt haben, ob das Entlastungssignal in der Steuerpolitik erfolgt ist und ob Strukturreformen der Sozialversicherung mit dem Ziel der Beitragssatzsenkung in Angriff genommen worden sind.

Dieter Schulte

Effektiv und nachhaltig für Arbeit und soziale Gerechtigkeit

Das Bündnis für Arbeit ist zweifellos nicht nur das wichtigste, sondern auch eines der schwierigsten politischen Projekte, die die Bundesregierung sich vorgenommen hat. Ins Leben gerufen auf Initiative des Deutschen Gewerkschaftsbundes, zunächst vehement abgelehnt von vielen Arbeitgeberverbänden und mit dem Makel eines ersten gescheiterten Versuchs unter der alten konservativ-liberalen Regierung behaftet, ruhen nun grosse Hoffnungen und noch grössere Zweifel auf ihm. Ich weiß, dass der eine Skeptiker oder die andere Kritikerin diesem Projekt nur wenig Chancen einräumt, wirklich umsetzbare und konkrete Wege aus der Beschäftigungskrise zu finden. Und da ich Realist bin, nehme ich einige dieser Bedenken ernst. Aber weil ich Realist bin, weiß ich auch: Wir haben keine bessere Möglichkeit, die Arbeitslosigkeit wirksam zu bekämpfen, als dies im Einvernehmen von Regierung, Arbeitgebern und Gewerkschaften zu versuchen. Damit eine konstruktive und effektive Zusammenarbeit möglich ist, müssen einige Grundvoraussetzungen erfüllt sein.

Nur wenn alle Beteiligten bereit sind, zu einem gemeinsamen Handeln zu finden, kann das Bündnis ein Erfolg werden. Nun sind die gesellschaftlichen Rollen der drei Partner ganz unterschiedlich: Die Verbände sind ihrem Selbstverständnis und ihren Aufgaben nach Vertreter partikularer Interessen. Die Bekämpfung der Arbeitslosigkeit ist für die Arbeitgeberverbände keine Hauptaufgabe im Interesse ihrer Mitglieder. Ihnen geht es in erster Linie um die Sicherung ihrer Gewinne und Renditen. Bei den Gewerkschaften sieht das anders aus: Ihre Mitglieder sind auf einen Ausbildungs- und Arbeitsplatz angewiesen, um ihren Lebensunterhalt zu bestreiten. Sie brauchen verlässliche und gute Arbeitsbedingungen und ausreichende Entlohnung. Und die Bundesregierung? Sie hat im Interesse des Gemeinwohls zu handeln, Leistungsfähigkeit und Finanzierung des Staates zu sichern und die soziale Gerechtigkeit zu wahren.

Nun muss es darum gehen, gemeinsame Wege zur Bekämpfung der Arbeitslosigkeit zu finden. Im Bündnisprozess muss vor diesem Hintergrund die konstruktive Diskussion über die verschiedenen Problemfelder im Vordergrund stehen. Die gegensätzlichen Interessen und Sichtweisen dürfen dabei nicht unter den Teppich gekehrt werden. Im Gegenteil: Sie gehören auf den Tisch und dann gilt es, sich zu verständigen. Dabei darf keine Seite das Gefühl haben, über den Tisch gezogen zu werden. Gleichzeitig ist es aber wichtig, dass alle bereit sind, über den Tellerrand der eigenen Interessen hinauszusehen, um neue Horizonte zu öffnen. Gegenseitiges Geben und Nehmen muss die Suche nach gemeinsamen Wegen bestimmen und dabei müssen alle Seiten auch öfter mal über ihren (ideologischen) Schatten springen.

Das Bündnis darf nicht zur Alibiveranstaltung werden

Der Bundesregierung kommt dabei eine weitaus grössere Rolle zu, als die der Moderatorin. Sie muss den Bündnisprozess managen, die verschiedenen Interessen zusammenführen und selbst zum Erfolg beitragen, indem sie die notwendigen gesetzlichen und politischen Rahmenbedingungen setzt. Dabei ist es wichtig, dass sie auch bei ihren politischen Vorhaben ausserhalb des Bündnisses die beiden Hauptziele *Arbeit und soziale Gerechtigkeit* nicht aus den Augen verliert oder gar sie konterkariert. Umfragen zeigen, dass über 90 Prozent das Bündnis für wichtig oder sehr wichtig halten, und nur ein Fünftel glaubt, das Bündnis sei eine Alibiveranstaltung. Sollte aber der Eindruck aufkommen, das Bündnis diene lediglich als Vehikel für einen Kurs, an dessen Ende Ungerechtigkeit gegen viele zugunsten des Wohlwollens und Wohlstands einer Neuen Mitte-Minderheit nicht abgebaut, sondern weiter vergrössert wird, würde das Vertrauen der Bevölkerung rasch in Ablehnung umschlagen.

Das Bündnis soll und darf keine Nebenregierung sein und das Parlament als Vertretung des Volkes muss in seiner Kompetenz und verfassungsgemässen Macht freie Entscheidungen treffen. Aber alle Beteiligten sind verpflichtet, auch in den eigenen Reihen, gegenüber Unternehmern, Gewerkschaftsmitgliedern und Wählern für die im Bündnis erarbeiteten Lösungen zu werben.

Die Mitarbeit im Bündnis muss verbindlich sein, sie darf nicht ständig zur Disposition gestellt werden. Das gilt insbesondere für die Arbeitgeberverbände, aus deren Reihen es seit Start des Bündnisses im Dezember 1998 immer wieder Ausstiegsdrohungen gegeben hat. Ich habe dies in der Regel als - allerdings recht untauglichen - Versuch einzelner Funktionäre wahrgenommen, ihren Missmut über die eine oder andere Entwicklung im Bündnis auszudrücken. Und ich bin der festen Überzeugung, auch die Arbeitgeber wissen im wesentlichen, dass sie sich diesem politischen Grossprojekt nicht einfach verweigern können. Jede Seite, die aussteigen würde, hinterliesse eine Zweier-Allianz gegen die Interessen der dritten Seite. Und insofern wäre es auch für die Gewerkschaften fatal, sich dem Bündnis zu verweigern. Darüber sollte jeder zunächst nachdenken, der im Ärger über aktuelle politische Streitigkeiten, mit dem Ausstieg droht. Hinzu kommt, dass die Menschen in Deutschland es als wichtigste politische Aufgabe ansehen, die Arbeitslosigkeit zu bekämpfen und neue Arbeitsplätze zu schaffen. Dieses breite Votum schafft Druck auf alle Beteiligten, sich ihrer Verantwortung zu stellen und zwar dauerhaft und stetig.

Wer glaubt, wir könnten die vor uns liegenden Probleme gleichsam im Handumdrehen bewältigen, der ist ein Phantast. Wir werden einen langen Atem brauchen. Die Erfahrungen beispielsweise in den Niederlanden zeigen, dass die Ernte mancher Massnahmen teilweise erst nach Jahren eingefahren werden kann. Was in der Vergangenheit versäumt wurde, ist nicht mit Schnellschüssen und kurzfristigem Krisenmanagement zu reparieren. Es bedarf einer gründlichen und langfristigen Strategie, um unsere Gesellschaft und Wirtschaft auch für die Zukunft menschen- und lebenswürdig zu gestalten. Was aber nicht heißt, dass nicht auch schon jetzt, mit kurzfristigen Projekten, schnell ein Teil der Arbeitslosigkeit abgebaut werden kann. Das 100.000-Job-Programm für junge Leute ist da nur ein Beispiel.

Im Sauseschritt zur Wissensgesellschaft?

Doch die Ausgangslage ist schwierig: Seit Jahren hat sich die Arbeitslosigkeit auf einem hohen Niveau verfestigt. Die wirtschaftlichen und gesellschaftlichen Umbrüche seit dem Fall der Mauer haben den Menschen und dem Staat in den letzten zehn Jahren dauerhaft Höchstleistungen abverlangt und die Angleichung der Lebensverhältnisse in Ost und West ist noch lange nicht erreicht. Die Vollendung des Binnenmarktes und die Einführung der gemeinsamen Währung haben Europa verändert. Hinzu kommt der globale Wandel der ökonomischen und sozialen Strukturen, dessen Hauptherausforderung darin liegt, dass wir den Weg zur Informations- und Wissensgesellschaft bewältigen müssen. Der wohlbekannte Spruch von Wilhelm Busch: "Eins, zwei, drei im Sauseschritt saust die Zeit, wir sausen mit" enthält heute für viele eine bittere Erkenntnis: Technischer Fortschritt und die zunehmende Angleichung der nationalen Märkte an internationale Standards vollziehen sich in einem so rasanten Tempo, dass dabei viele Menschen nicht mehr mitkommen. Und die Anforderungen und Möglichkeiten auf dem Arbeitsmarkt werden zunehmend angespannter: Während auf der einen Seite durch Rationalisierung und technischen Wandel Arbeitsplätze wegfallen, entstehen nicht in gleichem Masse neue Jobs in neuen Beschäftigungsfeldern.

Damit das Bündnis im Sinne der Ziele Arbeits- und Ausbildungsplätze erfolgreich sein kann, muss eine inhaltlich und zeitlich gestaffelte Strategie entwickelt werden. Dabei ist zu unterscheiden in kurz-, mittel- und langfristige Themenbereiche und Schritte. Für die Gewerkschaften sind die wichtigsten Bündnis-Themen zunächst: Ausbildungsplätze schaffen, Arbeitsumverteilung durch Arbeitszeitverkürzung in allen Varianten (mehr Teilzeitarbeit, bessere Bedingungen für die Altersteilzeit, weniger Überstunden, Tariffonds für die "Rente mit 60") sowie verbesserte Weiterbildung und Qualifizierung der Beschäftigten. Dass wir darüberhinaus auch über Innovationen und Forschungspolitik, über die Zukunft der sozialen Sicherung und über den Aufbau Ost sprechen müssen, steht ausser Frage. Zukünftig muss es im Bündnis nämlich um ein ganzes Bündel kurz- und mittelfristiger Massnahmen in den unterschiedlichsten Politikfeldern gehen.

Wir brauchen eine grundlegende strategische Neuorientierung

Am Ende des Bündnisprozesses müsste unsere Gesellschaft und Wirtschaft deutlich auf Zukunftsfähigkeit hin entwickelt sein. Dafür brauchen wir eine grundlegende strategische Neuorientierung: Das Bündnis muss sich an Leitbildern demokratischer, ökonomischer , sozialer und ökologischer Entwicklung orientieren, auch mit Blick auf die europäische Einigung. Aus unserer Sicht bedeutet das: Wir brauchen strukturelle Reformen der Tarif-, Sozial- und Steuerpolitik, wir brauchen Innovationen und Investitionen für eine bessere und gesündere Umwelt. Arbeit und Umwelt müssen versöhnt werden, um Arbeitsplätze zu sichern und zu schaffen. Dazu ist eine sozialverträgliche und arbeitsplatzschaffende Umwelt- und Energiepolitik notwendig. Wir brauchen die Weiterentwicklung des gesamten Bildungssektors, Aus- und Weiterbildung müssen verbessert werden. Sie sind das notwendige innovative Kapital, mit dem Arbeitnehmer, Wirtschaft und Gesellschaft sich erfolgreich dem Strukturwandel stellen können. Bildungseinrichtungen und -inhalte müssen reformiert und permanent modernisiert sowie der Bundesetat ebenso wie Länderetats darauf ausgerichtet werden. Familie und Kinder, Pflege von Alten und Kranken, dürfen nicht zum Hemmschuh für beruflichen Erfolg werden. Dafür bedarf es eines *gesellschaftlichen Umdenkungsprozesses*, der die ungleiche Verteilung dieser Aufgaben zwischen den

Geschlechtern in die Historie verweist und der Bedeutung sozialen Handelns für die Gesamtgesellschaft Rechnung trägt. Ansätze dafür gibt es, auch Unternehmen schätzen die soziale Kompetenz von Beschäftigten immer höher für ihren erfolgreichen Einsatz im Betrieb: So läuft bei Siemens in Berlin ein Modellprojekt, dass Mitarbeiterinnen und Mitarbeitern ermöglicht, für eine gewisse Zeit in caritativen Einrichtungen zu arbeiten. Während dieser Zeit werden sie ebenso entlohnt wie in Weiterbildungszeiten.

Arbeit und Einkommen müssen gerechter verteilt werden. Wir brauchen innovative und moderne Dienstleistungsunternehmen, wobei die Mitbestimmung und Beteiligung der Arbeitnehmer ein wesentlicher Schlüssel zu Modernität und Innovation ist. Der Sozialstaat ist unentbehrlich für eine funktionierende Wirtschaft und den Zusammenhalt der Gesellschaft. Er braucht deshalb ausreichende finanzielle Mittel. Deshalb muss das Steuersystem stabilisiert und gerechter aufgeteilt werden. Dazu gehört auch die Besteuerung großer privater Vermögen und von Spekulationsgewinnen. Die Leistungen sozialer Sicherung müssen zudem überprüft werden, ob sie effektiv und zielgenau sind. Überflüssige Bürokratie muss abgebaut werden. Und mittelfristig müssen wir die gesetzliche Sozialversicherung, betriebliche und tarifvertragliche Zusatzversorgung und private Eigenvorsorge in ein neues Gleichgewicht bringen.

Wenn diese Reformen im politischen und gesellschaftlichen Konsens erreicht werden können, dann könnte eine neue Beschäftigungsdynamik entstehen, die das Problem der Arbeitslosigkeit dauerhaft auf ein Mindestmaß reduziert. Deshalb darf es im Bündnis keine Tabu-Themen geben. Allerdings ist es hilfreich, wenn man bei strittigen Themen auf gemeinsam ermittelte Daten zurückgreifen kann. Es ist deshalb richtig und wichtig, dass die *Benchmarking-Gruppe* mit der Ermittlung eine sogenannten Datenkranzes beauftragt wurde, der als Basis für künftige Diskussionen genutzt werden kann.

Erste positive Ergebnisse

In den ersten Runden der Bündnisgespräche haben wir bei den einzelnen Themen bereits erste Fort-Schritte vereinbaren können. Am konkretesten gelang das auf unsere Initiative hin bei der Ausbildungsfrage: Die Arbeitgeber haben sich verpflichtet, jedem Jugendlichen einen Ausbildungsplatz zur Verfügung zu stellen. Zugleich haben wir mit den regionalen Ausbildungskonferenzen ein Instrument geschaffen, mit dem Jugendlichen dabei geholfen werden kann, einen Ausbildungsplatz zu finden. Arbeitgeber, Gewerkschaften, die Kammern und das zuständige Arbeitsamt werden sich in erster Linie darum kümmern, dass sie in betriebliche Ausbildung vermittelt werden können. Die Tarifvertragsparteien wollen Betriebe dabei mit einem externen Ausbildungsmanagement unterstützen. Zudem haben sich die Bündnispartner darauf geeinigt, neue Ausbildungsberufe zu schaffen. Dies ist insbesondere in den neuen Informations- und Kommunikationsberufen wichtig. Auch die Erfolgskontrolle wurde berücksichtigt: Im März jeden Jahres werden regionale Ausbildungskonferenzen die Lehrstellenbilanz des vergangenen Jahres bewerten. Zudem soll Einvernehmen über die voraussichtlich im laufenden Jahr benötigten Ausbildungsplätze erzielt und Massnahmen zur Deckung des Bedarfs verabredet werden. Das Bündnis wird diese

Ergebnisse bundesweit zusammenführen und gegebenfalls die im Ausbildungskonsens beschlossenen Massnahmen ergänzen und korrigieren. Ich denke, damit sind wir auf einem guten Weg, um den Jugendlichen eine Zukunftsperspektive zu eröffnen. Darüber hinaus gibt es eine Vereinbarung, das Altersteilzeitgesetz zu novellieren. Dies ist notwendig, um auch Beschäftigten kleinerer und mittlerer Betriebe den Weg in die Altersteilzeit zu ermöglichen. Damit werden wir die Quote derer, die dies in Anspruch nehmen erhöhen und so zum Abbau der Arbeitslosigkeit beitragen.

Wie wichtig die vertrauensvolle Kooperation im Bündnis ist, hat sich bei dem äusserst kontrovers diskutierten Thema Tarifpolitik gezeigt. Während des öffentlich entbrannten Streites darüber gerieten Inhalte und Ziele fast in Vergessenheit. Ich habe diesen Streit von vornherein für unnötig und unnütz gehalten. Ausgelöst durch die unsinnige Forderung einiger Arbeitgebervertreter nach *Lohnleitlinien*, mutierte er relativ schnell zu einer grundsätzlichen Auseinandersetzung darüber, ob das Thema Tarifpolitik in die Bündnisgespräche gehört oder nicht. Währenddessen haben Bundesvereinigung der deutschen Arbeitgeberverbände (BDA) und Deutscher Gewerkschaftsbund (BDA) eine gemeinsame Erklärung erarbeitet, die die tarifpolitischen Fragen dort belässt, wo sie hingehören: Nämlich in der Regelungskompetenz der Tarifvertragsparteien. Zugleich wurde das Thema Tarifpolitik für die Bündnisgespräche enttabuisiert und die Inhalte rücken wieder in den Vordergrund. Denn natürlich haben wir in der Vergangenheit im Bündnis über tarifpolitische Fragen gesprochen und werden dies auch in Zukunft tun: Was anderes ist es denn, wenn wir beispielsweise über Tariffonds reden? Dass aber Löhne und Gehälter nach wie vor in Tarifverhandlungen ausgehandelt werden und nicht am Tisch des Bundeskanzlers, steht ausser Frage.

BDA und DGB haben sich auch auf Initiativen für eine beschäftigungssichernde und -aufbauende Tarifpolitik geeinigt, insbesondere auf dem Wege der Arbeitsumverteilung. Dass dabei der Abbau von Überstunden und die bessere Verknüpfung von Arbeit und betrieblicher Fort- und Weiterbildung unstrittig sind, ist ein guter Schritt zu mehr Arbeitsplätzen. Denn die Arbeitszeitverkürzung ist nach wie vor eine moderne Strategie, um die vorhandenen Arbeit auf mehr Menschen zu verteilen. Zwei Entwicklungen sprechen dafür: Zum einen wird es nicht ausreichen, neue Jobs in neuen Beschäftigungsfelder zu entwickeln, um die Millionen Arbeitsplätze zu schaffen, die wir benötigen. Zum anderen wollen immer mehr Menschen weniger arbeiten, um so mehr Zeit für andere Dinge zu haben: Ehrenamt und soziale Dienste, Familie und Freizeit, Weiterbildung und berufliche Umorientierung.

Wir werden in Deutschland einen eigenen Weg finden müssen, der unseren nationalen sozialen und wirtschaftlichen Bedingungen gerecht wird. Deshalb halte ich es für verkehrt, Strategien aus anderen Ländern ungeprüft und unverändert auf unsere Politik zu übertragen. Das heißt aber nicht, dass wir nicht einzelne Massnahmen und Ideen aufgreifen sollen. Ein Beispiel gibt Dänemark mit der Förderung der sogenannten Job-Rotation. Dabei erhalten Arbeitnehmerinnnen und Arbeitnehmern die Möglichkeit, Zeiten für Weiterbildung und Qualifikation in Anspruch zu nehmen. Gleichzeitig werden ihre Arbeitsplätze für diesen Zeitraum mit Arbeitslosen besetzt. Dadurch schlägt man drei Fliegen mit einer Klappe: Der Arbeitgeber sichert sich eine Belegschaft, die optimal neuen Arbeitsanforderungen gerecht werden kann und erhält seinen Betrieb so wettbewerbsfähig. Die Beschäftigten können ihre Kenntnisse und Fähigkeiten erweitern und aktualisieren. Sie haben damit bessere Aussichten auf einen gesicherten Arbeitsplatz. Die dritten Gewinner sind die Arbeitslosen. Sie bekommen eine Chance zum Wiedereinstieg ins Berufsleben. Ich halte dieses Modell für äusserst attraktiv und lohnenswert.

Anders stellt sich das beim Thema Niedriglohnsektor dar. Deutschland hat aufgrund seiner hervorragend ausgebildeten und qualifizierten Arbeitnehmerinnen und Arbeitnehmer als Hochlohnland seine wirtschaftliche Kraft und soziale Stärke erreicht. Und ich bin überzeugt, dass es zukunfts- und wettbewerbsfähig nur sein kann, wenn es weiterhin auf diese Fundamente baut. Wir müssen uns im Bündnis deshalb vor allem darauf konzentrieren, die Menschen in die Lage zu versetzen, mit den Anforderungen diffiziler und komplexer Technologien Schritt halten zu können, sich die notwendigen Informationen und das Wissen zu verschaffen, um in der Dienstleistungsgesellschaft gut qualifiziert arbeiten zu können. Aber Tatsache ist auch: Die Menschen brauchen den Arbeitsplatz, der ihren Fähigkeiten und Entwicklungsmöglichkeiten entspricht. Ich sehe zwar keinesfalls, wie manche Vorreiter des Niedriglohn-Gedankens, die Möglichkeit Millionen von Arbeitsplätzen zu schaffen, nur dadurch, dass man flächendeckend geringe Löhne subventioniert. Allerdings halte ich es durchaus für lohnenswert, in Modellversuchen auszutesten, wie man durch die Subventionierung bestimmter Tätigkeiten neue Beschäftigung erreichen kann. Gleichzeitig muss aber auch hier gelten: Angebote zur Qualifizierung und Weiterbildung müssen diese Modelle begleiten, denn es kann keinesfalls sein, dass mit solchen Projekten Menschen sozusagen konkurrenzunfähig auf das Abstellgleis der Arbeitsgesellschaft gezwungen werden.

Arbeitszeitverkürzung in allen Varianten

Wichtiger sind neue Modelle der Arbeitszeitverkürzung: Wir wollen beispielsweise die Möglichkeiten älterer Arbeitnehmerinnen und Arbeitnehmer verbessern, früher aus dem Berufsleben auszuscheiden und damit jungen Leuten mehr Chancen auf einen Arbeitsplatz zu eröffnen. Das Modell der Tariffonds, inzwischen besser bekannt unter dem etwas irreführenden Titel *Rente mit 60*, könnte einem solchen Generationenpakt Schwung geben. Zwar gibt es auch jetzt schon Möglichkeiten, ab 60 Jahren in Rente zu gehen, dafür müssen aber dauerhaft bis zu 18 Prozent Abschläge von der Rente in Kauf genommen werden. Deshalb scheuen viele davor zurück. Mit den Tariffonds, die auf einen Zeitraum von fünf Jahren von Arbeitgebern und Arbeitnehmern gemeinsam gefüllt würden, könnte diese Hürde abgebaut werden.

Das Bündnis für Arbeit muss versuchen, dem Wandel der Erwerbsarbeit ebenso Rechnung zu tragen, wie dem Wandel der Gesellschaft. Es steht einer modernen Gesellschaft schlecht an, wenn sie einen großen Teil ihrer Mitglieder von der Teilhabe am gesellschaftlichen Wohlstand ausschliesst. Und sie wird in relativ kurzer Zeit im globalen Wettbewerb hinterher hinken, wenn sie meint, es sich leisten zu können, dass zum Teil sehr gut ausgebildete Arbeitskräfte ihre Qualifikation verlieren, weil sie keinen Job bekommen. Insbesondere bessere Berufschancen für Frauen müssen im Bündnis zum Schwerpunkt gemacht werden. Auch hier bietet die Arbeitszeitverkürzung einen guten ersten Weg: Mehr Teilzeit für Frauen und Männer, auch in gut qualifizierten Positionen wäre letztendlich auch ein Beitrag zur Gleichberechtigung. Männer hätten mehr Möglichkeiten sich an Hausarbeit und Kindererziehung zu beteiligen, Frauen wären ökonomisch und gesellschaftlich besser etabliert.

Die Niederländer haben vorgemacht, welche Rahmenbedingungen ein Bündnis für Arbeit braucht: Alle Themen müssen auf den Tisch, alle Beteiligten müssen aus ihren Wagenburgen heraus und nachhaltiger Erfolg braucht Zeit. Sie haben ihr Bündnis in einer gemeinsamen Institution verankert, der *Stichting vor Arbed*. Ich halte eine solche Konstruktion perspektivisch auch in Deutschland für sinnvoll. Darüber hinaus denke ich, dass das Bündnis auf Bundesebene nur der Überbau sein kann, sozusagen die Spinne im Netz vieler regionaler und betrieblicher Bündnisse. Dafür gibt es schon zahlreiche Beispiele, so in Nordrhein-Westfalen und Bayern. Das Bundes-Bündnis hat inzwischen viele neue Aktivitäten zwischen Landesregierungen, regionalen Arbeitgeberverbänden und Gewerkschaften initiiert. Dort werden die Grundzüge der Verabredungen auf die regionalen Bedürfnisse zugeschnitten. BDA und DGB wollen zukünftig verstärkt in ihren Organisationen für noch mehr betriebliche Bündnisse werben.

Es wird im Kampf um den richtigen Weg noch manchen Streit und manchen Rückschlag geben. Die Steuerpolitik ist dafür nur ein Beispiel. Massiv setzen die Arbeitgeber die Bundesregierung unter Druck, um noch weitere Vergünstigungen zu bekommen. Für uns ist allerdings nicht einzusehen, dass die Entschuldung des Staates vor allem zu Lasten der Beschäftigten gehen soll. Die Unternehmen sind mit der Ökosteuer schon erheblich von Lohnnebenkosten entlastet worden. Das war ganz in unserem Sinne, denn letztlich haben auch die Arbeitnehmerinnen und Arbeitnehmer davon profitiert. Wenn aber die Unternehmen weitere Steuergeschenke wollen, dann überspannen sie den Bogen. Und die Bundesregierung muss aufpassen, dass sie den einseitigen Forderungen nicht nachgibt, denn sonst setzt sie ihre Glaubwürdigkeit auf's Spiel.

Wir sind mit dem Bündnis für Arbeit auf einem guten Weg. Wir haben uns damit an ein neues Politikmodell gewagt, es ist installiert und nun müssen wir hart und lange daran arbeiten, dass auch eine neue Politik für Arbeit und soziale Gerechtigkeit entsteht. Wenn uns dies gelingt, und da überwiegt meine Zuversicht meine Skepsis, dann haben wir gute Chancen, die Beschäftigungskrise endlich zu überwinden. Und wir haben ebenso gute Chancen, unsere Gesellschaft und Wirtschaft mit Blick auf die Jahrhundertwende, die auch eine Jahrtausendwende ist, lebenswert, gerecht und wettbewerbsfähig zu gestalten, damit die Menschen in unserem Land eine sichere Zukunft haben.

Ilse Brusis

Viele Bündnisse braucht das Land

Das wichtigste Reformprojekt der neuen Bundesregierung, das Bündnis für Arbeit, steht unter Erfolgsdruck. Nach vielen Jahren erfolgloser Versuche zur Bekämpfung der Massenarbeitslosigkeit ist es ein weiterer Versuch, mit neuer Ausrichtung, aber an die Traditionen des deutschen Korporatismus anknüpfend, die schwerste Hypothek für die Zukunft abzutragen. Die Herausforderung ist groß: „Im „Bündnis für Arbeit" muss dieser Korporatismus beweisen, ob er seine eigene Transformation für die nachindustrielle Welt schafft, indem er unter anderem tragfähige neue Regulationen [... zur Bekämpfung der Beschäftigungskrise (Einschub durch die Verf.)] konsensuell herstellt. Das steht auf dem Spiel - nicht mehr und nicht weniger." (Baethge 1999) Nicht erst seit Vorlage des Schröder-Blair-Papiers sind die Grundlagen der „Politik der Neuen Mitte", mit denen dieser Versuch im Bündnis für Arbeit gestartet worden ist, formuliert. (Vgl. Hombach 1998) Das zentrale Ziel, die Bekämpfung von Beschäftigungskrise und Arbeitslosigkeit, ist nur zu erreichen, wenn es gelingt, den „Aufbruch aus der blockierten Gesellschaft" (Hombach 1998: 25) zu schaffen. Dazu ist eine Rückbesinnung auf die Werte von Konsens und Kooperation sowie eine neue Aufgaben- und Verantwortungsverteilung zwischen Staat, Wirtschaft und Bevölkerung im Rahmen von zielgerichteten „public-private-partnership-arrangements" unverzichtbar. Die Politik der Neuen Mitte weist dem Staat darin eine neue Rolle zu: Der aktivierende Staat ist weniger Produzent als Anreger, Moderator, steuernder Partner (Hombach 1998: 18).

Das Bündnis für Arbeit ist das Instrument zur Konkretisierung des darauf basierenden Politikansatzes. Dort sollen alle gesellschaftlichen Kräfte mobilisiert werden, um gemeinsam konkrete Massnahmen zur Überwindung der Beschäftigungskrise und zur Bekämpfung der Arbeitslosigkeit zu vereinbaren. Voraussetzung dazu ist, dass alle Beteiligten im fairen Geben und Nehmen ihren Beitrag leisten. Ohne diese Bereitschaft wird der aktivierende Staat schnell an seine Grenzen stoßen.

Die neue Bundesregierung (vgl. SPD aktuell 1998: 2f) und das von ihr initiierte Bündnis für Arbeit und Ausbildung haben sich ehrgeizige Ziele gesetzt:

- Zunächst einmal sollen die Rahmenbedingungen für die Wirtschaft verbessert werden (unter anderem durch Senkung der Lohnnebenkosten, Massnahmen der Modernisierung der öffentlichen Verwaltung, Verbesserung der Innovationsbedingungen für die Unternehmen und Flexibilisierung von Arbeitszeiten).
- Die Binnennachfrage soll (unter anderem durch eine Steuerreform, die die unteren Einkommen in ihrer Nachfragekraft stärkt) mobilisiert und der Strukturwandel der deutschen Wirtschaft in Richtung ökologischer Nachhaltigkeit umgelenkt werden.
- Neue, bislang nicht erschlossene Beschäftigungsfelder für Geringqualifizierte sollen ermittelt werden. Dort soll den Hauptopfern des fortschreitenden rationalisierungsbedingten Wegfalls von Einfacharbeitsplätzen im Strukturwandel eine neue Perspektive erschlossen werden.

Das Bündnis für Arbeit hat sich vorgenommen, in den einzelnen Feldern konkrete Beiträge und praktische Handlungsschritte miteinander zu verabreden, um diese Ziele zu erreichen. Dies wird allerdings nur dann möglich sein, wenn es nicht nur gelingt, die Werte von Konsens und Kooperation wiederzubeleben, sondern auch verbindliche Verantwortlichkeiten und präzise Beiträge zu verabreden. Dies ist schwierig, aber leistbar, wie die Erfahrungen mit beteiligungsorientierter, auf Konsens ausgerichteter Politik in Nordrhein-Westfalen zeigen. Ich will dies an drei Beispielen verdeutlichen, die zum Teil erste Ergebnisse des im Dezember 1998 auch in Nordrhein-Westfalen an den Start gegangenen Bündnisses für Arbeit darstellen.

„Jugend in Arbeit" - Verantwortung teilen

Sowohl auf Bundesebene wie auch im Lande NRW steht die Bekämpfung der Jugendarbeitslosigkeit im Zentrum des Bündnisses für Arbeit. Alarmiert dadurch, dass die Quote der Langzeitarbeitslosigkeit bei den jugendlichen Arbeitslosen phasenweise über der allgemeinen Arbeitslosenquote lag, hat Nordrhein-Westfalen besondere Anstrengungen im Rahmen des Programms „Jugend in Arbeit" unternommen. Dieses Programm zeichnet sich in mancherlei Hinsicht vor arbeitsmarktpolitischen Integrationsprogrammen herkömmlicher Art aus. Es ist mit Blick darauf, was denn unter neuer Verantwortungsverteilung im Rahmen eines aktivierenden Staates und im Bündnis für Arbeit zu verstehen ist, von besonderem Interesse. Die Neuerungen des Programms „Jugend in Arbeit" lassen sich wie folgt umschreiben:

- Zum ersten Mal ist in Nordrhein-Westfalen einer klar definierten Zielgruppe *in Gänze*, nämlich allen langzeitarbeitslosen Jugendlichen, die arbeitsfähig und arbeitswillig sind, ein Integrationsangebot unterbreitet worden.
- Die Kooperationspartner, insbesondere die Industrie- und Handelskammern, die Handwerkskammern, der nordrhein-westfälische Arbeitgeberverband, die Gewerkschaften, die Arbeitsverwaltung und das Land, haben einen *verbindlichen Kontrakt* geschlossen, wonach allen arbeitsfähigen und arbeitswilligen Jugendlichen zumindest ein auf ein Jahr befristetes Beschäftigungsangebot in einem Betrieb unterbreitet wird. Damit geht das nordrhein-westfälische Programm deutlich über das Bundesprogramm zur Integration jugendlicher Arbeitsloser hinaus.
- Erstmals wird auf alle Jugendlichen individuell zugegangen, um mit ihnen in *persönlichen Beratungsgesprächen* konkrete Eingliederungspläne in das Beschäftigungssystem zu verabreden, in denen Orientierungs-, Qualifizierungs- und ähnliche Massnahmen entwickelt und quasi in einem *Vertrag* mit dem jeweils betroffenen arbeitslosen Jugendlichen fest verabredet werden. In Nordrhein-Westfalen arbeiten derzeit etwa 480 Beraterinnen und Berater im Programm „Jugend in Arbeit" mit und gehen auf die Jugendlichen zu. Auch dies unterscheidet „Jugend in Arbeit" vom Bundesprogramm.
- Allerdings wird von den Jugendlichen dann auch erwartet und verlangt, dass dieses Angebot angenommen wird. Anderenfalls drohen im Rahmen der gesetzlichen Bestimmungen Kürzungen des Leistungsbezugs aus dem Transfersystem.

Dieses Programm, das sich an etwa 10.000 langzeitarbeitslose Jugendliche in NRW richtet, folgt der oben beschriebenen Maxime einer neuen Verantwortungsverteilung, die man mit „Fördern und Fordern" beschreiben könnte. Einem verbindlich verabredeten Förderangebot und einer ebenso verbindlichen Zusage der Wirtschaft auf eine zumindest zeitlich befristete Beschäftigung steht die Forderung an die Jugendlichen gegenüber, an dem Programm mitzuwirken, wenn dem nicht ernsthafte Gründe entgegenstehen. Für eine Bilanz ist es angesichts der schwierigen Zielgruppe und der erst kurzen Umsetzungszeit noch zu früh. Allerdings kann man eines bereits jetzt sagen: Der weitaus größte Teil der angesprochenen langzeitarbeitslosen Jugendlichen (circa 75 Prozent) ist bereit, an dem Programm mitzuwirken, sich zu engagieren und aktiv einzubringen. Die nordrhein-westfälische Wirtschaft erfüllt ihre Zusage, zeitlich befristete Beschäftigungsverhältnisse im ersten Arbeitsmarkt zur Verfügung zu stellen und bereits annähernd 1.000 Jugendliche sind in Arbeitsverhältnisse vermittelt worden. Mit einem weitaus größeren Teil sind Eingliederungspläne und konkrete Trainings- und Qualifizierungsmaßnahmen verabredet worden. Das heißt, konsensorientierte Kooperation und verbindliche Verabredungen führen zum Erfolg.

Transfergesellschaften: Gute Kooperation muss organisiert werden

Strukturwandel und wirtschaftliche Entwicklung führen zu Umstrukturierungen in Unternehmen, die in der Regel einen Abbau von Arbeitsplätzen und Personalanpassung zur Folge haben. Auf der anderen Seite entstehen neue Beschäftigungsfelder, deren Entwicklung bei einem Mangel an geeigneten Fachkräften gefördert werden muss. Die Verhinderung von Arbeitslosigkeit, die sozialverträgliche Gestaltung dieser Personalanpassungen, insbesondere durch Unterstützung der beruflichen Neu- beziehungsweise Umorientierung der Arbeitnehmerinnen und Arbeitnehmer, und die Erhaltung und Verbesserung der Wettbewerbsfähigkeit der Unternehmen sind für alle Beteiligten große Herausforderungen, mit denen Nordrhein-Westfalen seit mehr als einem Vierteljahrhundert zu kämpfen hat.

Personalpolitik, Arbeitsmarktpolitik und Wirtschaftsförderung bieten eine Vielzahl von Instrumenten zur Begleitung dieser Anpassungsprozesse. In der Regel ist nur durch eine effiziente Kombination aller Instrumente und durch eine enge unternehmens-, regions- und/ oder branchenbezogene Zusammenarbeit von Fachleuten und Betroffenen ein optimales Ergebnis des Transfers in neue Beschäftigungsfelder zu erreichen. Nordrhein-Westfalen hat im Rahmen seiner regionalisierten Arbeitsmarkt- und Strukturpolitik in den vergangenen Jahren vielfältige Erfahrungen mit der Beteiligung unterschiedlicher Akteure und der Integration von Politikfeldern machen können. Es gibt eine Fülle guter Beispiele für eine erfolgreiche Verbindung von Arbeitsmarkt- und Beschäftigungsförderung mit Wohnungsbaupolitik, Stadterneuerung, Technologie- und Wirtschaftsförderungspolitik.

Immer wieder wurde dabei jedoch die Erfahrung gemacht, dass die Vermittlung der von Arbeitslosigkeit bedrohten Menschen in neue Beschäftigungsfelder durch die Verbindung unterschiedlicher Instrumente und Politikfelder effizient organisiert werden muss. Deshalb haben sich die Partner des Bündnisses für Arbeit in Nordrhein-

Westfalen in einer gemeinsamen Erklärung darauf verständigt, zu diesem Zweck den Auf- beziehungsweise Ausbau von sogenannten Transfergesellschaften zur effizienten Gestaltung von Umstrukturierungsprozessen zu unterstützen.

Transfergesellschaften sind zeitlich befristete und rechtlich selbstständige Organisationsformen zur arbeitsmarktpolitischen Flankierung von Umstrukturierungsprozessen. Sie sind keine Beschäftigungsgesellschaften, die Arbeitslosen öffentlich subventionierte Beschäftigung auf dem zweiten Arbeitsmarkt bieten. Sie haben insbesondere die Aufgabe, im Dialog mit allen Beteiligten, die Arbeitsplatzentwicklung in Unternehmen, in der Region und in der Branche zu analysieren und vor diesem Hintergrund

- betroffene Beschäftigte bei der Entwicklung einer neuen beruflichen Perspektive und Unternehmer bei Personalfragen zu beraten,
- von Arbeitslosigkeit bedrohte Arbeitnehmerinnen und Arbeitnehmer zu betreuen und bei der Vermittlung in andere Beschäftigungsverhältnisse des Ersten Arbeitsmarktes zu unterstützen,
- Qualifizierungsmaßnahmen zu planen, zu organisieren und zu koordinieren,
- die von Umstrukturierungsprozessen Betroffenen bei der Suche und Schaffung neuer Beschäftigung sowie beim Aufbau neuer Existenzen zu unterstützen.

Dies alles gelingt am besten, wenn Transfergesellschaften eingebettet sind in regionale „Kompetenznetzwerke", in denen der Sachverstand der örtlichen Kooperationspartner für die Umstrukturierung nutzbar gemacht werden kann. Betroffene Unternehmen, Arbeitnehmerinnen und Arbeitnehmer sowie expandierende Unternehmen benötigen so früh wie möglich den kompetenten Rat von Fachleuten der Personalplanung, der Arbeitsmarktpolitik und der Wirtschaftsförderung. Die zuständigen Kammern, Arbeitgeberverbände, Gewerkschaften, Arbeitsämter, Wirtschaftsförderungsorganisationen und Regionalstellen „Frau und Beruf" haben sich deshalb bereit erklärt, Ansprechpartner, die in regionalen Kompetenznetzwerken zusammenarbeiten sollen, zu benennen. Die Dachorganisationen der genannten Institutionen auf Landesebene unterstützen dies.

Inzwischen arbeiten in Nordrhein-Westfalen die ersten Transfergesellschaften; ihre Erfolge können sich sehen lassen. Ein großer Teil der von Arbeitslosigkeit bedrohten Arbeitnehmerinnen und Arbeitnehmer kann tatsächlich in neue Beschäftigungsverhältnisse vermittelt werden, oft nach vorausgegangener Qualifizierung. Das heißt aber: Gute Kooperation muss effizient organisiert werden, damit die angestrebten Ergebnisse tatsächlich erreicht werden.

Beschäftigungsfördernde Arbeitszeitpolitik

Allerdings: Die Grenzen auch dieser beiden erfolgreichen Beispiele für Arbeitsmarktintegration liegen in der Aufnahmefähigkeit des Beschäftigungssystems selbst. Die systematische Suche nach Beschäftigungsmöglichkeiten für Geringqualifizierte in bislang nicht erschlossenen Betätigungsfeldern wie in bestimmten Bereichen von personen- und haushaltsbezogenen Dienstleistungen ist ein zentrales Thema, sowohl des nordrhein-westfälischen wie des bundesweiten Bündnisses für Arbeit. Daneben kommt nach meiner Überzeugung auch der Wachstumspolitik der Bundesregierung und der Arbeitszeitpolitik eine zentrale Rolle zu.

So innovativ und effizient die Arbeitsmarkt- und Strukturpolitik eines einzelnen Landes auch immer sein mag, die hohe Arbeitslosigkeit in der Bundesrepublik Deutschland kann nicht allein auf regionaler Ebene bekämpft werden. Gerade in Nordrhein-Westfalen konnten wir immer wieder beobachten, welch unverzichtbare Entlastung eine günstige gesamtwirtschaftliche Entwicklung für den regionalen Arbeitsmarkt bedeutet. So entstanden im Wirtschaftsaufschwung zwischen 1984 und 1992 in NRW fast 750.000 neue Arbeitsplätze, im Ruhrgebiet waren es fast 100.000. Eine unverzichtbare Voraussetzung für die Bewältigung des Strukturwandels in den Regionen ist eine wachstums- und beschäftigungsorientierte gesamtstaatliche Wirtschafts- und Finanzpolitik. Dafür sollen zur Zeit im Bund die richtigen Weichen gestellt werden.

Allerdings ist eine gewisse Skepsis angebracht, ob es allein auf diesem Wege gelingen kann, Wachstumsraten des Bruttoinlandsproduktes zu erzielen, die deutlich über den Produktivitätszuwachs hinausgehen und die ja erst dann wirklich beschäftigungswirksam werden. Der internationale Vergleich stärkt diese Skepsis. (Flassbeck 1998: 106f) Nur in zwei der gemeinhin als beschäftigungspolitisch besonders erfolgreich genannten Länder (USA, Neuseeland, Dänemark, Niederlande, Großbritannien, Frankreich) scheint es gelungen zu sein, das in Stunden gerechnete Arbeitsvolumen deutlich zu erhöhen und so Arbeitslosigkeit wirksam zu bekämpfen (insbesondere in den USA und in Neuseeland). In den anderen Ländern sind lediglich mehr oder weniger große Schwankungen des Arbeitsvolumens um einen in den letzten 16 Jahren in etwa stabilen Trend erkennbar (vgl. dazu Flassbeck 1998: 105). Demzufolge haben also in diesen Ländern, denen es gelungen ist, die Arbeitslosenquote auf ein mehr oder minder erträgliches Mass zu reduzieren, arbeitszeitpolitische Massnahmen eine besondere Bedeutung gehabt. Ansatzpunkte einer beschäftigungswirksamen Arbeitszeitpolitik gibt es genug: In einem ersten Schritt könnte versucht werden, neue Arbeitsplätze durch eine nachhaltige Senkung der Überstunden (jedenfalls der dauerhaften und regelmäßig geleisteten Mehrarbeit) zu schaffen. Über dieses Ziel sollte man sich einig werden können, zumal man aus der modernen Arbeitszeitforschung weiß, dass etwa 50 Prozent sämtlicher geleisteter Überstunden regelmäßig anfallende Dauermehrarbeit sind, also nicht den notwendigen Arbeitszeitpuffer zur Abfederung von Auftragsspitzen und nicht vorhersehbaren Auslastungsschwankungen der Produktion bilden.

Das NRW-Arbeitsministerium hat in den ersten vier Monaten dieses Jahres bundesweit die Arbeitszeiten in den Betrieben untersuchen lassen. Die jetzt vorgelegten Daten zu den Überstunden sind ein erstes Zwischenergebnis des Arbeitszeiten-Berichtes 1999. Der vollständige Bericht wird im September 1999 veröffentlicht. Schon das Zwischenergebnis lässt aufmerken: Die Überstundenarbeit hat bundesweit erneut stark zugenommen. Allein bis April 1999 wurden pro Woche bundesweit 47,7 Millionen Überstunden (ohne Freizeitausgleich) geleistet. Hochgerechnet auf das Jahr ergibt dies rund 2 Milliarden Überstunden bundesweit. Selbst wenn man nur 40

Prozent dieser Überstunden für neue Beschäftigungsmöglichkeiten realisiert, bleiben 500.000 Vollzeitarbeitsplätze, die in Deutschland durch Überstundenabbau neu geschaffen werden können. Experten gehen davon aus, dass alleine durch Überstundenabbau ein Potential von 100.000 Jobs für Nordrhein-Westfalen zu erschließen sei.

Interessant ist in diesem Zusammenhang, dass offenbar gleichzeitig die Bereitschaft vieler Beschäftigten wächst, sich diese Überstunden nicht auszahlen zu lassen, sondern dafür einen Freizeitausgleich in Anspruch zu nehmen. Auch dies ergibt sich aus dem ersten Zwischenergebnis der neuen bundesweiten Untersuchung zur Entwicklung der betrieblichen Arbeitszeiten im Auftrag des NRW-Arbeitsministeriums. Außerdem ist aus der neueren Arbeitszeitforschung bekannt, dass es einen weit verbreiteten Wunsch nach Teilzeitarbeit gibt (vgl. Institut zur Erforschung sozialer Chancen (ISO) 1996: 121 ff.). Auch hier sind unter bestimmten Rahmenbedingungen - wie insbesondere die Niederlande eindrucksvoll dokumentiert haben - beträchtliche Beschäftigungspotenziale zu erschließen. Vor diesem Hintergrund war es nur folgerichtig, dass sowohl das Bündnis für Arbeit und Ausbildung auf Bundesebene als auch das in Nordrhein-Westfalen etablierte Bündnis für Arbeit sich des Themas unter der Überschrift „Beschäftigungsfördernde Arbeitszeitpolitik" angenommen haben. In Nordrhein-Westfalen sind konkrete Massnahmen geplant, über Arbeitszeitpolitik einen wirksamen Beitrag zum Beschäftigungsaufbau zu leisten. Auch dies wird ohne Kooperation nicht gehen: Die derzeit Beschäftigten werden auf Teile ihres Einkommens verzichten müssen, wozu sie offenbar sowohl beim Überstundenabbau wie auch bei der Einführung von Teilzeitarbeit bereit zu sein scheinen. Die Unternehmen müssen bereit sein, sich entsprechend der neuen Arbeitszeitregelungen zu reorganisieren, was gleichzeitig genutzt werden kann, um den Unternehmen höhere Flexibilitätsspielräume zu verschaffen. Und die Arbeitsmarktpolitik muss leisten, geeignete Arbeitslose zu finden, sie, wenn nötig, zu qualifizieren und den Unternehmen zu vermitteln. Über Nacht wird dies nicht gelingen. Aber mit Kooperationsbereitschaft, verbindlichen Verabredungen und dem nötigen politischen Willen sollte es möglich sein, wirksame arbeitszeitpolitische Massnahmen gegen den Beschäftigungsabbau zu realisieren. Hinweise, was dazu im Einzelnen nötig ist, gibt es genug (vgl. u.a. Bosch 1998).

Notwendig sind Konsenswille und Kooperationsbereitschaft

Das Bündnis für Arbeit verlangt allen Beteiligten nicht nur beträchtliche Anstrengungen ab, sondern auch die Bereitschaft, lieb gewordene Positionen zu verlassen und in einem Masse aufeinander zuzugehen und zu kooperieren, wie das in den letzten 15 Jahren nicht mehr üblich war. Auch in der Kooperation zwischen Bundesregierung und den Ländern muss sich einiges verbessern. Viele Länder unternehmen eigene Anstrengungen zur Bekämpfung der Arbeitslosigkeit im Rahmen landesweiter Bündnisse für Arbeit; der nordrhein-westfälische Ministerpräsident hat sich sogar bereit erklärt, NRW zum Experimentierfeld für innovative Lösungsansätze zu machen. Dies setzt aber voraus, dass diese Lösungsvorschläge in enger Abstimmung zwischen Bund und Ländern erarbeitet werden und die notwendigen bundesgesetzlichen Voraussetzungen zu ihrer Erprobung geschaffen werden. Dies gilt bei der Suche nach Beschäftigungsmöglichkeiten für Geringqualifizierte ebenso wie bei der Schaffung der notwendigen Voraussetzungen, Teilzeitarbeit weit über das bisherige Mass hinaus attraktiv zu machen. In beiden Fällen sind bundesweite Weichenstellungen von Nöten: Im ersten Fall in der Frage der öffentlichen finanziellen Unterstützung neuer Beschäftigungsfelder, im anderen Fall bei der Schaffung der notwendigen sozialen Absicherung im Alter nach vorheriger Teilzeitarbeit. Aber auch hier gilt: Mit gutem Willen zum Konsens und der notwendigen Kooperationsbereitschaft sind wirksame Lösungen machbar. Man muss sie nur wollen.

Rudolf Kuda/ Klaus Lang

Perspektiven eines gesamtgesellschaftlichen Reformprojekts

Die Euphorie des Wahltags ist längst verflogen. Dazu hat die rot-grüne Koalition selbst maßgeblich beigetragen. Auf dem Weg von der Koalitionsvereinbarung über die Regierungserklärung zur Regierungspraxis wurde der Übergang vom Regierungswechsel zum Politikwechsel nicht verdeutlicht, sondern vernebelt. Die Ernüchterung im Alltag greift um sich. Davon wird das Bündnis für Arbeit in Mitleidenschaft gezogen. In der Öffentlichkeit wird seine Stagnation diskutiert, in den Gewerkschaften der Stillstand kritisiert. Die Wirtschafts- und Arbeitgeberverbände drohen mit Blockade und von der Regierung werden zum Teil falsche Akzente gesetzt.

Wer die Frage nach den Perspektiven des Bündnis-Projekts stellt, der muss sich mit den *politischen Perspektiven des rot-grünen Projekts* auseinandersetzen. Denn das Gelingen des Bündnis für Arbeit setzt auch ein stabiles Interesse der Regierungsparteien und -fraktionen an der rot-grünen Reformidee, an ihren Beteiligungs- und Gestaltungsoptionen, zumindest für die Dauer der laufenden Legislaturperiode voraus.

Der Beweis für die politische Reformfähigkeit der Bundesregierung ist noch keineswegs hinreichend erbracht. Dafür reicht es nicht aus, die Erfolge der Bundesregierung bei der „Vergangenheits-Bewältigung" immer neu zu beschwören. Die Regierungskoalition hat die übelsten unsozialen Entscheidungen der Regierung Kohl - Stichworte vor allem Lohnfortzahlung im Krankheitsfall, Kündigungsschutz, Rentenkürzungen - zurückgenommen und damit ihre kurzfristigen Wahlversprechen in den ersten 100 Tagen eingehalten. Aber meßbare Erfolge im Kampf gegen die Massenarbeitslosigkeit ebenso wie vorzeigbare Ansätze einer gesellschaftlichen Vision, die über die Wahlperiode hinausreicht, eines mittelfristigen sozialökologischen Gestaltungskonzepts stehen noch aus. Es fehlt insbesondere die klare Aussage, dass die Bundesregierung und die Regierungskoalition Politik für jene und mit jenen machen will, die ihren Erfolg im Wahlkampf und am Wahltag möglich gemacht haben. Hier nimmt gerade das Bündnis für Arbeit eine Schlüsselrolle ein. Es darf nicht zur sozial verbrämten Fortsetzung der alten Politik werden. Es muss Instrument des Politikwechsels sein.

Der Auftakt zu den neuen Bündnis-Gesprächen war - auch und gerade in den Gewerkschaften - mit Befürchtungen und Hoffnungen vielfältiger und grundsätzlicher Art verbunden. Sie beziehen sich auf das Verhältnis des Bündnis für Arbeit zur parlamentarischen Demokratie und zur Tarifautonomie, zur Verantwortung der Politik und zur Reformfähigkeit der Gesellschaft.

Die *Befürchtungen* bezogen sich insbesondere auch auf die einkommenspolitische Einbindung der Gewerkschaften nach dem Muster der konzertierten Aktion. Das Bündnis für Arbeit hat einer erfolgreichen Lohnbewegung der IG Metall nicht im Wege gestanden und eine weitgehende Übernahme der durchgesetzten Einkommensverbesserungen in anderen großen Wirtschaftszweigen - auch im öffentlichen Dienst - nicht verhindert. In 1999 werden steigende Realeinkommen mithelfen, die Beschäftigung zu stabilisieren.

Die *Hoffnung*, durch das neue Bündnis für Arbeit den Weg vom Regierungswechsel zum Politikwechsel zu befestigen, hat sich allerdings noch nicht bewahrheitet. Von dem Durchbruch zu einer sozialökologischen Reformstrategie als gemeinsamer Fokus der großen gesellschaftlichen Gruppen kann keine Rede sein. Für eine neue Beteiligungskultur, die der Artikulation und dem Ausgleich widerstreitender Interessen eine belastbare Basis verschafft, erst recht für einen übergreifenden Konsens über Alternativen und Ansätze eines sozialen Regulationsmodells für die globale Ökonomie, gibt es keine Anzeichen.

Klar ist, das Bündnis für Arbeit ersetzt nicht die *Verantwortung der Politik* für nachhaltiges Wachstum und zukunftsfähige Arbeitsplätze noch *die der Wirtschaft* für Innovationen und Investitionen. Und es darf das Recht der Tarifvertragsparteien, Einkommen, Arbeitszeiten und Arbeitsbedingungen frei zu vereinbaren, nicht beeinträchtigen. Das Bündnis für Arbeit kann und soll also keinesfalls die Unabhängigkeit des Parlaments und die Tarifautonomie verdrängen. Parlamentarische und tarifliche Entscheidungen werden in unserem demokratischen Gemeinwesen frei getroffen - soweit wie möglich im Konsens nach Massgabe von sozialer Vernunft und politischer Einsicht, soweit wie nötig im Konflikt nach Massgabe politischer Mehrheitsverhältnisse und gesellschaftlicher Kräfteverhältnisse.

Nun gibt es jenseits grundsätzlicher Kategorien eine sehr praktische Meßlatte für Erfolge und Mißerfolge der Bündnis-Idee: Beschäftigungspolitische Initiativen für mehr Arbeits- und Ausbildungsplätze müssen konzeptionell entwickelt und konkret umgesetzt werden.

Es wäre falsch, jetzt von Seiten der Gewerkschaften über einen Ausstieg aus dem Bündnis für Arbeit zu diskutieren. Das wäre einerseits Wasser auf die Mühlen der Wirtschafts- und Arbeitgeberverbände und würde andererseits die Möglichkeit der Gewerkschaften, die eigenen Ziele durchzusetzen, keineswegs verbessern. Aber es ist angemessen, in einer Zwischenbilanz zum jetzigen Zeitpunkt an die zentrale Aufgabe des Bündnisses für Arbeit öffentlich zu erinnern und vor der Gefahr falscher Weichenstellungen für die Zukunft zu warnen.

Zur institutionellen Verankerung des Bündnis für Arbeit

Ein gutes und fähiges Politikmanagement des Bündnis für Arbeit ist zwar keine hinreichende, aber eine notwendige Voraussetzung für sein Gelingen.

Für das neue Bündnis für Arbeit hatten die Gewerkschaften daher einen „verbindlichen Unterbau" gefordert, der „z.B. die Kontrolle der Beschäftigungswirkungen, die Vorbereitung der jeweiligen Bündnisgespräche et cetera.," möglich macht. (Positionspapier des IGM-Vorstands „Bündnis für Arbeit 1998/99" vom 10.11.98). Dieser Forderung wurde an etlichen Punkten Rechnung getragen.

Es wurde eine *Vorbereitungs- und Vermittlungsinstanz* eingerichtet. Das dreigliedrige Steuerungskomitee unter Federführung des Bundeskanzleramts soll die politischen Bündnisrunden vorbereiten, Arbeitsaufträge an die Arbeitgruppen konkretisieren und Arbeitsergebnisse zusammenfassen.

Als *fachliche Arbeitsebene* wurden zunächst neun *Arbeitgruppen sowie Fach- und Themendialoge* eingerichtet. Sie stehen unter Leitung eines bzw. einer Bundesminister/s/in aus Vertretern der Wirtschafts- und Arbeitgeberverbände sowie der Gewerkschaften. Sie sollen Arbeitsergebnisse zu den jeweiligen Themen vorbereiten oder Beschäftigungspotentiale einzelner Sektoren der Wirtschaft erkunden.

Schließlich wurde ein *wissenschaftliches Begleitgremium* berufen. Ein vierköpfiges Wissenschaftlerteam soll im Auftrag der Steuerungsgruppe Analysen und Benchmarking zu bestimmten Themen anfertigen.

Damit besteht eine institutionelle Basis für eine effektive Bündnispolitik. Bis heute wird aber die Steuerungsgruppe zu wenig professionell und reibungslos vorbereitet, die Arbeitsgruppen arbeiten zum Teil nicht ergebnisorientiert und zielgerichtet und die Benchmarkinggruppe hat ihre Rolle interner Zuarbeit noch nicht eindeutig geklärt und ist mit falschen Schwerpunkten an die Öffentlichkeit gegangen.

Manche in den Gewerkschaften haben schon in dem erweiterten Namen des „Bündnis für Arbeit, Ausbildung und Wettbewerbsfähigkeit" eine Gefahr gesehen. Richtig ist, dass auf Wunsch der Arbeitgeber auch standortpolitische Fragen in den Themenkatalog aufgenommen wurden. Dabei haben die Gewerkschaften jedoch keinen Zweifel daran gelassen, dass eine nachhaltige Stärkung der Wettbewerbsfähigkeit nicht über einen Verdrängungs- und Vernichtungswettbewerb mit Lohnabbau und Sozialdumping erreichbar ist, sondern nur über einen ideenreichen Innovations- und Gestaltungswettbewerb mit der Erschließung neuer Produktfelder und der Entwicklung neuer Produktionsverfahren, insbesondere mit einer ökologischen Umgestaltung der Wirtschaft.

Die eigentlichen Probleme liegen nicht in dem Namen, sondern in der inhaltlichen Bewertung der Bündnisarbeit.

Zur inhaltlichen Bewertung der Arbeit im Bündnis

Bundesregierung und Bundeskanzler haben sich in der Koalitionsvereinbarung und der Regierungserklärung eindeutig auf das politische Ziel verpflichtet, die Arbeitslosigkeit nachhaltig abzubauen. Das Bündnis für Arbeit soll dafür das wichtigste Instrument sein.

Die Bündnis-Parteien haben sich dieser politischen Zielsetzung in ihrer „gemeinsamen Erklärung" vom 7.12.98 einmütig angeschlossen. Es heißt dort:

„1. Die Überwindung der hohen Arbeitslosigkeit ist die größte Herausforderung für Politik und Gesellschaft am Übergang ins nächste Jahrhundert. Ein hoher Beschäftigungsstand in einer globalisierten Wirtschaft ist keine Utopie, sondern ein realistisches Ziel, das mit einer problemorientierten Kombination wirtschaftspolitischer Aktivitäten Schritt für Schritt erreichbar ist.
2. Eine positive Entwicklung am Arbeits- und Ausbildungsmarkt erfordert eine dauerhafte Zusammenarbeit zwischen Staat, Gewerkschaften und Wirtschaft. Besonders dringlich ist eine enge Abstimmung unter den Beteiligten..."

Der Weg dorthin und die inhaltlichen Ansatzpunkte wurden am konkretesten mit dem 2-Phasen-Modell im Positionspapier des IGM-Vorstands vom 10.11.98 umrissen.

In der ersten Phase soll sich das Bündnis für Arbeit auf kurzfristig wirksame Instrumente zur Bekämpfung der Arbeitslosigkeit konzentrieren. Dazu gehören die Ausbildungsplatzgarantie, Arbeitsumverteilung und Arbeitsförderung.

Gleichzeitig sollte eine zweite Phase vorbereitet und begonnen werden, in der die gesellschaftlichen Reform- und Gestaltungsprojekte mit längerfristiger Wirkung anzugehen wären. Genannt wurden innovationspolitische Instrumente wie Wachstums-, Innovations- und Investitionsförderung einschließlich geeigneter öffentlicher Programme auf deutscher und europäischer Ebene, Förderung und Verbesserung von Bildung und Weiterbildung sowie von Forschung und Entwicklung.

Am Beginn der Bündnisgespräche stand eine bemerkenswerte beschäftigungspolitische Initiative: Das Sofortprogramm gegen Jugendarbeitslosigkeit, das die Bundesregierung konzipierte und das alle anderen Bündnisparteien aktiv unterstützten.

Auch ein nicht unwichtiger sozialpolitischer Erfolg war zu verbuchen: die Einigung über die Nicht-Anrechnung der Abfindungen. Und schließlich werden die Steuerentlastungsgesetze, die im Bündnis für Arbeit behandelt wurden, zu einer Umverteilung von oben nach unten, zu einer nachhaltigen Entlastung der Arbeitnehmerhaushalte und einer, wenn auch geringen, Mehrbelastung der Wirtschaft führen.

Soweit hat das Bündnis für Arbeit durchaus erste Erfolge gebracht. Allerdings sind jetzt Gefahren des Stillstands oder der Schwerpunktverlagerung nicht zu übersehen. Sie gilt es zu benennen und abzuwehren.

Zur aktuellen Gefährdung der Bündnis-Arbeit

Einerseits besteht die Gefahr, dass Themenschwerpunkte und Sachprioritäten verschoben werden. Bei den Fragen der Arbeitsumverteilung sind konkrete Vereinbarungen noch nicht greifbar. Auf dem Felde der Innovationsstrategien herrscht Funkstille. Die Ausbildungsplatzgarantie 99 ist noch keineswegs hinreichend konkretisiert.

Andererseits drohen Themen wie Niedriglohnsektor, Unternehmenssteuerreform und Lohnpolitik vorherrschend zu werden. Mit solchen Weichenstellungen wäre nicht nur das Ziel des Bündnisprojekts - der zügige Abbau der Arbeitslosigkeit - in Frage gestellt. Damit wird auch die Resonanz auf die Bündnisidee an der gewerkschaftlichen Basis und in der gesellschaftlichen Öffentlichkeit verschlechtert.

Bei der Beschäftigung für gering Qualifizierte wird es mit den Gewerkschaften keine Regelungen flächendeckender Subventionierung geben. Eine Reform der Unternehmenssteuer, die die Aufkommensneutralität aufgibt und die von den Wirtschaftsverbänden geforderte Milliardenentlastung der Unternehmen brächte, wäre Gift für Beschäftigung und Sozialstaat. Sie wäre auch nicht seriös finanzierbar. Und schließlich wehren sich die Gewerkschaften mit gutem Grund gegen lohnpolitische Vorgaben durch das Bündnis für Arbeit. Denn die „gemeinsame Erklärung" vom 7.12.98 lässt in dieser Frage keine Missverständnisse zu:

> „Es ist gemeinsames Verständnis, dass eigenverantwortliches Handeln der Bündnispartner - z.B. der Tarifparteien und der Politik - an den Zielen dieses Bündnisses ausgerichtet wird und die Bündnisvereinbarungen unterstützt. Die Tarifautonomie bleibt unangetastet."

Das schließt die Vorgabe von Lohnleitlinien und die Vereinbarung von Lohnkorridoren aus. Es ermöglicht aber, sich auf „eine Tarifpolitik, die den Beschäftigungsaufbau unterstützt", zu verständigen. Die Gewerkschaften selbst haben für das neue Bündnis für Arbeit tarifpolitische Fragen auf die Tagesordnung gesetzt mit der Forderung nach Arbeitsumverteilung und Arbeitszeitverkürzung. Dem entspricht die Bereitschaft der Gewerkschaften, den beschäftigungspolitischen Erfolg der Bündnisinitiative durch eigene Beiträge abzusichern. Dies gilt z.B. für die Reduzierung von und den Freizeitausgleich für Mehrarbeit; dies ist aus der Sicht der Beschäftigten ein Solidarbeitrag zum Aufbau von Arbeitsplätzen durch Arbeitszeitverkürzung ohne Lohnausgleich. Dies gilt aber auch für den Vorschlag, die Rentenabschläge beim Ausscheiden mit 60 über einen paritätisch finanzierten Tariffonds auszugleichen, der zur Hälfte ebenfalls auf das Verteilungsvolumen einer Tarifrunde angerechnet wird.

Die Gewerkschaften müssen den Begriff der „beschäftigungsorientierten Tarifpolitik" mit eigenen sozialreformerischen Inhalten besetzen und nicht zum Kampfbegriff der Arbeitgeber verkommen lassen. Und sie können dies mit guten Gründen aufgrund der Erfahrungen in den letzten Jahren. Gleiches gilt für die Diskussion eines wirtschaftspolitischen Datenkranzes im Bündnis für Arbeit. Dies ist nicht das Einfallstor für Lohnleitlinien. Das kann und muss die Grundlage für eine versachlichte Diskussion über Verteilung-, Investitions- und Finanzierungsfragen sein, über eine Entwicklung der Lohn- und Gewinnquoten, die nachweislich dem Aufbau von Beschäftigung dient. Dies bestimmt auch das gewerkschaftliche Verständnis des DGB-BDA-Papiers vom 6. Juli 1999.

Die Gewerkschaften können und wollen keine Blankoschecks ausstellen. Sie sind aber an einem Erfolg des Bündnis für Arbeit vor allen anderen interessiert. Die Verantwortung für den Sand im Getriebe liegt woanders. Sie liegt bei der Blockadehaltung der Arbeitgeber- und Wirtschaftsverbände. Sie zu überwinden, darf aber nicht den Gewerkschaften allein überlassen bleiben. Hier hat gerade auch die Bundesregierung aufgrund ihres Wählerauftrags eine entscheidende Aufgabe. Ob sich diese Haltung nach dem 6. Juli verändert, werden die Gespräche zwischen den Tarifparteien einzelner Branchen zeigen.

Zu den Perspektiven des Bündnisses

Die Bundesregierung und der Bundeskanzler haben ihr politisches Schicksal von Erfolgen beim Abbau der Arbeitslosigkeit und mit dem Bündnis für Arbeit abhängig gemacht. Das Bündnis für Arbeit ist kein Selbstzweck, sondern Mittel zum Zweck. Es geht um Initiativen für neue Arbeit. Hier ist der Hebel anzusetzen - und zwar mit kurzfristigen arbeitsmarktpolitischen Erfolgen auch als Basis einer längerfristigen gesellschaftspolitischen Orientierung. Hier muss auch die Bundesregierung Initiativen ergreifen und Farbe bekennen, zugunsten derjenigen, die sie gewählt haben.

Das Bündnis für Arbeit muss zunächst die Handlungsmöglichkeiten der Regierung und der Gesellschaften in einzelnen Staaten, mehr Ausbildungs- und Arbeitsplätze zu schaffen, ausloten, bündeln und umsetzen. Es muss aber - als gesamtgesellschaftliche Veranstaltung - mit regionalen Initiativen verbunden und in einen europäischen Beschäftigungspakt eingebettet sein.

Das Bündnis für Arbeit muss von der Prozessorientierung zur Ergebnisorientierung kommen, damit meßbare beschäftigungspolitische Ergebnisse spätestens bis Ende des Jahres 2000 vorliegen. Das verlangt klare beschäftigungspolitische Vorgaben, auf die sich die Bündnis-Beteiligten in der Juli-Runde verständigen müssen: Dazu gehört an erster Stelle die „*Ausbildungsplatzgarantie '99*". Sie ist eine entscheidende Bewährungsprobe für das neue Bündnis für Arbeit. Die Bereitschaft der Arbeitgeber- und Wirtschaftsverbände, in 1999 genügend Ausbildungsplätze zur Verfügung zu stellen und an der zügigen Entwicklung neuer Ausbildungsberufe mitzuwirken, wird zum Prüfstein für das weitere Vorgehen beim Bündnis für Arbeit werden. Hier ist mit dem Ausbildungskonsens ein wichtiger Teilerfolg erreicht worden (siehe Dokumentation). Er führt entweder zu genügend Ausbildungsplätzen, was im Interesse der betroffenen Jugendlichen zu wünschen wäre; oder er führt zu einer verbesserten Argumentationsgrundlage für eine solidarische Ausbildungsfinanzierung auf gesetzlicher Grundlage im Jahr 2000.

Notwendig ist weiterhin, dass die Arbeitsfelder *Arbeitsumverteilung und öffentlich subventionierte Beschäftigung* wieder in den Mittelpunkt gerückt werden, auf denen kurzfristige Beschäftigungserfolge im Zusammenwirken von Gewerkschaften und privaten wie öffentlichen Arbeitgebern erreichbar sind. Das sind u.a. Empfehlungen an die Tarifvertragsparteien zum vorzeitigen Ausscheiden älterer Arbeitnehmer ohne Einkommensabschläge einschließlich verbesserter Altersteilzeitregelungen, zur Begrenzung der Überstunden zugunsten von Neueinstellungen einschließlich der Vereinbarung von Arbeitszeitkonten und zur Einführung neuer Modelle der Arbeitszeitverkürzung einschließlich einer Erhöhung der sektoralen Teilzeitquoten.

Das kann insbesondere um Langzeitarbeitslosigkeit gezielt zu bekämpfen, auch der Versuch neuer Wege öffentlich subventionierte Beschäftigung sein, auf der Grundlage realistischer Abschätzung der Beschäftigungs- und Finanzierungsmöglichkeiten.

Notwendig sind weiterhin konkrete *Beschäftigungszusagen*, zumindest in der Form von *Beschäftigungskorridoren*, für alle Themenfelder, die im Bündnis für Arbeit vorrangig auf die Tagesordnung gesetzt werden. Hier haben die Gewerkschaften begründete Projektionen erarbeitet und veröffentlicht. Danach könnten mit den geforderten Initiativen zur Arbeitsumverteilung - Ausscheiden mit 60/Altersteilzeit, Abbau von Überstunden und Freizeitausgleich, Teilzeit-Initiative - kurzfristig 0,7 bis 1,3 Mio und mittelfristig 1,4 - 2,6 Mio Arbeitnehmerinnen und Arbeitnehmer eine neue beschäftigungspolitische Perspektive bekommen (vgl. Tabelle). Hier sind politische Arbeitsaufträge an die zuständigen Arbeitsgruppen - mit einer verbindlichen Zeitvorgabe - besonders dringlich.

In dem neuen Bündnis für Arbeit wurden keine bezifferten Beschäftigungsziele vereinbart. Sie wurden durch die Forderung der Gewerkschaften nach Vereinbarung und *Kontrolle von Beschäftigungsvorgaben bzw. -korridoren für die einzelnen Bündnisprojekte* ersetzt: „Die quantitativen beschäftigungspolitischen Zielsetzungen für den Aufbau von Arbeits- und Ausbildungsplätzen sind positiv zu benennen. Die Beschäftigungspotentiale einzelner Verhandlungsfelder sind zu quantifizieren... Dies kann in Form von Zielgrößen und/ oder von Korridoren geschehen. Die Einhaltung der Beschäftigungsziele muss kontrolliert werden (Beschäftigungscontrolling) durch gemeinsam zu vereinbarende Institutionen; für das Fehlen der vereinbarten Zielgrößen müssen Korrektur- und Sanktionsmöglichkeiten diskutiert werden" (Positionspapier des IGM-Vorstands zum „Bündnis für Arbeit 1998/ 1999" vom 10.11.98). Daher ist schließlich die Vereinbarung *eines Verfahrens und einer Institution* notwendig, mit dem die Durchsetzung der politischen Vereinbarungen und die Umsetzung der Beschäftigungseffekte überwacht wird. Mit einem solchen *Beschäftigungs-Controlling* sollte die Steuerungsgruppe beauftragt werden.

Natürlich setzen die Gewerkschaften bei der Überwindung der Massenarbeitslosigkeit nicht allein und in erster Linie auf Arbeitumverteilung und öffentlich subventionierte Beschäftigung. Die Gewerkschaften haben schon öfter eine Mehr-Wege-Strategie formuliert, die auf eine konsequente Überwindung der Massenarbeitslosigkeit und auf eine ökologische Erneuerung der Wirtschaft ausgerichtet ist. Hier ist vieles im Rahmen der politisch-staatlichen und der unternehmerischen Verantwortung außerhalb des Bündnis für Arbeit zu leisten. Aber auch innerhalb des Bündnis für Arbeit müssen Fragen des Beschäftigungsaufbaus in verschiedenen Sektoren der Wirtschaft behandelt werden. Das ist genau Aufgabe der Fach- und Themendialoge, die im Lauf des Jahres mit ihrer Arbeit begonnen haben. In diesen Runden gilt es, Beschäftigungspotentiale zu erkunden, Wege zu benennen, wie sie erschlossen werden können und entsprechende Massnahmen der politischen Entscheidungsrunde vorzuschlagen. Aber es führt kein Weg daran vorbei, das Ergebnisse dies Prozesses nur mittelfristig und wohl kaum vor Ende des nächsten Jahres vorliegen werden. Darum legen die Gewerkschaften in der aktuellen Diskussion auf Arbeitumverteilung und Beschäftigungsförderung so nachdrücklich Wert.

Beschäftigungspakte auf Länderebene: ein regionaler Unterbau

Das Bündnis für Arbeit sollte auf der regionalen Ebene konkretisiert und unterfüttert werden. In einigen Ländern bestehen Beschäftigungspakte zum Teil seit Jahren, zum Teil sind sie nach der Bundestagswahl wiederbelebt oder konstituiert wurden. Ihre politischen Erfolgsaussichten und ihre praktische Vorgehensweise - die Arbeitsergebnisse und Arbeitsgrundlagen - sind unterschiedlich. Ermutigend sind vor allem Berichte aus Bayern, wo man sich 1996 auf die Halbierung der amtlichen Arbeitslosenzahl als Ziel des regionalen Beschäftigungspakts verständigte und wo die Landesregierung zusätzliche Finanzierungsmittel (aus Privatisierungserlösen) von 2,3 Mrd. DM für eine regionale Beschäftigungsoffensive bereitstellte. Diese Gelder wurden nicht nur für beschäftigungspolitisches Krisenmanagement (Arbeitsmarktfond für Langzeitarbeitslose, zusätzliche Mittel für arbeitsmarktpolitische Krisenregionen), sondern auch für technologie- und bildungspolitische Innovationsprojekte (Innovationsoffensive für High-Tech-Ansiedlungen, Forschungseinrichtungen und Technologietransferstellen) verwendet. Aus alledem wurde am Jahresanfang 1999 - mit dem Verweis auf die Sicherung von rd. 150.000 vorhandenen und auf die Schaffung von über 50.000 neuen Arbeitsplätzen offenkundig im Konsens zwischen allen Beteiligten eine positive Zwischenbilanz gezogen (vgl. Handelsblatt vom 25.2.99: 7).

Aktivitäten für regionale Beschäftigungsinitiativen sind in folgenden Feldern machbar: Zum einen sind auch auf Länderebene Initiativen für mehr Ausbildungsplätze (Schaffung von zusätzlichen Ausbildungsplätzen, Werbung für Ausbildungsberufe im industriellen Bereich, modulare Ausbildungskonzepte, „Vorschalt-Ausbildung" für geringe Qualifizierte, externes Ausbildungsmanagement) notwendig und müssen Anstrengungen für Arbeitsumverteilung (Überstunden-Abbau, Teilzeit-Initiativen) unterstützt werden.

Zum anderen sollten zusätzlich eigenständige regional- und industriepolitische Anstrengungen der Länder im Konsens entwickelt und umgesetzt werden. Gemeint sind - so der praktische Ansatz - Bemühungen, die Suche nach zukunftsträchtigen Arbeitsplätzen mit Hilfe dezentraler Branchen- und regionaler Beschäftigungskonferenzen auf Landesebene zu systematisieren. Ein ermutigendes Beispiel ist die NRW-Initiative „Metall im Dialog". Gemeint ist - so die programmatische Perspektive - die Erschließung regionaler Entwicklungspotentiale und der Entwurf von regionalen Entwicklungsprogrammen als Klammer zwischen lokaler Beschäftigungspolitik und europäischer Strukturpolitik.

Beschäftigungspakt in der Europäischen Union: Ein europäischer Rahmen

In der Koalitionsvereinbarung wurde dem Arbeitsplatzaufbau als Ziel auch für die Europäische Union oberste Priorität eingeräumt. In der Regierungserklärung wurde der Weg eines europäischen Beschäftigungspaktes bekräftigt. Das sind Vorgaben für eine europäische Beschäftigungsstrategie, die von den Gewerkschaften ausdrücklich unterstützt wird und vor dem Ende der deutschen Präsidentschaft in der Europäischen Union nachdrücklich forciert werden muss.

Diese Strategie knüpft an die beschäftigungspolitischen Beschlüsse von Amsterdam und Luxemburg an. Sie enthalten Vorgaben zu nationalen beschäftigungspolitischen Aktionsplänen und zu den beschäftigungspolitischen Leitlinien der EU-Kommission. Laut Regierungserklärung muss ein europäischer Beschäftigungspakt „verbindliche Ziele zum Abbau der Jugend- und Langzeitarbeitslosigkeit sowie zur Überwindung der Diskriminierung von Frauen auf den Arbeitsmärkten" enthalten. Hier hat das Bundesarbeitsministerium die Initiative ergriffen.

Das Ziel ist der Ausbau der europäischen Wirtschafts- und Währungsunion zu einer europäischen Sozial- und Beschäftigungsunion. Es verlangt das Engagement der EU für einen weltwirtschaftlichen Ordnungsrahmen, der dem Wildwuchs der internationalen Finanzspekulation und dem Wettbewerb über nationales Lohn- und Sozialdumping einen Riegel vorschiebt. Hier ist auch der neue Finanzminister konzeptionell und politisch besonders gefordert.

Konkrete Schritte zu einer europäischen Beschäftigungspolitik und zu einem europäischen Beschäftigungspakt sind vor allem in der Konjunktur-, Wachstums- und Strukturpolitik notwendig.

In der Finanzpolitik dürfen konjunkturbedingte Einnahmeausfälle und Ausgabenzuwächse nicht zum Anlaß finanzpolitischer Einschränkungen genommen werden. Die europäische Geldpolitik muss auf absehbare Zeit auf sinkende Zinsen und billiges Geld setzen. Beides zusammen hilft mit, die europäische Binnennachfrage zu stabilisieren.

Die öffentlichen Investitionen müssen wieder auf ein normales Niveau - etwa jenes vom Anfang der 70er Jahre - angehoben werden. Durch die Modernisierung der europäischen Verkehrs- und Informationsnetze sowie die Erneuerung der europäischen Umwelt- und Energiepolitik im Volumen von 120 Mrd. DM könnten allein in der Bundesrepublik bis zu 450.000 Arbeitsplätze geschaffen werden. Das wäre zugleich ein gesellschaftlich sinnvoller Beitrag zu einer besseren europäischen Wettbewerbsposition. Die europäische Steuerpolitik muss Steuerdumping ausschließen. Sie muss statt dessen der Harmonisierung von Unternehmenssteuern und Erhebung von Mindeststeuern auf Energieverbrauch und Zinseinkünfte Vorrang geben. Für den Schutz von ökonomischen und sozialen Krisenregionen in der EU bleibt nur eine zukunftsorientierte Alternative: Die aktive Gestaltung des strukturellen Wandels durch zusätzliche Investitionen in wirtschaftliche und gesellschaftliche Infrastruktur der Regionen, in Bildung und Qualifikation der Menschen.

Zur Einschätzung der Bündnis-Chancen

Die Gewerkschaften wollen die beschäftigungspolitische Erfolge des Bündnis-Projekts. Dazu reichen bloße Appelle an die Politik nicht aus. Dazu bedarf es des gewerkschaftlichen Drucks auf die Bundesregierung.

Daher ist es erforderlich *die gewerkschaftliche Kampagne für Arbeit und Gerechtigkeit wieder aufzunehmen* mit dem Ziel, die Reformfähigkeit der Politik und die Konsensfähigkeit der Arbeitgeber im Kampf gegen die Arbeitslosigkeit praktisch einzufordern. Eine solche Kampagne des gesamten DGB muss um gesellschaftliche Unterstützung für beschäftigungs- und verteilungspolitische Reformen werben. Sie muss vor allem für betriebliches Engagement zugunsten der gewerkschaftlichen Nahziele mobilisieren, für eine Ausbildungsplatzgarantie 99, für Neueinstellungen statt Überstunden, für früheres Ausscheiden aus dem Arbeitsleben ohne Abschläge. Beides zusammen kann der Vision vom neuen Generationenvertrag eine reale Basis verschaffen.

Entscheidend wird aber auch sein, dass die *Bundesregierung und die Koalitionsparteien dem Bündnis für Arbeit Richtung geben*, um die Ausbildungsplatzgarantie 99 zu verwirklichen, Schritte einer anderen Arbeitszeitpolitik im Zusammenwirken von Gesetzgeber und Tarifparteien umzusetzen sowie beschäftigungsorientierte Innovationsdialoge zum Erfolg zu bringen. Die Bundesregierung darf nicht Moderator des Bündnis für Arbeit bleiben, sie muss sein Motor werden. Die Bundesregierung und der Bundeskanzler müssen erkennen, dass es ohne eine andere Verteilung der Arbeit als ein zentrales Strategie-Element keinen Abbau der Massenarbeitslosigkeit geben wird. Die Arbeitgeber- und Wirtschaftsverbände versuchen ständig nicht ihren Beitrag in einem Bündnis für Arbeit, sondern ihre Beteiligung an dem Bündnis für Arbeit zum Verhandlungsgegenstand zu machen. Dem werden sich die Gewerkschaften, dem muss sich auch die Bundesregierung mit allem Nachdruck widersetzen.

Unter diesen Bedingungen sind *meßbare beschäftigungspolitische Erfolge* denkbar. Sie ergeben sich dann aus den Empfehlungen, die das Bündnis für Arbeit im Konsens formuliert, und die in konkrete gesetzliche Regelungen und tarifliche Vereinbarungen umgesetzt werden. Dann hätte das Bündnis für Arbeit als beschäftigungspolitisches Reformprojekt seinen Praxistest bestanden. Dann könnte das Bündnis für Arbeit zu einem gesellschaftspolitischen Reformprojekt weiterentwickelt werden, zum Kristallisationspunkt eines konstruktiven Zukunftsdialogs, in dem über die Erschließung gesellschaftlicher Bedarfs- und Beschäftigungsfelder, über die Reform des Sozialstaats und die Zukunft der Arbeit im nationalen und im europäischen Rahmen gesprochen und gehandelt wird. In diesem Prozess könnten *Themen- und Teilnehmerkreis des Bündnis für Arbeit auch* erweitert werden. Damit könnte die alte Standortdebatte überwunden werden, die die grenzenlose Konkurrenz der Staaten und Unternehmen, der Betriebe und Individuen zum obersten Dogma erheben wollte. Damit wäre der Start in eine neue Zukunftsdebatte möglich, die das Prinzip der individuellen Emanzipation und der gesellschaftlichen Solidarität zu neuem Leben erweckt.

Aber man darf nicht aus den Augen verlieren: Auch unter den genannten Bedingungen - dem Werben um gesellschaftliche Unterstützung und dem Engagement für betriebliche Mobilisierung - *kann das Bündnis für Arbeit scheitern*. Der Versuch, die politische Kräfte im Kampf gegen die Arbeitslosigkeit zu bündeln und dafür zunächst Wege im sozialen Konsens zu finden, kann durch faktische Obstruktion, aber auch durch formellen Austritt der Arbeitgeber hintertrieben werden. Auch in diesem Falle werden die beschäftigungs- und gesellschaftspolitischen Reformziele der Gewerkschaften nicht aufgegeben. Sie müssten dann auf anderen Wegen verfolgt werden.

Gefordert wäre dann erst recht und unmittelbar *der Gesetzgeber*. Er müsste seine Verantwortung für Arbeits- und Ausbildungsplätze direkt wahrnehmen, etwa durch eine gesetzliche Ausbildungsplatzumlage, durch eine Reform des Arbeitszeitgesetzes, durch ein neues Vorruhestandsgesetz - im Zweifelsfall ohne die Arbeitgeber.

Gefordert bliebe aber auch *die gewerkschaftliche Tarifpolitik*. Wir müssten unsere Vorstellungen und Forderungen zur Sicherung und Schaffung von Arbeitsplätzen durch reale Einkommensverbesserungen und zusätzliche Arbeitszeitverkürzung soweit wie möglich unmittelbar durchsetzen - im Notfalle gegen die Arbeitgeber.

In beiden Fällen - beim Erfolg und beim Scheitern des Bündnisansatzes - muss das Junktim zwischen beschäftigungs- und verteilungspolitischen Zielen der Gewerkschaften aufrechterhalten werden. Unsere verteilungspolitischen Optionen aber können nicht nur über die Erhöhung der Löhne und Gehälter, durch die Steigerung der pro-Kopf-Einkommen, angestrebt werden, sondern auch über die gerechtere Verteilung der Arbeit und die solidarische Verkürzung der Arbeitszeit, durch die Erhöhung der Beschäftigtenzahlen.

Tabelle

Zu den Beschäftigungseffekten der Arbeitsumverteilung		
Rente mit 60 und Altersteilzeit		
- Beschäftigte über 60 circa 500.000 Sofortwirkung bis 80 Prozent Inanspruchnahme und 1/3 bis 2/3 Beschäftigungswirkung	130.000	260.000
- Beschäftigte zwischen 55 und 60 ca. 2.500.000. Wirkung bei Ausbau und Altersteilzeit über 55 Jahre und Rente mit 60 bei 80 Prozent Inanspruchnahme und 1/3 bis 2/3 Beschäftigungswirkung	660.000	1.320.000
Teilzeit		
Die durchschnittliche Teilzeitarbeit beträgt 2/3 der Vollzeitarbeit. Die Umwandlung von ca. 600.000 Vollzeitarbeitsplätzen würde somit zu 900.000 Teilzeitarbeitsplätzen führen. Rechnerisch könnten damit 300.000 zusätzliche Teilzeitarbeitsplätze geschaffen werden. Zieht man einen arbeitszeitinduzierten Produktivitätseffekt - bezogen auf 600.000 Vollzeitarbeitsplätze - ab, so sind es 60.000 weniger.	240.000	240.000
Überstunden		
Jährlich ca. 1,85 Mrd. Überstunden ergeben rechnerisch 1,2 Mio. Arbeitsplätze. Nach den Annahmen des IAB könnten ein Drittel der Überstunden sofort abgebaut, ein weiteres Drittel in Freizeit umgewandelt werden. Dadurch könnten im Minimum 400.000, im Maximum 800.000 Arbeitsplätze geschaffen werden.	400.000	800.000
Gesamteffekte circa von	1.400.000	2.600.000

Ludolf-Georg von Wartenberg

Deutschland fit machen für den globalen Wettbewerb

Die wichtigste Zielmarke der neuen Regierungskoalition ist der Abbau der Arbeitslosigkeit. Hieran will sie ihren Erfolg messen lassen. Die deutsche Wirtschaft unterstützt dieses Ziel mit Nachdruck. Über die Wege zu diesem Ziel müssen wir uns erst noch verständigen.

Klar ist: Hätten wir freie Arbeitsmärkte und flexible Lohnstrukturen, in denen der Lohn seiner Funktion als Preis wie auf anderen Märkten gerecht werden könnte, bräuchten wir nicht über ein Bündnis für Arbeit zu diskutieren. Dann hätten wir Vollbeschäftigung wie in den USA. Die bedrohliche Schieflage am deutschen Arbeitsmarkt ist nicht nur durch eine hohe strukturelle Arbeitslosigkeit gekennzeichnet. Hinzu kommt ein im internationalen und europäischen Vergleich geringes Beschäftigungswachstum, eine niedrige Beschäftigungsquote und ein hoher Anteil Langzeitarbeitsloser. In Deutschland hat das Tarifkartell zu einer „Vermachtung" des Arbeitsmarktes geführt. Dies ist einer der wesentlichen Gründe, dass sich die Arbeitsbedingungen zunehmend von einem Marktgleichgewicht von Angebot und Nachfrage entfernt haben. Dagegen wurde in angelsächsischen Ländern dem Markt und dem Wettbewerb auch bei den Arbeitsbeziehungen mehr Raum eingeräumt. Steigende Beschäftigung und sinkende Arbeitslosigkeit gehören zu den überzeugenden Ergebnissen.

Zurück zum Leitbild der sozialen Marktwirtschaft

Aber wir müssen keineswegs Deutschland verlassen, um ein Vorbild für Vollbeschäftigung zu finden. Wenn wir uns an dem erfolgreichen Konzept Ludwig Erhards orientieren würden, kämen wir kaum auf die Idee, Zuflucht zu defensiven Strategien wie Bündnissen für Arbeit zu nehmen, um der Krise auf dem Arbeitsmarkt und in den sozialen Sicherungssystemen Herr zu werden. Heute scheint fast vergessen, dass vor genau 50 Jahren in Deutschland mit der sozialen Marktwirtschaft ein Konzept entwickelt wurde, mit dem es nach der Währungsreform gelang, gewaltige produktive Kräfte freizusetzen, als sich mit stabilem Geld und freien Märkten Leistung wieder zu lohnen begann.

Wie weit wir uns von Ludwig Erhards Erfolgskonzept entfernt haben, zeigt ein Vergleich der heutigen Realität mit dem Konzept der sozialen Marktwirtschaft: Ein solcher Vergleich ist gerade angesichts der Gespräche zu einem Bündnis für Arbeit, Ausbildung und Wettbewerbsfähigkeit als Orientierungsleitfaden nötig: Ohne Zweifel bestehen noch Fundamente dieses ordnungspolitischen Konzepts und wirken positiv. Besorgniserregend ist jedoch, welche gravierende Umgestaltung der sozialen Marktwirtschaft in Richtung einer „Staatswirtschaft" stattgefunden hat. Das „Soziale" wird überbetont, dagegen der „Markt" vernachlässigt. Statt sich auf die Gestaltung der ordnungspolitischen Rahmenbedingungen zu konzentrieren, interveniert der Staat seit Jahrzehnten in immer stärkerem Masse in der Wirtschaft und übernimmt immer neue Aufgaben selbst. Fast die Hälfte dessen, was jährlich erwirtschaftet wird, verteilt der Staat um oder stellt es als öffentliche Leistung bereit. Mit Subventionen werden unrentable Wirtschaftsbereiche am Leben erhalten, die sich am Markt aus eigener Kraft schon lange nicht mehr behaupten können. Es fehlt der Mut, den unausweichlichen Strukturwandel zu akzeptieren und zu fördern. Regulierungen und staatliche Verordnungen haben das Wirtschaften vor allem der mittelständischen Unternehmen zunehmend erschwert. Spiegelbild der überzogenen Staatstätigkeit sind die hohen Steuer- und Abgabensätze, die sich auf Leistungsbereitschaft und unternehmerisches Engagement lähmend auswirken.

Gerade auf dem Arbeitsmarkt wird in vielfältiger Weise gegen die Regeln der sozialen Marktwirtschaft verstoßen. Die Globalisierung der Märkte und neue leistungsfähige Anbieter auf den Weltmärkten haben den Anpassungsdruck auf die entwickelten Volkswirtschaften dramatisch und dauerhaft erhöht. Die veränderten weltwirtschaftlichen Rahmenbedingungen zwingen Unternehmen zu institutionellen und organisatorischen Reformen, oftmals verbunden mit dem Abbau der Beschäftigung. Hinzu kommt der rasante sektorale Strukturwandel hin zu einer Dienstleistungs- und Informationsgesellschaft. Dem erhöhten Anpassungsdruck hat das institutionelle Regelwerk auf dem Arbeitsmarkt bisher nicht hinreichend Rechnung getragen.

Am gravierendsten aber ist die Erosion der sozialen Marktwirtschaft in der Sozialpolitik. Statt mit steigendem Wohlstand auf die Eigenverantwortung des einzelnen zu vertrauen, haben staatliche Kollektivvorsorge und ein falsches Verständnis von sozialer Solidarität neue Abhängigkeiten geschaffen. Das Postulat der sozialen Gerechtigkeit wurde vom Leistungsgedanken gelöst und parteipolitisch instrumentarisiert. Die ausufernde Wohlfahrtspolitik untergräbt ihre eigenen Fundamente: Die Schaffung von Nachfrage nach sozialen Leistungen führt zu unaufhaltsamer Ausdehnung des Zwangsabgabesystems. Das Ausmaß der Gefährdung des ökonomischen Fundaments des deutschen Sozialstaats umreißen folgende Zahlen: Inzwischen wird jede dritte DM für soziale Zwecke aufgewendet. Seit 1970 sind die Sozialausgaben ständig stärker gestiegen als die Investitionen.

Die neue rot-grüne Regierung hat die Rigiditäten am deutschen Arbeitsmarkt und die finanzielle Zwangslage in den Sozialversicherungen weiter verstärkt: Mit der Rücknahme der ersten Arbeits- und Sozialreformen der vorherigen Bundesregierung sowie der Neuregelung der geringfügigen Beschäftigung und der sogenannten Scheinselbständigkeit werden den Unternehmen erhebliche Lasten aufgebürdet und viele Investoren schwer verunsichert. Die notwendigen Flexibilisierungsspielräume der Unternehmen werden eingeschränkt und die Voraussetzungen für den Erhalt bestehender und die Schaffung neuer Arbeitsplätze beeinträchtigt. Vermeintliche soziale Gerechtigkeit verkehrt sich oft in ihr Gegenteil und schadet auch in diesem Fall den vermeintlich Begünstigten.

Aufgaben für ein „Bündnis für Arbeit, Ausbildung und Wettbewerbsfähigkeit"

Vorrangige Aufgabe in Deutschland ist es heute, marktwirtschaftliche Leistung, freie Initiative und den Wettbewerbsgedanken wieder zum Leitbild der Wirtschaftspolitik, aber auch der Gesellschaft insgesamt zu machen. Wettbewerb und Freiheit, Leistung und sozialer Fortschritt sind wieder in die richtige Balance zu bringen. Die

Bundesrepublik muss wieder zu einer wettbewerbsfähigen Gesellschaft werden. Die Unternehmen müssen geeignete Rahmenbedingungen erhalten, um im globalen Wettbewerb bestehen und eine ausreichende Zahl von Arbeitsplätzen schaffen zu können. Dies wären die aus Sicht der Wirtschaft vorrangigen Aufgaben für ein Bündnis: Den Staat schlanker machen und Steuern senken für neue Arbeitsplätze.

Nur ein schlankerer und dabei leistungsfähigerer Staat wird den Bedingungen des 21. Jahrhunderts gewachsen sein. Die hoheitlichen Kernaufgaben sind auf Recht, Sicherheit und Ordnung zu konzentrieren, öffentliche Haushalte nachhaltig zu konsolidieren - anderenfalls verlieren wir nicht nur jeglichen politischen Gestaltungsspielraum, sondern unsere Kinder müssen die Zeche mit Zinses Zins bezahlen. Dazu bedarf es der Senkung der Staatsquote und der Begrenzung der Verschuldung. Dies ist ohne eine weitere Privatisierung von Staatsvermögen und Eingriffe in Leistungsgesetze sowie eine Kürzung von Subventionen nicht zu erreichen.

Hier muss die Politik Ausdauer beweisen. Alle öffentlichen Subventionen im gewerblichen und im nicht gewerblichen Bereich gehören auf den Prüfstand. Der Massstab muss jeweils die gesamtwirtschaftliche und ordnungspolitische Wirkung sein. Die Industrie ist bereit, die Bundesregierung bei der Erarbeitung eines entsprechenden Instrumentariums zu unterstützen. Entscheidungen kann sie der Politik hingegen nicht abnehmen. Hier muss sie selbst ihre Handlungs- und Durchsetzungsfähigkeit beweisen.

Dies schafft dann auch die finanziellen Spielräume für eine wirkliche Steuerentlastung von Bürgern und Unternehmen. Die rot-grüne Regierung muss sich deshalb ins Stammbuch schreiben lassen, dass ihre bisher demonstrierte Staatsgläubigkeit der falsche Weg ins 21. Jahrhundert ist. Mehr wirtschaftliche Freiheit durch Senkung der Staats-, Steuer- und Abgabenquote, Fortführung von Deregulierung und Privatisierung sowie der Verzicht auf staatliche Beschäftigungsprogramme und weitere Auswucherungen des Wohlfahrtsstaates sind unverzichtbar. Ebenso entscheidend ist es, mehr Wettbewerb ins Bildungssystem zu bringen.

Sozialversicherungssysteme nachhaltig reformieren

In der Sozialpolitik müssen langfristig Subsidiarität und Solidarität neu austariert und die sozialen Sicherungssysteme nachhaltig reformiert werden. Leitgedanke muss dabei sein, mehr Eigenverantwortung und Selbstvorsorge zu verwirklichen. Unverzichtbar bei den Strukturveränderungen in den Sozialversicherungen ist das Ziel einer dauerhaften und kräftigen Senkung der Lohnzusatzkosten für die Unternehmen. Die Wirtschaft begrüßt den politischen Willen der Bundesregierung, die Sozialversicherungsbeiträge senken zu wollen. Für die Unternehmen findet hierdurch aber wegen der zusätzlichen Belastungen durch das Steuerentlastungsgesetz keine Reduzierung der Gesamtbelastung statt, wie die Deutsche Bundesbank zutreffend feststellt. Die Wirtschaft mißt daher der Einsetzung verschiedener Arbeitsgruppen zu Strukturreformen in den Sozialversicherungen im Rahmen der Bündnisgespräche große Bedeutung bei.

Die SPD tut sich mit echten Strukturveränderungen traditionell schwer. Das gilt besonders in den Sozialversicherungen. Ohne gravierende Änderungen wird sich das

System der sozialen Sicherung aber nicht halten lassen. Die Rentenreform-Vorschläge von Bundesarbeitsminister Walter Riester gehen in die richtige Richtung. Insbesondere eine stärkere Eigenvorsorge im Alter und eine Absenkung der Rentenversicherungsbeiträge wären eine unverzichtbare Weichenstellung für die notwendige Reform der Alterssicherung. Wenn es gelingt, in den Arbeitsgruppen mit den Gewerkschaften zu entsprechenden Vorschlägen zu kommen, kann unter dem Strich eine Nettoentlastung für die Beitragszahler stehen - für Arbeitgeber und Arbeitnehmer. Der Verschiebebahnhof Ökosteuer führt nur dazu, dass das Ausgabevolumen steigt und noch hemmungsloser Geld verteilt wird. Das wiederum führt mittelfristig eher zu mehr denn zu weniger Sozialabgaben. Ohne eine echte und dauerhafte Senkung der Lohnzusatzkosten ist aber ein Beschäftigungsaufbau nicht denkbar.

Arbeitsmarkt liberalisieren

In der Tarifpolitik müssen neue Wege beschritten werden. Die Liberalisierung des Arbeitsmarktes muss beschleunigt und verbreitert werden. Nicht trügerische Sicherheit für Arbeitsplatzbesitzer, sondern mehr Chancen für Arbeitsuchende muss Leitschnur werden. Nur so lassen sich mehr Arbeitsplätze und damit auch mehr echte Sicherheit für Arbeitsplatzbesitzer erreichen.

Die Tarifrunde 1999 in der Metall- und Elektrobranche zeigt, wie es nicht weitergehen darf. Die Tarifabschlüsse gaben 1998 in den alten Bundesländern noch Anlass zu Hoffnung, sie waren beschäftigungsorientiert, die Flexibilisierung der Tarifinhalte ging voran: Die Abschlüsse waren differenzierter als je zuvor und orientierten sich stärker an der wirtschaftlichen Lage der Branche. Die Trendwende auf dem Arbeitsmarkt war Ergebnis dieser Tarifpolitik. 1999 ist diese vernünftige tarifpolitische Entwicklung der Vorjahre zum Stillstand gekommen. Die IG Metall verhinderte für die Metall- und Elektroindustrie ein Tarifsplitting analog der chemischen Industrie. Gleichzeitig wurde der Weg einer moderaten, beschäftigungsorientierten Lohnpolitik verlassen und die Absenkung der Lohnzusatzkosten konterkariert. Die IG Metall kehrte zu alten Verhandlungs- und Arbeitskampfritualen zurück.

Die Tarifrunde 1999 in der Metall- und Elektroindustrie war daher ein herber Rückschlag. Für die Unternehmen und Beschäftigten im Metall- und Elektrobereich ist sie ein eindeutiges Standortrisiko. Bei sich deutlich abschwächender Konjunktur werden die Unternehmen in der Metall- und Elektroindustrie durch den erpressten Abschluss mit 3,6 Prozent höheren Kosten belastet. Damit liegen die Tarifabschlüsse für eine Vielzahl von Unternehmen über den für 1999 zu erwartenden Produktivitätszuwächsen und bedeuten daher eine weitere erhebliche Kostenbelastung. Das erhöht den Rationalisierungsdruck und gefährdet Arbeitsplätze.

Die Tarifgefechte wurden von der IG Metall mit Waffen aus der industriellen Frühgeschichte geführt. Und die richten in Zeiten einer verstärkten Globalisierung auch für die Arbeitnehmer mehr Schaden als Nutzen an. Der Schlichterspruch von Böblingen könnte sich daher für die Arbeitnehmer als Pyrrhussieg erweisen. Die 4,2 Prozent aus der Schlichtung bedeuten nämlich für Tausende mittelständische Betriebe einen Personalkostenschub, der in der gegenwärtigen Marktlage über höhere Kosten nicht mehr aufzufangen ist. Dafür sorgt vor allem der internationale Wettbewerb. Konsequenz in den Betrieben: Nach dem Ausschöpfen der Produktivitätsreserven gehen die Lohnprozente letztlich zu Lasten der Beschäftigung. Während im vergangenen Jahr in der Metall- und Elektroindustrie noch über 70.000 neue Arbeitsplätze geschaffen werden konnten, wird es angesichts der schwächeren konjunkturellen Entwicklung schon ein Erfolg sein, wenn die bestehende Beschäftigung 1999 auch nur annähernd gehalten werden kann. Sicher ist, dass die über 4 Millionen Arbeitslosen zu den Verlierern der Tarifrunde zählen. Hier hat sich die IG Metall aus der Mitverantwortung gestohlen. Das Ende der Bescheidenheit war damit auch Ende der Hoffnung hunderttausender Arbeitsloser.

Erforderlich ist eine Tarifpolitik, die die Handlungsspielräume der Unternehmen stärkt. Entsprechend der betrieblichen Situation müssten mehr differenzierte Lösungen innerhalb entsprechender tariflicher Rahmenregelungen möglich sein. Nur mit solchen flexiblen Komponenten ist den Unternehmen in wirtschaftlich schwierigeren Situationen der Erhalt von Arbeitsplätzen und die Schaffung neuer Arbeitsplätze möglich. Beispiele, wie dies funktionieren kann, liefern nicht nur andere Branchen, wie die Chemieindustrie oder eine Reihe europäischer Nachbarländer, sondern auch Tausende von Betrieben. In zahlreichen betrieblichen Bündnissen für Arbeit bemühen sich die Betriebsparteien seit Jahren um vernünftige Interessenausgleiche. Gezwungenermaßen bewegen sie sich dabei manchmal außerhalb der geltenden Tarifverträge, die nicht das notwendige Mass an Flexibilität bieten. Deshalb muss jetzt in den Bündnisgesprächen für Arbeit über eine beschäftigungsorientierte Tarifpolitik gesprochen werden. Dies heißt nicht, dass Lohnleitlinien für die einzelnen Branchen dort verhandelt werden sollten, aber einen Orientierungsrahmen für alle Beteiligten sollte schon festgesetzt werden. Tarifabschlüsse wie im Metallbereich dürfen sich nicht wiederholen. Dass sich die IG Metall im Gegensatz zu allen anderen Gewerkschaften so beharrlich weigert, in den Bündnisgesprächen auch über Lohnpolitik zu verhandeln, ist deshalb besonders schlimm. Auch die IG Metall muss irgendwann zur Vernunft kommen, sonst vertritt sie bald keine Mitglieder mehr - entweder, weil die Arbeitnehmer sich von ihr nicht mehr vertreten fühlen oder, weil die Arbeitsplätze ins Ausland abwandern. Über diese Konsequenzen sollte sich niemand täuschen.

Suche nach einem dritten Weg zwischen Markt und Tarifmacht

Die Gespräche zu einem Bündnis für Arbeit, Ausbildung und Wettbewerbsfähigkeit sind eine ordnungs- und auch eine verbandspolitische Gratwanderung.

Mit dem „Steuerentlastungsgesetz" und der sogenannten ökologischen Steuerreform, dem geplanten Ausstieg aus der Kernenergie und der Rücknahme der Arbeits- und Sozialreformen der vorherigen Bundesregierung hat die rot-grüne Koalition den Unternehmen erhebliche Lasten aufgebürdet und viele Investoren schwer verunsichert. Die Bündnisgespräche werden durch diese Vorgaben erheblich vorbelastet.

Viele stellen die Frage, ob die Wirtschaft deshalb nicht gleich aus den Bündnisgesprächen aussteigen solle. Aber der Ausstieg aus den Gesprächen zu einem Bündnis für Arbeit, Ausbildung und Wettbewerbsfähigkeit ist nicht das Mittel, um dem Abbau der Arbeitslosigkeit, der Stärkung der Wettbewerbsfähigkeit der Unternehmen und der Verbesserung der Investitionsbedingungen näher zu kommen.

Der BDI muss alle seine Möglichkeiten nutzen, durch gezielten Einsatz von Dialog und kritischer Auseinandersetzung diejenigen Kräfte in der Bundesregierung zu stärken, die an einer Verbesserung der Investitionsbedingungen mitarbeiten wollen. Dass im Bündnis vereinbart wurde, zu prüfen, ob nicht schon zum 1. Januar 2000 eine echte Unternehmenssteuerreform mit einer deutlichen Absenkung der Steuersätze und einer Entlastung der Unternehmen in Kraft treten könne, ist letztlich auf das Drängen des BDI zurückzuführen, ebenso wie die Verständigung, die Themen Steuern, Sozial- und Arbeitsmarktpolitik, Innovation und Bildung zu erörtern. Das sind im Vergleich zu den ursprünglich angekündigten Umverteilungsthemen die richtigen Schwerpunkte. Das gleiche gilt für die Einrichtung der Benchmarking-Arbeitsgruppe, die Deutschlands Stärken und Schwächen im internationalen Vergleich analysieren soll.

Benchmarking: Von anderen Ländern lernen

Natürlich führen die Gespräche für ein Bündnis für Arbeit, Ausbildung und Wettbewerbsfähigkeit nur zum Erfolg, wenn alle Beteiligten bereit sind, etwas einzubringen. Wir müssen dabei von den oft schmerzlichen, aber letztlich erfolgreichen Reformen anderer Länder lernen.

Am Anfang jedes Reformprozesses muss die Einigung auf die Fakten stehen und die Einsicht in die dringende Notwendigkeit durchgreifender Reformen. Dafür brauchen wir zunächst ein echtes Benchmarking, das heißt einen ungeschminkten Vergleich mit dem Ausland und zwar in all den Bereichen, die die Wettbewerbsfähigkeit unserer Gesellschaft beeinflussen. Also: Wie groß ist die Rolle des Staates, wie flexibel ist der Arbeitsmarkt, wie hoch die Steuer- und Abgabenbelastung? Erforderlich ist nicht nur eine reine Zahlenerhebung, sondern auch die Einbeziehung der politischen Prozesse und Institutionen, die Veränderungen erst ermöglicht haben.

Die Holländer haben einen derartigen Vergleich mit den jeweils besten Konkurrenten an den Anfang des Reformprozesses gestellt und so die Reformbereitschaft im eigenen Land erhöht. Auch wir müssen unsere Stärken und Schwächen heraus arbeiten und damit die Bereiche, in denen Handlungsbedarf besteht.

Ebenso wichtig ist ein zweiter Schritt: Nach der Vorlage der Benchmark-Ergebnisse muss als Start jedes Reformprozesses in Deutschland dann die Einigung auf die Fakten stehen und die Einsicht in die dringende Notwendigkeit durchgreifender Reformen vorhanden sein. Fehlt sie, ist jedes Bündnis zum Scheitern verurteilt.

Denn klar ist, dass es nicht beim Vergleichen bleiben darf, sondern dass Taten folgen müssen. Die erforderlichen Massnahmen müssen die Beteiligten in ihren jeweiligen Verantwortungsbereichen selbst ergreifen.

Auch hier gilt es, vorurteilslos über den eigenen Tellerrand zu blicken und sich genauer anzuschauen, unter welchen Voraussetzungen die zahlreichen Bündnisse für Arbeit in anderen europäischen Ländern zum Erfolg geführt haben. Nach einer Untersuchung des Max-Planck-Instituts für Gesellschaftsforschung (vgl. Hassel 1998) wurden in den letzten 10 bis 15 Jahren Vereinbarungen zwischen Regierung, Arbeitgeberverbänden und Gewerkschaften nicht nur in den Niederlanden, sondern auch in Irland, Italien, Portugal, Dänemark, Finnland, Griechenland und Norwegen abgeschlossen. Nur in Deutschland und Belgien führten Initiativen zu einem Bündnis für Arbeit nicht zum Erfolg.

Diese sozialen Pakte dienen der Verabredung einer gemeinsam koordinierten Strategie der wesentlichen Akteure auf dem Arbeitsmarkt. Drei Ziele sollten damit erreicht werden: Verbesserung der nationalen Wettbewerbsfähigkeit, Bekämpfung der Arbeitslosigkeit und Sanierung öffentlicher Haushalte.

Auch wenn sich die bestehenden sozialen Pakte in Europa nach Inhalt und Form erheblich unterscheiden, so steht in allen Bündnissen die Vereinbarung über eine moderate Lohnentwicklung an erster Stelle. Die Bereitschaft der Gewerkschaften, niedrige Lohntarifverträge über einen längeren Zeitraum abzuschließen, ist überall die zwingende Vorbedingung für weitergehende Vereinbarungen gewesen. Die zentralen Lohnvereinbarungen gehen in den sozialen Pakten der anderen europäischen Länder Hand in Hand mit einer Bedeutungszunahme von dezentralen Tarifverhandlungen. Weitere entscheidende Zielrichtung war, die Wettbewerbsfähigkeit der privaten Industrie durch Kostenentlastungen in Form von Steuersenkungen oder Sozialreformen zu verbessern.

Auch ein anderes Ergebnis der Untersuchung ist sehr aufschlussreich für unsere gegenwärtige Diskussion: Unabdingbare Voraussetzung für die Vereinbarung sozialer Pakte war die gemeinsame Problemwahrnehmung der Tarifparteien und Regierungen. In der Regel gingen diesen in den meisten europäischen Ländern heftige Auseinandersetzungen voraus, die erst angesichts einer tiefen wirtschaftspolitischen Krise zu Annäherungen der Arbeitsmarktparteien führte. Dass Gewerkschaften niedrigere Lohnentwicklungen im Interesse des Beschäftigungswachstums akzeptierten, ist laut der Analyse des Max-Planck-Instituts nicht nur mit der eindeutigen Position der Regierung zur Lohnzurückhaltung, sondern auch mit ihrer Entschlossenheit zur Intervention zu erklären.

Diese Belege muss auch der IG Metall-Vorsitzende zur Kenntnis nehmen und seine Weigerung, die Lohnpolitik zum Thema in den Bündnisgesprächen zu machen, noch einmal überdenken. Ein Bündnis für Arbeit müsste die Vereinbarung beinhalten, dass die Lohnerhöhungen innerhalb der nächsten Jahre in Abhängigkeit von der Arbeitslosigkeit jeweils um einen bestimmten Prozentsatz unterhalb der Fortschrittsrate der Arbeitsproduktivität bleiben und die Tarifverträge ausdrücklich abweichende Betriebsvereinbarungen zulassen.

Falls dies in den Gesprächen nicht zu erreichen ist, stellt sich für die Wirtschaft die Frage, ob nicht die Bundesregierung den Erfolgsdruck auf die Gespräche erhöht, indem sie für den Fall des Scheiterns der Gespräche gesetzgeberische Schritte ankündigt. Gesetzgeberische Schritte müssten folgende Massnahmen umfassen: Gesetzlichen Vorschriften, nach denen Tarifverträge die Möglichkeit von Betriebsvereinbarungen vorsehen müssen, die Abschaffung der Allgemeinverbindlichkeitserklärung und die drastische Verkürzung der Nachwirkungsfristen von Tarifverträgen.

Ohne lohnpolitische Verabredungen bleibt das Bündnis für Arbeit ein Torso, der seinen Namen nicht verdienen würde.

Ein wichtiger Schritt auf diesem Weg ist die gemeinsame Erklärung von BDA und DGB anläßlich des 3. Gesprächs zum Bündnis für Arbeit, Ausbildung und Wettbewerbsfähigkeit am 6. Juli 1999, die von den Bündnisteilnehmern ausdrücklich begrüsst wurde. Damit ist die Lohn- und Tarifpolitik jetzt als zentraler Bestandteil der Bündnisgespräche vereinbart worden.

Vom Dialog zum Handeln: Verantwortlichkeiten nicht verwischen

Die Konsenssuche und der Dialog zwischen den Akteuren im Rahmen der Bündnisgespräche ist wichtig und unverzichtbar. Wenn der Bereitschaft zum Dialog nicht eine Bereitschaft zum Handeln der Beteiligten in ihren jeweiligen Verantwortungsbereichen folgt, besteht die Gefahr, dass die Bündnisgespräche zu einem volkswirtschaftlichen Debattierclub verkommen. Entscheidend ist daher, dass Taten folgen. Die erforderlichen Massnahmen müssen die Beteiligten in ihren jeweiligen Verantwortungsbereichen selbst ergreifen.

Denn das Bündnis für Arbeit kann und darf keine Nebenregierung sein. Die Regierung darf sich nicht auf die Rolle des Bündnismoderators zurückziehen. Auch von ihr werden Beschäftigungsimpulse verlangt. Sie muss für ein wachstums- und investitionsfreundliches Umfeld sorgen. Daß dieses Ziel im Mittelpunkt der geplanten Steuerreform steht, ist bislang nicht erkennbar. Die Hauptverantwortung zu mehr Beschäftigung darf ein Bündnis für Arbeit nicht verwischen. Sie liegt bei den Tarifparteien, die den Preis der Arbeit bestimmen und über Flächentarifverträge den Arbeitsmarkt kartellieren. Dieses Kartell aufzubrechen und regional wie auch betrieblich stärker differenzierte Löhne zuzulassen, wäre ein wirkliches Bündnis für Arbeitsplätze.

Die Bundesregierung hat das Bündnis für Arbeit zum Kernstück ihrer Politik erklärt. Dies birgt den Keim des Scheiterns in sich. Die Bundesregierung hat mit der Einrichtung von bislang 18 Arbeitsgruppen und Fach- beziehungsweise Themendialogen - die vielen verschiedenen Unterarbeitsgruppen nicht mitgerechnet- ein sehr ausdifferenziertes Gebilde aufgebaut. Es wird fleißig getagt und diskutiert. Bislang sind die Ergebnisse der zahlreichen Sitzungen mager. Erzielt wurden Vereinbarungen, die ebenso gut im direkten Austausch der Ministerien mit den entsprechenden Fachverbänden hätten erzielt werden können. In den entscheidenden Fragen zeichnet sich bislang keine Bewegung ab, die darauf hindeuten würde, dass aus den Gesprächen letztlich ein Bündnis für Arbeit entstehen könnte. Nur wenn es schnell gelingt, gemeinsam eine unpopuläre, schmerzliche Verständigung über die Schritte zu mehr Arbeitsplätzen zu finden, hat das Bündnis für Arbeit eine Chance.

Ein Bündnis ist keine Zauberformel für mehr Arbeitsplätze

Am Ende muss sich die Wirtschaft natürlich fragen, ob das Ergebnis stimmt. Viele Interessen und Kräfte wirken an so einem Prozess mit. Deshalb wird sich die Wirtschaft für das Ergebnis nur „mithaftbar" machen lassen, wenn sie ihm zugestimmt hat. Keine Zustimmung der Wirtschaft wird es geben für wettbewerbs-, wachstums- und beschäftigungsfeindliche Vorhaben der Bundesregierung. Uns geht es darum, einen grundlegenden Kurswechsel in der Wirtschafts-, insbesondere der Steuerpolitik zu erreichen, mit dem die Investitionsbedingungen in Deutschland nachhaltig verbessert werden.

Wichtigstes Ziel dieser Gesprächsrunden muss es sein, die Unternehmen und die deutsche Gesellschaft insgesamt fit zu machen für den weltweiten Standortwettbewerb. Ein Rückzug aus dem Wettbewerb verspricht keinen Erfolg. Nur wettbewerbsfähige Unternehmen schaffen rentable Arbeitsplätze.

Durch Koordination und Konsens zu mehr Beschäftigung zu kommen, entspricht deutschem und europäischem Denken. Erfolge können Bündnisse für Arbeit aber überall auf der Welt nur haben, wenn sie helfen, sich dem Marktgleichgewicht von Angebot und Nachfrage auf dem Arbeitsmarkt wieder stärker zu nähern. Vereinbarungen und Subventionen zu Lasten Dritter sind ein bequemer, aber gefährlicher Weg. Alle Beteiligten müssen sich stets bewusst sein, dass wir in einem harten globalen Wettbewerb stehen. Nur die Stärkung unserer Wettbewerbsfähigkeit erhält und schafft letztlich Arbeitsplätze in unserem Land.

Kritiken

Angela Merkel

**Bestenfalls Hoffnung, schlimmstenfalls Betrug.
Die Idee des Bündnisses hat sich überlebt**

Ob das Scheitern des Bündnisses für Arbeit unter der Regierung Helmut Kohl mit ein Grund für die Niederlage der CDU bei der Bundestagswahl 1998 war, wird wahrscheinlich zwischen Parteienbeobachtern, Politologen und anderen Experten immer umstritten bleiben. Fast erscheint es heute, bald ein Jahr nach der Wahl, auch müßig, darüber zu diskutieren, denn zu viel ist seither geschehen. Aber gewiss, und das sei im Rückblick dann doch noch einmal gesagt, hat die Regierung Kohl es manchem Beteiligten und Unbeteiligten leicht gemacht, ihr für das Scheitern des Bündnisses für Arbeit seinerzeit die Schuld in die Schuhe zu schieben.

Denn was war das für eine Idee? Lohnzurückhaltung gegen Arbeitsplatzschaffung und Arbeitsplatzgarantie - auf diese einfache Formel brachte es IG-Metallchef Klaus Zwickel im Herbst 1995. Auch wenn den meisten schnell klar war, dass es so einfach natürlich nicht gehen kann. Denn es gibt sie eben nicht, die Arbeitsplätze auf Knopfdruck, per Zusage und Garantie und dann auch noch möglichst exakt beziffert: So war es dennoch ein Tabubruch, den Zwickel im Herbst 1995 riskierte. Deshalb lag das eigentlich Bemerkenswerte dieses Vorstoßes nicht in seiner inhaltlichen Substanz, sondern in der Tatsache, dass da einer über seinen Schatten gesprungen war. Es war das Angebot eines Gewerkschaftsführers, gleichzeitig SPD-Mitglied, zum Dialog mit den Arbeitgebern unter der Moderation einer CDU-geführten Bundesregierung. In dieser politischen Konstellation lag der Zauber der Idee Zwickels.

In der inhaltlichen Substanz konnte und kann er bis heute nicht liegen: Denn ein Bündnis für Arbeit hat keinen Wert, wenn es aufgrund anderer betrieblicher und tariflicher Strukturen für die neuen Bundesländer nahezu ohne jede Bedeutung bleiben muss. Ein Bündnis für Arbeit hat keinen Wert, weil es in der freiheitlichen Ordnung der Sozialen Marktwirtschaft eben nicht möglich ist, per Bündnisbeschluss einen sogenannten beschäftigungswirksamen Abbau von Überstunden zu schaffen, worauf DGB-Chef Dieter Schulte nach der Bündnisrunde im Juli mit Bundeskanzler Schröder fast flehentlich pochte, oder - im Klartext - für eine Anzahl X abgebauter Überstunden eine Anzahl X neuer Arbeitsplätze zu garantieren. Ein Bündnis für Arbeit hat keinen Wert, weil anerkannt werden muss, dass die Schaffung von Arbeitsplätzen nicht von der Politik verordnet werden kann, sondern dies nur durch von ihr herbeigeführte attraktive Investitionsbedingungen für Mittelstand und Industrie gelingen kann.

Die Wirtschaft, die es in dieser monolithischen Form ohnehin nicht gibt, wird in der Sozialen Marktwirtschaft letztlich immer nur das *zusagen*, was sie sowieso eingeplant hat. Sie geht buchstäblich auf Nummer sicher. Das ist auch ihr gutes Recht, und in diesem Sinne ist sie parteipolitisch gesehen immer unpolitisch. In dieser Konstellation sind es die Gewerkschaften, die im Zweifel immer im Nachteil sind. Ist es ihnen wirklich ernst mit dem Abbau der Arbeitslosigkeit, dann sind sie - aus gewerkschaftlicher Sicht betrachtet - immer in der Gefahr, über den Tisch gezogen zu werden, selbst etwas geben zu müssen, wie zum Beispiel jetzt mit der von Dieter Schulte im Juli verkündeten Enttabuisierung der Tarifpolitik im Rahmen der Bündnisgespräche. Recht hat er, kann man dazu nur sagen, aber damit raubt er natürlich seinen eigenen Leuten über kurz oder lang ihre Existenzberechtigung. Über die mehr als mageren Gegenleistungen der Wirtschaft braucht aus Sicht der Gewerkschaften an dieser Stelle schon gar nicht mehr gesprochen zu werden.

Was also bleibt unter dem Strich? Das Bündnis für Arbeit lebte nie von seiner Substanz. So gaben und geben wir uns mit optimistischen Formulierungen und Absichtserklärungen zufrieden, die heute vielleicht nur deshalb weiter interessant erscheinen, weil sie jetzt nicht mehr von Helmut Kohl, sondern wortgleich von anderen gesprochen werden, wie zum Beispiel jener schon bei Kohl berühmte Satz: „Jeder, der ausbildungswillig und ausbildungsfähig ist, erhält einen Ausbildungsplatz" (BüfA, 1998). Am Ende kann nur eine Erkenntnis bleiben: Die Idee des Bündnisses für Arbeit hatte ihre Zeit in einer anderen politischen Konstellation. Sie hat sich überlebt. Darüber können auch keine schon verabredeten oder noch geplanten 11-Thesen- oder Mehr-Thesen-, Programm- und Orientierungspapiere hinwegtäuschen.

Dafür kann Gerhard Schröder vordergründig zunächst einmal gar nichts. Er kann dafür genauso wenig wie seinerzeit Helmut Kohl, denn die inhaltliche Leere der Idee, so gut es Klaus Zwickel im Herbst 1995 gemeint hat, bestand unter Helmut Kohl genauso wie jetzt unter Gerhard Schröder. Aber Schröder kann sehr wohl etwas dafür, wenn er heute diese Wahrheit ignoriert.

So liegt in dem Ende der Idee des Bündnisses für Arbeit auch eine große Chance. Die Politik kann sich nicht mehr damit herausreden, sie habe als Moderator oder, wie Schröder es gern formuliert, unter dem *Patronat* der Politik in Bündnisgesprächen doch alles versucht. Bündnisgespräche können nicht das ersetzen, was die Politik eigentlich zu leisten hat: Deutschland braucht eine Renaissance der Sozialen Marktwirtschaft. Deutschland muss angesichts von Europäisierung und Globalisierung die soziale Frage neu beantworten. 1978 hatte die CDU in ihrem Grundsatzprogramm die Neue Soziale Frage formuliert. Die Neue Soziale Frage des 21. Jahrhunderts ist die Globale Soziale Frage: Wie können unter globalisierten Bedingungen, bei denen der standortgebundene Faktor Arbeit gegenüber Kapital und Wissen im Nachteil ist, Arbeitsplätze geschaffen werden? Die Politik muss dafür die richtigen Rahmenbedingungen setzen - von einer Steuerreform, die alle entlastet, bis zu einer zukunftsfähigen Rentenreform, die diesen Namen verdient. Markt und Menschlichkeit versöhnen - das ist das Ziel auch im 21. Jahrhundert. Nur eine Renaissance dieser der Sozialen Marktwirtschaft zugrunde liegenden Idee ist *beschäftigungswirksam*, alles andere bestenfalls Hoffnung und schlimmstenfalls Betrug an der Zukunft.

Angelika Beier

Kein Platz für Arbeitslose in der Neuen Mitte?

> „Mehr vegetarisches Essen in Gaststätten lässt sich wohl kaum im Einvernehmen mit Fleischern verabreden. Die Einführung autofreier Sonntage kann wohl kaum im Konsens mit der Autoindustrie vereinbart werden. Beim Bündnis für Arbeit wird seltsamerweise angenommen, dass alle Beteiligten - Gewerkschaften, Bundesregierung und ArbeitgeberInnen - ein gemeinsames und starkes Interesse am Abbau der Erwerbslosigkeit hätten. Warum sollten sie? Unternehmer haben vor allem das Interesse, Geld zu verdienen und ihre Gewinne zu maximieren. Da ist eine hohe Erwerbslosigkeit sogar sehr hilfreich, da sie die Beschäftigten und ihre Gewerkschaften schwächt."(...na also 1999)

Große Hoffnungen stehen deutlicher Skepsis gegenüber. Bundesregierung und auch Teile der Gewerkschaften gehen davon aus, dass die Arbeitgeberseite an einer Beseitigung der Arbeitslosigkeit interessiert ist. Fakt aber ist, dass seit Jahren der Druck der Arbeitslosigkeit zu Deregulierung, Lohn- und Sozialabbau führt. Deshalb war zu erwarten, dass die Arbeitgeber ein neues Bündnis für weitere Zugeständnisse missbrauchen würden.

Die Erfahrungen mit dem ersten Bündnis für Arbeit wirken nach: Trotz der Gespräche ging 1996 der soziale Kahlschlag weiter. Dabei hatte IG Metall-Chef Zwickel als wichtigen Baustein für das Bündnis gefordert, dass die Bundesregierung auf Kürzungen für Arbeitslose verzichtet und die Kriterien für den Erhalt von Sozialhilfe nicht verschlechtert. Doch dieser Eckpfeiler des Bündnisses spielte in der öffentlichen Auseinandersetzung keine Rolle. Den Gewerkschaftsvertretern ist es lediglich gelungen, den geplanten Umfang der Kürzung zu verringern. Statt um 5 Prozent wurde die Arbeitslosenhilfe jährlich nur um drei Prozent gekürzt. Niedrige Einstiegslöhne für Langzeitarbeitslose und Lohnverzicht haben keine Arbeitsplätze gebracht, das hat wohl auch kaum jemand ernsthaft erwartet. Aber nun, mit einer rot-grünen Bundesregierung sollte ja alles besser werden - oder besser gesagt, vieles anders.

Um nicht missverstanden zu werden: Ein Bündnis für Arbeit im Sinne eines gesellschaftlichen Aufbruchs wäre dringend notwendig. Sieben bis acht Millionen Arbeitsplätze fehlen, weitere Stellen werden abgebaut. Ernstzunehmenden Prognosen zufolge werden im kommenden Jahrhundert 20 Prozent der heute Beschäftigten ausreichen, um alle nötigen Waren und Dienstleistungen zu erbringen. Was passiert mit den anderen achtzig Prozent? Bleibt für sie nur die Perspektive: arbeitslos, arm und ausgegrenzt? Das kann kein erstrebenswertes Gesellschaftsmodell der Zukunft sein. Es darf daher im Bündnis für Arbeit nicht nur um Sofortprogramme, Wachstumsimpulse, (Alters-)Teilzeit, Überstundenabbau und die Schaffung von mehr Ausbildungsplätzen gehen. Das würde unter gegenwärtigen Bedingungen kaum ausreichen, einen weiteren Anstieg der Arbeitslosigkeit zu verhindern, erst recht ist das viel zu kurz gedacht, um die Arbeitslosigkeit deutlich zu reduzieren.

Vage Hoffnungen - klare Befürchtungen

Skepsis und Befürchtungen insbesondere der Arbeitsloseninitiativen wurden genährt durch die Umbenennung des Projekts in Bündnis für Arbeit, Ausbildung *und Wettbewerbsfähigkeit*. Den Standort sichern, wettbewerbsfähig bleiben, das klingt einzig nach Steuerentlastungen für die Wirtschaft. Und die wurden den Arbeitgebern von der Bundesregierung dann auch prompt zugesagt. Beim ersten Bündnis-Treffen wurde vereinbart, Steuersenkungen für Unternehmen vorzuziehen und - entgegen Lafontaines Ankündigung - auf gesetzliche Maßnahmen, um die Überstunden zu begrenzen zu verzichten. Fatal ist: Fast alle finden das in Ordnung, in der Hoffnung, der eine oder andere Arbeitsplatz bliebe dadurch erhalten. Wenn Arbeitslose dagegen Weihnachtsgeld fordern oder auch nur eine Rücknahme der Kürzungen, dann gilt das als kontraproduktiv oder unverschämt, denn man will ja *Arbeit finanzieren und nicht Arbeitslosigkeit*. Doch werden wir auf lange Zeit nicht umhin kommen, beides zu finanzieren, wenn wir eine Spaltung der Gesellschaft verhindern wollen.

Vage Hoffnungen der Arbeitslosen richteten sich weniger auf einen neuen Solidarpakt, sondern eher auf die Handlungsmöglichkeiten der rot-grünen Bundesregierung. Der Koalitionsvertrag versprach einiges, und in der Tat wurden Wahlversprechen erfüllt. Das ist durchaus zu würdigen. Allerdings ist bei Arbeitslosen und Armen bisher nichts Positives angekommen. Rot-Grün hat die Verschlechterungen für Arbeitslose nicht rückgängig gemacht, mit Ausnahme der Anrechnung von Abfindungen und der Meldepflicht. Wesentliche Einschnitte bei der Arbeitsförderung wie untertarifliche Bezahlung bei Arbeitsfördermaßnahmen, kein Berufs- und Qualifikationsschutz, Verschärfung der Zumutbarkeit (nach einem halben Jahr Arbeitslosigkeit ist ein Entgelt in Höhe des Arbeitslosengeldes zumutbar), Heraufsetzung der Altersgrenzen für eine längere Bezugsdauer beim Arbeitslosengeld, jährliche Kürzung der Arbeitslosenhilfe und vieles mehr wurden *nicht* zurückgenommen. Eine umfassende Reform der Arbeitsförderung (SGB III) ist erst ab 2001 vorgesehen. Von der Kindergelderhöhung sehen die ärmsten Kinder keinen Pfennig, denn Kindergeld wird auf die Sozialhilfe angerechnet. Die Wohngeldreform wird auf die lange Bank geschoben. Die doppelte Staatsbürgerschaft ist ein Fortschritt, aber sie grenzt Ausländer, die Arbeitslosen- oder Sozialhilfe beziehen, aus. Fazit: Keine Verbesserungen für Arbeitslose, sondern zusätzliche Belastungen, denn Arbeitslose und Menschen ohne Erwerbseinkommen erhalten *keinen* Ausgleich für die Mehrbelastung durch die Ökosteuer, wohl aber *energieintensive Unternehmen*.

Gleichzeitig wird der Druck auf Arbeitslose verstärkt, indem immer häufiger die Rede davon ist, Sozialleistungen mit einer Arbeitspflicht zu verbinden. Im Zusammenhang mit dem Sofortprogramm gegen Jugendarbeitslosigkeit haben SPD-Politiker und leider auch namhafte Gewerkschafter gefordert, jugendlichen Arbeitslosen die Leistungen zu kürzen oder gar zu streichen, wenn sie eine angebotene Maßnahme nicht annehmen. Aber nicht Druck und Zwang garantieren den Erfolg beschäftigungspolitischer Programme, sondern qualitativ gute Angebote, die Zukunftsperspektiven eröffnen. Wenn Arbeitslose erkennen, dass sie nicht in beschäftigungstherapeutischen Maßnahmen *geparkt* werden, sondern ihnen Qualifikation und Perspektive geboten werden, sind sie ausreichend motiviert.

Statt die Lebenssituation von Arbeitslosen zu verbessern und ihnen eine Perspektive zu geben, soll offenbar noch weiter gekürzt werden. Inzwischen ist das rot-grüne „Sparpaket" auf dem Tisch und es trifft Arbeitslosenhilfebezieher besonders hart: Wegfall der originären Arbeitslosenhilfe, *Dynamisierung* von Arbeitslosengeld und -hilfe in Höhe der Inflationsrate statt wie bisher in Höhe der Nettolohnentwicklung, bei Arbeitslosenhilfebeziehern Kürzung der Bemessungsgrundlage für die Sozialversicherungsbeiträge auf den tatsächlichen Zahlbetrag der Arbeitslosenhilfe. Mit neun Milliarden DM sollen Arbeitslose die größte Sparlast tragen, und dieses Geld wird weitergereicht an die Wirtschaft, in der vagen Hoffnung auf Arbeitsplätze.

Die Fortführung der Arbeitsmarktpolitik auf bisherigem Niveau und die Fortsetzung des Sonderprogramms zur Bekämpfung der Jugendarbeitslosigkeit sind positiv zu bewerten, können jedoch die Verschlechterungen keinesfalls rechtfertigen. Gerade ältere Langzeitarbeitslose haben keine realistische Chance auf Wiedereingliederung in den Arbeitsmarkt. Ihnen die Arbeitslosenhilfe und die Renten zu kürzen, ist in höchstem Maße asozial. Da ist auch der Hinweis auf die geplante Grundrente kein Trost, die ja gerade so hoch sein soll, dass sie den Gang zum Sozialamt erspart. Es ist im übrigen unverständlich, dass eine Grundsicherung nur für Rentner vorgesehen ist, wo doch Altersarmut quantitativ kaum eine Rolle spielt. Für Arbeitslose wäre eine soziale Mindestsicherung im wahrsten Sinne des Wortes *not*wendig.

Fraglich ist, ob mit diesen Maßnahmen das Ende der Kürzungen für Arbeitslose erreicht ist. In den letzten Monaten wurden Vorschläge laut, die Leistungssätze für Arbeitslose mit Kindern zu kürzen oder den Bezug von Arbeitslosenhilfe zeitlich zu befristen. Auch von einer *Zusammenlegung* von Arbeitslosenhilfe und Sozialhilfe ist die Rede, eine alte Forderung von Arbeitgeberverbänden und CDU. Nicht nur aus der Bundesregierung gibt es entsprechende Hinweise, auch die Benchmarking-Arbeitsgruppe des Bündnisses für Arbeit fordert dies als „flankierende Maßnahme" zu ihrem Niedriglohnmodell (siehe Zwischenbericht an den Steuerungsausschuss vom 5. Mai). Mit *Zusammenlegung, Verschmelzung oder Neuorganisation der Schnittstelle* von Arbeitslosenhilfe und Sozialhilfe sind offensichtlich nicht Verbesserungen für Sozialhilfebezieher beabsichtigt, sondern die Absenkung des Leistungsniveaus der Arbeitslosenhilfe.

Waren die Erwartungen der Arbeitsloseninitiativen an den Regierungswechsel auch nicht groß - dass sie gegen weitere Verschlechterungen würden ankämpfen müssen, damit haben sie nicht gerechnet. Viele Arbeitslose sind, ab Februar 1998 Monat für Monat am *Jagoda-Tag* (an dem die monatlichen Arbeitsmarktdaten vom Präsidenten der Bundesanstalt für Arbeit Bernhard Jagoda bekanntgegeben werden) auf die Straße gegangen und haben sich gemeinsam mit den Gewerkschaften *für Arbeit und soziale Gerechtigkeit* eingesetzt. Rot-Grün hat die Bundestagswahl gewonnen, weil die Menschen mehr soziale Gerechtigkeit und endlich Taten gegen die Arbeitslosigkeit sehen wollen, das belegen alle Umfragen. Neben den Verbesserungen für Arbeitnehmerinnen und Arbeitnehmer hätte die Bundesregierung auch die Situation von Arbeitslosen verbessern müssen. Wer soziale Gerechtigkeit verspricht, muss zuerst dort etwas tun, wo die Not am größten ist: Bei Arbeitslosen und Sozialhilfebeziehern, Wohnungslosen und Asylsuchenden. Wer sparen will, muss diejenigen heranziehen, die viel haben: Eigentum verpflichtet, gerade in einer sozialen Demokratie.

Arbeit um jeden Preis?

Zum Abbau der Arbeitslosigkeit gibt es bisher keine konkreten Zielvorgaben und keine überzeugenden Vorhaben. Es fehlen verbindlichen Vereinbarungen zwischen den Bündnispartnern, um Arbeits- und Ausbildungsplätze zu schaffen. Und das, obwohl auch für dieses Jahr über 4 Millionen registrierte Arbeitslose erwartet werden! Das 100.000-Jobs-Programm ist immerhin ein Anfang, kann aber kaum als Bündnis-Erfolg gewertet werden. Es fällt unter die Rubrik Handlungsmöglichkeiten einer rot-grünen Bundesregierung, die Arbeitgeber haben nichts dafür getan. Im Gegenteil, die Betriebe bilden immer weniger aus, Arbeitgeber lassen sich Ausbildung und Qualifizierung von der Bundesanstalt für Arbeit finanzieren. Lediglich im Bereich der Informationstechnik, wo aktuell Fachkräfte fehlen, soll die Zahl der Lehrstellen angehoben werden. Beim Aufbau Ost oder besseren Chancen für Frauen erging man sich bisher lediglich in Absichtserklärungen. Es fehlen langfristig angelegte durchdachte Programme, es fehlen vor allem zusätzliche Finanzmittel. Und gleichzeitig ist eine Wiedereinführung der Vermögensteuer nicht in Sicht.

Bleibt als greifbares Bündnis-Thema die unselige Debatte über den Niedriglohn. Die diskutierten Niedrig- oder Kombilohnmodelle beruhen jedoch auf falschen Grundannahmen und taugen daher nicht zur Bekämpfung der Arbeitslosigkeit. Weder liegen bei einfachen Tätigkeiten im Dienstleistungsbereich Beschäftigungspotenziale in Millionenhöhe brach, noch sind zu hohe Lohnkosten Ursache für den Arbeitsplatzmangel. Falsch und obendrein zynisch ist auch die Anreiz-Theorie, die davon ausgeht, die angeblich zu hohen Sozialleistungen würden die Menschen dazu verführen, in der Arbeitslosigkeit zu verharren. Die falsche Diagnose führt zur falschen Therapie: Löhne senken, Sozialleistungen senken, Sanktionen verschärfen.

Dass Lohnverzicht, Billiglöhne und Lohnsubventionen keine Jobs schaffen, wissen Arbeitslose schon lange. Im Sommer 1994 erregten Nürnberger Arbeitslose bundesweit Aufsehen mit ihrem Angebot, sie würden für einen Lohn von 20 Prozent unter Tarifniveau arbeiten, und das 60 Stunden in der Woche, auch samstags und sonntags. Politische Provokation oder echte Verzweiflung? Jedenfalls entbrannte ein Riesenstreit unter Gewerkschaftern, Arbeitgebern und Politikern, ob dadurch mehr Beschäftigung geschaffen werden könne. Vor Ort war die Antwort eindeutig: kein einziges Angebot für Nürnberger Arbeitslose ...

Die Verfechter von Arbeitszwang, Leistungskürzungen und Niedriglöhnen versprechen *Arbeit, Arbeit, Arbeit*. Auf Arbeitslose wirkt das geradezu bedrohlich: Sie verschwinden, mit Billigjobs abgespeist, zwar erst einmal aus der Statistik, aber auf den grünen Zweig, sprich eine vernünftige ökonomische und soziale Basis, kommen sie nicht. Bedroht fühlen sich auch die noch regulär Beschäftigten. Ihre Löhne und Arbeitsbedingungen geraten durch die Billigkonkurrenz unter Druck. Bedrohlich sind diese Vorschläge aber auch für das Sozialsystem, denn Sozialabgaben und Steuereinnahmen werden sinken.

Gewerkschaftliche Arbeitsloseninitiativen sind sich dieser Zusammenhänge bewußt und wehren sich gegen Niedriglöhne. Mit Kreativität und ungewöhnlichen Maßnahmen wenden sie sich an die Öffentlichkeit, um Denkmuster zu durchbrechen, andere Sichtweisen zu ermöglichen. Provokativ legen sich Arbeitslose in Liegestühle mit der Aufschrift: „Haben Sie ein Glück, solange ich hier liege, nehme ich Ihnen nicht den Arbeitsplatz weg!"

Arbeit fair teilen – neue Arbeit schaffen

Was erwarten Arbeitslose von einem Bündnis für Arbeit? Zuallererst ein Bündnis für weniger Arbeit. Voraussetzung: Vom Ziel der Vollbeschäftigung nach bisherigem Verständnis müssen wir uns verabschieden. Wenn Vollbeschäftigung zum einen *Zugang zu Erwerbsarbeit für alle* bedeutet und zum anderen *Vollzeitbeschäftigung*, also sieben bis acht Stunden Erwerbsarbeit täglich, dann ist beides gleichzeitig nicht realisierbar. Wir müssen uns entscheiden: Vollzeitbeschäftigung, Wohlstand und gesellschaftliche Anerkennung für immer weniger Menschen unter Inkaufnahme von Arbeitslosigkeit, Armut und Ausgrenzung für immer mehr Menschen – oder aber Erwerbsarbeit und gesellschaftliche Teilhabe für alle unter neuen Voraussetzungen. Wer Arbeitslosigkeit wirklich bekämpfen will, muss Arbeit umverteilen und Vollbeschäftigung neu definieren.

Dabei müssen vielfältige Formen der Arbeitszeitverkürzung einbezogen werden: Absenkung der zulässigen wöchentlichen Höchstarbeitszeit auf 40 Stunden, Einschränkung der Überstunden, weitere Verkürzung der Lebensarbeitszeit durch Senkung des Renteneintrittsalters, Sabbatjahre, Bildungs- und Erziehungszeiten und vieles mehr. Die wirksamste Form ist jedoch ein generelle Verkürzung der Wochen- oder besser noch der täglichen Arbeitszeit. Dazu sollte der öffentliche Dienst einen neuen Anstoß geben und schnell an die in der Privatwirtschaft geltende 35-Stunden-Woche anschließen. Im Osten müssen Arbeitszeit und Lohn an den Westen angeglichen werden.

Es gibt wünschbare Alternativen einer gesellschaftlichen Zukunftsentwicklung. Martin Kempe beispielsweise zeigt auf, wie eine durchschnittliche Wochenarbeitszeit von 25 Stunden konkret umgesetzt werden könnte. Der Clou ist ein anteiliger Lohnausgleich aus Mitteln der Bundesanstalt für Arbeit, um die Kaufkraft zu erhalten. So bekommt der Grundsatz „Arbeit finanzieren statt Arbeitslosigkeit" eine neue Bedeutung: Mit dem Geld der Bundesanstalt würde die Stundenreduzierung, also eine *Teil-Arbeitslosigkeit* der Beschäftigten finanziert, damit Arbeitslose *teil-arbeiten* können. Angesetzt wird in erster Linie bei den Beschäftigten, der Druck auf die Arbeitslosen wird verringert (M. Kempe 1995,1998). Dieses Modell wäre noch bestechender, würden auch die Arbeitgeber ihren *Teil* beitragen, die bleiben nämlich beim *Teilen* außen vor.

Wir brauchen verbesserte politische Rahmenbedingungen und ein ausreichend ausgestattetes Beschäftigungsprogramm, vorrangig in den Feldern Infrastruktur und ökologischer Umbau. So ergab eine Auswertung verschiedener Studien durch die Gewerkschaft Öffentliche Dienste, Transport und Verkehr (ÖTV) und den Bund für Umwelt und Naturschutz (BUND), dass allein durch eine konsequente Klimaschutz- und Energiesparpolitik netto bis zu 400.000 zusätzliche qualifizierte Arbeitsplätze geschaffen werden könnten.

Die Finanzpolitik muss sich vom Dogma des *schlanken Staates* lösen. Bei der Konsolidierung öffentlicher Haushalte darf nicht einseitig darauf gesetzt werden, die

Ausgaben zu begrenzen. Auch die Einnahmeseite muss durch eine Umverteilung von oben nach unten verbessert werden. Öffentliche Dienstleistungen werden gebraucht, Privatisierung und Stellenabbau müssen gestoppt werden. Zusätzlich brauchen wir einen öffentlichen Beschäftigungssektor für gemeinwohlorientierte Aufgaben in den Bereichen Soziales, Kultur, Bildung, Umwelt und Gesundheit. Sinnvoll wäre ein Programm zur Schaffung von zunächst 100.000 Dauerarbeitsplätzen zu regulären tariflichen Bedingungen.

Arbeit ist genug da, viele Aufgaben werden ehrenamtlich oder gar nicht geleistet, weil sie sich betriebswirtschaftlich nicht *rechnen* und der Staat sie nicht oder nicht mehr finanziert. Öffentliche Dienstleistungen wie Kindergärten, Bibliotheken, Jugendclubs oder Arbeitslosenzentren aber müssen sich nicht an den Kriterien unternehmerischen Denkens messen lassen. Sie sind eine sozialstaatliche Notwendigkeit, deren Wert man nicht in klingender Münze benennen kann. Hinzu kommt, dass diese Arbeitsplätze finanzieren sich zum erheblichen Teil selbst finanzieren, wenn man eingespartes Arbeitslosengeld und zusätzliche Steuereinnahmen einrechnet.

Wir brauchen außerdem eine Verstetigung und einen Ausbau der Arbeitsmarktpolitik und der Weiterbildung. Die erforderlichen Mittel müssen bereitgestellt, Zugangsvoraussetzungen und Qualität der Maßnahmen verbessert werden. Unsinnige Disziplinierungs- oder Verwahrmassnahmen sowie Diskriminierung durch Zwang oder niedrige Bezahlung lehnen wir ab. Die Deregulierung aktiver Arbeitsmarktpolitik und öffentlich geförderter Beschäftigung muss bekämpft werden, nicht zuletzt, weil sie Druck auf reguläre Beschäftigung ausübt.

Existenz sichern - Einkommen erhöhen

Sinkende Lohnersatzleistungen führen dazu, dass immer mehr Menschen ihre Existenz nicht eigenständig sichern können. Über fünf Millionen leben derzeit ganz oder teilweise von Sozialhilfe, viele nehmen ihre Ansprüche gar nicht wahr. Arbeitslose, die täglich um ihr materielles Überleben kämpfen müssen, haben den Kopf nicht frei für berufliche Um- und Neuorientierung. Wir brauchen eine soziale Mindestsicherung, die materielle Notlagen ausschließt und damit die Grundlage für Arbeitslose schafft, sich eine neue Lebens- und Berufsperspektive aufzubauen. Und wir brauchen existenzsichernde Erwerbseinkommen. Reallohnverluste und massiver Stellenabbau haben die Nachfrage gedrosselt. Angesichts der Ungleichheit der Einkommensentwicklung brauchen wir dringend eine Erhöhung der Arbeitnehmereinkommen, um die Kaufkraft zu stärken, die binnenwirtschaftliche Entwicklung zu fördern und Arbeitsplätze zu schaffen.

Ausgrenzung beenden - Arbeitslose beteiligen

Arbeitslosigkeit ist für die meisten Betroffenen mit erheblichen finanziellen Einbußen, sinkendem Selbstwertgefühl, gesundheitlichem Stress, gesellschaftlicher Ausgrenzung und beruflichem und sozialem Abstieg verbunden. Diese negativen Auswirkungen werden verschärft durch eine pauschale Diffamierung Arbeitsloser. Mehr oder weniger offen wird unterstellt, sie seien unflexibel, leistungsunwillig, schlecht qualifiziert und würden Sozialleistungen missbrauchen. Damit muss Schluss sein. Wir brauchen eine Antidiffamierungskampagne: Arbeitslose sind nicht Täter, sondern Opfer einer falschen Wirtschafts- und Beschäftigungspolitik. Diskriminierende Regelungen und Verschärfungen im Arbeitsförderungsrecht müssen rückgängig gemacht werden, insbesondere die Verschärfung der Zumutbarkeit (Berufs- und Qualifikationsschutz) und der Sperrzeiten, jährliche drei Prozent Kürzung der Arbeitslosenhilfe, untertarifliche Bezahlung bei Beschäftigungsmaßnahmen, Nachweis der sogenannten Eigenbemühungen.

Wenn es beim Bündnis für Arbeit wirklich darum gehen soll, einen gesellschaftlichen Aufbruch zu initiieren und die Arbeitsgesellschaft neu zu gestalten, müssen alle gesellschaftlichen Gruppen beteiligt sein, auch und gerade die Arbeitslosen. Bundesweit existieren inzwischen über 1000 Arbeitslosenprojekte. Landesweite und nationale Zusammenschlüsse agieren auf der politischen Ebene, ihre VertreterInnen stehen als Experten zur Verfügung. Sie sollten in die Bündnis-Verhandlungen einbezogen werden, zumindest sollten die Verhandlungsrunden durch Satellitengespräche mit Arbeitslosengruppen begleitet und unterfüttert werden.

In Mecklenburg-Vorpommern, Niedersachsen und Nordrhein-Westfalen (NRW) sind Arbeitsloseninitiativen bereits auf unterschiedliche Weise in Arbeitsgruppen der Landes-Bündnisse einbezogen. In NRW befasst sich eine Arbeitsgruppe mit *Beschäftigungsmöglichkeiten für besondere Personengruppen*, dort ist die Koordinierungsstelle an der gewerkschaftlichen Unter-Arbeitsgruppe beteiligt. In Mecklenburg-Vorpommern ist das *Erwerbslosenparlament* in die Arbeitsgruppen einbezogen. Der Bündnis-Koordinator in Niedersachsen hat die Arbeitslosenprojekte aufgefordert, sich in die Vorbereitung einzuklinken. Auf Bundesebene führen die Regierungsparteien einen *Dialog mit gesellschaftlichen Gruppen*. Bisher hat sowohl die Bundestagsfraktion von Bündnis 90/ Die Grünen als auch die der SPD ArbeitslosenvertreterInnen eingeladen. Beide Treffen waren allerdings enttäuschend hinsichtlich Ablauf, Inhalt sowie Dialogbereitschaft und eher Alibiveranstaltungen.

Im Zeitverlauf wird immer klarer: Für die Beteiligten ist das Bündnis der politische Wert an sich. Eine schillernde Seifenblase - schön anzusehen, bis sie platzt. Der Abbau der Arbeitslosigkeit kann offenbar warten, zumindest ist ein eindeutiger politischer Wille dazu nicht erkennbar. Es geht um den ganz großen Kompromiss, um die Neue Mitte. Und in der haben Arbeitslose keinen Platz. Deshalb müssen sich Gewerkschaften, Kirchen, Sozialverbände und Arbeitsloseninitiativen stark machen für eine gesellschaftliche Mobilisierung für Arbeitszeitverkürzungen, einen öffentlichen Beschäftigungssektor und eine Umverteilung des Reichtums. Denn sonst hat das Bündnis für Arbeit kaum eine Chance auf Erfolg.

Christine Penning

Wer, wenn nicht wir.
Erfahrungen und Erwartungen Jugendlicher

„Wer, wenn nicht wir" - unter diesem Motto starteten die unterschiedlichsten Jugendorganisationen 1998 eine Kampagne im Vorfeld der Bundestagswahlen, die Jugendliche in ganz Deutschland auffordern, unterstützen, animieren und wachrütteln sollte, ihre Probleme öffentlich zu formulieren und ihre Unzufriedenheit mit ihrer Stimme zu manifestieren. Ein Motto, das in seinen unterschiedlichen Interpretationsebenen symptomatisch ist für unsere Situation als Jugendliche:
Wer, wenn nicht wir! - eine anklagende Feststellung in das Gesicht der allgemeinen Eigenbrödlerei, Politikverdrossenheit und Oberflächlichkeit dieser Gesellschaft, die ausdrückt, wer wir eigentlich sind, die „Jugend":

- Die, die demnächst selbst zu Bundestagsabgeordneten gewählt werden, die diese wählen und die hoffentlich verhindern, dass die rechtsradikalen Parteien im Bundestag Sitze und Stimmen erhalten.
- Sowohl die, die als Unternehmer die zukünftige Wirtschaft bestimmen und global repräsentieren, als auch die, die mit ihrer fachlichen, international hoffentlich weiterhin anerkannten Kompetenz die Mitarbeiter und somit die Basis dieser Unternehmen bilden.
- Die, die mit einem neuen ökologischen Bewusstsein darauf zu achten haben, dass natürliche Ressourcen nicht gedankenlos verprasst werden und Bequemlichkeit keine Begründung für Verantwortungslosigkeit ist.
- Die potenziellen Gewerkschaftsmitglieder von morgen als Gegengewicht zu einem sich intensivierenden Kapitalismus, ohne deren Beiträge eine Arbeitnehmerinteressenvertretung in Zukunft schlicht nicht mehr zu finanzieren ist.
- Und schließlich die, die für das Fortbestehen und die Finanzierung des sozialen Netzes im Interesse aller aufkommen müssen.

Und wem, wenn nicht uns, sollten infolgedessen alle Möglichkeiten zu einer optimalen Ausbildung mit Jobaussicht gegeben werden, um uns auf die vor uns liegenden Aufgaben bestmöglich vorzubereiten, mit dem Ziel, sie letztendlich bewältigen zu können.
Wer, wenn nicht wir? - aber auch eine kritische Frage an uns selbst, die dazu aufruft, mal darüber nachzudenken, was davon zu halten ist, wenn die Jugend erst eine Aufforderung braucht, um auf ihre Belange und Probleme aufmerksam zu machen. Wo ist es denn geblieben, das „revolutionäre Potenzial", das eigentlich schon immer die oppositionelle Instanz der Gesellschaft darstellte, und das im Moment scheinbar nichts anderes zu tun hat als Desinteresse zu demonstrieren, zwar online aber politisch offline zu gehen und sich bei Bärbel Schäfer und Co. via Television lächerlich zu machen. Das ist zugegebenermaßen etwas reduziert dargestellt und tut hoffentlich vielen Unrecht; aber es ist schon bemerkenswert, mit welchen Sprüchen konfrontiert wird, wer sich als vermeintlich normaler Mensch dazu bekennt, gewerkschaftlich,

kirchlich oder anderweitig sozial tätig zu sein. „Klar, es muss etwas getan werden, aber ich?" - Wessen, wenn nicht unser Interesse sollte es sein, sich für eine Lösung dessen zu engagieren, was wir täglich kritisieren.

Das Phänomen der allgegenwärtigen Passivität ist allerdings keine isoliert zu betrachtende Entwicklung. Es ist meiner Erfahrung nach das Ergebnis einer gesamtgesellschaftlichen Neigung, bereits existierende Vorurteile zu übernehmen. Häufig genug ist das allgemeine Desinteresse das Produkt persönlicher Frustration und Desillusionierung. Ganz massiv werden diese Erfahrungen, wenn man im Begriff ist, die mehr oder weniger heile Welt der schulischen Ausbildung abzuschließen, und plötzlich gezwungen ist, die persönlichen Berufsvorstellungen zu definieren und in die Tat umzusetzen. Besonders für alle, die nicht auf das essenzielle Vitamin B, einen ausreichenden finanziellen Background oder einen sensationellen Spitzenabschluss zurückgreifen kann.

Maß und Muss - der gute Schulabschluss

Einen guten Schulabschluss zu erreichen, ist die erste Hürde, die auf dem Weg zu einem Job zu meistern ist, aber bereits in der Schule läuft längst nicht alles so, wie so mancher Bildungsminister es gerne darstellt. Man hört in letzter Zeit gehäuft von Studien, die feststellen, welch schlechtes Image der deutsche Schüler im internationalen Vergleich hat. Auch die Niveauunterschiede der Schulabschlüsse innerhalb Deutschlands sind ein altbekanntes, aber scheinbar inzwischen akzeptiertes Phänomen. Besonders von der Wirtschaft werden diese Umstände bemängelt und zum Anlass genommen, schlechte Ausbildungsprüfungsergebnisse, die viel häufiger betriebliche Ausbildungsmängel zum Ausgangspunkt haben, mit der „Dummheit" der Schulabgänger zu begründen.

Oder ist vielleicht doch der schulische Unterricht zur eingefahrenen Routine geworden ohne Zeit für individuelle Förderung und ohne Motivation für Innovationen? Dass es so ist, liegt nicht zuletzt an der Tatsache, dass die Lehrerkollegien einen viel zu hohen Altersdurchschnitt haben. Die rasante technologische Entwicklung der letzten Jahre ist an den Schulen lange Zeit vorbeigelaufen. Die meisten Lehrer sind, wenn überhaupt, erst dabei, sich das anzueignen, was für die meisten ihrer Schüler im Bereich Internet und neue Medien bereits Alltag ist. Gleichzeitig haben nachrückende junge Pädagogen keine Chance auf eine Einstellung. An den Schulen und Hochschulen wird häufig an der beruflichen Realität vorbei gelehrt, was sich durch eine veraltete technische Ausstattung noch dramatisiert. Es bleibt abzuwarten, ob die Studenten-Demonstrationen der jüngsten Vergangenheit in diesem Zusammenhang etwas erreichen konnten.

Wenn in der Bildung an qualifiziertem Personal und aktueller Technik gespart wird, ist es kein Wunder, dass der Bildungsstand des deutschen Schülers zu wünschen übrig lässt. Es wäre fatal, gerade in der Bildungspolitik an den Stellen zu kürzen, wo es offensichtlich zu weiteren Verschlechterungen des allgemeinen Bildungsniveaus führt. Der deutsche Standortfaktor „fachliche Qualifizierung" wird auf diese Weise mehr und mehr aufs Spiel gesetzt.

Uninformiert und orientierungslos

Eine weitere Problematik während der Schulzeit ist die fehlende Orientierung auf das Berufsleben. Nicht für die Schule, für das Leben lernen wir - Tatsache ist, dass Schulabgänger dem Berufsleben oft naiv und inhaltlich unvorbereitet gegenüberstehen. Nicht durch Zufall sind Studenten, die direkt nach der Schule das Studium begonnen haben und keine anderweitige Berufspraxis vorweisen können, auf dem Arbeitsmarkt nicht gefragt. Überhaupt wird einem die Bedeutung eines sehr guten Schulabschlusses erst viel zu spät klar. Dass man mit einem mittelmäßigen Abschluss keine Chance hat, direkt nach dem Abitur oder dem Zivildienst ein Studium zu beginnen, das auch Berufsaussichten hat, diese Erkenntnis führt gepaart mit der Einsicht in die Wichtigkeit beruflicher Praxis immer mehr Abiturienten zu der Entscheidung, lieber erstmal eine Ausbildung zu beginnen.

Die Qual der Wahl, für welchen Beruf man sich entscheiden soll, bleibt nur jenen erspart, die sich nach ausgeprägten persönlichen Talenten richten können. Die anderen müssen sich in einem unübersichtlichen Informations-Jungle unterschiedlichster Berufsbilder zurechtfinden, der über die diversen Medien in den meisten Fällen nur oberflächlich präsentiert wird. Viele Schulen haben zwar zur Berufsorientierung inzwischen ein zwei- bis vierwöchiges Berufspraktikum zum Ende der Schulzeit eingeführt, aber einen angemessenen Überblick über die bestehenden Möglichkeiten kann diese Maßnahme nicht bieten. Auch ein eintägiger Besuch im Berufs-Informations-Zentrum schafft mehr Verwirrung als Orientierung, abgesehen davon, dass der Informationsstand dieser Institutionen nicht der aktuellste ist. Man ist stark der Meinungsmache der Öffentlichkeit ausgeliefert, wo sehr einseitig „In-Berufe" gepuscht und glorifiziert werden, auf die dann ein immenser Andrang besteht. Das hat wiederum knallharte Auswahlverfahren zur Folge, bei denen scheinbar weniger qualifizierte Bewerber auf der Strecke bleiben. Diese Image-Mache sorgt dafür, dass z.Zt. in der Medien-Branche unglaublich viele Jungendliche sowohl im Studium- als auch im Ausbildungsbereich abgewiesen werden. Auf der anderen Seite wirbt das Handwerk um Nachwuchs, der ausbleibt.

Für weitere Verwirrung sorgt das immer größer werdende Ausbildungsangebot kommerzieller Anbieter. Gerade im Multimedia-Bereich wird die große Zahl der von Betrieben und Hochschulen abgewiesenen Bewerber mit den unterschiedlichsten Bildungsangeboten geködert, um daraus Kapital zu schlagen. „In einem Jahr zum Screendesigner", „Online-Management kompakt - Konzeption und Redaktion in einer Woche", „CD-Rom-Programmierung für Einsteiger" - so werden Seminare angepriesen, ohne dass inhaltliche Richtlinien existieren, die eine Allgemeingültigkeit solcher Abschlüsse garantieren. Der Deutsche Multi-Media Verband (DMMV) bemüht sich inzwischen, hier verbindliche Kriterien festzulegen, welche Inhalte bei welchen Berufsbildern verpflichtend vermittelt werden müssen.

Aus diesem offensichtlichen Informationschaos ergibt sich die immer wichtiger werdende Aufgabe, bereits in der Schule Aufklärungsarbeit im Hinblick auf eine angemessene Berufsorientierung zu leisten. Gerade die Gewerkschaften können in ihrer maßgeblichen Rolle bei der Entwicklung neuer Berufsbilder sowohl über die Lage auf dem Arbeitsmarkt, als auch über die Problemstellungen innerhalb der

Betriebe informieren. Auf diese Weise können Jugendliche schon vor Antritt ihrer Lehre dafür sensibilisiert werden, was sie inhaltlich erwartet und was sie in der Ausbildung neben ihren vielen Pflichten auch für Rechte haben.

Eine gefährliche Entwicklung

Die Tatsache, dass eine betriebliche Ausbildung gerade für Abiturienten immer attraktiver wird, hat parallel zu dem Defizit an Ausbildungsplätzen auf dem Ausbildungsstellenmarkt zu einer gefährlichen Entwicklung geführt.

In der Bewerbungsphase kommt es zum Konkurrenzkampf zwischen den Absolventen von Haupt-, Real-, Gesamtschulen und Gymnasien. Letztendlich liegt es dann in der Hand der Unternehmen, hier eine Auswahl zu treffen, so sie nicht schon im Vorfeld aufgrund eingespielter Beziehungen gefallen ist. In den meisten Fällen wird inzwischen ein Abiturient bevorzugt. Schließlich ist das ja auch für den Ausbildenden am einfachsten: Ein Abiturient hat die beste Vorbildung, ist Leistungsdruck gewohnt und ziemlich selbstständig, kann sich selbst überlassen werden, ist auf jeden Fall zuverlässig und anpassungsfähig, weil auf Karriere bedacht. Und das Angenehmste, er braucht noch nicht einmal übernommen zu werden, weil er ja anschließend studieren will. Unter dieser Entwicklung leidet auch die Qualität der Ausbildung, weil der betriebseigene Qualitätsanspruch an den Mitarbeiter bei einer ausbleibenden Übernahme nicht mehr zum Tragen kommt. Es wäre schlimm, wenn Unternehmen über diese Hintertür vordergründig ihr Image mit der Bereitstellung von Ausbildungsplätzen aufpolieren könnten, ohne mit der Übernahmeproblematik anschließend überhaupt konfrontiert zu sein.

Aber wo bleiben die anderen? Viele fallen unter den Tisch und reihen sich ein in die große Zahl jugendlicher Arbeitsloser. Das Ausmaß an Frustration, das die zahlreichen Absagen auf noch zahlreichere Bewerbungen hinterlässt, kann wohl nur der nachvollziehen, der es auch erlebt hat. Kein Wunder, dass diese Erfahrung ein absolutes Mißtrauen und letztendlich auch Desinteresse gegenüber der Politik zur Folge hat: Es wird ständig Abhilfe versprochen, ohne dass etwas wirklich Entscheidendes passiert. Da müssen sich natürlich auch die Gewerkschaften angesprochen fühlen, die als Mitglied des Bündnisses für Arbeit ebenfalls die Verantwortung tragen, dieses grundlegende und vorrangige Problem in den Griff zu bekommen, über dessen Dringlichkeit wir uns wohl alle einig sind.

Tatsache ist allerdings, dass gerade Großbetriebe immer weniger ausbilden, die prädestiniert wären für eine gute Ausbildung, da seitens des Betriebsrates und Jugend- und Auszubildenden-Vertretung (JAV) darauf geachtet werden kann. Diese Unternehmen müssen im Rahmen einer Umlagefinanzierung in die Pflicht genommen werden, Ausbildungsplätze zur Verfügung zu stellen. Schließlich kommt gerade aus ihren Reihen die Forderung nach qualifizierten Mitarbeitern.

Nicht zuletzt auch um diese Tendenz zu kompensieren, bekommen unter dem allgemeinen politischen Druck immer mehr Klein- und Kleinstbetriebe, wie sie z.B. im Multimedia-Bereich überall aus dem Boden sprießen, die Möglichkeit auszubilden. Hier ist die Gefahr groß, dass Auszubildende als billige Arbeitskräfte ausgenutzt werden. Die Einhaltung der Ausbildungsinhalte ist nicht selten abhängig von der Durchsetzungsfähigkeit der Jugendlichen, das Bestehen der Abschlussprüfung basiert auf der Fähigkeit, sich die Prüfungsinhalte alleine beizubringen. Meistens bestehen in solchen Betrieben auch keine tariflichen Verpflichtungen, da keine Mitgliedschaft in einem Arbeitgeberverband besteht.

Hier liegen große Probleme versteckt, die gar nicht richtig zum Vorschein kommen, da die betreffenden Auszubildenden gar nicht von den Gewerkschaften erreicht oder informiert werden und auch dementsprechend gar nicht wissen, an wen sie sich wenden sollen. Es muss darüber nachgedacht werden, wie und wo man diese Jugendlichen erreichen kann, um dieser Entwicklung einen Riegel vorzuschieben. Die Voraussetzung dafür ist auch ein Überdenken des Stellenwertes, den die Jugend als Randgruppe innerhalb der Gewerkschaften bisher innehat.

In den neuen Bundesländern hat die Tatsache, dass sich immer mehr Betriebe aus der Finanzierung der Ausbildung zurückziehen, inzwischen dazu geführt, dass weit über die Hälfte der Ausbildungsplätze übertrieblich und somit staatlich finanziert sind. Auch in Westdeutschland nimmt deren Anteil immer mehr zu. Diese Art und Weise, dem Problem der Jugendarbeitslosigkeit beikommen zu wollen, ist kurzsichtig und belastet zusätzlich den Steuerzahler, auf den die Kosten umgewälzt werden, die eigentlich die Betriebe tragen müssten. Die fehlende betriebliche Anbindung solche überbetrieblicher Maßnahmen macht es den Absolventen wesentlich schwerer als denen eines „normalen" Ausbildungsverhältnisses, anschließend einen Arbeitsplatz zu finden.

Das grundsätzliche Problem ist allerdings weitreichender, als dass es mit überbetrieblichen Ausbildungsplätzen zu lösen wäre. Eine Ausbildung ohne die Aussicht auf Übernahme oder Einstellung beschönigt vielleicht kurzfristig irgendwelche statistischen Zahlen, aber eine wirkliche Lösung ist sie nicht.

Ausbildungsqualität checken und verbessern

Immer wieder liest man Berichte, in denen Unternehmen stolz ihre Ausbildungswilligkeit verkünden, um das löbliche Engagement zu betonen, das sie damit im Interesse der Allgemeinheit aufbringen. Ein Blick hinter die Kulissen wird dabei allerdings selten riskiert. In den JAV-Seminaren kommt die ganze Vielfalt an Problemen auf den Tisch, mit denen die Azubis zu kämpfen haben. Viele trauen sich nicht, im Betrieb ihren Mund aufzumachen, entwickeln sich zu Einzelkämpfern, da sie genau wissen, dass sie mit ihren Mit-Azubis in Konkurrenz um die eine Übernahme stehen, die seitens des Betriebes in Aussicht gestellt wird. In der gewerkschaftlichen Jugendarbeit ist es inzwischen unsere grundlegende Zielsetzung, die Seminar-Teilnehmer überhaupt erstmal dazu zu bringen, ihre Situation kritisch zu analysieren, und ihnen klar zu machen, dass einer Ist-Situation immer eine Soll-Situation gegenübersteht, die in diesem Falle sogar gesetzlich verankert ist.

Mit dem ganzen Umfang an Missständen und Einzelschicksalen ließen sich Bücher füllen. Der gegenwärtig größte Handlungsbedarf besteht bei der - fehlenden - fachlichen Eignung von Ausbildern und Berufsschullehrern und der oft unangemessenen technischen Ausstattung vieler Betriebe und Berufsschulen gemessen an den Ausbildungsrahmenplänen. Immer wieder hört man von hoffnungslos veralteten

Unterrichtsinhalten oder von Lehrern, die nicht in der Lage sind, inhaltlich den neuen Berufsbildern gerecht zu werden. In den Berufsschulklassen kommt es zu einem Zweiklassen-System zwischen denen, die das Glück haben, das Verlangte in ihren Betrieben zu lernen, und denen, die sich dort zu sechst einen Rechner der Asbachuralt-Generation teilen müssen, ohne von einem Ausbilder fachlich betreut zu werden. Die Berufschullehrer sind auch objektiv nicht in der Lage, den Hauptschulabsolventen und den Abiturienten gleichzeitig und gleichermaßen pädagogisch gerecht zu werden, was dazu führt, dass die einen überfordert und die anderen unterfordert werden. Die Cracks unter den Schülern übernehmen den Unterricht und versuchen theoretisch das zu vermitteln, was aufgrund der fehlenden Hard- und Software dann aber leider nicht praktisch nachvollzogen werden kann. Auch die Ausbilder in den Betrieben, die ihre Ausbildereignung abgelegt haben, als Internet noch ein Fremdwort war, müssen auf einmal Fragen beantworten und Programme vermitteln, die gerade erst für die Erfüllung der Ausbildungsrahmenpläne angeschafft worden sind. Ständig wechselnde Prüfungskriterien, besonders bei den Kaufleuten, führen zu allgemeiner Verwirrung, die sich während der Prüfungsphase in totale Verunsicherung steigert. Es herrscht ein allgemeines Chaos. Konsequente Weiterbildung ist besonders bei Ausbildern und Lehrern eine zwingende Notwendigkeit, deren Durchsetzung und Überprüfung zur Zeit eine weit unterschätzte Rolle spielt. Auch muss bereits bei der Feststellung und Erteilung der Ausbildereignung mehr auf berufsspezifische und pädagogische Fähigkeiten geachtet werden, als es bisher seitens der IHK praktiziert wird.

Es ist ein Witz, im Angesicht dieser Probleme Ausbildungszeiten verkürzen zu wollen und dabei in Kauf zu nehmen, dass Jugendliche, die sich im ausgerufenen Zeitalter der Flexibilität behaupten müssen, fachlich einseitig, da zeitlich eingeschränkt, ausgebildet werden.

Nichts ist wichtiger, als am technologischen Fortschritt orientiert kontinuierlich Berufsbilder zu aktualisieren oder neu zu entwickeln, aber es muss gewährleistet sein, dass die Rahmenbedingungen einer solchen Ausbildung gegeben sind. Wenn das Bündnis für Arbeit seine Glaubwürdigkeit nicht verlieren will, muss es auf diese Probleme ein Hauptaugenmerk richten.

Gute Chancen, schlechte Bedingungen?

Unter diesen Umständen, die nur einen unvollständigen, persönlichen Erfahrungen entsprechenden Ausschnitt dessen wiedergeben, was uns Jugendlichen tagtäglich widerfährt, ist es nicht einfach, optimistisch und utopiefähig zu sein. Was wir erwarten ist, dass all diese Dinge öffentlich auch ausgesprochen werden. Wir wollen die Gewissheit, dass diejenigen, die Lösungen versprechen, sich auch über die Art unserer Probleme im Klaren sind. Wir wollen Vertrauen in Politiker setzen, die sich für langfristige und effiziente Maßnahmen einsetzen und diese nicht nur versprechen. Wir wollen eine transparente Politik statt populistischer Wahlpropaganda, sowohl vor, als auch nach Wahlen, damit „wählen gehen" wieder Sinn macht.

Wir wollen eine Gesellschaft, die offen ist für Innovationen und Kreativität, die für jeden die Chance bereithält, etwas aus seinem Leben zu machen. Wir wollen nicht als Spinner abgestempelt werden, wenn wir uns besser vorstellen können, von einem

Arbeitsplatz unserer Wahl aus online zu arbeiten, als in starren unflexiblen Unternehmensstrukturen unter einer konservativen Unternehmensleitung mentale Fließbandarbeit zu leisten. Wir wollen faire Bewerbungsbedingungen, in denen nicht das Recht des Einflussreichsten, sondern das Recht des Besseren gilt. Wir wollen die Möglichkeit, die persönlichen Fähigkeiten weiterzuentwickeln und einen dementsprechenden Beruf auszuüben. Wir nehmen die Herausforderung des lebenslangen Lernens an, weil wir Flexibilität spannender finden als Monotonie, erwarten aber auch die Voraussetzungen, um diesen Anspruch zu erfüllen.

Wir wollen nicht, dass Jugendliche weiterhin so missverstanden werden, dass sie keine andere Möglichkeit sehen, ihrem Protest Ausdruck zu verleihen, als sich rechtsradikalen oder linksradikalen Strömungen anzuschließen.

Wir sind nicht auf Konfrontation aus, wenn wir unsere Interessen vertreten, sondern erwarten dafür Verständnis, genauso, wie wir uns bemühen, andere Interessen zu verstehen. Allerdings zeigt sich uns im Moment nirgendwo die Kompetenz, von der wir überzeugt sind, dass sie die hohe Arbeitslosigkeit im Zuge der steigenden Technisierung und Digitalisierung in den Griff bekommt. Und das verunsichert.

Trotz alledem birgt die Zukunft, wie sie sich im Moment ankündigt, für uns potenziell mehr Chancen, verglichen mit den Gefahren, die allgegenwärtige Pessimisten gerne prophezeien. Nie gab es mehr Möglichkeiten, das eigene Leben so abwechslungsreich zu gestalten. Wir brauchen die Bedingungen, diese Chancen nutzen zu können. Wer, wenn nicht wir.

Rudi Kurz

**Wettbewerbsfähig oder zukunftsfähig.
Bündnis für Arbeit zu Lasten der Umwelt?**

Mit dem *Bündnis für Arbeit, Ausbildung und Wettbewerbsfähigkeit* hat die Bundesregierung einen institutionellen Rahmen geschaffen, um über neue Maßnahmen und Strategien zur Bekämpfung der Arbeitslosigkeit im Konsens mit wichtigen gesellschaftlichen Gruppen zu beschließen. Es geht nicht bloß um gelegentliche Spitzengespräche, sondern um ein ständiges Instrument und um die Vereinbarung konkreter Maßnahmen. Der Zusammenhang zwischen Beschäftigung und Umweltschutz spielt auf der Agenda des Bündnisses keine beziehungsweise nur eine untergeordnete Rolle. Zu fragen ist daher zunächst, wie sich die (weitgehende) Ausklammerung des Zusammenhangs von Beschäftigung und Umweltschutz begründen lässt. Es wird dann auf einige Aspekte der umfangreichen Diskussion zu den Beschäftigungseffekten des Umweltschutzes eingegangen und am Beispiel der ökologischen Steuerreform der Zusammenhang mit dem Bündnis für Arbeit aufgezeigt. Die Debatte um einen Niedriglohnbereich wird zum Ausgangspunkt genommen, um die Bedeutung der Nicht-Erwerbsarbeit (informeller Sektor) zu thematisieren. Soweit mehr Beschäftigung über verbesserte Wettbewerbsfähigkeit angestrebt wird, ist ein strategischer Orientierungsrahmen erforderlich; dies verlangt vor allem die Intensivierung der Arbeiten an einer nationalen Nachhaltigkeitsstrategie. Schließlich wird auf grundsätzliche (ordnungspolitische) Vorbehalte gegen korporatistische Formen politischer Entscheidungsfindung eingegangen und werden einige Folgerungen und Forderungen formuliert.

Was hat das Bündnis mit Umweltschutz zu tun?

Das Bündnis kann den Zusammenhang zwischen Umweltschutz und Beschäftigung vernachlässigen, sofern es sich auf solche Maßnahmen konzentriert, die zwar beschäftigungspolitisch wirksam sind, aber ohne nennenswerte Auswirkungen auf die Umwelt bleiben. Zu dieser Kategorie können eine Vielzahl von strittigen arbeitsmarktpolitischen Handlungsmöglichkeiten zählen, zum Beispiel Überstundenabbau, Ausbildungsplatzgarantie, Flächentarifvertrag. Insoweit ist sinnvoll, die Gesprächsrunde auf die Tarifvertragsparteien zu beschränken - mit dem Bundeskanzler als aktivem Moderator. Indirekt könnten sich dennoch relevante Nebenwirkungen auf umweltpolitische Ziele ergeben über die Verhandlungsmasse (Anreize und Drohungen), die der aktive Moderator in die Verhandlungen einbringt (Steuersenkungen, Altautorücknahme et cetera), falls das Bündnis als Politikform umweltpolitisch nicht neutral ist.

Unter ganz pragmatischen Gesichtspunkten muss sich eine auf Beschäftigungserfolge ausgerichtete Institution zumindest insoweit für Umweltschutz interessieren als in der *Umweltschutzbranche* (beziehungsweise im integrierten Umweltschutz) - über die eine Million bestehender Arbeitsplätze hinaus - unausgeschöpfte Beschäftigungspotenziale existieren (vgl. dazu DGB 1999). Diese pragmatische Sicht hat sich die

Bundesregierung mit der Konstituierung des Themendialogs *Beschäftigungspotenziale im Umweltschutz* zu eigen gemacht.

Soweit das Bündnis sich nicht auf den Arbeitsmarkt beschränkt, sondern mehr Beschäftigung auch über eine allgemeine Verbesserung der Standortbedingungen in Deutschland (zum Beispiel Steuersenkungen, Reduzierung der Regulierungsdichte) anstrebt, kommen Grundsatzfragen der Wirtschafts- und Sozialpolitik ins Blickfeld, die untrennbar mit Auswirkungen auf Umwelt und Umweltschutzziele verbunden sind. Beide Regierungsparteien sind dann konzeptionell gefordert. Sie müssen ihre zunehmende Neigung zu angebotsorientiertem Denken mit dem Bekenntnis zum Leitbild nachhaltiger Entwicklung verbinden. Dazu kann es auch sinnvoll sein, Umweltverbände wegen ihres Sachverstands und als Gegengewicht im Lobby-Spektrum einzubeziehen.

Wirksame ökologische Steuerreform wird Lobbyinteressen geopfert

Die Kosten des Faktors Arbeit sind wichtiger Bestimmungsfaktor des Erwerbsarbeitsvolumens. Daher wird sich das Bündnis mit einer längerfristig beschäftigungsorientierten Gestaltung der Tarifabschlüsse befassen. Thema müssen aber auch die (gesetzlichen) Lohnnebenkosten sein - und hier ist der Staat als Akteur gefragt. Notwendig sind einerseits Reformen der Sozialversicherungssysteme, um die Ausgabendynamik zu bremsen; zusätzlich können durch Erhöhung der (steuerfinanzierten) Staatszuschüsse die Beitragssätze von Arbeitnehmern und Unternehmen gesenkt werden. Letzteren Ansatz verfolgt die ökologische Steuerreform. Damit finanziert die Bundesregierung in der ersten Stufe eine Senkung der Beiträge zur Rentenversicherung um 0,8 Prozentpunkte. In der zweiten Stufe ist vorgesehen, die Beitragssätze bis 2003 schrittweise um einen weiteren Prozentpunkt zu senken.

Soweit es bei diesen Festlegungen bleibt, verabschiedet sich die Bundesregierung faktisch von einer wirksamen Öko-Steuerreform: Öko-Steuern werden nur noch insoweit erhoben, wie Mittel für eine (symbolische) Senkung der Sozialversicherungsbeiträge (unter 40 Prozent) notwendig sind. Damit werden sowohl die Beschäftigungspotenziale (Modellrechnungen gehen von bis zu einer Million zusätzlicher Arbeitsplätze über einen Zeitraum von 10 Jahren aus) als auch ökologische Ziele wie der Klimaschutz dem massiven Widerstand von Lobby-Gruppen geopfert. Es sind dies zum großen Teil dieselben Verbände und Personen, mit denen im Bündnis um mehr Arbeitsplätze gerungen wird - und die man weder durch Öko-Steuern noch durch einen zu raschen Atomausstieg verärgern will. Insofern hat das Bündnis indirekt und im Ausmaß schwer nachweisbare Konsequenzen für die Umweltpolitik.

In welchem Ausmaß sich die Bundesregierung Unternehmensinteressen - jenseits aller berechtigen Forderungen nach Härtefall-Regelungen für einzelne Unternehmen - gebeugt hat, lässt sich am Beispiel der Ausnahmeregelungen der ökologischen Steuerreform zeigen. Die weitreichenden Ausnahmen für das produzierende Gewerbe wie reduzierte Sätze und *Spitzenausgleich* haben letztlich auch energieintensive Unternehmen deutlich entlastet:

- Beispiel BASF: Aufgrund der reduzierten Steuersätze und des Spitzenausgleichs zahlt das Unternehmen bei einem Umsatz von über 50 Milliarden mark und hohem Energieverbrauch lediglich circa 2,6 Millionen DM Öko-Steuern.

- Beispiel Heidelberger Zement (Inlandsumsatz 800 Millionen DM): Zu zahlen wären circa 12 Millionen DM Öko-Steuern, davon bleiben nach Spitzenausgleich circa 50.000 DM.

In dem Maße, wie es den Unternehmen gelingt, einen Teil der Steuerlast zu überwälzen, werden sie Netto-Gewinner - ohne Senkung des Energieverbrauchs. Die Lobby-Gruppen haben also offensichtlich nicht nur erreicht, dass ihre Klientel von unzumutbaren Belastungen verschont bleibt, sondern faktisch entlastet wird, ohne die Umweltbelastung zu verringern. Es besteht daher Nachbesserungsbedarf: Die reduzierten Sätze sollten abgeschafft und statt dessen eine Härtefall-Regelung eingeführt werden. So könnte zum Beispiel die Netto-Belastung auf maximal 0,1 Prozent des Umsatzes begrenzt werden. Damit würde, um im Beispiel zu bleiben, BASF um 50 Millionen DM, Heidelberger Zement um 800.000 DM entlastet. Das wird freilich nicht im Konsens mit den vom Bundesverband der Deutschen Industrie (BDI) vertretenen (Groß-) Unternehmen möglich sein.

Im Zusammenhang mit allgemeinen Leitlinien für die Lohnpolitik wäre im Bündnis auch darüber zu diskutieren, wie die Be- und Entlastungseffekte der ökologischen Steuerreform in die Lohnabschlüsse eingehen sollen. Die Unternehmen werden durch die Senkung der Lohnnebenkosten entlastet. Selbst wenn ihnen keine Überwälzung der höheren Energiekosten gelingt, entsteht wegen reduzierter Sätze und Spitzenausgleich eine deutliche Netto-Entlastung. Für die privaten Haushalte insgesamt ergibt sich netto eine Mehrbelastung. Arbeitnehmer werden durch sinkende Beiträge zur Rentenversicherung entlastet, ihre Netto-Löhne steigen. Daher könnte von den Gewerkschaften in den Tarifverhandlungen ein entsprechender Abschlag erwartet werden, das heißt, sie fordern nicht den gesamten Produktivitätsfortschritt von zum Beispiel 2,5 Prozent, sondern nur 2 Prozent. Allerdings führt die Öko-Steuer - in dem Maße wie den Unternehmen Überwälzungsprozesse gelingen - zu einem Anstieg der Inflationsrate.[1] Inflationsausgleich werden die Gewerkschaften zumindest verlangen, so dass damit nur wenig Spielraum für Lohnzurückhaltung entsteht.

Zeitsouveränität entlastet Arbeitsmarkt und Umwelt

Die längerfristige strategische Grundausrichtung des Bündnisses heißt: Schaffung von mehr Erwerbsarbeitsplätzen. Thema ist auch die Umverteilung vorhandener Arbeit (Überstundenabbau, Altersteilzeit). Eine Stärkung der Nicht-Erwerbsarbeit soll aber offensichtlich keine Rolle spielen.

Besondere Bedeutung scheint die Diskussion um die Schaffung eines subventionierten *Niedriglohnbereichs* zu erlangen. Optimisten erwarten bis zu fünf Millionen Jobs insbesondere durch personenbezogene Dienstleistungen. Dabei spielt auch die ökologische Steuerreform eine Rolle, aus deren Einnahmen diese Subventionierung teilweise finanziert werden könnte. Unter Umweltaspekten gibt es gegen einen konzentrierten Einsatz des Öko-Steueraufkommens zur Befreiung beziehungsweise Entlastung niedriger Einkommen (zum Beispiel bis 1.500 DM beziehungsweise bis 2.800 DM) - unter Beibehaltung der Aufkommensneutralität - keine gravierenden Einwände. Allerdings wird damit eine zentrale beschäftigungspolitische Weichenstellung vorgenommen, deren Konsequenzen wohl erwogen sein sollten.[2] Die Subventionierung von Erwerbsarbeit mit bis zu 600 DM monatlich pro Beschäftigtem[3] könnte als ein erster Schritt, eine Durchgangsstation in Richtung Bürgergeld oder allgemeines bedarfsunabhängiges Grundeinkommen betrachtet werden. Zu fragen ist, warum nur Erwerbsarbeit subventioniert wird, nicht dagegen andere gesellschaftlich wichtige Tätigkeiten im informellen Sektor oder die Entlastung des Arbeitsmarktes dadurch, dass eine Person gegen eine geringe *Verzichtsprämie* ihren Job anderen zur Verfügung stellt. Wenn nur Erwerbsarbeit subventioniert wird, bleibt es allein den Unternehmen, beziehungsweise dem Markt, überlassen zu definieren, was gesellschaftlich nützliche und daher subventionswürdige Tätigkeiten sind.

Wirtschaften ist keine Veranstaltung um die Erwerbsarbeit zu vermehren, sondern um den Wohlstand zu steigern. Der Wohlstand wächst, wenn die Wahlmöglichkeiten der Menschen zwischen verschiedenen Formen von Erwerbsarbeit sowie informeller Tätigkeit und Muße zunehmen. Daher ist größtmögliche Zeitsouveränität nicht nur innerhalb des Erwerbslebens, sondern auch im Wechsel zur Nicht-Erwerbstätigkeit und zu Phasen der musse anzustreben. Davon sind Entlastungseffekte am Arbeitsmarkt durch den Rückgang des Erwerbsarbeitsangebots der Individuen und ökologische Entlastungseffekte durch den Rückgang des Material- und Energiedurchflusses zu erwarten. Daher müsste in die Bündnis-Agenda auch die Frage aufgenommen werden, wie die Nicht-Erwerbsarbeit (informeller Sektor) gestärkt werden kann, etwa durch flexible Übergänge und finanzielle Absicherung. Engagement in Familie, Ehrenamt, (Kommunal-)Politik et cetera tragen nicht nur zu höherem individuellen Nutzen bei, sondern haben positive externe Effekte, indem sie das Humankapital und das Sozialkapital der Gesellschaft erhöhen.[4] Wenn es in Zukunft eine erweiterte Subventionierung der Erwerbsarbeit geben sollte, dann müsste zumindest ernsthaft geprüft werden, ob auch für bestimmte Tätigkeiten im informellen Sektor die Sozialversicherungsbeiträge vom Staat übernommen werden sollten, eine Art Bürgergeld für gemeinwohlorientierte Bürgerarbeit.

Nachhaltigkeit als politisches Ziel

Sobald sich das Bündnis dem Thema W*ettbewerbsfähigkeit* zuwendet, beschränkt sich die Betrachtung nicht mehr auf den Arbeitsmarkt. Es kommt auch eine Vielzahl anderer Politikbereiche ins Blickfeld: Zunächst wird die Steuerpolitik, insbesondere die Entlastung der Unternehmen, im Vordergrund stehen. Doch auch Energie- und Umweltkosten sind wichtige Standortfaktoren. Wenn es um grundlegende Strukturreformen, das längerfristige Profil des Standortes geht, bedarf es einer strategischen Orientierung. Vereinfachend lassen sich zwei Perspektiven unterscheiden:

- *angebotsorientierte Wirtschaftspolitik*, - eine marktwirtschaftliche Politikkonzeption, die, in modifizierter Form (*von links*, Verbindung von Innovation und Gerechtigkeit), bei beiden Regierungsparteien immer mehr Einfluss gewinnt,
- *nachhaltige Entwicklung* - ein Leitbild, zu dem sich die Bundesregierung sowohl in der Koalitionsvereinbarung als auch in der Regierungserklärung und im Jahreswirtschaftsbericht 1999 bekennt.

Angebotspolitik stellt die Stärkung der Innovations- und Wachstumsdynamik in den Mittelpunkt. Mehr Wachstum führt aber zu mehr Umweltbelastung - es sei denn, es gelingt eine Effizienzrevolution, nämlich die Entkoppelung von (BIP-)Wachstum und Umweltbelastung. Wenn die Umweltbelastung pro Einheit des Bruttoinlandsproduktes (BIP) auf ein Viertel des heute Üblichen sinkt, kann sich das BIP verdoppeln und dennoch halbiert sich die Umweltbelastung (*Faktor 4*). Eine solche Effizienzrevolution kommt freilich nicht spontan zustande, sondern setzt veränderte Rahmenbedingungen voraus.

Die Veränderung der relativen Faktorpreise (ökologische Steuerreform) ist ein Instrument, um den Innovationsprozess von einem arbeitssparenden auf einen ressourcensparenden Pfad zu lenken. Auch Umweltordnungsrecht kann Impulse für Innovation geben (technology forcing). Ergänzend können Entwicklung und Markteinführung umweltentlastender Schlüsseltechnologien gefördert werden. Öko-Innovation umfasst nicht nur neue technologische Lösungen, sondern auch neue Organisationsformen, zum Beispiel Mobilitätskonzepte, und neue Institutionen, etwa *Lokale Agenda-21-Büros*, sowie veränderte Lebensstile (neue Wohlstandsmodelle).[5] Einen Beitrag sowohl zur Umweltentlastung als auch zur Entstehung neuer Arbeitsplätze könnte die Stärkung regionaler Wirtschaftskreisläufe und -potenziale leisten. Auch nachhaltige Entwicklung verlangt also eine Stärkung der Innovationsdynamik, hat nichts mit Technikfeindlichkeit zu tun. Allerdings gibt es technologische Optionen, deren gesellschaftliche Kosten die Erträge deutlich übersteigen, wie Atomkraft und gentechnisch veränderte Lebensmittel. Diese sind deshalb abzulehnen.

Effizienzsteigerungen sind keine hinreichende Bedingung dafür, dass Belastungsgrenzen von Öko-Systemen oder gesellschaftlich gewollte Nachhaltigkeitsziele, zum Beispiel das Klimaschutzziel, eingehalten werden. Der „machbare" Anstieg der Öko-Effizienz kann nicht den gesellschaftlichen Diskurs und die verbindliche Formulierung von Nachhaltigkeitszielen ersetzen. Wenn Effizienzsteigerungen nicht ausreichen, müssen auch Reduktionsstrategien diskutiert werden.

Die in der Koalitionsvereinbarung angekündigte Nachhaltigkeitsstrategie muss vorliegen, beziehungsweise deren Entwicklung mit Nachdruck vorangetrieben werden.[6] Nur so kann der Orientierungsrahmen für die Strukturreformen gewonnen werden, mit denen die Wettbewerbsfähigkeit verbessert werden soll. Dabei sind Zielformulierung und Institutionenbildung die wichtigsten politischen Aufgaben.[7] Die Regierungsparteien könnten auf vieles zurückgreifen, was zu Oppositionszeiten an inhaltlichen Vorarbeiten geleistet wurde.[8] Bislang ist weder zu erkennen, dass die Bundesregierung der Nachhaltigkeitsstragie eine hohe Priorität einräumt (öffentliche Kommunikation, Finanz- und Personalausstattung), noch, dass sie deren Verbindung mit den Strukturreform-Debatten im Bündnis-Kontext im Auge hat. Die Bundesregierung läuft damit Gefahr, dem (nachhaltigen) Anspruch rot-grüner Reformpolitik nicht gerecht zu werden. Unstrittig ist, dass nachhaltige Entwicklung beziehungsweise Zukunftsfähigkeit nur entstehen kann, wenn ökonomische Wettbewerbsfähigkeit mit Umweltverträglichkeit verbunden wird.[9]

Fazit: Wenn *Wettbewerbsfähigkeit* Gegenstand der Bündnis-Verhandlungen wird, benötigt die Bundesregierung einen längerfristigen Orientierungsrahmen. Hier muss Nachhaltigkeit als ganzheitliches, ressortübergreifendes Leitbild zum Tragen kommen. Wenn verbindliche *ökologische Leitplanken* (Reduktionsziele für CO_2-Emissionen, Flächenverbrauch, Wasser-, Luftqualitätsziele et cetera) stehen, kann auch in Bündnis-Gesprächen über effizienteren Umweltschutz diskutiert werden. Der Themendialog *Beschäftigungspotenziale im Umweltschutz* ist so angelegt, dass er die strategischen Defizite nicht ausfüllen kann.

Der Korporatismus ist strukturkonservativ

Das Bündnis dient nicht lediglich der Verbesserung der Transparenz und des Informationsflusses zwischen den Beteiligten, sondern trifft (Vor-)Entscheidungen von erheblicher Tragweite. Mit dem Gremium wird auch ein neuer Politikstil erprobt, der mehr Effizienz verspricht, rascher auf die Herausforderungen des globalen Wettbewerbs reagiert: Im vertraulichen Zirkel - einer Art *Aufsichtsrat der Deutschland AG* - werden mit ausgewählten Interessenvertretern wichtige Entscheidungen gefällt, die parlamentarische Gremien unter erheblichen Zustimmungsdruck setzen. Das Bündnis unterscheidet sich in seinem Anspruch jedenfalls deutlich von früheren Versuchen des *abgestimmten Verhaltens* von Staat und Interessengruppen, wie der Konzertierten Aktion der 60er Jahre oder Kohls Kanzlerrunden.

Gegen solche korporatistischen Elemente in der Wirtschafts- und Gesellschaftspolitik lassen sich eine Vielzahl demokratie- und ordnungstheoretischer Einwände vorbringen:[10]

- Kompromisse zu Lasten Dritter (zum Beispiel zukünftiger Generationen).
- Unverbindlichkeit beziehungsweise fehlende Durchsetzbarkeit innerhalb der beteiligten Organisationen (Gewerkschaften, Unternehmen).
- Verwischen von Verantwortlichkeiten und damit Hemmung statt Beschleunigung von Strukturreformen.
- Gefährdung der Demokratie, weil Entscheidungen des Parlaments in starkem Maße durch Absprachen zwischen Regierung und (einzelnen) Interessengruppen vorgeprägt werden.

Zudem gibt es berechtigte Zweifel an der beschäftigungspolitischen Wirksamkeit des korporatistischen Ansatzes: Alle Teilnehmer der Runde verfolgen nicht vorrangig das Gemeinwohlinteresse, die Arbeitslosigkeit zu senken, sondern sind primär ihrer Klientel und deren Interessen verpflichtet. Unternehmensvertretern geht es zum Beispiel darum, Senkungen der Unternehmenssteuern durchzusetzen, den Gewerkschaften darum, die Tarifautonomie zu verteidigen. Mit den Regierungsvertretern verbindet sie das gemeinsame Interesse an einer Plattform, die ihnen die Möglichkeit zur medienwirksamen Darstellung eigener *Aktivität* im Interesse der Mitglieder beziehungsweise der Wähler bietet. Spitzenpolitiker können den Bündnis-Prozess nutzen, um die programmatische Neu-Orientierung zu beeinflussen, die in beiden Regierungsparteien in Gang ist: Weltmarktkundige Unternehmensvertreter erklären, welche Zwänge sich aus zunehmender Globalisierung ergeben, wie daher moderne Wirtschaftspolitik aussehen muss.

Möglicherweise wird das Bündnis dennoch zu partiellen beschäftigungspolitischen Erfolgen führen (zum Beispiel zusätzlichen Lehrstellen). Diese haben aber eher den Charakter einmaliger Good-will-Aktionen, um die Veranstaltung insgesamt nicht frühzeitig zu diskreditieren und damit dieses Instrument der Interessenpolitik zu erhalten. Wenig wahrscheinlich sind innovative Problemlösungen. Der korporatistische Ansatz ist seiner Konstruktion nach strukturkonservativ. Seine Stärke liegt nicht darin, sich mit neuen Strömungen und Ideen auseinanderzusetzen. Bestenfalls führt er zu neuen Arrangements unter den etablierten Gruppen.

Etablierte Gruppeninteressen sind konkret, gut organisiert, für Medien griffig darstellbar und für die Bürger leicht nachvollziehbar. Interessen zukünftiger Generationen zum Beispiel an Klimastabilität, einer intakten Ozonschicht oder an Artenvielfalt sind dagegen abstrakt und als Belastung beziehungsweise Kostenfaktor erst langfristig erfahrbar. Eine schlagkräftige Lobby ist daher nur schwer mobilisierbar. Sie kann nur durch Beteiligung der Öffentlichkeit auf allen Ebenen von den *Lokalen-Agenda-21-Prozessen* bis zum EU-Parlament entstehen. Entscheidungen von Insider-Zirkeln hinter verschlossenen Türen sind dem diametral entgegengesetzt und behindern den Nachhaltigkeitsdiskurs. Welch massiven Einfluss etablierte Interessen auch auf die neue Bundesregierung haben, belegen die weitreichenden Ausnahmen in der ökologischen Steuerreform und die Blockierung der EU-Altauto-Richtlinie in beeindruckender beziehungsweise erschreckender Weise.

Der Umweltschutz hat im Bündnis keine authentischen Vertreter

Wie jedes korporatistische Gremium ist auch das Bündnis für Arbeit - vordergründig um der Arbeitsfähigkeit willen - nicht in der Lage, alle betroffene Interessengruppen einzubeziehen (selektiv statt repräsentativ). So können zum Beispiel Existenzgründer, Arbeitslose und im informellen Sektor Tätige ihre Interessen nicht unmittelbar einbringen. Auch der Umweltschutz hat im Bündnis keine authentischen Vertreter. Bekenntnisse zur gleichrangigen Bedeutung von ökonomischen, sozialen und ökologischen Aspekten im Rahmen einer nachhaltigen Entwicklung spiegeln sich in der Teilnehmerstruktur nicht wider. Für die Beachtung von Umweltschutzzielen könnten die Vertreter der Bundesregierung sorgen. Bei den Spitzengesprächen ist jedoch eine Teilnahme des Umweltministers nicht vorgesehen. Der Themendialog *Beschäftigungspotenziale im Umweltschutz* hat lediglich Zuliefererfunktion. Es soll nach (zusätzlichen) Maßnahmen gesucht werden, die zugleich umwelt- und beschäftigungsrelevant sind. Es dominiert also die kurzfristige Job-Perspektive; ein darüber hinaus gehender konzeptioneller Anspruch wird nicht formuliert.

Das Bündnis und sein herausragender Stellenwert im wirtschafts- und sozialpolitischen Konzept der rot-grünen Koalition bedeutet eine Stärkung des korporatistischen Ansatzes. Politische Entscheidungen werden aus der Öffentlichkeit und aus dem parlamentarischen Prozess in geschlossene Zirkel verlagert. Diese Form der politischen Entscheidungsfindung ist im Hinblick auf Umweltziele nicht neutral, sondern wird deren Erreichung negativ beeinflussen, behindert den notwendigen Diskurs um nachhaltige Entwicklung.

Mit dem Bündnis als dauerhafter Einrichtung und prägendem Element der Politik beschreitet die Bundesregierung einen ordnungspolitisch riskanten Weg. Spitzengespräche und Dialogrunden können zwar fallweise ein durchaus wertvolles Hilfsmittel in neuem, unbekanntem Terrain sein. Als Dauereinrichtung werden sie zu einer Gefahr für Demokratie und Marktwirtschaft. Gerade für Umweltverbände verbietet sich eine vorbehaltlose Forderung nach Teilnahme an korporatistischen Veranstaltungen, da ihr Leitbild der nachhaltigen Entwicklung einen offenen gesellschaftlichen Diskurs verlangt.

Das Bündnis ist ökologisch blind

Inhaltlicher Schwerpunkt des Bündnisses ist die Suche nach Maßnahmen zur Ausdehnung des Erwerbsarbeitsvolumens. Ausgeblendet bleiben die Chancen, die eine Stärkung der Nicht-Erwerbsarbeit eröffnet. Sollte der Weg der allgemeinen und dauerhaften Einkommens-Subventionierung (Niedriglohnbereich) beschritten werden, müsste er konsequenterweise über die Erwerbsarbeit hinaus auf andere gesellschaftlich wichtige Tätigkeiten ausgeweitet werden. Rot-grüne Reformpolitik darf nicht den Unternehmen beziehungsweise dem Markt das Definitionsmonopol für gesellschaftlich sinnvolle Arbeit überlassen.

Völlig verloren gegangen ist der im Koalitionsvertrag enthaltene Orientierungsrahmen der nachhaltigen Entwicklung, verdrängt durch die eindimensionale Job-Perspektive. Moderne Politik kann freilich nicht dem alten Muster „erst das Wachstum und die Arbeitsplätze, dann die umweltpolitischen Aufräumarbeiten" folgen. Wirtschaftsentwicklung ist nur dann zukunftsfähig, wenn sie Umweltziele integriert. Das Bündnis ist ökologisch blind, hat keine Sensoren für Umwelteffekte beziehungsweise hält diese im vorrangigen beschäftigungspolitischen Kontext für irrelevant. Dieses isolierte Vorgehen ist dringend korrekturbedürftig. Dazu müssen die Bemühungen um eine nationale Nachhaltigkeitsstrategie mit größtem Nachdruck vorangetrieben werden. Erst dadurch erhält das Bündnis über Arbeitslosen- und Erwerbstätigenquoten hinaus eine Orientierung, die Ansprüchen an rot-grüne Modernisierung standhalten kann. Sonst bleibt die „historische Chance zur Erneuerung" (Schröder-Blair 1999) ungenutzt.

---

1 Nach Angaben des Statistischen Bundesamts hat sich die erste Stufe der ökologischen Steuerreform im April 1999 im Preisindex für die Lebenshaltung aller privaten Haushalte mit einem Anstieg von 0,3 Prozentpunkte niedergeschlagen. Bei voller Überwälzung wäre mit 0,4 bis 0,5 Prozentpunkten zu rechnen gewesen. Stark verteuert haben sich (gegenüber dem Vorjahresmonat) vor allem Strom (7,7 Prozent), Heizöl (6,8 Prozent) und Kraftstoffe (4,5 Prozent). Die Erdgaspreise sanken dagegen um 2,4 Prozent (vgl. BMWi-Tagesnachrichten 10.5.99).

2 Zu den ungelösten Problemen gehören (neben der Finanzierung) Mitnahmeeffekte und Mißbrauchsmöglichkeiten sowie eine mögliche Verschiebung des gesamten Tariflohngefüges nach unten. Der Verweis auf Erfolge in den USA überzeugt nicht, weil das amerikanische Modell weiter in Richtung Negativ-Einkommensteuer (durch den Earned Income Tax Credit) geht und massive „Anreize zur Arbeitsaufnahme" bestehen.
3 Wenn bis zu einem Einkommen von 1.500 DM die vollen Beiträge zu den Sozialversicherungen (Arbeitgeber- und Arbeitnehmerbeiträge zusammen circa 40 Prozent der Bruttolohns) entfallen beziehungsweise aus allgemeinen Steuermitteln finanziert werden.
4 Die Bedeutung dieser Tätigkeiten anerkennt die neue (wie die alte) Bundesregierung: „Die neue Bundesregierung misst dem gesellschaftlichen Engagement der Bürgerinnen und Bürger in Wohlfahrtsverbänden, Kirchen und in Ehrenämtern, Selbsthilfegruppen und Freiwilligendiensten hohe Bedeutung zu." (Koalitionsvereinbarung vom 20.10. 98).
5 Zu Öko-Innovation vgl. zum Beispiel Kurz (1997), Meyer-Krahmer (1998).
6 „Die neue Bundesregierung wird eine nationale Nachhaltigkeitsstrategie mit konkreten Zielen erarbeiten. Dies geschieht im Dialog mit den wichtigen gesellschaftlichen Gruppen. Die nationale Nachhaltigkeitsstrategie ist ein wichtiges Instrument zur Förderung ökologischer Innovationen wie auch zur Umsetzung der Agenda 21." (Koalitionsvereinbarung vom 20.10. 98).
7 In einer gutachterlichen Stellungnahme für den BUND nennt Jänicke (1997) als wichtigste Elemente einer nationalen Nachhaltigkeitsstrategie: konkrete, quantifizierte Ziele (mit Indikatoren und verbindlichen Zeitvorgaben); festgelegte Berichtspflichten; Institutionalisierung (professionelle Infrastruktur); öffentliche Beteiligung und Information.
8 Vgl. z.B. BUND/ Misereor (1996), Enquete-Kommission (1998), Zukunftskommission der Friedrich-Ebert-Stiftung (1998) und das Projekt „Arbeit & Ökologie"der Hans-Böckler-Stiftung.
9 Damit sind zugleich wesentliche Aspekte der Sozialverträglichkeit (mehr Beschäftigung, keine Lastverschiebung auf zukünftige Generationen) erfüllt.
10 Vor einer Tendenz zum Korporatismus hat bereits Walter Eucken eindringlich gewarnt: „Die Politik des Staates sollte darauf gerichtet sein, wirtschaftliche Machtgruppen aufzulösen oder ihre Funktionen zu begrenzen", sonst setzt ein „circulus vitiosus" ein, in dem „verliehene Hoheitsrechte und Privilegien dazu benutzt werden, erneut weitere Rechte und Privilegien zu erkämpfen." (Eucken 1952: 334 f.). Vgl. dazu auch Engelhard/ Fehl/ Geue (1998), Berthold/ Hank (1999).

Ingrid Kurz-Scherf

Männerbündischer Traditionalismus.
Die Zukunft ist weiblich

Anlässlich der Einberufung des „Bündnisses für Arbeit, Ausbildung und Wettbewerbsfähigkeit" ließ der Deutsche Frauenrat in großer Auflage eine Postkarte mit den ausschließlich männlichen Konterfeis seiner Spitzenfunktionäre drucken - kommentiert mit einem Zitat aus der Koalitionsvereinbarung der seit Herbst 1998 amtierenden neuen Bundesregierung aus SPD und Bündnis 90/Die Grünen: „Neuer Aufbruch in der Frauenpolitik".

Die personelle Besetzung der Spitzenpositionen im Bündnis für Arbeit ist das Resultat der - trotz fortschreitender Gleichberechtigung zwischen Männern und Frauen - fortdauernden und gerade auch im Regierungswechsel erneut bekräftigten Androkratie (*andro* = Mann, männlich; *kratie* = Herrschaft, Macht) im politischen System der modernen Gesellschaften. Sie spiegelt die noch weitgehend ungebrochene Dominanz von Männern in den Machtzentren „der Wirtschaft". Sie drückt die ebenfalls fortbestehende Struktur der Gewerkschaften als „Arbeitnehmerpatriarchat" (Pinl) aus sowie das gleichfalls immer noch intakte Männer-Monopol auf den Expertenstatus in der Wissenschaft und der sogenannten Fachöffentlichkeit.

Das männerbündische Profil des Bündnisses für Arbeit drückt aber zugleich auch die darin verfolgte korporatistische Strategie aus, mit der die amtierende Bundesregierung einerseits ihr wichtigstes Projekt, die Verringerung der Arbeitslosigkeit, an eine Art Nebenregierung delegiert hat, deren demokratische Legitimation mindestens fraglich ist; andererseits folgt sie dabei zugleich einem zentralistischen Politikkonzept, das ganz und gar den tradierten Machtstrukturen und -hierarchien der industriekapitalistischen Arbeitsgesellschaft verhaftet ist: Die Verbandsspitzen von „Kapital" und „Arbeit" bemühen sich im Verein mit der Regierungsspitze und unter Hinzuziehung des nach diesem Schema auserkorenen wissenschaftlichen Sachverstandes um eine Lösung der Probleme, die nicht zuletzt auch aus just diesen Machtstrukturen und -hierarchien hervorgegangen sind.

Weder Arbeitslose noch Aktivisten der sogenannten Neuen Sozialen Bewegungen, weder die kritische Wissenschaft noch Protagonisten alternativer Möglichkeiten von Ökonomie, eines neuen Arbeitsbegriffs oder neuer Arrangements zwischen Arbeit und Leben sind im Bündnis für Arbeit mit von der Partie. Die Opfer der Krise der Arbeit - neben den Arbeitslosen auch die wachsende Anzahl von Armen, die ebenfalls wachsende Anzahl von Menschen, die mit neuen Lebensentwürfen und -konzepten an den tradierten Strukturen einer paternalistisch-kapitalistischen Arbeitsgesellschaft scheitern - werden durch sozialdemokratische Spitzenverdiener und hochrangige Verbandsfunktionäre repräsentiert. An deren eigener Lebensrealität ist die Krise der Arbeit bislang weitgehend spurlos vorüber gegangen, und deren Lebenspraxis folgt in der Regel immer noch (oder wieder) dem Stil der 50er und frühen 60er Jahre.

Es versteht sich schon beinahe von selbst, dass in einem so angelegten Arrangement der *old boys* (wobei es hier weniger um Geburtsjahrgänge als um den strukturellen Konservatismus mächtiger und nach Macht strebender, auch jüngerer Männer geht) Frauen allenfalls in der zweiten Reihe und auch dort nur im „Gruppenbild mit Dame" vertreten sind, um die Kleiderordnung aufzulockern. Aber gerade die Selbstverständlichkeit, mit der sich der trotz aller Modernisierungsrhetorik faktisch hegemoniale Traditionalismus als männerbündische Struktur präsentiert, lässt vermuten, dass dabei nicht nur die tradierten Ausgrenzungs- und Marginalisierungspraktiken androkratischer Machtpolitik gegenüber Frauen (durchaus unter Mitwirkung von Frauen) wirksam sind. Umgekehrt hält auch die männliche Dominanz die Politik generell in einem altbackenen Traditionalismus fest, der Zukunft grundsätzlich nur im Rückspiegel auf die Vergangenheit entwirft.

Sind sie so dumm oder tun sie nur so

„Sag, was haben sie im Kopf: Dreck oder Stroh? Sind sie so dumm, oder tun sie nur so?" - so dichtete einst Wolf Biermann an die Adresse der DDR-Oberen, und gab dann auch gleich die sibyllinische Antwort: „Sie haben im Kopf sowohl Dreck wie auch Stroh. Sie sind so dumm und sie tun auch nur so." Es wäre selbstverständlich völlig unangemessen, die im Bündnis für Arbeit domierenden politischen Kräfte mit der Nomenklatura der Parteidiktatur der ehemaligen DDR vergleichen zu wollen. Aber in einem Punkt drängt sich die Erinnerung an die Erstarrung des DDR-Regimes gegenüber einer von seinen Oberen nicht mehr wirklich begriffenen und irgendwann auch nicht mehr kontrollierten Entwicklung doch auf: Könnte es nicht sein, dass die westlichen Demokratien über ein Entwicklungsmodell gleichsam hinausgewachsen sind, in dem nicht nur ihr institutionelles Gerüst, sondern auch die dieses reproduzierenden Deutungs- und Handlungsmuster fest verankert sind - mit der Folge eines schleichenden oder auch galoppierenden Realitätsverlustes, insbesondere was die in den aktuellen Entwicklungen enthaltenen *Möglichkeiten* anbelangt? Dann wäre verständlich, dass immer irrationalere und pathologischere Formen im Politikprozess auftreten - und zwar paradoxerweise um so mehr, je stärker sich Politik an das Kriterium der kurzfristigen und kurzsichtigen Machbarkeit klammert, weil es ihr dabei sowohl an Einsicht in die grundlegend veränderten Bedingungen von Politik mangelt, wie auch am Willen zu einer wirklich grundlegenden Veränderung genau der Verhältnisse, in denen die aktuell dominierenden Akteure „groß" geworden sind.

Der soziale und politische Wandel findet gleichwohl statt, nur eben in einer von den Kräften und Mächten der Vergangenheit und nicht von den Chancen der Zukunft geprägten Weise. So tritt die normative Kraft des Faktischen an die Stelle politischer Programmatik und die Vollstreckung von Sachzwängen an die Stelle von Politik.

„Tomorrow's second sex" - unter dieser Überschrift analysierte das britische Wirtschaftsmagazin *The Economist* schon vor einiger Zeit die Restrukturierung der Arbeitsbeziehungen im aktuellen Wandel der modernen Gesellschaften. In ihr ist vor allem auch die Auflösung der tradierten Geschlechterhierarchien, wenn nicht sogar - wie der *Economist* meint - deren Umkehr angelegt. Zwar beträfe dies zunächst nur die unteren und mittleren Ränge der arbeitsbezogenen Statushierarchien, wo vor allem die ehemals als *working class heroes* hofierten Männer *in the blue collar uniform* in zunehmende Bedrängnis gerieten, während Frauen hier mit ihren beruflichen und sozialen Kompetenzen für die Herausforderungen der Zukunft zumindest teilweise besser gerüstet zu sein schienen (Economist 1996). Aber auch die Herren *in the white collar uniform* sehen ihr Monopol auf die besseren und prestigeträchtigeren Jobs durch die zunehmende weibliche Konkurrenz bedroht. Auch wenn diese Konkurrenz immer noch - wie gerade wieder im Regierungswechsel bestätigt - spätestens „in der zweiten Reihe" versickert, so macht sich die „feministische Herausforderung" (Schenk) doch auch an den Spitzen und in den Zentren der immer noch von Männern kontrollierten Machthierarchien zumindest als eine als durchaus störend und ärgerlich empfundene Beleidigung der männlichen Herrlichkeit geltend.

Das Patriarchat ist am Ende

Ein bisweilen durchaus militanter Antifeminismus zeichnet vor allem aufstrebende Männer jüngerer Geburtsjahrgänge aus. Sie verfügen nicht mehr über die selbstverständliche Arroganz des *pater familias*. Sie sind mit der feministischen Bewegung vor allem in Form gescheiterter Beziehungen konfrontiert und haben auf ihrem „Weg nach oben" zumindest zunächst einmal mit durchaus ernstzunehmender Konkurrenz von Frauen zu rechnen. Ein Teil der unter dem Stichwort *Globalisierung* diskutierten Prozesse und der darauf bezogenen Diskurse lässt sich durchaus auch (!) als Gegenbewegung zur Frauenbewegung und der von dieser transportierten Verunsicherungen der hegemonialen Männlichkeiten in den modernen Gesellschaften interpretieren (vgl. ausführlicher Conell 1999, Kurz-Scherf 1999, Sauer 1997). Dies zeigt sich deutlich im Rückgriff auf attavistische Selbstkonstrukte von Männlichkeit, in welchen die Jagd (nach neuen Märkten und Produkten), der Kampf (um Standorte), die Gewalt (der unerbittlichen Sachzwänge des Weltmarkts), die Konkurrenz der Giganten (an den Börsen) und das Prinzip von Führer und Gefolgschaft (in Gestalt von Leitfiguren wie Bill Gates oder auch in Gestalt der neuen Ideologien sozialer Ungleichheit) zu neuer Blüte gelangen. Auch die Re-Militarisierung der Politik - besonders augenfällig demonstriert durch den Jugoslawienkrieg, die neue NATO-Strategie oder die öffentliche Zurschaustellung antiquierter, militärischer Rituale - wird mit guten Argumenten in diesen Zusammenhang gebracht.

„Das Patriarchat ist zu Ende" - so proklamierte auch die italienische Frauengruppe *Libreria delle donne di Milano* in einem vielbeachteten „politischen Dokument" zur „Krise dieser Jahrhundertwende, dieser Jahrtausendwende" (Libreria 1996). Die These scheint zwar angesichts der gerade in jüngster Zeit erneut bekräftigten androkratischen Grundstruktur moderner Gesellschaften einigermaßen gewagt, aber mit einer sprachlich geringfügigen, inhaltlich hingegen bedeutsamen Modifikation hat sie durchaus einige empirische und theoretische Evidenz: das moderne Patriarchat ist zwar (noch) nicht *zu* Ende. Es spricht aber einiges dafür, dass es *am* Ende ist - mindestens was seine Handlungskompetenz in der aktuellen „Ära der Transformation" anbelangt. Wenn man nach den Ursachen der bislang doch allgemein als enttäuschend qualifizierten Bilanz des Bündnisses für Arbeit fragt, wird man sich sicherlich nicht mit dem Hinweis auf seine männerbündische Struktur begnügen können; andererseits könnte aber in deren Auflösung durchaus auch ein Schlüssel zur Reaktivierung der unter anderem durch diese Struktur paralysierten sozialen Energien zur Transformation in die Zukunft liegen.

Der Wandel der Geschlechterbeziehungen gilt allgemein als einer der Megatrends in der aktuellen „Ära der Transformation". Aber er ist zugleich auch einer der Entwicklungstrends, die an den Spitzen und in den Zentren organisierter Handlungsmacht noch nicht angekommen sind. Ob er dort in seiner grundlegenden Bedeutung begriffen wird, erscheint ebenfalls eher fraglich. Unzweifelhaft ist demgegenüber die Feststellung, dass die männlichen Machteliten dem Wandel der Geschlechterverhältnisse nicht neutral und erst recht nicht förderlich gegenüber stehen, weil er das männliche Monopol auf Macht zwar bislang nur potenziell, dafür aber gleich zweifach bedroht: zum einen durch die sich anbahnende zunehmende Konkurrenz von Frauen um Posten, Positionen und Pfründe und zum zweiten durch die Erosion der - nur vermeintlich als privat erachteten - Voraussetzungen männlichen Strebens und Trachtens nach ganz oben in der Struktur der individuellen Lebensverhältnisse. Die als solche zwar kaum begriffenen, dafür aber nicht minder wirksamen persönlichen Interessenslagen der überwiegend männlichen Akteure im Politikfeld „Arbeit" fungieren hier als eine Art patriarchaler Sehstörung oder androkratischer Handlungsblockade. Diese Wahrnehmungs- und Handlungsdefizite richten sich längst nicht mehr nur und vielleicht auch noch nicht einmal mehr in erster Linie gegen Frauen. Sie machen sich vielmehr ganz allgemein als Blockade gegen die Transformation von Arbeit in sozial-emanzipatorischer und - in diesem Sinn - sozial-demokratischer Perspektive geltend.

Schon die Begrifflichkeiten, in denen sich die aktuellen Debatten um die Zukunft der Arbeit und die Suche nach Strategien zur Bewältigung der Krise der Arbeit bewegen, sind den realen Problemlagen oft nicht mehr angemessen. Sie spiegeln männliche Perspektiven auf die soziale Realität wieder, in die sich nicht nur deren Komplexität, sondern auch ihr grundlegender Wandel nur schwer bis gar nicht integrieren lassen. Dies gilt generell für das Verständnis von Arbeit als produzierende Tätigkeit im „Stoffwechsel zwischen Mensch und Natur" (Marx), als abhängige (!) Beschäftigung in großbetrieblichen, industriell strukturierten Kontexten nach den Regularien des sogenannten Normalarbeitsverhältnisses. Dieser Arbeitsbegriff, der nach wie vor auch für die praktische Arbeitspolitik handlungsleitend ist und eine strategiebildende Funktion im Bündnis für Arbeit einnimmt, grenzt nicht nur die Arbeitsrealität von Frauen aus oder bringt diese in den Status der Abweichung von an männlicher Arbeitsrealität orientierten Normalitätsstandards.

Dieses Verständnis von Arbeit bleibt auch hinter dem Bedeutungs-, Struktur- und Funktionswandel von Arbeit generell zurück und beruht auf einem fundamentalen Missverständnis der sozialen und politischen Dimension von Arbeit schlechthin. Denn nicht in der Beziehung zu Natur und/oder Technik liegt die spezifische Qualität menschlicher Arbeit, sondern im Bezug auf die Bedürfnisse anderer Menschen und deren Anerkennung des eigenen Tuns. Arbeit ist in erster Linie „Tätigkeit für andere", und zwar auch dann, wenn sie sich im Stoffwechsel mit der Natur oder in der Entwicklung und/oder Anwendung von Technik vollzieht (vgl. ausführlicher Kurz-Scherf 1998).

Arbeit ist Tätigkeit für andere

Der Charakter von Arbeit als „Tätigkeit für andere" erschien bislang als ein Spezifikum von „Frauenarbeit" - in der Sphäre der bezahlten Arbeit ebenso wie der unentgeltlichen Tätigkeit insbesondere in den Privathaushalten. Im aktuellen Bedeutungs-, Struktur- und Funktionswandel von Arbeit erweist sich aber dieses vermeintliche Spezifikum von Frauenarbeit immer offenkundiger als das allgemeine Charakteristikum von Arbeit schlechthin. Denn die Art von Arbeit, die sich im Austausch mit der Natur und in der Entwicklung oder Anwendung von Technik in Produkten „vergegenständlicht" wird zu einem immer selteneren Spezialfall von Arbeit, die sich zu relativ immer größeren Teilen unmittelbar im Austausch zwischen Menschen (beispielsweise im *uno acto*-Prinzip von Dienstleistungstätigkeit) realisiert. Arbeit im Sinn von Tätigkeit für andere ist immer bezogen und in gewisser Weise auch bestimmt nicht nur durch die eigenen, sondern auch durch fremde Bedürfnisse und eben gerade als Arbeit immer auch angewiesen auf die Anerkennung durch andere. Sie entzieht sich einer Denkstruktur, die Arbeit nur als „produktive Tätigkeit" begreift, die sich in von der Arbeit selbst getrennten Produkten darstellt und in deren Quantität und Qualität auch ihre Wert- (das heißt „Produktivitäts-")kriterien und -maßstäbe findet. Diese Denkstruktur verfehlt den eigentlichen Kern von Arbeit, nämlich den Bedarf an Tätigkeit von anderen und das Bedürfnis nach Tätigkeit für andere und die dadurch gestiftete Beziehung zwischen Menschen in einem meines Erachtens durchaus pathologisch zu nennenden Akt der „Verobjektivierung" des originär sozialen, politischen und kulturellen Charakters von Arbeit.

Dieser patriarchalischen Denkweise gelingt es noch nicht einmal analytisch, geschweige denn politisch-praktisch, die zwei grundsätzlich verschiedenen Dimensionen der Tätigkeit für andere auseinanderzuhalten, nämlich einerseits die horizontalen Kooperationsbeziehungen und andererseits die vertikalen Herrschaftsverhältnisse. Sie scheitert selbstverständlich auch an der analytischen Durchdringung und politischen Gestaltung eines Transformationsprozesses, dessen Perspektiven eben nicht der Verallgemeinerung männlicher Normalitätsstandards folgen, sondern eher einer allgemeinen Feminisierung von Arbeit - sowohl in der grundsätzlichen Dimension des Arbeitsbegriffs wie auch in den konkreten Arbeitsstrukturen und -prozessen.

Neben dem grundsätzlichen Missverständnis von Arbeit in den männlich dominierten Diskursen um deren Zukunft sind es vor allem auch drei konkrete Dimensionen oder Begleiterscheinungen des Wandels der Geschlechterbeziehungen, die in androkratisch verengte oder verzerrte Wahrnehmungsmuster nicht hineinpassen oder darin eine zum Teil groteske Fehldeutung erfahren:

- Erstens die sogenannte Erwerbsneigung der Frauen,
- zweitens die Erosion der Familie in ihrer tradierten Funktion im Arbeitssystem der modernen Gesellschaften,
- drittens der Bedeutungswandel und -gewinn von Zeit als Medium der Abstimmung pluralisierter Lebensmuster und als Maßstab von Lebensqualität.

Beim ersten Punkt signalisiert wieder alleine die Begrifflichkeit von Erwerbsarbeit und Erwerbsneigung eine mehrfache Schieflage der Debatte, die die Suche nach Konzepten zur Bewältigung der Krise der Arbeit blockiert oder in falsche Richtungen lenkt: Zum einen ist von *Erwerbsneigung* regelmäßig nur in Bezug auf Frauen die Rede, so als ob es sich bei der zunehmenden Orientierung von Frauen auf außerhäusliche Berufstätigkeit um eine Art Modetrend oder eine Art Spleen handelte, dem immer mehr Frauen verfallen. Hingegen hat die Erwerbstätigkeit als solche sowie deren tradierte Form nach dem Muster des Normalarbeitsverhältnis in männlichen Biografien (mittlerweile zum Teil kontrafaktisch) den Status der Selbstverständlichkeit. Tatsächlich ist der Anstieg des sogenannten Erwerbspersonenpotenzials insbesondere aufgrund der wachsenden „Erwerbsneigung" von Frauen eine der wichtigsten Quellen der zunehmenden Diskrepanz zwischen Angebot und Nachfrage an den Arbeitsmärkten. Dieser Tatbestand wird aber in den arbeitspolitischen Diskursen entweder ignoriert (beispielsweise im Kontext der gerade auch in arbeitsmarktpolitischer Hinsicht dominierenden Globalisierungsdebatte) oder die daraus resultierende Arbeitslosigkeit wird implizit oder explizit den Frauen als eigentlich unverantwortliches Vergehen gegen die ihnen gesellschaftlich zugewiesenen Aufgaben angelastet. Abgesehen von der chauvinistischen Attitüde solcher Argumentation lenkt sie die Arbeitsmarktpolitik entweder in die vergebliche Option des Abwartens (bis die „Erwerbsneigung" der Frauen wieder nachlässt). Oder sie führt in die sowohl inakzeptable wie auch anachronistische Strategie einer politisch per Anreiz oder Zwang gesteuerten Rückführung der „Erwerbsbeteiligung" von Frauen beziehungsweise. deren Umlenkung in nur geringfügige, den männlichen Arbeitsmarkt möglichst wenig „belastende" Beschäftigung.

Fehlinterpretationen des Bedeutungswandels

Der mit dem Begriff der Erwerbsneigung korrespondierende Begriff der *Erwerbsarbeit* reagiert zwar auf die feministische Kritik an der patriarchalen Ignoranz gegenüber der nicht erwerbsförmig organisierten, und nach wie vor vorrangig von Frauen geleisteten Arbeit vor allem in den privaten Haushalten. Er lenkt diese Kritik dann aber in eine von ihr nicht intendierte Richtung und verfehlt dabei auch die sich aus den veränderten Lebensmustern und -konzepten von Frauen ableitenden Herausforderungen: Der Begriff der Erwerbsarbeit und der Erwerbsneigung reduziert das bei Frauen zunehmende und bei Männern stabile Interesse an beruflicher Tätigkeit auf die darin selbstverständlich auch enthaltene Erwerbsmotivation. Er übersieht damit die zentrale und wachsende Bedeutung des Interesses an Arbeit im Sinn gesellschaftlich anerkannter Kompetenz im arbeitsteiligen Beziehungsgefüge der modernen Gesellschaften und lenkt die arbeits- und arbeitsmarktpolitische Debatte in eine falsche, ausschließlich oder vorrangig auf Geld und *Beschäftigung* zentrierte Perspektive. Nachdem sich die falsche Interpretation des Bedeutungswandels von Arbeit als Bedeutungsverlust („mit der Tendenz zur subjektiven Belanglosigkeit" (Offe) aus dem argumentativen Kontext der Debatte um die Zukunft der Arbeit weitgehend verabschiedet hat, taucht diese These nun im neuen Gewand des Bedeutungsverlustes von Beruf als Strukturkomponente des modernen Arbeitssystems auf. Dabei ist auch diese Fehlinterpretation des Bedeutungswandels der beruflichen Komponente öffentlicher Arbeit wieder jener patriarchalen Sehstörung geschuldet, die einfach nicht wahrnehmen kann (und will?), dass es in der aktuellen Krise der Arbeit *nicht* mit *Beschäftigung* nach dem Motto „(fast) jede Arbeit ist besser als keine" (Heinze/ Streck ...) oder mit finanzieller Alimentation knapp über oder auf dem Armutsniveau getan ist - und zwar auch und gerade dann nicht, wenn es um die „Erwerbsneigung" von Frauen oder auch um „Jugend in Arbeit" geht.

Die Kehrseite des Substanzverlustes der Debatte um die Zukunft der Arbeit in berufssoziologischer und berufspolitischer Hinsicht ist deren doppelte Schieflage gegenüber der unbezahlten Arbeit: Entweder wird sie trotz anderslautender Bekundungen in ihrer Bedeutung und Struktur weiterhin ignoriert oder sie wird zum Hort der autonomen Eigentätigkeit oder Eigenarbeit umgedeutet. Im zweiten Fall ist dann allerdings kaum noch von der unbezahlten Hausarbeit die Rede. Die Aufmerksamkeit richtet sich vielmehr mit Vorliebe auf das Ehrenamt, worin schon wieder ein Rückfall in die Vergangenheit, nämlich in eine den sozialen Verhältnissen des 19. Jahrhunderts entstammende Kategorie, angelegt ist. Die neue Aufmerksamkeit für nicht erwerbsförmig organisierte und marktförmig regulierte Arbeit signalisiert zugleich allerdings auch das einigermaßen hilflose Bemühen um eine Entlastung der traditionellen Arbeitsmarktpolitik, indem gleichsam überschüssige Arbeitskraft auf Tätigkeitsfelder jenseits der klassischen Berufstätigkeit umgelenkt wird; wohl in der Hoffnung, so dem doppelten Defekt der überkommenen Organisation von Arbeit in den modernen Gesellschaften begegnen zu können. Denn diese produziert ja nicht nur millionenfache Arbeitslosigkeit, sondern zugleich auch einen anwachsenden Berg nicht getaner, aber dringend benötigter Arbeit vor allem auf solchen Feldern, auf die sich generell der Bedarf an Arbeit immer mehr verschiebt, also - wie oben dargelegt - eben jenen der unmittelbar an menschliche Wünsche und Bedürfnisse gekoppelten Tätigkeit für andere.

Zeitmuster und Zeitpräferenzen

Aus der Perspektive der veränderten Lebenskonzepte und -verläufe von Frauen wird aber sofort klar: Die Umwidmung von bisher in familialen Kontexten unentgeltlich geleisteten Tätigkeiten in weiterhin unentgeltlich zu erbringendes „ehrenamtliches", „nachbar-" oder „bürgerschaftliches" Engagement, indem das Muttertagsprinzip der gesellschaftlichen Anerkennung der privaten Hausarbeit durch das der anerkennenden Worte ersetzt wird, ist kein akzeptables und realistisches Konzept, um den doppelten Defekt des bestehenden Arbeitssystems zu reparieren. Es geht vielmehr um eine sehr viel grundsätzlichere Reorganisation dieses Arbeitssystems, die sich - worauf abschließend noch näher eingegangen werden wird - auch nicht in der Umwidmung der bislang zum Nulltarif geleisteten Arbeit in Arbeit zu Billigtarifen erschöpfen kann.

Neben der Frage der Professionalisierung der - bislang aus dem „weiblichen Arbeitsvermögen" (Ostner) geschöpften und wie eine „natürliche Ressource ausgebeuteten - sozialen Kompetenzen gewinnt dabei vor allem auch *die Zeit* eine zentrale Bedeutung für die Entwicklung einer neuen Balance zwischen verschiedenen Lebensbereichen und verschiedenen Arbeitsfeldern. Auch hier geben die eher von Frauen artikulierten und praktizierten Zeitpräferenzen mehr Anhaltspunkte für die Zukunft als das tradierte männliche Zeitregime. Denn bei Frauen geht die zunehmende Orientierung auf Berufstätigkeit keineswegs per se mit der einfachen Kopie männlicher Berufsverläufe und der immer noch von Männern weit überwiegend praktizierten Engführung der gesamten Lebensplanung auf Beruf und Karriere einher, in der dann das ganze Leben fast vollständig unter dem Diktat nur eines Lebensbereiches steht. Der Bedeutungsgewinn beruflicher Arbeit ist in weiblichen Lebenskonzepten vielmehr geradezu selbstverständlich eingebettet in eine mindestens gleichwertige Orientierung auf Lebensbereiche und Lebensziele jenseits des Berufs, was seinen deutlichsten Ausdruck in der gravierenden Abweichung der Zeitmuster und Zeitpräferenzen zwischen den Geschlechtern findet.

Diese Differenz wird nun aber weiterhin im Deutungsmuster einer von Männern bestimmten Normalität interpretiert, so dass beispielsweise die im Durchschnitt deutlich kürzeren Arbeitszeitpräferenzen von Frauen als eine spezifisch weibliche Vorliebe für Teilzeitarbeit dargestellt wird. Bei genauerem Hinsehen zeigt sich aber, dass die tatsächlich erheblich höhere Teilzeitquote von Frauen nur ein individueller Ausweg aus dem Dilemma ist, dass Arbeitszeitpolitik und Arbeitszeitstandards weiterhin an männlichen Arbeitszeitpräferenzen orientiert sind. Die geschlechtsspezifischen Zeitmuster individueller Lebensgestaltung wurzeln seit jeher in einer geschlechtsspezifisch gespaltenen Lebenskultur, die seitens der Frauen in einen Prozess der Pluralisierung und Dynamisierung eingetreten ist, während Männer in den tradierten Mustern ihrer Normalbiografien verharren, die sich aber dennoch für eine wachsende Anzahl von Männern in Auflösung befinden. Die geschlechtsspezifisch gespaltene und sich auf geschlechtsspezifische Weise wandelnde Lebenskultur steht in engem Zusammenhang mit zwei alternativen Optionen zur Zukunft der Arbeit: Die eine zielt auf eine im Lebensverlauf möglichst gleichgewichtige Balance zwischen Beruf, musse und unentgeltlichem Engagement für jeden Einzelnen und jede Einzelne; die andere zielt auf die „Modernisierung" der geschlechtshierarchischen Arbeitsteilung durch deren Überführung *nicht* in die Struktur einer Dienst*leistungs*- sondern in die einer Dienst*boten*gesellschaft, in der - so meine These - der *Beruf* sich in den alles bestimmenden und das ganze Leben vollständig dominierenden *Job* auflösen wird, und in der auch die Muße und das unentgeltliche Engagement auf der Strecke bleiben werden. Denn dazu wird niemand mehr Zeit haben, weil die Lebenszeit und -energie jedes und jeder Einzelnen vollständig absorbiert sein wird von Arbeit in der sinnentleerten Form einer *Jobholder*-Gesellschaft - bei den einen, weil sie nur so in der Konkurrenz um die immer weniger werdenden *good* oder *core jobs* bestehen können oder bestehen zu können glauben, bei den anderen, weil sie nur mit der Kombination mehrerer *bad* oder *fringe jobs* ihren ohnehin kärglichen Lebensunterhalt sichern können.

Notwendige Bedingungen für das Eröffnen der ersten Option sind die Reaktivierung einer auf generelle Arbeitszeitverkürzung orientierten Arbeitszeitpolitik und die Reaktivierung einer auf die Verflachung von Einkommenshierarchien angelegten Lohnpolitik. Nach beiden Seiten dominiert aber im Bündnis für Arbeit eine genau entgegengesetzte Orientierung, die sich arbeitszeitpolitisch immer noch an dem längst obsoleten Lebensmodell des männlichen Alleinverdieners orientiert. Dessen nicht erwerbstätiger Ehefrau wird nun eine sie möglichst in ihren ehelichen und familiären Verpflichtungen nicht beeinträchtigende Teilzeit- oder geringfügige Beschäftigung zugestanden. Lohnpolitisch sind die im Bündnis für Arbeit zur Zeit dominanten Tendenzen in Organisationsprinzipien und Bewertungsmaßstäben von Arbeit verankert, die ohnehin schon nur noch als absurd zu bezeichnende Einkommenshierarchien hervorbringen, aber ein ziemlich exaktes Abbild der von Männern dominierten Machthierarchien darstellen. Der Grad an Irrationalität des hinter der Modernisierungsrhetorik versteckten Traditionalismus führender Arbeits- und Wettbewerbsbündler mindestens hinsichtlich des von ihnen konservierten *male-chauvenism* äußert sich beispielhaft in der Schizophrenie, mit der sie einerseits den neuen Management- und Verwaltungskonzepten der „flacheren Hierarchien" huldigen, andererseits aber unermüdlich für Lohn- und Einkommensspreizung plädieren.

Zum Beispiel: Der Niedriglohnsektor

Eine besonders beeindruckende Demonstration androkratischer Politik, die nicht nur und vielleicht auch noch nicht einmal mehr in erster Linie Frauen diskriminiert, sondern einfach falsche Weichenstellungen in die Zukunft vornimmt, ist die aktuelle, vom amtierenden Bündnis für Arbeit neu angezettelte Debatte um die Einrichtung beziehungsweise den Ausbau eines Niedriglohnsektors. Nicht nur, dass sich diese Debatte durch eine bemerkenswerte Unkenntnis der Lohnstrukturen gerade in von Frauen dominierten Tätigkeitsfeldern auszeichnet, sie ist auch ein gutes Beispiel dafür, wie eine im Prinzip richtige Erkenntnis im Kontext eines insgesamt androkratisch strukturierten Deutungsmusters sozialer Realität eine falsche Wendung erfährt.

Es ist richtig, dass der Produktivitätsstandard von Daimler-Chrysler, wenn er als allgemeine Bemessungsgrundlage von Löhnen fungiert, als Jobkiller in all jenen Bereichen wirkt, die diese Löhne aus ihren Einkünften einfach nicht bezahlen können. Richtig ist auch: Die alte Linie gewerkschaftlicher Lohnpolitik, dass es um Jobs nicht schade ist, die mit dem Produktivitätsstandard führender Industrieunternehmen nicht mithalten können, lässt sich allenfalls für das produzierende Gewerbe aufrechterhalten, wo sie aber auch bereits für einen Teil der eher handwerklich strukturierten Kleinst- und Kleinbetriebe einigermaßen problematische Auswirkungen hat. Das Auffangbecken der gewerkschaftlichen Lohnpolitik für solche Tätigkeitsfelder, die sich einer an industriellen Produktivitätsstandards orientierten Lohnbemessung entziehen, waren der öffentliche Dienst und - allerdings ohne dass dies den Gewerkschaften bewusst war - die privaten Haushalte. Diese Dreierkonstruktion der gesellschaftlichen Organisation von Arbeit gerät nun aber immer mehr aus verschiedenen und sich wechselseitig verstärkenden Gründen in die Bredouille. Einer dieser Gründe ist - wie bereits ausgeführt - der Wandel der Lebensformen und der Geschlechterbeziehungen, in dem das „Auffangbecken" private Haushalte für all die Arbeit, die sich weder nach industriellen Produktivitätsstandards noch nach den Regularien des öffentlichen Dienstes organisieren und entlohnen lässt, gleichsam austrocknet. Das heißt, es bedarf neuer Organisationsformen gesellschaftlich notwendiger oder erwünschter Arbeit jenseits des tradierten Drei-Säulen-Modells Staat - *(kapitalistische) Unternehmen - private Haushalte*. Und für diese neuen Organisationsformen von Arbeit - deren Notwendigkeit nicht nur aus der Reorganisation der privaten Haushalte, sondern auch aus der immer fragwürdigeren Orientierung der gesamten beruflichen Arbeit an der in ihrer Bedeutung immer weiter schrumpfenden Industriearbeit sowie der zum Teil auch berechtigten Kritik an der Bürokratie des öffentlichen Dienstes resultieren - bedarf es auch neuer Formen der Finanzierung und Lohnfindung. Denkbar sind unterschiedliche Modelle einer über den Staat organisierten Lohnstützung oder auch unterschiedliche Varianten eines beispielsweise über Tariffonds organisierten Ausgleichs zwischen den objektiv zu erwirtschaftenden Einkünften beispielsweise einer Großbank oder eines Großkonzerns und einem sozialpädagogischen Projekt im Bereich der Jugendarbeit. Denkbar ist auch, dass der Staat oder andere gemeinnützige Einrichtungen verstärkt nicht als Anbieter sondern als Nachfrager solcher Leistungen auftreten, deren Erbringung nicht der individuellen Kaufkraft derer, die sie benötigen, überlassen bleiben kann oder soll.

Von all dem ist nun aber in der aktuellen Debatte um Einrichtung und Ausbau eines Niedriglohnsektors überhaupt nicht die Rede. Das hier skizzierte strukturelle Problem einer marktwirtschaftlich regulierten Ökonomie wird umgedeutet zu einem individuellen Defizit der Niedrigqualifizierten, denen die Entwicklung der modernen Gesellschaften im wörtlichen Sinn „über den Kopf" gewachsen ist, und denen nun die „Leistungsträger" ein doch wenigstens auskömmliches Einkommen gewähren müssen, auch wenn ihnen dieses eigentlich, nämlich gemessen an ihrer Produktivität, gar nicht zusteht. Es ist nur die konsequente Fortsetzung dieses Rückfalls in einen paternalistischen Elitarismus, wenn für die großzügige Geste der Leistungsträger dann aber auch eine gewisse Bescheidenheit der im Grunde unverdient Begünstigten eingefordert wird (Meine Frau arbeitet nicht, sie widmet sich ganz dem Haushalt und unseren Kindern; ich ernähre sie aber trotzdem und dafür werde ich doch wohl von ihr die Wahrnehmung ihrer ehelichen Pflichten verlangen können). Es versteht sich schon beinahe von selbst, dass in dieser Denkstruktur die klassisch weiblichen, ehemals unentgeltlich erbrachten Leistungen im Bereich der Pflege, Betreuung und Erziehung von anderen Menschen per se als „niedrigproduktiv" gelten und dementsprechend dem Niedriglohnsektor zugeordnet werden.

Regeln einer kooperativen Demokratie

Abgesehen von der diskriminierenden Grundstruktur dieser sozialdemokratisch gewandeten Ideologie sozialer Ungleichheit, verfehlt sie aber vor allem den Kern des Problems, nämlich die Organisation eines Transformationsprozesses von Arbeit, in dem diese ihre Wertmaßstäbe und Organisationsprinzipien immer weniger in industriellen Produktivitätsstandards und Rationalisierungsregimen finden kann. Arbeit muss statt dessen immer mehr begriffen werden als Tätigkeit für andere, die nach den Regeln einer *kooperativen Demokratie* organisiert und bewertet werden muss. Qualifikations- und Kompetenzdefizite sind zum allergrößten Teil das Produkt einer verfehlten Bildungs- und Ausbildungspolitik. dass sie sich als besonders gravierendes Arbeitsmarktrisiko geltend machen, ergibt sich auch aus der Tatsache, dass Arbeitsmarktrisiken in den Qualifikationshierarchien gleichsam von oben nach unten „durchgereicht" werden. Zum Teil erscheinen aber besondere Arbeitsmarktrisiken nur in den Augen derjenigen als die Konsequenz von Qualifikations- und Kompetenzdefiziten, die ihren Mangel an sozialem Engagement, ihre Gleichgültigkeit gegenüber ihren Kindern, ihre absolut auf Beruf und Karriere reduzierte Lebensführung und die Rücksichts- und zum Teil auch Bewusstlosigkeit, mit der sie die Arbeit anderer ausbeuten und diese dabei als solche noch nicht einmal wahrnehmen.

Die Debatte um Möglichkeiten der Lohnstützung beispielsweise in Form der staatlichen Subventionierung von Sozialabgaben nimmt auf ein reales Problem Bezug, das darin aber einer ideologischen Fehldeutung unterliegt. Es ist unsinnig und absurd, Lohnsubventionen an Unternehmen zu zahlen, die von Jahr zu Jahr neue Rekordgewinne „einfahren" - und das auch noch mit dem Ziel einer aktiven Förderung der Dequalifizierung von Arbeitsstrukturen. In der aktiven Förderung einer Non-Profit-Ökonomie könnte demgegenüber die Lohnstützung auch in den aktuell diskutierten Formen durchaus eine wichtige Komponente darstellen. Nur läge dann deren Kriterium und Bemessungsgrundlage nicht in der mangelnden Qualifikation von Arbeit oder den Niedriglöhnen in diesem Bereich, sondern in seiner Gemeinnützigkeit und/oder der Bedürftigkeit seiner Kunden und Klienten, deren tradierte Definition dazu allerdings auch gründlich zu überprüfen wäre.

Zugespitzt formuliert: Es mangelt der real-existierenden Androkratie an einer unverzichtbaren Grundqualifikation, um Herausforderungen, Chancen und Risiken des aktuellen Gestaltwandels der Moderne zu bewältigen, nämlich an sozialer Kompetenz in einem sehr grundsätzlichen Sinn. Aber der Mangel hat auch Methode, die das männliche Monopol auf Macht sichert und dabei selbstverständlich auch die männlichen Privilegien beim Zugriff auf gesellschaftliche Ressourcen. Nur sind es nicht mehr „die" Männer, deren Dominanzanspruch gesichert wird, und es sind auch nicht mehr „die" Frauen, die so von der eigenständigen Teilhabe an und der autonomen Mitwirkung am gesellschaftlichen Reichtum ferngehalten werden. Die real-existierende Androkratie sichert die Dominanz von Männern in der ersten Reihe ja unter der Bedingung fortschreitender Gleichberechtigung zwischen Männern und Frauen Und so wie Frauen seit jeher immer auch aktiv mitgewirkt haben an der Aufrechterhaltung des modernen Patriarchats und seinen Metamorphosen, so wirken Frauen auch an der real-existierenden Androkratie des ausgehenden 20. Jahrhunderts aktiv mit - nicht mehr als selbstlose Mütter und Ehefrauen, sondern als weibliche Kopie männlicher Vorbilder. Auch dafür bietet die amtierende Bundesregierung reichlich Anschauungsmaterial.

Mehr Frauen im Bündnis für Arbeit wäre demnach nur eine notwendige, aber keinesfalls eine hinreichende Bedingung dafür, dass aus dem Unterfangen ein ernstzunehmendes Transformationsprojekt wird. Es müssten schon Feministinnen sein, die ihr Anliegen nicht nur als ein identitäts- sondern auch als ein sozial- und gesellschaftspolitisches Projekt begreifen, und sie müssten in der ersten Reihe agieren. Aber dafür stehen die Aussichten nicht gerade zum Besten, denn die androkratische Struktur des Bündnisses für Arbeit ist ja - wie oben erläutert - nicht nur ein Quotenproblem, sondern auch Ausdruck seiner grundsätzlich verfehlten Konstruktion.

Streitfragen

Wolfgang Streeck/ Rolf G. Heinze

**Runderneuerung des deutschen Modells.
Aufbruch für mehr Jobs**

Der folgende Text wurde im Frühjahr 1999 für den vorliegenden Sammelband verfasst - dann aber kurzfristig im „Spiegel" vom 11. Mai mit kleinen Veränderungen (auch mit einem anderen Titel) veröffentlicht. Diese Publikation setzte eine breite und kontrovers geführte politische Diskussion in Bewegung, die an vielen Stellen leider durch Missverständnisse und Fehldeutungen geprägt ist. Nimmt man einmal die Fehldeutungen einiger Publizisten beiseite, so traten vor allem große Teile der Gewerkschaften (konkreter gesagt: vor allem der traditionelle sozialpolitische Flügel) mit einer heftigen und oft polemischen Kritik hervor, die an der Sache zumeist vorbeiging, in ihrer Schärfe die Autoren aber sehr überraschte.

Vor allem unsere zentrale These, dass wir auch in der Bundesrepublik mehr Beschäftigung bekommen können, wenn die Abgabenbelastung gesenkt und die Lohnstruktur an das Produktivitätsgefälle angepasst wird, blieb zumeist unkommentiert. Statt dessen wurde uns der Vorwurf gemacht, wir würden einen „Niedriglohnsektor" propagieren, der zu einer wachsenden Verarmung und Marginalisierungsprozessen führen würde. Völlig verkannt wurde dabei, dass in der Bundesrepublik schon seit Jahrzehnten eine Niedriglohnbereich existiert (die „630 DM-Jobs"), die gerade in den letzten Jahren boomten. Über diesen Weg haben wir die Beschäftigungspotentiale, die im Dienstleistungssektor liegen, abgeschöpft und damit diejenigen subventioniert, die steuer- und abgabenfrei etwas zusätzlich verdienen wollten. Im Vergleich zu diesem real existierenden Niedriglohnsektor ist das von uns anvisierte Modell, das zur Zeit (im Sommer 1999) noch durchgerechnet und präzisiert wird und erst im Herbst im Rahmen des „Bündnisses für Arbeit" präsentiert werden soll, ein „Mittelhochlohnsektor".

Absolut unverständlich war für uns, warum die Gewerkschaften gegen ein Modell sind, das das Niveau unserer sozialen Sicherung verteidigt und darauf beharrt, dass gerade die oft niedrig entlohnten Tätigkeiten im Dienstleistungssektor netto nachweislich mehr bekommen sollen.

Dass die Beschäftigungspotentiale primär in den verschiedenen Sparten des Dienstleistungssektors lokalisiert wurden, dürfte auch nicht überraschend sein, da in allen vergleichbaren Ländern in den letzten Jahrzehnten hier der Beschäftigungsaufbau stattfand. Auch das Institut für Arbeitsmarkt- und Berufsforschung, das ansonsten mit unseren Überlegungen scheinbar ebenfalls Probleme hat oder der Expertenkreis

„Dienstleistungsbeschäftigung im 21. Jahrhundert" des Bundesministeriums für Bildung und Forschung sprechen jüngst von nachweisbaren Beschäftigungsdefiziten in diesen Bereichen.

Es muss auch für die Gewerkschaften erklärungsbedürftig sein, warum wir in der Bundesrepublik in diesen Sektoren so schwach besetzt sind (legt man die offizielle Beschäftigung zugrunde), obwohl rund sechs Millionen Erwerbspersonen einen Arbeitsplatz suchen und auch die Nachfrage mobilisierbar wäre.

Damit stellt sich die Frage, ob die Beschäftigungskrise in den Gewerkschaften trotz aller Rhetorik wirklich ernst genommen wird oder primär aus dem Blickwinkel einer an den klassischen Normalitätsidealen industrieller Beschäftigung geprägten Organisation gesehen wird. Schaut man sich die weitgehend defensiven Strategien etwa zur Altersteilzeit an, dann dominiert eindeutig eine Ausgliederungsstrategie, die keine zusätzliche Beschäftigung schafft. Aus dem „Bündnis für Arbeit" wird dann perspektivisch ein „Bündnis für Rente". Demgegenüber würden wir eine auch aufgrund internationaler Vergleiche nachvollziehbare beschäftigungsexpansive Strategie präferieren, die die Arbeitsnachfrage nicht als statische Größe definiert, sondern zusätzliche Beschäftigungsfelder im Dienstleistungssektor identifiziert.

Zweifel an der Handlungsfähigkeit zentraler Akteure

Diese neuen gesellschaftlichen Bedarfs- und Arbeitsfelder können aber nicht vorher (durch staatliche oder gewerkschaftliche Definitionen) festgelegt werden, sondern hier ist der Markt und nicht der „zweite Arbeitsmarkt" als Ordnungsrahmen gefragt. Über eine Entlastung niedrigproduktiver Beschäftigung von Sozialabgaben kann auch in der Bundesrepublik eine Beschäftigungsexpansion einsetzen, die sowohl die relativ unqualifizierten als auch die qualifizierten Erwerbstätigen erreicht.

An dieser Stelle ist auch gleich ein weiteres Missverständnis auszuräumen: Wenngleich sich die beschäftigungspolitischen Überlegungen in der Benchmarking-Gruppe des Bündnisses für Arbeit auf Wunsch des Steuerungskommittees zunächst auf die niedrig qualifizierten Arbeitskräfte richten, geht es uns um eine generelle Expansion der Dienstleistungsbeschäftigung, das heißt eine Verknüpfung der „Low-Road-" mit der „High-Road"-Strategie. Bislang verzichten wir in der Bundesrepublik auf die kreative Nutzung eines weltweit dynamisch wachsenden Sektors, der Hunderttausende neuer Arbeitsplätze und damit neue individuelle Teilhabechancen am Arbeitsmarkt generieren könnte, ohne dass hierüber das Niveau unseres Sozialstaates abgebaut würde.

Auch durch das Bündnis für Arbeit ist die Gefahr nicht gebannt, dass durch die Bedienung von Status-Quo-Interessen neue zusätzliche Erwerbschancen, wenn nicht verhindert so doch erschwert werden. Die Behandlung unserer Leitidee, die auf Überlegungen aus der Zukunftskommission der Friedrich-Ebert-Stiftung (und dort vor allem auf Fritz W. Scharpf) zurückgeht, hat bei den Verfassern erhebliche Zweifel hinsichtlich der realen Handlungsfähigkeit einiger zentraler Akteure des Bündnisses aufkommen lassen. Wir vertrauen jedoch einer rationalen Diskussion, bei der die Stärken und Schwächen eines solchen Ansatzes ausgelotet werden. Sicher sind wir uns, dass die aufgeworfene Fragestellung nicht einfach beiseite geschoben werden kann, wie dies einige sozialpolitische Experten der Gewerkschaften noch im Sommer 1999 versucht haben. In den Juli-Gesprächen des Bündnisses für Arbeit wurde noch einmal offiziell bestätigt, dass genau geprüft werden muss, wie ein Abbau der Arbeitslosigkeit auch über die Schaffung von einfachen Arbeitsplätzen im Dienstleistungssektor zu erreichen ist. Über die Beschäftigungsexpansion in den verschiedenen Dienstleistungssparten glauben wir einen Weg vorgeschlagen zu haben, in dem das bestehende Niveau der sozialen Sicherung mit einer besseren Nutzung des Marktes vereinbar gemacht werden könnte.

Angesichts der offensichtlichen Hilflosigkeit der klassischen beschäftigungspolitischen Optionen ist eine Strategie, die auf eine Erhöhung des Beschäftigungsniveaus setzt, nicht von der Tagesordnung zu verdrängen, solange man ernsthaft die Arbeitslosigkeit reduzieren will. Wenn Bundesregierung und Bündnis ihre Glaubwürdigkeit nicht verlieren wollen, müssen sie noch in diesem Jahr eine überzeugende Strategie zur Überwindung der Beschäftigungskrise präsentieren. Je länger diese ausbleibt, desto mehr wird das Bündnis für Arbeit als bloße Inszenierung zur Überdeckung politischer Ratlosigkeit oder gar als Selbstbedienungsladen der Interessengruppen erscheinen. Mit seinem Scheitern wird sich das Fenster für eine dreiseitig ausgehandelte Beschäftigungspolitik für lange Zeit, wenn nicht für immer, schließen.

Der Ernst der Lage

Die 1998 gewählte Bundesregierung muss mit einer doppelten Erblast fertig werden: Einem massiven Beschäftigungsdefizit und einem institutionell fest verankerten Repertoire gescheiterter Methoden zu seiner Bekämpfung. Ende des Winters 1998/99 gab es in Deutschland rund 4,5 Millionen Arbeitslose sowie etwa eine Million Personen in Ausbildungs- und Arbeitsbeschaffungsmaßnahmen; hinzu kommen mindestens eine Million potentieller Arbeitnehmer in der „stillen Reserve". Damit liegt das Beschäftigungsdefizit der deutschen Volkswirtschaft, das über zwei Jahrzehnte im Großen und Ganzen kontinuierlich gewachsen ist, bei etwa sieben Millionen Arbeitsplätzen.

Was das ererbte Repertoire an Problemlösungen angeht, so bestand der traditionelle Weg der deutschen Arbeitsmarktpolitik, lange Zeit mehr oder weniger einvernehmlich verfolgt von Regierung, Opposition, Arbeitgebern und Gewerkschaften, in einer *Stillegung wachsender Teile des Arbeitsangebots*. In den achtziger und neunziger Jahren ist es dadurch gelungen, die Jahresarbeitszeit von Vollzeitarbeitskräften zum Teil weit unter das Niveau anderer großer Industrieländer zu senken. Zusätzlich wurden vor allem drei gesellschaftliche Bereiche als Zwischen- und Endlager von Arbeitskraft genutzt, um den Arbeitsmarkt zu entlasten: die Familie, das Bildungssystem und die Alterssicherung. Auch dies geschah mit bemerkenswertem Erfolg: Deutschland hat mit 61,4 Prozent eine der niedrigsten weiblichen Erwerbsquoten außerhalb Südeuropas (vgl. Tabelle 1); das Durchschnittsalter der Studenten bei ihrem ersten Abschluss liegt mittlerweile bei 28,2 Jahren; die Aufwendungen der Bundesanstalt für Arbeit für Qualifizierungsmaßnahmen betragen pro Jahr knapp 20 Milliarden DM; und die Frühverrentung hat es erlaubt, den industriellen Beschäftigungsabbau der neunziger Jahre ohne Konflikte zu bewältigen. Insgesamt lag die deutsche Erwerbsrate im Jahre 1997 bei 71,1 Prozent, das heißt knapp sechs Prozentpunkte unter der britischen, sieben unter der amerikanischen und mehr als neun unter der dänischen. So effektiv die verschiedenen Methoden zur Stillegung von Arbeitskraft gewesen sein mögen, so wenig haben sie verhindern können, dass parallel zu ihrer immer extensiveren Anwendung die Arbeitslosigkeit ständig zugenommen hat. Das heutige Defizit von etwa sieben Millionen Beschäftigungsmöglichkeiten in Deutschland besteht *trotz* kurzer Arbeits- und langer Ausbildungs- und Studienzeiten, *trotz* einer niedrigen Frauenerwerbsquote und *trotz* umfangreicher Frühverrentung, und der Anteil der Arbeitslosen an der Erwerbsbevölkerung liegt ungeachtet einer künstlich niedrig gehaltenen Erwerbsrate stabil bei über zehn Prozent. Zugleich ist am Ende des Jahrzehnts die Politik der Herausnahme von Arbeitskraft aus dem Arbeitsmarkt an unüberwindliche Grenzen gestoßen; nicht nur ist ihre Fortsetzung wegen wachsender Kosten und zunehmender sozialer Widerstände unmöglich geworden, sondern ihre Nebenfolgen zwingen sogar dazu, die Resultate teilweise wieder rückgängig zu machen:

- Die durch Beiträge finanzierten umfangreichen *Frühverrentungen* haben die Lohnnebenkosten erhöht und damit die Beschäftigungskrise, die sie lösen sollten, langfristig verschärft. 1996 lag die Zahl derjenigen, die sich bereits vor Erreichen des normalen Rentenalters im Ruhestand befanden bei 2,7 Millionen; von diesen galten lediglich 1,2 Millionen als erwerbsunfähig. Die Regierung Kohl hat deshalb in ihren letzten Jahren die Möglichkeiten, Arbeitnehmer frühzeitig in Rente zu schicken, erheblich beschnitten; die neue Regierungsmehrheit hat gewußt, warum sie hier ausnahmsweise den Status quo ante nicht wiederhergestellt hat. Ohnehin verlangen die Gleichstellung von Mann und Frau, der demographische Wandel und die abnehmende Bereitschaft der Jungen, für die vorgezogene Mallorca-Verschickung der Älteren finanziell aufzukommen, nach einer *Verlängerung* der Lebensarbeitszeit. Zudem ist damit zu rechnen, dass ältere Menschen sich immer weniger aus dem Erwerbsleben wegsperren lassen werden, auch angesichts unvermeidlich sinkender Renten. In den Vereinigten Staaten wird Zwangspensionierung bereits heute als Gleichstellungs- und Menschenrechtsproblem gesehen (vgl. den internationalen Überblick in Tabelle 2).
- Das gegenwärtige Alter beim Abschluss des Studiums kann nicht nur nicht weiter erhöht, sondern muss aus zahlreichen Gründen wieder gesenkt werden. Universitäten, die zum Parken von unerwünschtem Arbeitsangebot zweckentfremdet werden, erfüllen ihre eigentlichen Aufgaben weniger gut, als sie es im Interesse gerade auch der Beschäftigungsfähigkeit der Wirtschaft müssten. Eine Gesellschaft, die ihre begabtesten jungen Mitglieder während ihres gesamten dritten Lebensjahrzehnts von Erwerbsarbeit ausschließt, behindert den Transfer neuen Wissens aus Lehre und Forschung in die Arbeitswelt und beeinträchtigt dadurch die Innovationsfähigkeit ihrer Wirtschaft. Da Universitätsabsolventen mit zunehmenden Alter räumlich weniger mobil werden, produziert die Verlängerung der Ausbildungszeit darüber hinaus kostspielige Arbeitsmarkt-Rigiditäten. Nicht zuletzt ist zu erwarten, dass eine wachsende Anzahl junger Menschen es immer

unerträglicher finden wird, ihre besten Jahre in überfüllten Seminarräumen verbringen zu müssen.

- Veränderte Sozialstrukturen und Wertvorstellungen lassen einen Ausschluss der Frauen aus der Erwerbsgesellschaft nicht mehr zu. Bezahlte Erwerbsarbeit ist heute wichtigster Zugang sowohl zu persönlicher Autonomie als auch zu sozialen Bindungen, für Frauen wie für Männer. Ebenso wie in Skandinavien oder den angelsächsischen Ländern werden die Frauen in Deutschland deshalb denselben Zugang zur Erwerbsarbeit verlangen wie die Männer; als Folge wird die Frauenerwerbsquote zunehmen. Die vielfältigen Schikanen, die sich die deutsche Gesellschaft ausgedacht hat, um ihre Frauen in den Familienturm zu sperren - von der 630-DM-Falle über das Ehegattensplitting bis zu den Ladenschlusszeiten und der Weigerung, zuverlässige Ganztagsschulen einzurichten - werden immer weniger hingenommen werden.

Arbeitslosigkeit und Erwerbsbeteiligung

Das in der Bundesrepublik über lange Jahre entwickelte defensive Instrumentarium zum Ausgleich von Angebot und Nachfrage am Arbeitsmarkt ist zum Teil des Problems geworden, das es einmal lösen sollte. Dies macht eine grundlegende Neubestimmung auch der *Ziele* der deutschen Arbeitsmarkt- und Beschäftigungspolitik unumgänglich. Den sieben Millionen, die heute Zugang zum Arbeitsmarkt suchen, kann nur durch eine konsequente Politik der *Erhöhung des Beschäftigungsniveaus* geholfen werden. Deren Erfolgskriterium *kann nicht die Arbeitslosen-, sondern muss die Erwerbsquote sein.* Eine an der Arbeitslosenquote orientierte Beschäftigungspolitik unterliegt der Dauerversuchung, Erfolge mit defensiven Mitteln oder gar mit statistischen Manipulationen erzielen zu wollen. (Wenn wir beispielsweise die Teilnehmer an Arbeitsbeschaffungs- und Weiterbildungsmaßnahmen, wie wir eigentlich müssten, als arbeitslos zählten, hätten wir fünfeinhalb statt viereinhalb Millionen Arbeitslose.) Mehr noch, sie neigt dazu, sich vor den „Attraktionseffekten" einer Expansion von Beschäftigung zu fürchten, also davor, dass ein Zuwachs an Beschäftigungsmöglichkeiten Personen, vor allem Frauen, aus der „stillen Reserve" hervorlocken könnte, die sich dann arbeitslos melden und „die Statistik verschlechtern". Der Bundesregierung und dem Bündnis für Arbeit ist schon deshalb dringend zu raten, ihre Politik an der Erwerbs- und nicht an der Arbeitslosenquote zu messen.

Grundsätzlich erfordert die notwendig gewordene Wende in der Beschäftigungspolitik einen radikalen Abschied von der in Deutschland, und wohl nur noch dort, verbreiteten Vorstellung einer technologisch oder wirtschaftlich begrenzten oder gar schrumpfenden *Menge verfügbarer Erwerbsarbeit* („lump-of-labor"-Theorie). 1997 lag die italienische Erwerbsquote bei 58,3 Prozent, die französische bei 67,5 und die deutsche bei 71,1. Dagegen betrug die Erwerbsquote in Kanada 76,0, in Großbritannien 77,4, in den USA 79,6 und in Dänemark 80,5 Prozent (vgl. Tabelle 3). Derartige Unterschiede zwischen wirtschaftlich ähnlich entwickelten Ländern sind mit der Vorstellung einer von universell wirksamen Faktoren begrenzten „Menge" an Erwerbsarbeit nicht vereinbar; wenn es eine solche Mengenbegrenzung überhaupt gibt, so lässt sie jedenfalls *politisch gestaltbarer Variation* sehr weiten Raum. Dies gilt auch im Zeitablauf. Während die Mengentheorie der Erwerbsarbeit suggeriert, dass der „Arbeitsvorrat" der Industriegesellschaften immer weiter zurückgeht, stieg die holländische Erwerbsquote zwischen 1985 und 1997 von dem „italienischen" Niveau von 58,6 Prozent auf 72,6 Prozent, also um vierzehn Prozentpunkte innerhalb von zwölf Jahren.

Wie bankrott die Arbeitsmengen-Theorie ist, zeigt sich im übrigen daran, dass unter den OECD-Ländern, und noch stärker unter den G7, eine deutlich *negative* Beziehung zwischen Erwerbsquote und Arbeitslosigkeit besteht. In Ländern, deren Erwerbsquote niedrig ist, ist der Anteil der Erwerbsbevölkerung, der arbeitslos ist, in der Regel nicht niedrig - wie man erwarten müsste, wenn die Prämissen unserer bisherigen Stillegungspolitik stimmten -, sondern im Gegenteil hoch. Länder mit hoher Erwerbsquote, wie Australien, Kanada, Großbritannien, die USA, Dänemark, Japan, Norwegen und die Schweiz, haben dagegen erheblich niedrigere Arbeitslosenquoten als wir (vgl. Tabelle 4). Die Erklärung ist, dass eine Politik, die mit welchen Mitteln auch immer, den Zugang zum Arbeitsmarkt erschwert, dadurch nicht nur wie beabsichtigt die Erwerbsbevölkerung klein hält, sondern zugleich unbeabsichtigt den Zugang auch dieser klein gehaltenen Erwerbsbevölkerung zu Beschäftigung erschwert; die Folge ist hohe Arbeitslosigkeit. Dass es in einem Land wie Deutschland nicht „an Arbeit fehlt", wird auch daran deutlich, dass hier vor der Reform der 630-Mark-Regelung zwischen zwei und vier Millionen sogenannte geringfügige Beschäftigungsverhältnisse bestanden, also Beschäftigungsverhältnisse zweiter Klasse außerhalb des regulären Beschäftigungssystems, und, dass nach kompetenten Schätzungen der Anteil der Schwarzarbeit am deutschen Bruttoinlandsprodukt im ablaufenden Jahrzehnt auf nicht weniger als fünfzehn Prozent gewachsen ist.

Institutionelle Modernisierung

Die Vorstellung einer begrenzten Menge verfügbarer Erwerbsarbeit ist eine Illusion, in der sich die Struktur unserer Institutionen ebenso widerspiegelt wie die mit ihr bedienten Interessen. Seit den siebziger Jahren hat die Arbeitsmarkt- und Sozialpolitik eine für Deutschland charakteristische Ausgestaltung des Beschäftigungsverhältnisses verteidigt, die unter anderem gekennzeichnet ist durch hohe Löhne bei geringer Lohnspreizung zwischen Individuen, Unternehmen und Sektoren, lange Beschäftigungsdauer, eine weitgehende Abkoppelung von Lohn und Beschäftigung von der wirtschaftlichen Lage des Unternehmens, umfängliche, an das Beschäftigungsverhältnis angeschlossene Ansprüche auf soziale Sicherung sowie eine vielfältige Privilegierung qualifizierter Berufsarbeit. Angepasst war dieses Beschäftigungsmodell an die Bedingungen und Möglichkeiten der industriellen Großunternehmen mit oligopolistischer Marktstellung, wie sie für die „fordistische" Phase der Wirtschaftsentwicklung nach dem Zweiten Weltkrieg charakteristisch waren. Mit fortschreitendem Strukturwandel konnten diese aber nur noch einen immer kleiner werdenden Teil des Arbeitsangebots aufnehmen. Um Konflikte zu vermeiden, nutzte die Politik die zunächst noch vorhandenen Umverteilungsspielräume, um die wachsende Zahl derjenigen, die in das industriegesellschaftliche „Normalarbeitsverhältnis" nicht mehr hineinpassten, materiell abzufinden. Die Kosten hierfür wurden vor allem den verbleibenden Beschäftigungsverhältnissen aufgebürdet; zwangsläufig stiegen die Kosten der Arbeit, vor allem die Sozialversicherungsbeiträge (vgl. internationaler Überblick Tabelle 5).

Unvermeidliche Folge war, dass eine ursprünglich *inklusive* Institution, durch die in den Aufbaujahren die Arbeitnehmerschaft in die soziale Marktwirtschaft und die entstehende Wohlstandsgesellschaft integriert worden war, immer kostspieliger und damit *exklusiver* wurde.

In der langen Stagnation der Ära Kohl und Blüm ist versäumt worden, unser Beschäftigungssystem auf den Übergang zu einer reifen Dienstleistungsgesellschaft einzustellen. Die säkular zunehmende Arbeitslosigkeit wurde unter Einsatz immer größerer finanzieller Mittel politisch neutralisiert. Zugleich entstand unter den Augen von Regierung und Sozialpartnern ein Arbeitsverhältnis *de luxe*, das dem schwindenden Teil der Bevölkerung, der zu ihm Zugang hatte, ein hohes Maß an Sicherheit und interner Gleichheit garantierte, dessen Verteidigung aber eine wachsende Kluft zu einer von ihm ausgeschlossenen, immer größer werdenden „Überschussbevölkerung" von Arbeitslosen, Frühverrenteten, geringfügig Beschäftigten, Frauen, Jungen und Alten und so weiter zur Folge hatte, deren wirtschaftliche und soziale Unsicherheit ständig zunahm. Die alte Bundesregierung hat die Spaltung unserer Gesellschaft und die Dualisierung ihrer Ökonomie, die unserer niedrigen Erwerbsquote und hohen Arbeitslosigkeit eigentlich zugrunde liegen, und die Verteidigung des Normalarbeitsverhältnisses durch seine soziale Schließung insgesamt schweigend hingenommen.

Gegenüber diesem Bruch der Solidarität verblasst die Kürzung der Lohnfortzahlung im Krankheitsfall um einen Urlaubstag pro Woche ins Unbedeutende. Geholfen hat der alten Bundesregierung allerdings das Gerede von der Begrenztheit der Menge an verfügbarer Erwerbsarbeit, das lange Zeit die hausgemachte Schließung unserer Arbeitsmärkte ideologisch verschleiert hat.

Aufgabe einer von Bundesregierung und Bündnis einzuleitenden neuen Beschäftigungspolitik wäre, das Beschäftigungssystem durch Umbau unserer arbeitspolitischen Institutionen zu *öffnen* und das Beschäftigungspotential des Dienstleistungssektors für den ersten und legalen Arbeitsmarkt zu erschließen. Dies erfordert unter anderem, dass die Regulierung des Beschäftigungsverhältnisses stärker auf die Bedürfnisse kleiner und neuer Unternehmen eingestellt wird, auf differenzierte Wettbewerbs- und Ertragslagen, auf neuartige Rationalisierungszwänge, verminderte Umverteilungsspielräume, veränderte Autoritätsstrukturen am Arbeitsplatz, neue Formen und Methoden der Arbeitsmotivation, neuartige Qualifikationsanforderungen, einen häufigeren Arbeitsplatzwechsel und so weiter. Als realistisches operatives Ziel könnte das Bündnis sich eine laufende Erhöhung der Erwerbsquote von einem Prozent pro Jahr, nach holländischem Beispiel, vornehmen. Schon bei einer Steigerung um fünf Prozent, also ein kanadisches Niveau, wären im übrigen die meisten aktuellen Finanzierungsprobleme unserer Systeme der sozialen Sicherung lösbar, wenn nicht bereits gelöst.

Rechtzeitiger Rücktritt

Wie eine *modernisierende Runderneuerung* des in der Nachkriegsperiode entstandenen Beschäftigungssystems und seine Anpassung an die Dienstleistungsgesellschaft aussehen kann, haben uns mehrere europäische Länder vorgemacht. Dort ist es gelungen, einer wachsenden Zahl von Frauen, Jungen und Alten neuen Zugang zu bezahlter Erwerbsarbeit zu verschaffen, ohne dass dabei das „Rheinland" des sozial und solidarisch regulierten Kapitalismus kontinentaleuropäischer Prägung verlassen werden musste. In den Niederlanden besteht heute, nach anderthalb Jahrzehnten gemeinsamer Mobilisierung guten Willens und politischer Phantasie und ohne nennenswerten Anstieg der Ungleichheit der Einkommen, wieder Vollbeschäftigung - bei weiterhin wachsender Erwerbsbeteiligung, zunehmender Arbeitszeit der Teilzeitarbeiter und, unter anderem, der Entstehung von Zeitarbeitsfirmen, die sich auf die Vermittlung von Arbeitskräften über 65 Jahre spezialisieren, die sich noch nicht in den Ruhestand abschieben lassen wollen.

Der von Teilen der Bundesregierung und der SPD nach dem Regierungswechsel vertretene Vulgär-„Keynesianismus" war geeignet - und möglicherweise dazu konzipiert -, den Verteidigern der deutschen Hochpreisversion des Normalarbeitsverhältnisses zu suggerieren, dass eine neue Geld- oder gar eine aggressivere Lohnpolitik ihnen die Anstrengungen und Risiken eines institutionellen Umbaus ersparen könnten. Mit dem Rücktritt des Finanzministers und Parteivorsitzenden ist dieser Hoffnung endgültig, glücklicherweise schon vor Eintritt bleibender Schäden, der Boden entzogen worden. Das politische Scheitern der „Nachfragetheorie" lenkt die Aufmerksamkeit zurück auf die institutionellen Reformen, ohne die unser Beschäftigungssystem nicht wieder inklusiv werden kann. Dabei muss nicht geleugnet werden, dass positive Beschäftigungseffekte auch von einer Stärkung der Binnennachfrage ausgehen können. Allerdings wird deren Ausmaß davon abhängen, wie weit die institutionellen Reformen vorangekommen sind. Im übrigen würden sich sofort nach „Abkassieren" der Beschäftigungsdividende, etwa einer Zinssenkung, die Strukturfragen erneut und in derselben Schärfe wie vorher stellen. Das niederländische Beispiel zeigt zudem, dass eine Belebung der Konsumnachfrage viel wirkungsvoller als durch eine einmalige Lohnerhöhung - noch dazu eine mit wahrscheinlich negativen Beschäftigungswirkungen - durch eine kontinuierlich wachsende Erwerbsquote und zuverlässig verbesserte längerfristige Beschäftigungsaussichten für die Arbeitnehmer und ihre Familien erreicht werden kann.

Im folgenden wollen wir zunächst genauer darstellen, wo die Beschäftigungspotentiale liegen, von deren Nutzung wir uns die Lösung der deutschen Arbeitsmarktkrise versprechen. Im Anschluss daran werden wir auf einige der Instrumente eingehen, derer sich eine neue Beschäftigungspolitik bedienen muss und kann.

Beschäftigung in der Dienstleistungsgesellschaft

Alle entwickelten Industriegesellschaften haben in den letzten Jahren neue Beschäftigung fast ausschließlich im Dienstleistungssektor aufbauen können. Dies gilt auch für Deutschland. Von Mitte der siebziger bis Mitte der neunziger Jahre sind in der "alten" Bundesrepublik etwa sechs Millionen zusätzliche Arbeitsplätze in Dienstleistungsbereich entstanden. Neben den *unternehmensbezogenen* haben sich vor allem die *personenbezogenen* Dienste - Sport und Freizeit sowie Sozial-, Gesundheits- und Bildungswesen - zu einem wichtigen Beschäftigungsfeld entwickelt (vgl. Tabelle 6). Generell haben *Beratungsdienstleistungen* nicht nur in der Wirtschaft (Finanzen, Recht, Qualifizierung), sondern in allen Lebensbereichen zugenommen.

- Der Anteil der *sozialen Dienste* an der Gesamtbeschäftigung liegt heute bei 15,7 Prozent. Rund die Hälfte der sozialversicherungspflichtig Beschäftigten im sozialen Sektor stellt das Gesundheitswesen. Mit einem Beschäftigungswachstum von 63,2 Prozent in den letzten fünfzehn Jahren übertrifft der Gesundheitssektor mit Abstand die Zuwächse "harter" Wirtschaftsbereiche wie der Industrie oder der distributiven Dienste. Noch höhere Wachstumsraten finden sich bei Kinder- und Altenheimen, im Bildungsbereich sowie im Verwaltungsapparat der Wohlfahrtsorganisationen, Verbände und Parteien.
- Im deutschen *Freizeitsektor* sind derzeit, einschließlich der Selbständigen, mithelfenden Familienangehörigen und geringfügig Beschäftigten, etwa fünf Millionen Personen beschäftigt, von denen 1,8 Millionen sozialversicherungspflichtig sind. Dies sind etwa 150.000 Personen mehr als 1980, was einem Beschäftigungswachstum von 8,9 Prozent entspricht.

Der wachsende Bedarf an personenbezogenen Dienstleistungen hat strukturelle Ursachen, die erwarten lassen, dass Nachfrage und Beschäftigung auch in Zukunft weiter zunehmen werden:

- Wichtigste Antriebskräfte für das Wachstum der *sozialen Dienste* sind die demographische Entwicklung und die schleichende Erosion primärer sozialer Netzwerke. Die Zahl der älteren Menschen, und insbesondere der Anteil der "Hochbetagten" an diesen, wird weiter steigen. Dies erhöht den Bedarf nach Pflege und Betreuung. Bislang wurden diese Leistungen vorwiegend von Frauen im familiären Rahmen erbracht. Durch die steigende Erwerbstätigkeit entsteht jedoch eine Lücke, die durch professionelle Pflegeangebote geschlossen werden muss. Dabei wird vor allem die Langzeitpflege an Bedeutung zunehmen. Die Erosion der "klassischen" Familienformen und die Zunahme der Zahl der Alleinlebenden und Alleinerziehenden erfordert außerdem einen Ausbau auch haushaltsbezogener und kinderbetreuender Dienste.
- Im *Gesundheitssektor* sind es vor allem die sogenannten Zivilisationskrankheiten - wie Allergien, Krebs, Herz-Kreislauferkrankungen und altersspezifische Krankheiten -, die den Bedarf an Dienstleistungen erhöhen. Sie verlaufen häufig chronisch und erfordern daher nicht nur kontinuierliche medizinische Behandlung, sondern auch Beratung in Bezug auf die individuelle Lebensgestaltung. Gleichzeitig wächst der Bedarf an Präventionsleistungen. Immer mehr Patienten zeigen außerdem Interesse an Alternativmedizin, wobei in erster Linie ergänzende Angebote und Kombinationen traditioneller und alternativer Behandlungselemente gewünscht werden. Bedarfssteigerungen im Gesundheitssektor werden

außerdem durch die Entwicklung von "Zukunftstechnologien" ausgelöst, die die diagnostischen und therapeutischen Möglichkeiten ausweiten. Hierzu zählen Bio- und Medizintechnologie, Umwelttechnologie sowie Innovationen im Bereich der neuen Medien.

- *Freizeitdienste* haben vor allem durch die sinkende Arbeitszeit und die steigenden verfügbaren Einkommen an Bedeutung gewonnen. Seit 1950 hat sich die werktägliche Freizeit auf 4,1 Stunden nahezu verdreifacht, während der Reallohn um mehr als das Vierfache gestiegen ist. Während Freizeit früher als Regenerationszeit galt, ist sie heute zunehmend Lebensmittelpunkt und Sphäre der Selbstverwirklichung, die oft wichtiger ist als Familie, Religion und Beruf. Ebenfalls bedarfssteigernd ist die Demokratisierung des Freizeitkonsums: so wie der Besuch eines Fußballspiels auch über die Mittelschicht hinaus hoffähig geworden ist, hat sich die „hohe" Kultur neuen Schichten jenseits des Bildungsbürgertums geöffnet. Begünstigt wird die Freizeitwirtschaft außerdem durch die wachsende Anzahl von Alleinlebenden sowie durch die Reisefreudigkeit der deutschen Bevölkerung, wo der Trend von einer Urlaubsreise pro Jahr zu mehreren Kurz- und Städtereisen geht.

Das deutsche Beschäftigungsdefizit

So beeindruckend jedoch der deutsche Beschäftigungszuwachs im Dienstleistungssektor erscheinen mag, so sehr bleibt er hinter dem anderer Länder zurück. Vergleicht man die Zahl der Beschäftigten pro tausend Einwohner, so ergibt sich für Deutschland gegenüber den USA ein Beschäftigungsdefizit von 1,7 Millionen Arbeitsplätzen bei den *distributiven* Diensten (Handel, Instandhaltung, Verkehr und so weiter), 2,1 Millionen bei den vorwiegend *wirtschaftsbezogenen* Diensten (Kredit, Versicherung, Beratung, Planung usw.), 1,9 Millionen bei den *freizeitbezogenen* Dienstleistungen (Gastgewerbe, Kultur, Sport, Erholung), 1,3 Millionen im *Bildungs- und Ausbildungswesen* und 1,1 Millionen im *Gesundheitswesen*. Es trifft zu, dass bei uns, anders als in den USA, viele distributive und wirtschaftsbezogene Dienstleistungen der Industrie zugerechnet werden. Aber selbst wenn man das hier anzunehmende zusätzliche Beschäftigungspotential vorsichtshalber halbiert, ergeben sich rechnerisch bis zu sechs Millionen Beschäftigungsmöglichkeiten, die aufgrund des verspäteten deutschen Übergangs zur Dienstleistungsgesellschaft ungenutzt bleiben.

Die Gründe für das Zurückbleiben des Dienstleistungssektors in Deutschland sind vor allem institutioneller Art - und damit grundsätzlich beeinflussbar. Im Gesundheits- und Bildungsbereich, die in Deutschland anders als in den USA staatlich oder staatsnah organisiert sind, ist die Nachfrage politisch begrenzt; da sie überwiegend über die öffentlichen Haushalte ausgeübt wird, die nicht weiter wachsen können, können auch Angebot und Beschäftigung nur langsam zunehmen. Beschäftigungszuwächse, wie sie in einer reichen Gesellschaft gerade in diesen beiden Sektoren eigentlich zu erwarten wären, hängen davon ab, in welchem Maße wir uns bereit finden, private Nachfrage nach Gesundheits- und Ausbildungsleistungen zu mobilisieren. Dies wiederum können wir nur dann, wenn Wege gefunden werden, trotz wachsender „Privatisierung" der beiden Sektoren allen Bürger grundsätzlich gleichen Zugang zu ihren Leistungen zu sichern. In anderen Bereichen, vor allem bei den distributiven und freizeitbezogenen Diensten, deren Märkte in hohem Maße preiselastisch sind und deren Leistungen personalintensiv und auf niedrigem Produktivitätsniveau erbracht werden, ist Beschäftigungswachstum nur dann möglich, wenn Arbeitskosten und Löhne im Vergleich zur Industrie niedrig sind und sein können und die Belastung durch Steuern und Abgaben gering bleibt.

Das eigentliche Beschäftigungsdefizit der deutschen Volkswirtschaft liegt nicht im industriellen Sektor und nicht in erster Linie bei den hoch qualifizierten Dienstleistungen, sondern im Bereich niedrigproduktiver Dienstleistungsarbeit. Die Wettbewerbsfähigkeit der deutschen Industrie steht außer Zweifel; sie hat auch im großen und ganzen kein Lohnkostenproblem. So gut sie sich aber auf den Weltmärkten behauptet, so wenig wird sie die wachsende Zahl derjenigen aufnehmen können, die heute Beschäftigung suchen und in Zukunft suchen werden. Dasselbe gilt für die industrienahen Dienstleistungen, deren Wachstum von den bestehenden Institutionen insgesamt nicht behindert wird - auch wenn hier noch manches besser werden könnte. Die wirklichen Schwierigkeiten bestehen dort, wo es um die Expansion geringproduktiver Beschäftigung geht, deren Entlohnung notwendigerweise ebenfalls niedrig sein muss. Beschäftigungspolitisch erfolgreichere Länder unterscheiden sich von uns vor allem dadurch, dass sie sich viel schneller als wir dazu haben durchringen können, die hier bestehenden Beschäftigungspotentiale zu nutzen. Das hoch anspruchsvolle Regulierungsmodell, das wir über die Jahre für unseren industriellen Kernbereich entwickelt haben, favorisiert Beschäftigung letztlich nur dann, wenn sie als hoch qualifizierte, hoch produktive und hoch entlohnte Beschäftigung stattfindet. Dem entspricht die Fixierung der beschäftigungspolitischen Debatte auf Instrumente wie berufliche Qualifizierung, mit deren Hilfe Außenseitern doch noch der Sprung über die hohe Produktivitätsschwelle ermöglicht werden soll, die wir vor den Eintritt in Erwerbstätigkeit aufgebaut haben.

Eine einzigartige Erfolgsgeschichte

Das deutsche Modell der Industriegesellschaft war und ist ein Erfolgsmodell; im industriellen Kernbereich ist Deutschland noch immer weltweit das wettbewerbsfähigste Land. Das deutsche *Beschäftigungs*modell ist Teil der einzigartigen Erfolgsgeschichte der deutschen Industriegesellschaft; mehr als alles andere erklärt dies, warum seine Anpassung an neue Verhältnisse auf so starken Widerstand stößt. In der Tat gibt es auch keinen Grund, warum qualifizierte Berufsarbeit, Flächentarif, Kündigungsschutz und so weiter nicht weiterhin, bei zeitgerechter Weiterentwicklung, den industriellen Kernsektor prägen sollten - auch wenn dieser, wie selbst in Deutschland nicht anders möglich, immer kleiner werden wird. Was das industrielle Beschäftigungsmodell allerdings nicht mehr beanspruchen kann, ist seine universelle Geltung für die Gesellschaft als ganze. Versuche, es dem, unter und neben ihm und teilweise gegen es, wachsenden Dienstleistungssektor aufzuzwingen, schaden nicht nur der Beschäftigung, sondern stoßen zunehmend auf politischen Widerstand.

Dienstleistungen brauchen, so zeigen uns die Erfahrungen anderer Länder, ein anderes Arbeitsregime als die Industrie: andere Arbeitszeiten, andere Entlohnungsformen, ein anderes Verhältnis von externen und internen Arbeitsmärkten, andere Qualifizierungseinrichtungen, andere Formen der sozialen Sicherung. Und nicht zuletzt verlangt ihr Wachstum eine Wirtschaftspolitik, die sich an den Bedürfnissen kleiner, gerade erst gegründeter oder noch zu gründender, oft am Rande der Lebensfähigkeit sich durchbeißender Unternehmen orientiert. Anders als bei den Industriegiganten der Vergangenheit können Staat und Gewerkschaften diesen nur zum eigenen Schaden Löhne und Abgaben abverlangen, die konstruiert sind, als handele es sich um Strafgebühren für die Ausbeutung menschlicher Arbeitskraft.

Letzten Endes aber erfordert die Öffnung von Wirtschaft und Gesellschaft für einen nachhaltigen Beschäftigungsaufbau im Dienstleistungssektor ein Überdenken von *Gerechtigkeitsvorstellungen*, die aus der Industriegesellschaft und der Vollbeschäftigungswirtschaft der Nachkriegszeit stammen. Hauptproblem sozialer Gerechtigkeit ist heute nicht mehr, oder doch nicht mehr in erster Linie, die Ungleichheit zwischen Automobilarbeiter und Kellner, sondern die zwischen beiden auf der einen und dem Arbeitslosen, Sozialhilfeempfänger oder „stillen Reservisten" auf der anderen Seite.

Die wichtigste soziale Differenz, die redistributive Politik am stärksten herausfordert, ist nicht die zwischen verschiedenen Arbeitslöhnen, sondern die zwischen Arbeitslohn und Sozialhilfe - zwischen denen, die in unserem immer exklusiver werdenden Beschäftigungs- und sozialen Sicherungssystem Platz gefunden haben, und denen, die nicht mehr hineinkommen. Wenn die industriegesellschaftliche Verteidigung der Gleichheit zwischen den Beschäftigten verschiedener Unternehmen oder Branchen zur Zutrittsschranke für die Beschäftigungslosen geworden ist, ist die Zeit gekommen, das Feld zu räumen. Wenn gleicher Zugang aller zu Erwerbsarbeit auch davon abhängt, dass das gesellschaftliche Regelwerk das Zustandekommen von Beschäftigung in niedrig produktiven und entsprechend gering entlohnten Dienstleistungen nicht behindert, dann ist es ein Gebot der sozialen Fairneß, dass wir es gründlich überarbeiten.

Small differences make bad policy

Die beschäftigungspolitische Wende hin zu einer Expansion des Dienstleistungssektors ist mit dem Instrumentarium der „aktiven Arbeitsmarktpolitik" nicht zu bewältigen. Die Aufwendungen für diese sind zusammen mit der Arbeitslosigkeit gewachsen; im laufenden Jahr liegen sie bei 41 Milliarden DM. Die Zahl und Vielfalt der damit finanzierten „Programme" müssen international keinen Vergleich scheuen. Die Bundesanstalt für Arbeit hat 85.000 Beschäftigte, die das immer weiter wachsende Arsenal von Sonderprogrammen, Modellversuchen und Fördermaßnahmen verwalten, das alles enthält, was gut und vor allem teuer ist. Sieht man allerdings von der runden Million Arbeitsuchender ab, die in Ausbildungs- und Arbeitsbeschaffungsmaßnahmen geparkt sind, gibt es schlechthin keine Möglichkeit zu sagen, ob und um wieviel die Arbeitslosigkeit ohne Arbeitsmarktpolitik größer wäre.

Das Establishment der Arbeitsmarktpolitik hält an der Hoffnung fest, durch weitere Verbesserung laufender Programme, durch noch gezieltere Maßnahmen für Problem- und Sondergruppen, durch neue regionale oder kommunale „Modellversuche" und vor allem durch Einsatz zusätzlicher finanzieller Mittel irgendwann doch noch eine Wende am Arbeitsmarkt schaffen zu können. Die deutschen Bildungs- und Ausbildungsinvestitionen gehören allerdings schon jetzt zu den höchsten in der Welt. Ohne eine Expansion des Arbeitsmarkts können sie nur dann etwas bewirken, wenn unter Einsatz weiterer öffentlicher Mittel andere, vor allem Ältere, zugunsten der Klienten von Qualifizierungsmaßnahmen aus dem Markt genommen werden. Im übrigen ist der gewachsene Bestand an Programmen und Maßnahmen mittlerweile so groß und komplex, dass auch die kompetentesten An- und Umbauversuche Gefahr laufen, „am Boden", wo sie ihre Wirkung zeigen sollen, unbemerkt zu bleiben.

„Small differences make bad policy" (Robert Solow). Dass durch ein oder zwei weitere oder durch verbesserte Feinsteuerung bestehender Programme ein quantitativ und vor allem auch politisch spürbarer Beitrag zur Lösung des gigantischen Beschäftigungsproblems der deutschen Volkswirtschaft geleistet werden könnte, kann niemand ernsthaft glauben. In Deutschland, wo Politiker oft das Bedürfnis haben, von der Bürokratie als „Experten" anerkannt zu werden, fallen Forderungen nach einer „Bündelung verschiedener beschäftigungspolitischer Maßnahmen" auf einen aufnahmebereiten Boden. Das Problem ist aber, dass jenseits eines bestimmten Komplexitätsniveaus marginale Veränderungen weder im Politikvollzug noch von den Politikadressaten wahr- oder doch ernstgenommen werden. Das Schicksal der ungezählten „Modellversuche", die zu nicht mehr geführt haben als zu in den Akten verbleichenden „Evaluationsberichten", spricht eine beredte Sprache.

Nur ein als solcher darstellbarer Paradigmenwechsel hat in einer Situation wie der deutschen Beschäftigungskrise eine Chance, wirksam zu werden. Eine expansive Beschäftigungsstrategie muss zusätzlich zur aktiven Arbeitsmarktpolitik neue Kräfte mobilisieren, die mit dieser notfalls auch in Konkurrenz treten können. Staat und Selbstverwaltung müssen durch die *Dynamik des Marktes* ergänzt werden - nicht zuletzt, um in bürokratischer Routine erstarrte Behörden, leerlaufende Programme und resignierte Individuen neu in Schwung zu bringen. Statt immer komplizierterer Direktinterventionen muss eine neue Beschäftigungspolitik vor allem neue, einfache, leicht verständliche Rahmenbedingungen für selbstinteressiertes Handeln schaffen, unter denen private Initiative auch im Arbeitsmarkt zum allgemeinen Nutzen beitragen kann. Das wichtigste Instrument einer neuen Arbeitsmarktpolitik im Übergang zur Dienstleistungsgesellschaft ist - der Markt.

(Fast) jeder Arbeitsplatz ist besser als keiner

Auch die Denkweisen müssen sich ändern. Ebenso wie in anderen Ländern muss die Arbeitsmarktpolitik lernen, ihren Klienten mehr zuzutrauen. Nicht alle Langzeitarbeitslosen könnten wieder arbeiten. Aber wie die Erwerbsraten anderer europäischer Länder ebenso zeigen wie deren vergleichsweise niedriger Anteil an Langzeitarbeitslosen, wären viel mehr von ihnen in der Lage, wirtschaftlich auf eigenen Füßen zu stehen, als uns die Betreuermentalität der Maßnahmeträger glauben machen will. Aus Arbeit herausgenommen zu werden ist weder eine Wohltat noch gar ein Recht; (fast) jeder Arbeitsplatz ist besser als keiner, auch deshalb, weil die wichtigste Voraussetzung dafür, einen besseren Arbeitsplatz zu finden, darin besteht, erst einmal überhaupt einen zu haben. Auch neigen Menschen dazu, sich in Abhängigkeit und Randständigkeit einzurichten, wenn ihnen die Erfahrung vorenthalten wird, dass sie für sich selbst sorgen können. In unseren nordwesteuropäischen Nachbarländern weiß man längst, dass es zu den Solidaritätspflichten der Gemeinschaft gehört, ihre Mitglieder nicht vor Marktzwängen zu schützen, die sie dazu bewegen könnten, sich noch einmal aufzuraffen.

Wie lässt sich die Öffnung unseres Arbeitsmarktes für zusätzliche Beschäftigung im Dienstleistungssektor erreichen? Die Bausteine einer expansiven Beschäftigungsstrategie liegen längst bereit; was in Deutschland bisher gefehlt hat, war die Bereitschaft, von ihnen Gebrauch zu machen.

1. Zwischen dem Niveau der Beschäftigung im privaten Dienstleistungssektor und dem Ausmaß der gesamtwirtschaftlichen Lohnspreizung besteht im internationalen Vergleich ein eindeutiger Zusammenhang. Deshalb ist eine an der Produktivität orientierte Lohnfindung einer Beschäftigungsexpansion im Dienstleistungssektor dann schädlich, wenn als Leitgröße die *nationale Durchschnittsproduktivität* oder gar, wie in Deutschland, die Produktivität der Metall- und Elektroindustrie gewählt wird. Mit der Diversifizierung der Wirtschaftsstruktur und der Internationalisierung des Wettbewerbs hat der nationale Durchschnitt als allgemeine Orientierungsgröße der Lohnpolitik ausgedient; in fast allen europäischen Ländern werden deshalb bei der Lohnfindung inter- und intrasektorale Produktivitätsunterschiede zunehmend berücksichtigt. Damit verlieren zwar die Exportindustrien die Möglichkeit, ihre relativ hohe Zahlungsfähigkeit hinter der niedrigeren Produktivität des Dienstleistungssektor zu verstecken. Zugleich aber entstehen Spielräume für zusätzliche Beschäftigung in preiselastischen einfachen Dienstleistungen.

2. Ein eher noch stärkerer - negativer - statistischer Zusammenhang besteht zwischen der Höhe der auf den Lohn erhobenen Sozialabgaben und dem Niveau der Beschäftigung in der Privatwirtschaft, und vor allem in der Produktion einfacher Dienstleistungen: Je höher die auf Arbeit zu leistenden Abgaben, desto niedriger die Beschäftigung dort, wo heute allein ein nennenswerter Beschäftigungsaufbau möglich wäre. Und Deutschland gehört zu den Ländern mit den höchsten gesetzlichen Lohnnebenkosten. Die Teilnehmer am Bündnis für Arbeit haben sich deshalb schon bei ihrem ersten Zusammentreffen am 7. Dezember 1998 auf eine weitere Senkung der Lohnnebenkosten geeinigt. Umso unverständlicher erscheint es, dass sich die Entlastungsdebatte in letzter Zeit ausschließlich auf die Einkommens- und Körperschaftssteuer konzentriert. Im internationalen Vergleich ist die Abgabenbelastung der deutschen Wirtschaft erst dann wirklich hoch, wenn man die Sozialbeiträge einrechnet; und alles spricht dafür, dass mit einer Senkung der Sozialbeiträge ungleich größere Beschäftigungseffekte erzielt werden können als mit einer Steuersenkung. Nicht zuletzt begünstigt eine Senkung der Lohnnebenkosten den arbeitsintensiven Dienstleistungssektor gegenüber der kapitalintensiven Industrie, deren Großunternehmen auch im günstigsten Fall mittel- und langfristig Beschäftigung abbauen werden, während sowohl in den personenbezogenen Dienstlei-

stungen als auch den wirtschaftsbezogenen und distributiven Diensten noch Beschäftigungspotentiale stecken.
3. Am beschäftigungswirksamsten wäre eine Senkung der Lohnnebenkosten freilich, wenn sie nicht global stattfände, sondern sich auf das untere Ende des Arbeitsmarktes konzentrierte. Es gibt keinen vernünftigen Zweifel, dass der Ertrag der Ökosteuer beschäftigungspolitisch besser angelegt gewesen wäre, wenn man ihn, statt zu einer globalen Senkung der Beiträge für alle, zur verstärkten Entlastung niedriger Einkommen eingesetzt hätte („klotzen statt kleckern"). Damit wäre bei den Sozialbeiträgen, ähnlich wie bei den Steuern, eine Art Freibetrag entstanden, jenseits dessen der Beitrag allmählich auf das Normalniveau hätte steigen können. Wenn die ohnehin geplante nächste Senkung der Lohnnebenkosten so ausgestaltet würde, ergäbe sich nicht nur eine sozialpolitisch wünschenswerte Umverteilung von hohen zu niedrigen Einkommen, sondern auch eine beschäftigungspolitisch wünschenswerte Begünstigung arbeitsintensiver Dienstleistungsbereiche mit Beschäftigungsmöglichkeiten für gering qualifizierte Arbeitnehmer. Der allgemeine Charakter einer solchen Maßnahme, insbesondere im Vergleich zum sogenannten „Kombilohn", würde einen Strukturwandel zugunsten des Dienstleistungssektors fördern. Auf der Angebotsseite des Arbeitsmarkts würde bei niedrigen Bruttolöhnen der Abstand zwischen Brutto und Netto abnehmen, während er zwischen dem Nettolohn und dem Sozialhilfeniveau wachsen würde, und zwar ohne Senkung der Sozialhilfe. Die komplizierte 630-Mark-Regelung würde aufgesogen: Ihre erhaltenswerten Elemente würden auf einen weiten Bereich von Arbeitsplätzen ausgeweitet, während ihre vielfältigen Fehlanreize verschwänden. Es ist kein Wunder, dass im europäischen Ausland zunehmend mit derartigen Lösungen experimentiert wird, obwohl dort die Lohnnebenkosten meist weit unter den deutschen liegen.
4. Wie internationale Vergleiche weiterhin zeigen, haben hohe Konsumsteuern negative Auswirkungen auf die Beschäftigung im Bereich preiselastischer einfacher Dienstleistungen. Eine Umlegung der Finanzierung der sozialen Sicherung von Lohnnebenkosten auf die Mehrwertsteuer ist deshalb nicht ohne weiteres beschäftigungsfördernd. Möglich wäre aber ein gespaltener Mehrwertsteuersatz, der einfache Dienstleistungen weniger belastet als exportfähige Güter, auf deren Wettbewerbsfähigkeit die Mehrwertsteuer keinen Einfluss hat. Auch dies liefe auf eine Umverteilung vom industriellen zum Dienstleistungssektor hinaus, wobei die positiven Beschäftigungseffekte in Gestalt allgemein sinkender Lohnnebenkosten freilich auch der Industrie zugute kämen.
5. Eine beschäftigungsfreundliche Steuerreform müsste insgesamt zu einem Steuersystem führen, das vor allem noch nicht existierende, erst zu gründende und notwendigerweise zunächst kleine Firmen begünstigt. Auch diese werden überwiegend der Dienstleistungswirtschaft angehören. Gerade für sie ist eine Entlastung bei den Sozialabgaben wichtiger als bei den Gewinnsteuern, ebenso wie für sie fast alles davon abhängt, dass ihre Löhne unter Kontrolle bleiben. Öffentliche Unterstützung der Gründung von Unternehmen im Dienstleistungssektor, bei denen gerade auch gering qualifizierte Arbeitnehmer Beschäftigung finden können, kann nur Erfolg haben, wenn Löhne, Lohnnebenkosten und

Steuern langfristig und verlässlich so gestaltet werden, dass potentiellen Unternehmensgründern ein Überleben in preiselastischen Märkten aussichtsreich erscheint.
6. Neue Methoden der Arbeitsvermittlung können den in Deutschland besonders langen Zeitraum zwischen dem Eintritt in die Arbeitslosigkeit und dem Antritt einer neuen Stelle verkürzen. Anstatt jedoch allein auf eine Verbesserung der Effizienz der Bundesanstalt für Arbeit zu setzen, sollte die Politik sich auch hier zusätzlich auf den Markt und die öffentliche Nutzung privatwirtschaftlicher Gewinninteressen stützen. So könnten die Trägereinrichtungen für Bildungs- und Weiterbildungsmaßnahmen das Recht erhalten, ihre Absolventen selbst im Arbeitsmarkt zu plazieren und dafür im Erfolgsfall eine Vermittlungsprämie zu kassieren. Lohnkostenzuschüsse sollten bevorzugt an Zeitarbeitsfirmen gezahlt werden, die Arbeitslose zu tariflichen Bedingungen einstellen. Tariflich geregelte Beschäftigung in Zeitarbeitsfirmen ist ein idealer Weg, soziale Sicherung und Flexibilität miteinander zu verbinden. In Holland, wo mitunter ganze Belegschaften stillgelegter Unternehmen von Zeitarbeitsfirmen übernommen werden, hat nahezu der gesamte Beschäftigungsaufbau der letzten Jahre innerhalb von oder über Zeitarbeitsfirmen stattgefunden; und Arbeitgeber stellen zunehmend nur noch Arbeitnehmer ein, die bei ihnen zunächst als Zeitarbeiter tätig waren. Zu den ermutigenden Entwicklungen in Deutschland im letzten Jahr gehörte, dass unter den zwanzig Unternehmen mit dem größten Beschäftigungsaufbau nicht weniger als drei Zeitarbeitsfirmen waren.
7. Die sich abzeichnende Verschärfung der Zumutbarkeitskriterien und die Politik eines raschen Entzugs von Leistungen bei Ablehnung eines Beschäftigungsangebots müssen konsequent verwirklicht werden. Es besteht kein Anlass, warum in Deutschland geringere Anforderungen an arbeitslose Leistungsempfänger gestellt werden sollten als in Dänemark oder Schweden - in Ländern mit unbezweifelbarer sozialer und sozialdemokratischer Prägung. Auch wäre ein vermehrter Einsatz von Zeitarbeitsfirmen nur möglich, wenn auch von Arbeitslosen ein höheres Maß an räumlicher und beruflicher Mobilität erwartet werden könnte.

Ungewissheit wird durch Vertrauen überwunden

Die notwendige Runderneuerung des „deutschen Modells" kann nicht auf einmal und aus einem Guß erfolgen. Eine Reform des deutschen Beschäftigungssystems, die diese Bezeichnung verdient, verlangt einen offenen Politikprozess, der Platz lässt für erfahrungsgestützte Korrekturen unerwünschter Nebenfolgen und unvermeidlicher Folgeprobleme. Voraussetzung dafür, dass politische Akteure sich an einem solchen Prozess beteiligen, ist ein hohes Maß an *Vertrauen*. Die Erklärung von Wassenaar, mit der die langjährige Überarbeitung des niederländischen Sozial- und Beschäftigungssystems begann, enthielt nicht mehr als allgemeine Zielvorgaben und war nicht länger als anderthalb Schreibmaschinenseiten. Wichtiger als alle nur scheinbar „konkreten" Programme mit ihren komplizierten Ausnahme- und Sonderregelungen ist die verläßliche Erwartung, dass unbeabsichtigte Entwicklungen zu Lasten einer Seite nicht von den anderen ausgenutzt, sondern in gemeinsamer Anstrengung nach Möglichkeit rückgängig gemacht oder kompensiert werden. Ungewissheit wird nicht durch technokratischen Perfektionismus oder verbesserte „Modellrechnungen", sondern nur durch Vertrauen überwunden - in den guten Willen der anderen und in die gemeinsame Fähigkeit, noch unbekannte zukünftige Probleme kompetent zu lösen. Dieses herzustellen ist die eigentliche Aufgabe der Beschäftigungspolitik.

Für Bundesregierung und Bündnis wird es nicht ausreichen, durch detailverbesserte arbeitsmarktpolitische Programme die Zahl der Arbeitslosen um ein- oder zweihunderttausend zu senken. „Erfolge" dieser Art werden außerhalb der Bonner und Nürnberger Arbeitsmarktbürokratien nicht mehr wahrgenommen. Die rot-grüne Bundesregierung und das Bündnis werden ihre Existenzberechtigung nur dann nachweisen können, wenn es ihnen gelingt, einen *Umschwung am Arbeitsmarkt* herbeizuführen und der großen Masse der Bevölkerung neue Zuversicht in ihre Beschäftigungschancen und die ihrer Familien zu vermitteln. Dies geht nur durch Öffnung des Arbeitsmarktes und einen Beschäftigungsboom im tertiären Sektor nach Art der Niederlande, Dänemarks oder auch der USA. Die komplizierten Defensivmanöver der Arbeitsmarktverwalter aller Provenienz sind wirtschaftlich und politisch ebenso impotent wie intellektuelle Kopfgeburten nach Art der „Bürgerarbeit" und des „Bürgergeldes". Die Zukunftsangst, die heute viele Menschen lähmt, wird auch durch eine noch so verfeinerte bürokratische Bewirtschaftung von Beschäftigungs- und Lebenschancen nicht überwunden. Die Wähler erwarten, von ihrer Regierung zu hören, dass die Probleme des Arbeitsmarktes und der sozialen Sicherung bei gemeinsamer Anstrengung grundsätzlich lösbar sind; dass, wenn wir nur wollen, keiner ausgeschlossen werden muss und in der Mitte unserer Gesellschaft Platz für alle ist; dass die junge Generation genauso gebraucht wird und dieselben Chancen hat wie die ältere; und dass Frauen dieselben Rechte und denselben Zugang zu Arbeit und Einkommen haben können wie Männer. Die gute Nachricht ist, dass es keinen sachlichen Grund gibt, ihnen nicht zu sagen, was sie hören wollen.

Tabelle 1

Weibliche Erwerbsquoten[1] in den G-7Ländern, in den Niederlanden und in Dänemark (in Prozent)

	1980	1985	1990	1995	1996	1997
Deutschland	52,8	52,9	57,0	61,7	62,0	61,8
Vereinigte Staaten[2]	61,5	65,6	69,7	71,6	72,0	72,5
Kanada	58,4	63,9	69,2	68,4	68,7	68,7
Japan	54,9	57,2	60,4	62,3	62,8	63,8
Frankreich	56,0	56,1	57,6	60,1	60,7	60,4
Großbritannien[2]	61,3	63,1	68,1	67,9	68,4	68,9
Italien	39,2	40,6	44,5	43,3	43,8	44,1
Niederlande	36,3	41,0	53,1	59,3	60,4	62,2
Dänemark		75,5	78,6	73,6	74,0	74,7

1 Anteil der weiblichen Erwerbspersonen an der erwerbsfähigen Bevölkerung zwischen 15 - 64 Jahren.
2 Bevölkerung zwischen 16 - 64 Jahren.

Quelle: OECD Labour Force Statistics 1998.

Tabelle 2

Beschäftigtenquote[1] älterer Arbeitnehmer in den G-7 Ländern, den Niederlanden und Dänemark (in Prozent)

	1983	1990	1995	1996	1997	1998
Deutschland	38,1	39,2	37,8	37,9	38,2	38,8
Vereinigte Staaten	51,4	54,0	55,1	55,9	57,2	57,7
Kanada	47,9	47,0	43,6	44,2	44,7	45,4
Japan	61,3	62,9	63,7	63,6	64,2	63,8
Frankreich	39,9	35,6	33,5	33,5	33,6	33,0
Großbritannien	47,5	49,2	47,6	47,7	48,5	48,3
Italien	34,1	32,0	27,0	27,3	27,3	26,9
Niederlande	30,6	22,4	22,7	30,5	31,7	33,3
Dänemark	50,6	53,6	49,3	47,5	51,4	50,4

1 Anteil der Beschäftigten im Alter von 55 - 64 Jahren an der erwerbsfähigen Bevölkerung zwischen 55 - 64 Jahren.

Quelle: OECD Employment Outlook 1997 und 1999.

Tabelle 3

Erwerbsquoten[1] in den G-7 Ländern, in den Niederlanden und in Dänemark (in Prozent)

	1981	1985	1990	1995	1996	1997
Deutschland	68,4	67,6	69,1	71,2	71,4	71,1
Vereinigte Staaten[2]	74,6	76,4	78,7	79,2	79,3	79,6
Kanada	73,0	75,1	77,9	75,7	75,9	76,0
Japan	71,8	72,4	74,3	76,6	77,3	78,0
Frankreich	69,5	67,0	66,5	67,2	67,8	67,5
Großbritannien		76,3	79,1	77,2	77,3	77,4
Italien	59,5	58,6	66,7	70,6	71,4	72,6
Niederlande	57,6	58,6	66,7	70,6	71,4	72,6
Dänemark		82,0	84,1	80,1	80,1	80,5

1 Anteil der Erwerbspersonen an der erwerbsfähigen Bevölkerung zwischen 15 - 64 Jahren.
2 Bevölkerung zwischen 16 - 64 Jahren.

Quelle: OECD Labour Force Statistics 1998.

Tabelle 4

Standardisierte Arbeitslosenquote[1] in den G-7 Ländern, den Niederlanden und Dänemark (in Prozent)

	1981 - 1985	1986 - 1990	1991 - 1995	1996	1997	1998
Deutschland	6,2	5,9	7,3	8,9	9,9	9,4
Vereinigte Staaten	8,3	5,9	6,6	5,4	4,9	4,5
Kanada	10,5	8,4	10,6	9,7	9,2	8,3
Japan	2,5	2,5	2,6	3,4	3,4	4,1
Frankreich	8,5	9,7	11,1	12,4	12,3	11,7
Großbritannien	10,9	9,0	9,5	8,2	7,0	6,3
Italien	7,4	9,6	10,3	12,0	12,1	12,2
Niederlande	8,5	7,4	6,4	6,3	5,2	4,0
Dänemark[2]		7,1	8,6	6,8	5,6	5,1

1 Anteil der Arbeitslosen an den Erwerbspersonen.
2 Erster berechneter Mittelwert nur über die Jahre 1988 - 1990

Quelle: OECD Economic Outlook 1998 und Employment Outlook 1999.

Tabelle 5

Sozialversicherungsbeiträge in Prozent der Arbeitskosten[1] in den G-7 Ländern, in den Niederlanden und Dänemark 1997

(Alleinstehender Arbeitnehmer mit 100 Prozent des Durchschnittsverdienstes)

	Sozialversicherungsbeiträge		
	Arbeitgeber	Arbeitnehmer	gesamt
Deutschland	17,0	17,0	**34,0**
Vereinigte Staaten	7,0	7,0	**14,0**
Kanada	5,0	6,0	**11,0**
Japan	7,0	7,0	**14,0**
Frankreich	13,0	29,0	**42,0**
Großbritannien	8,0	9,0	**17,0**
Italien	7,0	32,0	**37,0**
Niederlande	30,0	7,0	**37,0**
Dänemark	10,0	0,0	**10,0**

1 Anteil am Bruttogehalt zzgl. Arbeitgeberbeiträge.

Quelle: OECD Tax/ Benefit Position of Employees 1997.

Tabelle 6

Erwerbstätige in den USA und in Deutschland 1998 nach ausgewählten Wirtschaftszweigen und je 1.000 Einwohner

Wirtschaftszweige	Dichteziffern		Differenz D/ USA
	D	USA	tatsächl. minus mögliche
	(Erwerbst. je 1.000 Einw.)		Erwerbstätige (in Mio.)
Distributive Dienste	86	110	-1,980
davon: Handel, Instandhaltung, Reperatur	63	82	-1,611
Vorwiegend wirtschaftsbezogene Dienste	49	74	-2,071
davon: Beratung, Planung, Werbung, Leasing	33	51	-1,422
Freizeitbezogene Dienste	20	43	-1,888
davon: Gastgewerbe	14	31	-1,374
davon: Kultur, Sport, Erholung	6	12	-0,513
Vorwiegend gesellschaftsbezogene Dienste			
Erziehung, Unterricht	24	39	-1,251
Gesundheits-, Veterinärwesen	29	43	-1,201

Quelle: US Bureau of Labour Statistics: Current Population Survey 1998, Statistisches Bundesamt: Mikrozensus1998, Berechnungen des IAB.

Brigitte Stolz-Willig/ Franziska Wiethold

**Auf konfliktreichen Wegen zu neuer Arbeit.
Gegen naive Vorschläge und billigen Konsens**

Sowohl in der Koalitionsvereinbarung zwischen SPD und Bündnis 90/ Die Grünen (vgl. Dokumentation) als auch in den späteren Erklärungen zum Bündnis für Arbeit ziehen sich die Begriffe „flexibel, modern, innovativ" in Kombination mit „beschäftigungswirksam, wettbewerbsfördernd" wie ein roter Faden durch. Neue Arbeitsplätze sollen danach hauptsächlich in neuen Branchen (Dienstleistungsbereich), durch neue Arbeitsformen (Teilzeitarbeit, Selbständigkeit) und flexiblere Arbeitszeitsysteme entstehen. Es wird unterstellt, eine wachsende Zahl von Beschäftigten - insbesondere Jüngere und Frauen - hätten ein starkes Interesse an flexiblerer Beschäftigung außerhalb eines „starren Arbeitszeitregimes", so dass sich das Interesse der Betriebe an mehr Flexibilität und Wettbewerbsfähigkeit mit dem Wunsch der Beschäftigten nach mehr Zeitsouveränität weitgehend decke. Gesellschaftliche Konflikte verlaufen danach nicht mehr nach der Logik des Gegensatzes zwischen Kapital und Arbeit, sondern nach der Trennlinie „Modernisierer und Traditionalisten". Die von Peter Glotz Anfang der 80er Jahre propagierte antagonistische Kooperation zwischen aufgeklärten Managern und Turnschuharbeitern hat sich danach so weiterentwickelt, dass sich nicht nur der Antagonismus verflüchtigt hat. An die Stelle von Managern und Facharbeitern tritt die so schön unpräzise Welt des Netzwerkes - der Kooperation zwischen verschiedenen Systemen.

Hinter diesen weich verpackten Schlagwörtern verbergen sich einige zentrale Argumentationsstränge, mit denen uns eine Auseinandersetzung vordringlich erscheint. Es wird behauptet, dass

- der technologische Fortschritt zu einer objektiv abnehmenden Bedeutung der Erwerbsarbeit führe. Beschäftigungseffekte seien allenfalls im niedrigproduktiven Bereich der personennahen Dienste zu erwarten. Deren Ausweitung scheitere aber an dem bisherigen Modus der Lohnentwicklung, der sich an gesamtwirtschaftlicher Produktivität und nicht an einzelwirtschaftlicher Kostenrechnung orientiere,
- das Normalarbeitsverhältnis alter Prägung mit Überwindung des überkommenen Modells fordistischer Produktionsweise zur „Normalitätsfiktion" werde. Die Erwerbsarbeit habe im Leben der Einzelnen einen deutlich geringeren Stellenwert. Eine Neuorganisation und Neubewertung gesellschaftlicher Arbeits- und Tätigkeitsformen stehe damit auf der Tagesordnung,
- die Koppelung der sozialen Sicherung an das Normalarbeitsverhältnis nicht mehr zu den Flexibilitätsanforderungen und Individualisierungstendenzen der postindustriellen Gesellschaft passe. Angesichts der Krise des Normalarbeitsverhältnisses und der Sozialversicherungen sei die Stabilität von Arbeitspolitik und Sozialpolitik in eine wechselseitige De-Stabilisierung umgeschlagen.

Ganz abgesehen davon, dass die Höhe einer Beschäftigungsschwelle keine konstante Grösse ist, sondern sich in Abhängigkeit von ökonomischen Bestimmungsgrößen und dem Einsatz wirtschaftspolitischer Instrumente (staatliche Ein- und Ausgaben, tarifliche Arbeitszeit und Löhne) entwickelt, kann überhaupt keine Rede davon sein, dass die Bedeutung der Erwerbsarbeit abnimmt. Kennzeichen der Arbeitsmarktentwicklung ist - über lange Fristen betrachtet - nicht nur die Arbeitslosigkeit, sondern auch, dass die Zahl der abhängig Beschäftigten zugenommen hat (vgl. ausführlich Wagner/ Gensior 1999).

Die Bedeutung der Erwerbsarbeit nimmt zu

Die Erwerbsbeteiligung der Männer nimmt in der jüngeren Arbeitsmarktentwicklung zwar ab. Dies ist aber auf einen späteren Arbeitsmarkteintritt als Folge längerer Ausbildungszeiten und einen früheren Übergang in den Ruhestand zurückzuführen. Daraus lässt sich nicht ableiten, dass die Erwerbsarbeit an Bedeutung verliert. Die Erwerbsbeteiligung der Frauen steigt in Westdeutschland kontinuierlich an und verbleibt im Osten auf hohem Niveau. Bemerkenswert ist vor allem der Anstieg der Erwerbstätigkeit der verheirateten Frauen und nichts weist darauf hin, dass diese Entwicklung bereits abgeschlossen ist. Das Institut für Arbeitsmarkt- und Berufsforschung (IAB) geht davon aus, dass im Jahr 2010 zwischen 73 und 82 Prozent der verheirateten Frauen erwerbstätig sein werden. Hohe Scheidungsraten zeigen, dass die Ehe immer weniger Gewähr für eine soziale Absicherung der Frauen ist. Mit der Auflösung traditioneller familialer Sicherungsstrukturen nimmt aber die Bedeutung des Arbeitsmarktes für die Existenzsicherung und individuelle Lebensgestaltung zu.

Die wachsende Wissensorientierung der Wirtschaft, die mit einer verbesserten Ausbildung und einem steigenden Bildungs- und Qualifikationsniveau einhergeht, wird den Trend zu einer weiter steigenden Erwerbsbeteiligung der Frauen positiv verstärken. Frauen mit Universitätsabschluss sind deutlich häufiger erwerbstätig als Frauen mit niedriger Qualifikation und auch häufiger als niedrig qualifizierte Männer. In allen EU Ländern und Nordamerika ist der Trend einer steigenden Erwerbstätigkeit der Frauen zu beobachten. Deutschland hat diesbezüglich eher einen Nachholbedarf.

Mit der zunehmenden Bedeutung der Erwerbsarbeit gehen allerdings gravierende Veränderungen innerhalb der Beschäftigung einher. Seit Mitte der 80er Jahre haben sich die Beschäftigungsformen pluralisiert. Normalarbeitsverhältnisse, definiert als Arbeitsverträge unbefristet vollzeitbeschäftigter Arbeiter und Angestellter verloren besonders in den 90er Jahren an Bedeutung. Ihr Anteil sank von 59 Prozent in 1990 auf 56,2 Prozent in 1995. Teilzeitbeschäftigung und Selbständigkeit haben deutlich zugenommen, wohingegen bedeutsame Umschichtungen zu befristeter Vollzeitbeschäftigung oder Leiharbeit bisher nicht stattfanden (Hoffmann/ Walwei 1998).

Zwar kann die populäre These, das Normalarbeitsverhältnis sei mittlerweile zu einer „Normalitätsfiktion" geworden, empirisch nicht belegt werden, insbesondere für die Frauenbeschäftigung lässt sich aber zweifellos eine Tendenz zu mehr Teilzeitarbeit und insbesondere zu geringfügiger Beschäftigung feststellen. Frauen steigen überwiegend mit Teilzeit in den Arbeitsmarkt ein. Aber: die zunehmende Zahl teilzeiterwerbstätiger Frauen geht gerade nicht zu Lasten der Vollzeit. Tatsächlich hat sich der Anteil der vollzeitbeschäftigten Arbeiter und Angestellten an der Bevölkerung im erwerbsfähigen Alter seit den 60er Jahren nur wenig verändert. (Wagner 1998) „Daher könnte das, was heute als Erosion des Normalarbeitsverhältnis bezeichnet wird, auch als eine Flexibilisierung des Arbeitsmarktes, eine Ausdehnung der atypischen Beschäftigungsverhältnisse mit Hilfe qualifizierter, erwerbsorientierter und flexibler Frauen bezeichnet werden, wobei der Kernbestand männlich normierter Arbeitsverhältnisse (und erwerbstätiger Männer) nicht tangiert wurde (vermutlich noch nicht tangiert wurde)." (Holst/ Maier 1998: 511)

Die Pluralisierung der Beschäftigungsformen ist weniger darin begründet, dass sich Bestehendes auflöst (Normal- beziehungsweise Vollzeitarbeitsverhältnis), als vielmehr darin, dass etwas Neues hinzu kommt (Erwerbstätigkeit von Frauen). Dies „ist der vielfach ignorierte Kern des gegenwärtigen Wandels" (Wagner/ Gensior 1999). Die bisherige „Norm" war keine allgemeingültige, sondern eine männlich dominierte und strukturierte. Sie hatte diskontinuierliche Erwerbsverläufe der Frauen zur Voraussetzung und beruhte auf einem Geschlechterkontrakt, der sich als Modell des männlichen Alleinverdieners beschreiben lässt. Die wachsende Teilzeitbeschäftigung von Frauen, die vorher nicht erwerbstätig waren, kann als eine modernisierte Form des traditionellen Geschlechtervertrages betrachtet werden, freilich ohne diesen in Frage zu stellen. Trotz der strukturellen Veränderungen der Familienformen und der Berufsorientierung von Frauen orientieren sich Arbeitsmarkt-, Sozial- und Tarifpolitik unverändert am traditionellen Leitbild der Familie und an überkommenen Geschlechterrollen.

Tatsächlich verweist die Krise des deutschen Arbeitsmarktsystems auf einen zentralen Modernisierungsrückstand und die fehlende geschlechterdemokratischen Perspektive der Gesellschaft. Es gründet auf dem Gesellschaftsmodell des männlichen Alleinverdieners und -ernährers. Dienstleistungen werden im wesentlichen weder vom öffentlichen Sektor noch von privaten Dienstleistungsunternehmen, sondern von der Familie erbracht. Die Konstruktion des sozialen Sicherungssystems stützt die Privatförmigkeit der Familienarbeit. Sie bindet die soziale Sicherung der nicht oder nur geringfügig beschäftigten Ehefrau an die Erwerbsposition und -biographie des Ehemanns (Bäcker/ Stolz-Willig 1994). Darin liegt die grösste Schwäche des deutschen Modells. Der Weg zu mehr Beschäftigung und gleichzeitigem Schutz vor sozialer Ausgrenzung kann nur in einem Übergang zum Modell des Privathaushalts mit zwei Einkommen, eigenständiger sozialer Sicherung der Frauen und einem deutlichen Ausbau des Dienstleistungssektors bestehen.

Drei Hauptfaktoren spielen dabei eine Rolle: Die industriellen Kernsektoren und damit die besser bezahlten Stellen für männliche Beschäftigte schrumpfen. Frauen stellen höhere Ansprüche an bezahlte Arbeit und gerechte Entlohnung. Der Dienstleistungssektor muss ausgebaut werden, um die allgemeine Beschäftigung anzukurbeln. „Um in Deutschland eine tragfähige Basis für die Beschäftigung in nächsten Jahrhundert zu schaffen, muss sich das ... traditionelle deutsche Modell zu einem Arbeitsmarktsystem wandeln, das nicht nur mit veränderten Erwerbsmustern besser vereinbar ist, sondern auch mit den sich verändernden Arbeitsmarktbedingungen, denen zufolge der Dienstleistungsbereich weiter an Bedeutung gewinnt." (Rubery 1998: 272)

Die in der Debatte zur Zukunft der Arbeit entwickelten Handlungsansätze sind folglich danach zu bewerten, ob und wie eine Reform der Arbeitsgesellschaft verbunden wird mit der Perspektive, die Geschlechterverhältnisse zu modernisieren und gleichberechtigte Chancen zur Teilhabe an Arbeit, Einkommen sowie wirtschaftlichen und gesellschaftlichen Entscheidungsprozessen zu eröffnen. (Vgl. Kurz-Scherf in diesem Band)

Wege in die Dienstleistungsgesellschaft?

Wie immer man die sogenannte „Dienstleistungslücke" in Deutschland beurteilen mag, Einmütigkeit besteht darin, dass insbesondere bei den personennahen Diensten Beschäftigungspotentiale zu erschließen sind. Weder das US- amerikanische Modell, das durch eine starke Lohndifferenzierung gekennzeichnet ist und bei niedriger Besteuerung auf private Nachfrage setzt, noch der skandinavische Weg, der stark auf eine öffentliche Finanzierung der Dienstleistungen setzt, wird für Deutschland als möglich betrachtet (vgl. Zukunftskommission der Friedrich-Ebert-Stiftung, 1998: 237ff.). Dass die Staatsquote zurückzuführen und darauf zu orientieren ist, private Nachfrage zu erschließen, ist mittlerweile einer der Glaubenssätze sozialdemokratischer Beschäftigungspolitik. Gestritten wird nur noch über das Ausmaß der Lohndifferenzierung, die sozialpolitische Flankierung der „working-poor"-Strategie und die geeignete Umsetzung.

Tatsächlich gibt es in der Bundesrepublik bereits einen breiten Niedriglohnsektor. Nach den Ergebnissen des Wirtschafts- und sozialwissenschaftlichen Instituts (WSI) bezogen 1990 bereits 7,5 Prozent der (ganzjährig) vollzeitbeschäftigten Arbeitnehmer ein Arbeitseinkommen unterhalb der Schwelle von 50 Prozent des nationalen Durchschnitteinkommens. Von diesen „working poor" sind 73 Prozent Frauen. Das heißt, knapp ein Viertel oder - wählt man als Bezugsbasis das Durchschnittseinkommen nur der Männer - sogar knapp ein Drittel der Frauen werden in Vollzeitarbeit ungerecht entlohnt. (Schäfer 1996: 57ff.) Trotz der im internationalen Vergleich eher geringeren Lohndifferenzierung ist in der Bundesrepublik die Niedriglohnquote für Frauen höher als in den meisten OECD-Ländern (Rubery 1998: 281).

Zwar kann die der neoliberalen Wirtschaftstheorie entlehnte Annahme, mit der Senkung der Löhne steige der Beschäftigungsgrad, als widerlegt gelten (vgl. Bosch 1998, Wendl 1998, Wiethold 1999), die Niedriglohnstrategie verdankt ihre Attraktivität aber über ihre vermeintlich ökonomische Plausibilität hinaus den gesellschaftlichen Leitbildern, die mit ihr transportiert werden. In den Visionen der wissensbasierten hochproduktiven Kernsektoren, die sich dank ihres hohen Einkommens und knapper Zeitressourcen eines Heeres von „flinken Servicekräften und flexiblen Helfern" (Streek/ Heinze 1999) bedienen, werden mit den Verlockungen einer Domestikenökonomie nicht zuletzt auch Geschlechterstereotypen reproduziert.

Insgesamt verstärken die verschiedenen Merkmale des deutschen Ausbildungs-, Tarif- und Sozialsystems nicht nur ein überkommenes System der privaten Haushaltsorganisation, sondern schreiben auch die Position des vollzeitbeschäftigten deutschen Mannes als Familienernährer fest. Frauenspezifische Tätigkeiten folgen bis heute der Zuschreibung der „quasi-natürlichen" Fähigkeiten. Die ehemalige Hausfrauenarbeit steigt zwar mit ihrer Organisation als Lohnarbeit in die Sphäre der produktiven Arbeit auf, sie bleibt aber selbstverständlich „niedrig-produktiv" und ist damit dann auch wieder nicht vollwertig.

Unterschiedslos empfehlen Strategien zum Ausbau des Niedriglohnsektors Tätigkeiten in Gastronomie, Handel, Freizeitindustrie, aber auch Tätigkeiten in Erziehung, Bildung und Pflege. Ein Großteil dieser Tätigkeiten hat zwar inzwischen einen Prozess der Professionalisierung und Produktivitätserhöhung durchlaufen, der sowohl die Anforderungen an die Qualität der geleisteten Arbeit als auch an die erforderlichen Qualifikationen verändert hat. Diese Professionalisierung ignorieren indess die Verfechter der Niedrigproduktivität komplett. Die Beschäftigungspolitik steht - im Gegensatz zur Niedriglohndebatte - vor der Aufgabe, die berufliche Bildung in diesen Beschäftigungsbereichen grundlegend zu reformieren und dafür zu streiten, dass die dafür notwendigen beruflichen Qualifikationen und Leistungen gesellschaftlich anerkannt und aufgewertet werden.

Eine beschäftigungswirksame Ausweitung der konsumorientierten Dienstleistungen (Freizeit, Einzelhandel, Gastronomie) ist darüber hinaus nur vorstellbar, wenn die kaufkräftige Nachfrage steigt und die Angebote qualifiziert werden. Demgegenüber sind in Deutschland auf dem Hintergrund sinkender Realeinkommen und steigender Lebenshaltungskosten die Ausgaben für private Dienstleistungen (Freizeit, Einzelhandel, Gastronomie) eher rückläufig. Arbeitsplätze beziehungsweise Arbeitsvolumina werden abgebaut.[1] Standardisierte, preisaggressive Massenanbieter haben - als Antwort darauf, dass bei rückläufigen Realeinkommen mehr gespart wird - an Boden gewonnen. Ihre auf große Einheiten abgestellten Angebote führen zu einer durchorganisierten und standardisierten Arbeitsform, in der erhebliche Produktivitätssprünge mit der Ausweitung eines Niedriglohnsektors gekoppelt wurden (ausführlich Wiethold 1998: 26ff.). Damit ist zugleich die Qualität der Dienstleistung so gesunken, dass die Attraktivität verloren ging. Arbeitsplätze können deshalb nur ausgeweitet werden, wenn parallel zur Steigerung der Binnennachfrage auch mehr Vielfalt und Qualität angeboten wird.

Mehr Demokratie ist „jenseits der Erwerbsarbeit" nicht vorstellbar

Neue Perspektiven sind so zahlreich wie nie. Wir stehen scheinbar an der Schwelle zur Tätigkeitsgesellschaft mit einer wachsenden Auswahl von Tätigkeitsprofilen. Deren geschickte Kombination verhilft den Individuen zu einer bunten Patchwork-Biographie, die als verlockende Alternative zur grauen Erwerbsbiographie von heute verklärt wird, die immer noch die unzeitgemäße Versicherungsmentalität fordert und fördert. Den Frauen sind die Verkünder des „Endes der Arbeitsgesellschaft" sehr gewogen. Ihnen wird eine Pionierrolle bei der Neustrukturierung der Gesellschaft zugewiesen. Die Krise des Normalarbeitsverhältnis erscheint als eine Chance, dass sich die Arbeits- und Lebenserfahrungen der Frauen verallgemeinern und die bislang weiblichen Erwerbsbiographien zum Erwerbsmodell der Zukunft werden.

Tatsächlich zielen die Empfehlungen, die von einem Bedeutungsverlust der Erwerbsarbeit ausgehen darauf, die weitere Abnahme von Arbeitsplätzen als ehernes Gesetz zu unterstellen. Erwerbsarbeit und sozialversicherungsrechtliche Ansprüche von Frauen werden als wirtschaftliche und gesellschaftliche Utopien beiseite geschoben.

Den vorliegenden Konzepten zum Umbau der Arbeitsgesellschaft ist gemeinsam, dass sie Vollbeschäftigung als nicht erreichbar betrachten. Sie wollen der Gefahr verschärfter gesellschaftlicher Desintegration begegnen, indem Arbeit neu bewertet und eine materielle Grundsicherung mehr oder weniger unabhängig von Lohnarbeit gewährleistet wird. Obgleich alle Konzepte beanspruchen, das Verhältnis von bezahlter und unbezahlter Arbeit neu zu bestimmen, bleibt ohne Ausnahme die Geschlechterperspektive ausgeblendet. Frauen ausgrenzende und diskriminierende Strukturen werden nicht thematisiert, so zum Beispiel die ungleichen Chancen in Bezug auf eine eigenständige Existenzsicherung, die Unterbewertung der typischerweise von Frauen erbrachten gesellschaftlich notwendigen Arbeit, die geschlechtshierarchische Organisation ehrenamtlichen Engagements (vgl. ausführlich Klammer/ Klenner 1999: 59 ff.). Die geforderte Neubestimmung gesellschaftlicher Arbeitsformen wird lediglich als Legitimation gebraucht, hinter der sich eine grundsätzliche Kritik sozialstaatlicher Aufgaben und Leistungsniveaus entfalten kann.

So entwickeln Giarini/ Liedke (1998) in ihrem Bericht an den Club of Rome ein Mehrschichtenmodell der Arbeit, das vermeintlich die Dominanz der Lohnarbeit als zentrales Medium gesellschaftlicher Integration überwinden hilft: Bei der ersten Schicht handelt es sich um eine zeitlich begrenzte Arbeitsverpflichtung (genannt werden 20 Stunden pro Woche) im Austausch für ein Grundeinkommen, das die minimale Existenz sichert. Ein negativer Einfluss auf die Arbeitsbereitschaft und -moral soll vermieden werden. Ein derartiges Grundeinkommen soll zugleich als materielle Grundlage dienen, um einen Sektor informeller Ökonomie auf niedrigstem Einkommensniveau zu etablieren.

Die zweite Schicht umfasst einen rechtlich und sozial weitgehend deregulierten Arbeitsmarkt. Wer sich auf diesem regulären Arbeitsmarkt erfolgreich behaupten kann, muss nicht im ersten Sektor zwangsarbeiten. Darüber soll sich schließlich die dritte Schicht freiwilliger Eigenarbeit für alle erheben, die die dafür erforderlichen Einkommens- und Zeitressourcen aufbringen. Dieser Ansatz von Giarini/ Liedke zielt unverhohlen darauf, einen neokonservativen workfare-state zu etablieren. Er forciert damit zugleich eine verschärfte soziale - und nicht zuletzt geschlechtsspezifische - Spaltung (vgl. die ausführliche Kritik bei Hirsch 1999).

Wesentlich diffuser und damit auch naiver ist Ulrich Becks Vorschlag zur Bürgerarbeit. Sie soll freiwillig, also ohne Arbeitszwang geleistet werden. Sie soll gesellschaftlich insofern nützlich sein, als damit soziale und gemeinwohlorientierte Dienstleistungsarbeit verrichtet wird, für die sich in einer kapitalistischen Ökonomie keine Anbieter finden. Bürgerarbeit soll nicht entlohnt, aber gesellschaftlich belohnt werden. Lediglich Bürgerarbeiter/innen, die weder Einkommens- noch Unterhaltsansprüche haben, wird eine Grundsicherung in Höhe des Sozialhilfeniveaus gewährt. Das Becksche Konzept, das kommunitaristische Ideen der Selbstversorgung und Selbsthilfe mit betriebswirtschaftlich effizienten Betriebsformen (Gründung von Gemeinwohlunternehmen) zu verbinden verspricht, hat ein klar definiertes Ziel: „Sozialkosten zu sparen, aber gleichzeitig soziale Leistungen zu verbessern" (Beck 1998: 334).

Kaum mehr zu überzeugen vermag der Vorschlag, ein Erziehungsgehalt einzuführen (Leipert/ Opielka 1998). Zwar wird nach diesem Reformkonzept die bisher unbezahlte Arbeit tatsächlich materiell aufgewertet und den erziehenden Frauen ein vom Hauhaltseinkommen unabhängiges Betreuungsgeld in Aussicht gestellt. Die damit intendierte Beschränkung der Frauen auf die Familie und der Kinder auf den privaten Raum erscheint aber nicht nur wegen der Reproduktion eines traditionellen Geschlechterbildes anachronistisch. Der Vorschlag verspricht einen widerspruchsfreien Raum jenseits der Brüchigkeiten des Erwerbssystems und der sozialen Arrangements. Was ihn prägen soll wird uns euphemistisch beschrieben als neuer Arbeitnehmertypus: die Risikopersönlichkeit oder der Unternehmer der eigenen Arbeitskraft.

Eine demokratische Weiterentwicklung moderner Arbeitsgesellschaften ist „jenseits der Erwerbsarbeit" nicht vorstellbar. Potentiale zivilgesellschaftlicher Solidarität können nicht bei den Bevölkerungsgruppen gesucht werden, denen die Integration in das Erwerbssystem verweigert wird. Vielmehr muss das Beschäftigungssystem selbst umgebaut werden. Die Ziele müssen dabei heißen: Neuverteilung der Arbeit und des Einkommens sowie gleichberechtigte Teilhabe von Männern und Frauen an Erwerbs-, Familien- und öffentlicher Arbeit.

Flexibilisierung - eine neue Form der Macht

Von einer solchen Gestaltungsperspektive ist in der gegenwärtigen Debatte zur Zukunft der Arbeit keine Rede. Mehr denn je wird die Frage der Arbeitszeitregime ohne ihre soziale Dimensionen ökonomistisch auf eine reine Kostenfrage reduziert. Kaum je wird bedacht, welche sozialen, psychischen und ökologischen Folgen die Neuproportionierung der sozialen Zeitstrukturen hat, die wir unter dem Stichwort der „Flexibilisierung" verhandeln. Das gilt für ihre gesellschaftlichen ebenso wie für ihre individuellen Dimensionen.

Die gerne vertretene These, bei der Flexibilisierung der Arbeitszeiten und Beschäftigungsformen würden Geschlechtergrenzen überschritten und neue Formen der Integration von Arbeit und Leben sichtbar, bestätigt die empirische Arbeitszeitforschung nicht (Vgl. Jürgens/ Reinecke 1998; Meissner/ Pahl/ Wotschak 1999). Bei den bestehenden Typen flexibler Arbeitszeit dominieren eindeutig jene, die als Antwort auf kurz- und mittelfristige Änderungen der Markt- und Produktionsbedingungen reagieren. Die Zeitinteressen der Beschäftigten bilden die abhängige Variable, die sich im Regelfall lediglich im vorgegebenen Rahmen der betrieblich erforderlichen Anpassung entfalten können.

Die Flexibilisierung der Arbeitszeiten verändert aber nicht nur gravierend die betriebliche Arbeitsorganisation und die Bedingungen für die Verausgabung von Leistung. Sie setzt neue und erheblich restriktivere Bedingungen für die Abstimmung von beruflichen Anforderungen und der Organisation des Alltags. Die Haupttendenz der Flexibilisierung ist nicht, familäre und berufliche Anforderungen zeitlich zu entflechten, sondern kollektiv regulierte Zeitinstitutionen aufzulösen.

Die Erfüllung beruflicher Pflichten durch Männer beziehungsweise Inhaber höherer Positionen wird daran festgemacht, dass sie Vollzeit arbeiten und bereit sind,

Überstunden zu leisten. Die Bereitschaft der Betriebe, Teilzeitarbeit in qualifizierten Positionen zu ermöglichen, ist trotz unzähliger Mobil-Zeit-Kampagnen kaum gestiegen. Im Gegenteil wachsen bei qualifizierten Fach- und Führungskräften die Beschäftigtengruppen, für die die Differenzen zwischen vereinbarter und tatsächlich geleisteter Arbeitszeit zunehmen oder für die Arbeitszeiten überhaupt nicht mehr vertraglich vereinbart werden (Wagner 1998). „Wenn flexible Arbeitszeit ein vom Arbeitgeber verliehenes Privileg ist, so ist sie auch eine neue Form der Macht", betont Sennett (1998: 74).

Richard Sennett hat herausgearbeitet, wie sehr Flexibilität, Unlesbarkeit moderner Arbeitsformen, Risiko und Scheitern die neue Kultur des Kapitalismus prägen. Diese neue Welt kurzfristig ausgerichteter Ökonomie bietet weder wirtschaftlich noch sozial einen Boden, um Lebensbiographien zu formen. „Die Bedingungen der Zeit im neuen Kapitalismus haben einen Konflikt zwischen Charakter und Erfahrung geschaffen. Die Erfahrung einer zusammenhanglosen Zeit bedroht die Fähigkeit der Menschen, ihre Charaktere zu durchhaltbaren Erzählungen zu formen." (Sennett 1998: 37). Aus einer driftenden Job-Erfahrung mit häufigem Wechsel von Arbeitsplatz, Wohnort und Sozialkontakten lassen sich keine ethischen Regeln für die anderen Sozialbereiche, zum Beispiel die Familie ableiten. Das heißt, der flexible Kapitalismus stellt besonders jene Charaktereigenschaften in Frage, die Menschen aneinander binden und dem Einzelnen ein stabiles Selbstwertgefühl vermitteln. Die brüchigen Ressourcen seiner Arbeitsethik verstärken - nur scheinbar paradox- konservative Orientierungen wie Disziplin, Autorität und persönliche Leistung, die im Widerspruch zur beruflichen wie privaten Lebensrealität stehen.

Werden Dauer, Lage und Verteilung von Arbeitszeiten nicht reguliert und veränderte Erwerbsmuster nicht institutionell abgesichert, wird die Trennung und Hierarchisierung der Lebenswelten fortgeschrieben. Die Chancen, Arbeitszeiten und Lebenszeiten biographisch und zwischen den Geschlechtern neu zu verteilen, bleiben strukturell begrenzt. Hierdurch wird zugleich die Diskriminierung der Beschäftigten zementiert, die ein neues Gleichgewicht zwischen Erwerbs- und Alltagsarbeit herstellen müssen oder wollen. Erforderlich ist der Bruch mit einer ökonomischen Logik, die alle Leistungs- und Flexibilitätsreserven ausschöpfen will, indem sie die vollständige Verfügbarkeit und Leistungsbereitschaft der Beschäftigten verlangt. Dieser Bruch ist die Voraussetzung, um ein neues Wohlstandsmodell durchzusetzen, in dem Arbeit und Leben in ein neues Gleichgewicht zu bringen sind.

Es könnte normal sein, verschieden zu arbeiten

Wenn die Schlagworte „Individualisierung der Lebenstile, Zeitsouveränität, Gleichberechtigung" ernst genommen werden sollen, so hat das weitreichende Folgen für das gesamte Arbeits- und Sozialgefüge. Dann muss an die Stelle des alten Klassenkompromisses ein neuer gesetzt werden, der *tiefer* in die Kapitalinteressen einschneidet. Dann muss die mit dem Kapitalismus entstandene Trennung von Produktions- und Reproduktionssphäre teilweise wieder rückgängig gemacht und das Kapital genötigt werden, lebensweltliche Anforderungen und Interessen in seiner Arbeitsorganisation zu berücksichtigen.

Ein neues Normalarbeitsverhältnis beinhaltet,

- dass Beschäftigte im Laufe ihres Lebens zwischen Vollzeitarbeit, Teilzeitarbeit und Arbeitsunterbrechung wechseln können, ohne Verlust an sozialer Sicherheit und Möglichkeiten für berufliche Weiterentwicklung
- dass Arbeitgeber sowohl bei der Lage als auch im Volumen der Arbeitszeit auf die unterschiedlichen und wechselnden Interessen der Beschäftigten Rücksicht zu nehmen haben.

Diese Rücksichtnahme konterkariert das Interesse der Arbeitgeber, den Arbeitseinsatz so produktiv wie möglich zu gestalten, das heißt Arbeitsvolumen und Arbeitszeitlage möglichst exakt einem kurzphasig geplanten Arbeitsanfall („just in time") anzupassen. Verzicht auf Pufferzeiten und Personalreserven, flexible Arbeitszeiten statt teurer Überstunden steigern die Arbeitsproduktivität und sichern Wettbewerbsvorteile. Sie kosten Arbeitsplätze, weil die Arbeitsproduktivität steigt und verlangen von den Beschäftigten, sich in Volumen und Lage der Arbeitszeit nach den kurzfristigen Planungszyklen zu richten. Konnten die Beschäftigten ihre Alltagsorganisation in einem festen Arbeitszeitregime zumindest noch darauf einstellen, so wird dies bei schwankenden Arbeitszeiten und abnehmender sozialer und finanzieller Sicherheit schwieriger.

Viele Versuche, durch gesetzliche oder tarifliche Regelungen Rechtsansprüche von Beschäftigten zum Beispiel auf Wechsel des Arbeitsvolumens (Vollzeit, Teilzeit, Arbeitsunterbrechung, Rückkehrrecht) durchzusetzen, sind nicht zufällig am Widerstand der Arbeitgeber gescheitert. Sie fühlen sich dadurch - übrigens mit Recht - in ihrer Planungssouveränität eingeschränkt. Hieran wird deutlich, dass sich hinter den vermeintlich gleichrangigen Zielen von Arbeitgebern, nämlich die Wettbewerbsfähigkeit und Flexibilität zu steigern, und von Beschäftigten, mehr Zeitsouveränität zu erlangen, harte Interessenkonflikte verbergen. Diese müssten erst einmal zu Kenntnis genommen werden, um einen Kompromiss zu finden. Bereits die Begriffe „Zeitsouveränität" und „Zeitautonomie" sind unsauber: Souveränität und Autonomie besagen, dass eine Partei nach ihren Interessen die Bedingungen gestalten kann: Die Autonomie von Beschäftigten würde eine betriebliche Planungsautonomie nicht zulassen und umgekehrt. Ein echter Kompromiss zwischen beiden unterschiedlichen bis entgegengesetzten Interessen könnte nur dadurch zustande kommen, dass die Interessen von Beschäftigten gleichberechtigt eingebracht und bis zum Beweis der Umzumutbarkeit berücksichtigt werden müssten.

Damit wäre aber ein wesentlicher Teil des bisherigen Interessenkompromisses aufgehoben: die Vergabe qualifizierter, gutbezahlter, verantwortungsvoller Arbeit und Karriereförderung binden die Unternehmen an die Arbeitshaltung des vollen Einsatzes und der uneingeschränkten Verfügbarkeit zu Lasten des Privatlebens. Deshalb korrelieren Teilzeitarbeit und geringe Qualifikation genauso eng wie Führungsfunktionen und 60-Stunden-Woche.

Wenn Teilzeitarbeit aber aus der Falle der gering qualifizierten Frauentätigkeit befreit werden soll - und nur dann hätte sie eine Perspektive als Teil eines neuen Normalarbeitsverhältnisses - müsste sie zu einem normalen Bestandteil auch einer qualifizierten Arbeitsbiographie werden. Für Arbeitgeber würde der Einsatz und die Nutzung des „Humankapitals" nicht mehr kalkulierbar. Sie müssten permanent mit einer wechselnden Verfügbarkeit auch qualifizierter Mitarbeiter, unabhängig von ihren Planungszyklen rechnen. Die unterschiedlichen Lebenszyklen von Beschäftigten würden so auch im Bereich der nicht austauschbaren Arbeitskräfte zu einem Bestandteil der betrieblichen Arbeitsplanung. Die für den Kapitalismus typische Trennung und Hierarchisierung von Arbeits- und Privatsphäre müsste neu bestimmt werden. Nur auf dieser Grundlage wäre die Implementierung eines neuen Normalarbeitsverhältnisses möglich. Es würde dem Ziel der permanenten Steigerung von Wettbewerbsfähigkeit und Erträgen widersprechen, da das Unternehmen auf andere Interessen Rücksicht zu nehmen hätte. Auch das so gern benutzte „win-win-Modell" sollte nicht darüber hinwegtäuschen, dass die höhere Arbeitszufriedenheit (weil private Interessen stärker berücksichtigt werden) das nicht wettmacht, was an Reserven nicht genutzt werden kann, um die Arbeitsproduktivität zu steigern, wenn Beschäftigte sich in ihrer Arbeitsverausgabung nicht voll dem Betriebzweck unterwerfen, sondern eigene Interessen einbringen.

Dieser Interessenkonflikt wird im Bündnis für Arbeit nicht thematisiert. Er wird durch Formelkompromisse übertüncht. Sehr viel problematischer ist aber die Strategie der Arbeitgeber, aus dem Interessenkonflikt einen Zielkonflikt bei den Beschäftigten selbst zu machen und ihn mithin zu internalisieren. Durch die „profit-center"-Steuerung sollen die Beschäftigten gewissermaßen selbst zu Unternehmern gemacht werden: Sie sollen sich so steuern, dass sie ständig ertragsorientiert denken und handeln. Damit soll ein anderes Verständnis von Normalarbeitsverhältnis durchgesetzt werden: Die bisherige soziale Absicherung der Beschäftigten und die Trennung von Unternehmens- und Arbeitnehmersphäre diente dazu, dass Arbeit und Einkommen der abhängig Beschäftigten in gewissen Grenzen gegen Ertragsschwankungen abgesichert waren. Nach dem neuen Verständnis des Normalarbeitsverhältnisses haben Beschäftigte nur Anspruch auf Arbeit, soziale Absicherung und Qualifizierung, solange sie unmittelbar zum Ertrag des Unternehmens beitragen. Diese neuen Steuerungsformen sollen jeden Arbeitsplatz ökonomisieren und damit die privaten Lebensbedürfnisse und -interessen der Beschäftigten noch stärker als bisher zur Restgröße machen.

Um präziser zu sein: Schon jetzt spielen Faktoren wie Einsatzbereitschaft, Beitrag zum wirtschaftlichen Erfolg und so weiter eine immer größere Rolle bei der Bezahlung und Bewertung von Beschäftigten. Setzen Beschäftigte bei Arbeitszeitlage, Arbeitsvolumen und Mobilitätsbereitschaft Grenzen, erwarten sie eventuell sogar Rücksichtnahme auf ihre Lebensinteressen, so beeinträchtigt das die Ertragsorientierung. Werden Einkommen, Sicherheit des Arbeitsplatzes und Aufstiegsmöglichkeiten aber daran gebunden, dann wird der Interessenkonflikt zwischen Reproduktionsinteressen und Steigerung der Arbeitsproduktivität systematisch und gezielt zu einem Zielkonflikt für die Beschäftigten selbst gemacht.

Die gewerkschaftliche Diskussion vernachlässigt die Schärfe des Konflikts

In der gewerkschaftlichen Diskussion zur Neubestimmung des Normalarbeitsverhältnisses bleibt dieser Konflikt unterbelichtet. Es herrscht die Illusion vor, Steigerung der Wettbewerbsfähigkeit und Ertragsorientierung seien ohne weiteres vereinbar mit mehr Zeitsouveränität der Beschäftigten. Würde demgegenüber die Schärfe des Konfiktes endlich offengelegt, wäre vermutlich erstmalig die Chance gegeben, im Rahmen von Bündnisgesprächen zu tragfähigen Kompromissen zu kommen. Das setzt allerdings voraus, dass Gewerkschaften weniger auf das „win-win"-Modell setzen, sondern offensiv eine Einschränkung der Ertragsorientierung fordern, damit eine Rückbindung der Arbeit an die Lebensbedürfnisse der Menschen als anders bestimmtes Interesse in die Neudefinition des Normalarbeitsverhältnisses eingehen kann.

Die Durchsetzung eines so definierten neuen Normalarbeitsverhältnis würde sowohl von Regierung wie von Gewerkschaften eine größere Konfiktfähigkeit gegenüber den Arbeitgebern verlangen als die traditionellen sozialen Sicherungssysteme. Davon ist bisher wenig in Sicht. Es würde verlangen:

- Absenkung der Höchstarbeitszeit im Arbeitszeitgesetz, zusätzlich weitere Arbeitszeitverkürzung
- Stärkerer gesetzlicher und tariflicher Schutz vor Überstunden
- Verankerung des Rechtes, zwischen Vollzeit-, Teilzeitarbeit und Arbeitsunterbrechung wählen zu können, ohne einen Verlust des Arbeitsverhältnisses und der Aufstiegsmöglichkeiten hinnehmen zu müssen
- Gestaltung der Arbeitszeitlage mit planbaren Freizeitblöcken nach den Interessen der Beschäftigten

Das würde eine Re-regulierung gerade auf der Ebene von Gesetzen und Flächentarifverträgen erfordern, anstelle der jetzt verfolgten Tendenzen zur Dezentralisierung und Subsidiarität. Denn Grenzen gegen den Wettbewerbsdruck können nur da gesetzt werden, wo Konkurrenzbedingungen gleiche Regeln entgegengesetzt werden. Wer in einer Phase verschärften Wettbewerbs dereguliert und Interessenkonflikte in die Sphäre des einzelnen Betriebes oder gar der einzelnen Arbeitsbeziehungen verlagert, fördert damit bewusst ein System, in dem sich das Ertragsinteresse durch den stummen Zwang des Marktes durchsetzt. Das war und ist die geniale Idee des Neo-Liberalismus: Wenig kollektive Regeln schaffen faktisch Regeln, bei denen die Lebensinteressen der Beschäftigten zur Residualgrösse werden (müssen), da der Wettbewerb es so erzwingt.

Mindestabsicherung bei Arbeitseinkommen unerlässlich

Entgegen der Grenznutzentheorie verhält der Arbeitsmarkt sich prozyklisch: Bei sinkenden Preisen steigt das Angebot an Arbeitskraft, um über Überstunden, Nebentätigkeiten et cetera das eigene beziehungsweise das Familieneinkommen zu sichern. Eine Niedriglohnstrategie, deren finanzielle Folgen auch durch Subventionen wie negative Einkommensteuer oder Kombilohn nicht voll ausgeglichen werden, erhöht das Arbeitskräfteangebot und konterkariert deshalb andere Strategien zur Senkung der Arbeitslosigkeit.

Eine Mindestabsicherung bei den Arbeitseinkommen ist deshalb unerläßlich, weil die auch in Deutschland wachsende Zahl von „working poor" einem zentralen Prinzip der Tarifpolitik und übrigens auch der Marktwirtschaft widerspricht: Arbeitseinkommen müssen so hoch sein, dass die Beschäftigten sich davon eigenständig ernähren können. Wer davon abweicht (und alle Anhänger der Ausweitung und Subventionierung von Niedrigeinkommen tun das), mutet Beschäftigten zu, auf die Hilfe Dritter angewiesen zu sein und sich auf dem Arbeitsmarkt zu Preisen unter den Reproduktionskosten verkaufen zu müssen.

Eine Mindestabsicherung der Arbeitseinkommen ist zunächst Aufgabe der Tarifvertragsparteien. Staatliche Regulierungsformen, seien es ein gesetzlicher Mindestlohn oder auch die Allgemeinverbindlichkeitserklärung von Entgelt- und Manteltarifverträgen - sind bisher in der Mehrheit der DGB-Gewerkschaften skeptisch bis ablehnend betrachtet worden. Angesichts der schwindenden Bindewirkung von Tarifverträgen muss allerdings die Frage gestellt werden, ob sich die Gewerkschaften ihre Abwehr gegen eine staatliche Flankierung von Tarifpolitik noch länger leisten können.[1]

Tarifautonomie lebt davon, dass Tarifverträge Marktbedingungen entweder direkt (hohe Tarifbindung) oder indirekt (Marktentgelte richten sich nach Tarifverträgen) definieren. Wenn Tarifverträge diese Bindekraft nicht (mehr) haben, geraten sie unter Druck, da es ihnen dann nicht mehr gelingt, Arbeitskosten als Faktor im Kampf um Wettbewerbsvorteile jedenfalls zum Teil zu neutralisieren. Die in der Vergangenheit hohe Bindekraft der deutschen Tarifverträge war nicht allein Ergebnis der Interessen und Durchsetzungsfähigkeit der Gewerkschaften. Sie war auch Ergebnis des politischen Interesses von Arbeitgebern und ihren Verbänden an der Ordnungsfunktion von Tarifverträgen und die Folge einer relativ langen Vollbeschäftigungsphase.

Diese politisch-ökonomischen Rahmenbedingungen haben sich geändert. In nicht regulierten Bereichen mit hoher Arbeitslosigkeit sinken die auf dem Arbeitsmarkt durchgesetzten Stundenentgelte. Und das Interesse der Arbeitgeber an einem Tarifkartell schwindet. Tarifverträge werden entweder offen angegriffen oder durch Aufweichung (Öffnungsklauseln) systematisch ausgehöhlt.

Konsens im Bündnis nur als Ergebnis harter Auseinandersetzungen

Das Bündnis für Arbeit, das ausdrücklich als Wettbewerbskorporatismus angelegt ist, will Tarifverträge nur dann stützen, wenn sie dereguliert werden. Eine stärkere Lohnspreizung vor allem in unteren Einkommensbereichen werden nicht nur von Arbeitgebern, sondern auch von der Regierung und selbst Teilen der Gewerkschaften vertreten. Eine Politik zur Durchsetzung von existenzsichernden Mindesteinkommen wird also im Rahmen der bisherigen Verabredungen zum Bündnis für Arbeit genauso wenig durchsetzbar sein, wie die hier skizzierten anderen Strategien. Sie setzt voraus, dass die Gewerkschaften auch und gerade an diesem Punkt konfliktbereit werden. Dabei ist eine koordinierte gewerkschaftliche Tarifpolitik unverzichtbar, in der es durch gemeinsam organisierte Kraftanstrengung gelingt, in tariffreien Branchen beziehungsweise Branchen mit miserablen Tarifverträgen bessere Bedingungen durchzusetzen. Eine derartige tarifpolitische Strategie kann nur dann erfolgreich sein, wenn sie eingebettet ist in eine gesellschaftspolitische Kampagne zur sozialen Mindestsicherung. Sie muss deshalb Teil einer gewerkschaftlichen Strategie werden, die dann auch im Bündnis für Arbeit eingebracht werden kann. Dazu gehören als weitere Eckpunkte

- Steigerung der Binnennachfrage, Erhöhung der Lohnquote,
- mehr soziale Gerechtigkeit
- Arbeitszeitverkürzung
- Neudefinition des Normalarbeitsverhältnis

Das setzt aber voraus, dass die Gewerkschaften sich von dem Wettbewerbskorporatismus verabschieden. Ein Konsens im Bündnis für Arbeit kann nur das Ergebnis harter politischer Auseinandersetzungen sein.

1 In den so gerne als Modell zitierten USA ist die Entwicklung gegenläufig gewesen: bei einer wesentlich höheren Lohnquote und geringeren Sparquote ist der anhaltende Aufschwung wesentlich von der privaten Nachfrage getragen (vgl. Weiß, 1998: 837)

Ulrich Mückenberger

So viel Pull wie möglich - so wenig Push wie nötig
Was zieht die Menschen zur Umverteilung der Arbeit?

Als Klaus Zwickel den Metallarbeitgebern und der Bundesregierung erstmals ein *Bündnis für Arbeit* vorschlug und diese auf den Vorschlag eingingen, geschah dies - und das dürfte nicht zuletzt der Grund für das Scheitern der ersten Runde gewesen sein - vor allem, um die jeweils als *gegnerisch* eingestufte andere Seite vorzuführen. Ob irgendjemand an einen realen Erfolg des Bündnisses glaubte, wird uns irgendwann die Sozialgeschichtsschreibung lehren. Aber dass bei allen Beteiligten das Kalkül eine herausragende Rolle spielte, die Gegenseite(n) zum Bruch mit bis dahin geltenden Tabus zu bringen, das wissen wir.

Die Arbeitgeber sollten zum symbolischen Eingeständnis gebracht werden, erstens als Verband überhaupt möglicher Verhandlungspartner in Sachen Arbeitsplatzschaffung zu sein, zweitens Arbeitszeitverkürzungen nicht mehr eo ipso jeden Beschäftigungseffekt abzusprechen. Die Gewerkschaften sollten zugeben müssen, erstens, dass Arbeitszeitverkürzung nunmehr auch offiziell nicht mehr unbedingt Lohnausgleich nach sich zieht, zweitens, dass auch andere gewerkschaftliche Ziele - etwa Tarifpolitik - in Bündnisgesprächen nicht mehr einfach sakrosankt sind. Die Regierung Kohl sollte eine konkrete staatliche Verantwortung für die Arbeitsmarktpolitik anerkennen - was sie bekanntlich zu dem törichten Versprechen gebracht hat, die Arbeitslosigkeit bis zur Jahrtausendwende zu halbieren.

Alle drei Akteure sind denn auch ein Stück weit von ihren sicher geglaubten Tabus abgegangen - schon allein durch die Aufnahme der Gespräche. Ob jemand an einen Erfolg des Bündnisses glaubt, wissen wir wie gesagt nicht. Was wir wissen, ist, dass die ganze Geschichte sich ziemlich schnell als völliger Flop herausstellte. Das Bündnis für Arbeit war eine Fehlkonstruktion - eine Show-Veranstaltung ohne Erfolgswillen und -hoffnung.

Heute geben sich die Beteiligten betont zuversichtlich. „Das Bündnis greift", sagt Schröder. Viel rausgekommen ist bislang nicht. Ein paar Lehrstellen - aber, wie beanstandet wird, zu wenige. Erleichterter Zugang zur Altersteilzeit für Kleinbetriebe - aber gerade mit einer Lockerung des Beschäftigungseffektes und ohnehin mit dem Manko, dass bei unserer demografischen Entwicklung eine Politik der (teilweisen) Frühverrentung schon auf mittlere Sicht und erst recht auf Dauer desaströs ist. Eine tendenzielle Zusage, die Tarifpolitik mit in die Gespräche einzubeziehen - aber nur tendenziell. Und einiges mehr. Der Kernbereich der Beschäftigungspolitik - zum Beispiel wirkliche Modelle der Arbeitsumverteilung mit garantiertem Beschäftigungseffekt und sozial gestaffeltem Lohn- und Gehaltsausgleich - ist noch nicht berührt. Man wird den Eindruck nicht los, dass erneut ein symbolisches Geschehen zum realen hochgeredet wird - ohne dass dem irgendeine Substanz oder ein Konsens oder eine ernstgemeinte wechselseitige Verbindlichkeit entsprächen.

Eines ist allerdings klar. Wenn die rot-grüne Koalition auch in diesem Punkt nicht reüssiert, hat sie sich historisch erledigt. Alle drei beteiligten Seiten wissen das, und sie wissen voneinander, dass sie es wissen und dass jeder von ihnen dies Wissen zu gegebener Zeit auch wird einsetzen können. Dies wechselseitige Wissen ist selber noch Teil der Dynamik(losigkeit) der Bündnis-Gespräche.

Diese ernüchternde Bestandsaufnahme ist nicht in besserwisserischer Absicht geschrieben - sie drückt Sorge darüber aus, ob sich hier nicht wieder ein in guter Absicht hochgeredeter Flop anbahnt. Und zwar ein Flop in einem Bereich, in dem wir ihn uns einfach nicht leisten können. Deutschland ist heute ein, wenn nicht der beschäftigungspolitische Problemfall der Europäischen Union. Das Leid, die soziale Ausgrenzung, die Gefahren von Devianz und Rechtsextremismus, die damit verbunden sind, brauche ich nicht zu betonen. Auf eine demografische Entwarnung in den Jahrzehnten nach 2010 zu warten, wird auch kein Trost sein. Das Problem muss jetzt angepackt und gelöst werden.

Arbeitsumverteilung, win-lose und win-win

Ein Gedanke taucht in den Überlegungen um das Bündnis für Arbeit immer mal wieder auf. Bei, sagen wir der Einfachheit halber, zehn Prozent Arbeitslosigkeit müsste die Arbeitzeit der in Lohn und Brot Stehenden eigentlich nur um zehn Prozent gekürzt und auf die Arbeitslosen umverteilt werden - dann gäbe es die Arbeitslosigkeit nicht mehr. Wir wissen alle, dass dies ein äußerst naiver und unrealistischer Vorschlag ist. Gegen seine Realisierbarkeit sprechen Einkommens- und Qualifikationsverteilung, Betriebsgrößen, betriebsstrukturelle und vielerlei andere gewichtige Gründe. Trotzdem teile ich - und weiß mich da mit vielen Anderen einig - den Grundgedanken, dass unsere Gesellschaft die nächsten zwei Jahrzehnte ohne Arbeitsumverteilung[1] (und nichts Anderes meint ja der naive und unrealistische Vorschlag) nicht heil überstehen wird. Damit meine ich wohlgemerkt nicht, dass neben ihr nicht noch zahlreiche andere Maßnahmen und Politiken der Beschäftigungssicherung und -ausweitung nötig sein werden - nur dass es eben ohne massive Arbeitsumverteilung nicht gehen wird.

Wenn der Vorschlag der Arbeitsumverteilung also auf absehbare Zeit ohne Alternative ist, wie gehen wir dann damit um, dass er naiv und unrealistisch ist? Ich möchte mich in diesem Beitrag darauf beschränken, auf ein Realisierungsproblem aufmerksam zu machen, das ich bei der Arbeitsumverteilung sehe, das sich aber genauso gravierend bei anderen potenziellen Bündnis für Arbeit-Themen stellt. Wenn dies Problem nicht aufgegriffen und gelöst wird, werden wir immer wieder nur das Scheitern der Bemühungen feststellen können.

Bei meinen Überlegungen gehe ich davon aus, dass sich bei der Realisierung so groß angelegter Beschäftigungsvorhaben wie der Arbeitsumverteilung immer Probleme von zweierlei ganz unterschiedlicher Natur stellen. Es gibt einerseits Probleme technischer Art - wie etwa das *Matching*-Problem, das heißt, ob im Falle der Arbeitszeitverkürzung das Qualifikationsprofil der Masse der Arbeitslosen auf die Anforderungsstrukturen der frei werdenden Arbeitszeitkontingente passt oder nicht, oder das Betriebsgrößen-Problem: Ab welcher Größenschwelle ermöglicht eine Arbeitszeitverkürzung Neueinstellungen und so weiter. Es gibt andererseits Probleme prinzipieller Art - vor allem, ob die Arbeitsumverteilung überhaupt grundsätzlich gewollt und ehrlich und energisch betrieben wird, nicht nur von Politikern und Verbandsvertretern, sondern auch von denen, auf die sich deren Tun bezieht: die Menschen in dieser Gesellschaft.

Bei dieser Unterscheidung - die zugegebenermaßen äußerst grob ist - gehe ich davon aus, dass beide Problembereiche äußerst unterschiedliche Lösungsaussichten aufweisen. Ungeachtet ihrer Komplexität will mir nicht einleuchten, dass die technischen Probleme nicht mit Fantasie und gutem Willen zu lösen seien. Um dies an den oben ausgewählten Beispielen anzudeuten: Wenn das Qualifikationsprofil Arbeitsloser nicht den frei werdenden Arbeitszeitkontingenten entspricht, dann muss es doch möglich sein, diese Zeitkontingente so umzuwidmen, dass sie zu dem Qualifikationsprofil Arbeitsloser passen. Oder: Wenn kleinere Betriebe oder Abteilungen es sich nicht leisten können, frei werdende Arbeitszeitkontingente durch Neueinstellungen aufzufüllen, könnten sie sich doch zu überbetrieblichen Pools mit Springer-Systemen zusammenschließen. Die technischen Probleme dürften lösbar sein. Mir scheint hingegen die Lösbarkeit des prinzipiellen Problems, ob die Arbeitsumverteilung grundsätzlich gewollt und ehrlich und energisch betrieben wird, noch völlig in den Sternen zu stehen. Die, die sie ehrlich wollen, lügen sich eines in die Tasche, wenn sie sich vormachen, dass sie allgemein gewollt würde. Und die, die sie nicht wollen, verschanzen sich hinter den angeblich unlösbaren technischen Problemen, um deren Lösung gar nicht erst anzupacken.

Womit ich mich hier einzig beschäftige, ist die Vermutung, dass Arbeitsumverteilung - und andere beschäftigungswirksame Maßnahmen eines Bündnisses für Arbeit, auf die ich noch zu sprechen komme - in dieser Gesellschaft bislang nicht wirklich gewollt und daher wenn überhaupt nur halbherzig ins Werk gesetzt und betrieben werden. Die Lösungsperspektive dieses prinzipiellen Problems wird meines Erachtens über Gedeih und Verderb des Bündnisses für Arbeit entscheiden.

Dazu möchte ich die Kernthese plausibel machen, die meinem Beitrag den merkwürdigen Titel gibt. Ein Bündnis für Arbeit entwickelt als solches noch keine gesellschaftliche Zugkraft. Überhaupt droht eine Beschäftigungspolitik, die sich primär aus beschäftigungspolitischen - und nicht aus gesellschaftspolitischen - Motiven begründet, in Häppchen von AB- und BSHG 19-Maßnahmen, Bürgerarbeit und anderer Notumverteilung zu versanden. Dem Bündnis für Arbeit fehlen bislang eine Vision von Gesellschaft und deren gutem Zusammenleben wie auch schon das Bemühen um eine solche Vision - eine Vision, für die die Menschen dieser Gesellschaft sich individuell und kollektiv einsetzen und für die sie auch Arbeit und (wie auch immer sozial gestaffelt) Einkommen umverteilen würden. Der derzeitige beschäftigungspolitische Diskurs ist befangen im *Push*. Er appelliert an die Bereitschaft der Menschen (die in Brot und Lohn stehen), aus Solidarität zu *teilen*, *abzugeben*, zu *verzichten*. Er vernachlässigt systematisch das *Pull*: nämlich die Perspektive des Gewinns an gutem Leben, den die Menschen individuell und als Gemeinschaft durch Arbeitsumverteilung und durch eine Umgestaltung der Gesellschaft, die auch beschäftigungssteigernd wirkt, erlangen könnten.

Reine *Push*-Diskurse sind *win-lose*-Diskurse: Der Andere, zum Beispiel Arbeitslose, *gewinnt*, wenn du, Beschäftigter, gibst, das heißt *verlierst*. Sie sind deshalb oft Diskurse der Appelle, des *Moralisierens*. Als solche bleiben sie oft wirkungslos - es hält sich einfach niemand dran. Im schlimmsten und gleichfalls wohl häufigen Fall resultiert aus ihnen Heuchelei. Man predigt öffentlich Arbeitszeitverkürzung, arbeitet aber (heimlich) wie ein Berserker. Man befürwortet im Prinzip Beschäftigungsförderung, ist aber in concreto nicht bereit, etwaige einschneidende Folgen zu tragen et cetera. Schlimm ist diese Heuchelei, weil sie eine Spirale des Misstrauens in der Gesellschaft begründet und verstärkt. Dem *Push*-Argument wird zwar zugestimmt, aber jeder weiß, dass der, der es vorbringt, es doch nicht so ernst damit meint. Der, der es einfordert, steht gleichfalls im Verdacht, es in Wirklichkeit nicht so ernst damit zu meinen. Es entsteht der Eindruck des Herbetens allbekannter, aber für das Alltagshandeln belanglos (oder nie belangvoll) gewordener Ziele. Der Diskurs versandet im allgemeinen Unernst.

Pull-Diskurse sind dadurch charakterisiert, dass sie sich an eigene Lebenssichten, Wünsche und Interessen desjenigen anschließen, von dem eine bestimmte Haltung oder Handlung erwartet oder gewünscht wird. Sie sind *win-win*-Diskurse: Durch ein und dieselbe Handlung gewinnt sowohl der Andere als auch du selbst. In ihrer Konkretisierung geht es um Fragen wie die folgenden: Bestehen überhaupt objektiv die Voraussetzungen für eine *win-win*-Situation, oder muss da schlicht und einfach doch jemand abgeben (*win-lose*)? Und: Anerkennt derjenige, von dem eine bestimmte Haltung oder Handlung erwartet oder gewünscht wird, dass diese an seinen eigenen Lebenssichten, Wünschen und Interessen anknüpft? Natürlich sind dies schwerwiegende und komplexe Fragen. Aber sie sind offen auszutragen und führen nicht ins Feld des Moralisierens und der damit einhergehenden Misstrauenskultur. Deshalb sind die Realisierungschancen gesellschaftlicher Vorhaben umso größer, je mehr sie sich des *Pull* - des Anschlusses gestaltender Strategien an eigene Lebenssichten, Wünsche und Interessen desjenigen, von dem eine bestimmte Haltung oder Handlung erwartet oder gewünscht wird - bedienen können und bedienen. Gewiss mögen nicht alle, nicht einmal viele Probleme allein durch Pull-Strategien gelöst werden können. Aber ein Mischungsverhältnis von Push und Pull dürfte für jede Problemlösung tiefgreifender Art Bedingung sein - und zwar ein Mischungsverhältnis der Art: so viel Pull wie möglich, so wenig Push wie nötig.

Um konkret und persönlich zu werden

Diese Einsicht würde ich gern auf das Bündnis für Arbeit angewandt sehen. Sie lässt sich dann auf zwei Fragen herunterbrechen, die dasselbe meinen, je nachdem ob wir bei den einzelnen Mitgliedern der Gesellschaft oder bei der Gesellschaft als solcher ansetzen. Gibt es in den eigenen Lebenssichten, Wünschen und Interessen derer, die in Brot und Lohn stehen, hinlänglich tragfähige Motive, ihre Arbeit teilweise zugunsten von Arbeitslosen umzuverteilen - oder wären solche Motive doch wenigstens entwickelbar? Und: Verfügt unsere Gesellschaft über Perspektiven des Gewinns an gutem Leben, den sie durch eine Umgestaltung, die auch beschäftigungssteigernd wirkt, erlangen könnte - oder wären solche Perspektiven doch wenigstens entwickelbar?

Meiner Wahrnehmung nach werden diese beiden Fragen so im Klartext heute nicht gestellt. Daraus kann das Scheitern der gesamten Strategie folgen. Denn bei beiden Fragen müsste man den ersten Fragebestandteil - ob solche Motive und Perspektiven *schon vorhanden sind* - heute sicher weithin verneinen. Allenfalls den zweiten - ob solche Motive und Perspektiven doch wenigstens *entwickelbar* wären - könnte man verhalten mit „vielleicht ja - aber nur, wenn das und das und das gemacht wird" beantworten. Die beiden Fragen nicht im Klartext stellen, heißt so gesehen, sich auch nicht dem Entwicklungsbedarf und den Entwicklungschancen zu stellen, die mögliche Pull-Strategien bei den einzelnen Mitgliedern der Gesellschaft oder bei der Gesellschaft als solcher vorfinden.

Ich möchte anhand weniger Gedanken die Pull-Seite weiter beleuchten. Dabei beginne ich mit einem eigenen Beispiel eines Versuches der Arbeitsumverteilung und den dabei gemachten Erfahrungen.

Seit langem bin ich ein Anhänger eines von Peter Grottian entwickelten und praktizierten Modells, das für den Hochschulbereich ausgedacht und das arbeitsmarkt- und geschlechterpolitisch motiviert ist. Drei Professoren reduzieren für eine Anzahl von fünf Jahren ihre Stelle um ein Drittel. Auf diese Weise schaffen sie für eine arbeitslose Hochschullehrerin für dieselbe Zeitperiode eine Vollzeitprofessur. Vor sechs oder sieben Jahren nahm ich mir vor, selber dieses Modell zu praktizieren. Bedingung war: Erstens sollte der durch die Stellenreduzierung eingesparte Gehaltsanteil nicht, auch nicht teilweise, in die Sparquote der Hochschule oder deren Trägerin eingehen, sondern sich voll in der Stellenschaffung niederschlagen; zweitens sollte die Arbeitszeitverkürzung nicht in einer Semesterwochenstundenreduktion bestehen, sondern in der Einräumung eines Sabbatjahres nach zwei Jahren Vollzeitarbeit bei über drei Jahre durchlaufendem Zwei-Drittel-Gehalt.

Eine erste Erfahrung war, dass dieses Modell nur gegen große behördliche Widerstände durchzusetzen war - tatsächlich bedurfte es erst eines auswärtigen Rufes und der ihm nachfolgenden Bleibeverhandlungen, um es durchzusetzen. Die zweite Erfahrung war, dass Reduzierungspartner für dieses Vorhaben nicht zu gewinnen waren. Ich fand viel Sympathie für den Schritt, mit dieser doppelten Zielsetzung auf Teilzeit zu gehen. Aber alle Angesprochenen hatten Gründe, sich dem Modell im Moment nicht anzuschließen: etwa dass Kinder oder Angehörige zu unterhalten seien; dass die Kinder gerade aus dem Haus seien und man wieder mal richtig Urlaub machen könne; dass man sich die Einkommenseinbuße nicht leisten könne; dass man durch Stellenreduktion kaum Zeit hinzu gewönne; dass man mit einem Zuwachs an Zeit wenig anfangen könne. Auch wurde dem Modell hin und wieder politisch entgegengehalten, es unterlaufe die allgemeine Arbeitszeitverkürzung, es leiste Sparprogrammen Vorschub; eine Kollegin entlarvte das Modell geistreich als unverhüllten Bestandteil neo-liberaler Alters-Mobbing-Strategien. Um das Vorhaben nicht auf die lange Bank zu schieben, trat ich das Modell allein und darum in veränderter Form an. Die aus der Stellenreduktion eingesparten Mittel werden - nach Abzug von Lehrauftragsmitteln - zu 100 Prozent für den weiblichen wissenschaftlichen Nachwuchs (Doktorandinnen, wissenschaftliche Mitarbeiterinnen) aufgewendet.

Um den Bogen zu den Pull-Überlegungen zu schlagen, muss ich ein biografisches Detail hinzufügen. Die seit meiner Jugend bestehenden musikalischen Neigungen haben in dem letzten Jahrzehnt nach stärkerem Eigengewicht gegenüber den wissenschftlichen und politischen verlangt. Ich habe das Sabbatjahr - neben den arbeitsmarkt-, geschlechter- und generationspolitischen Motiven - auch deshalb angestrebt, weil ich Zeit zur Ausarbeitung und Umsetzung musikalischer Projekte brauche. Analytisch gesehen - ich möchte den/die Leser/in nicht mit biografischen Details langweilen - lässt sich diese Beobachtung folgendermaßen einordnen. Das Motiv, arbeitslosen Kolleginnen oder Nachwuchswissenschaftlerinnen eine Stelle zu verschaffen und dafür einen Teil der eigenen Stelle und des eigenen Einkommens aufzugeben, ist so gesehen eine win-lose-Situation, weil dabei das eigene Interesse aus Solidarität zurückgestellt wird. Das zusätzliche Motiv, Zeit zu gewinnen für eine anders geartete künstlerische Tätigkeit, macht aus ihr eine win-win-Situation. Das erste win steht für ein Push-, das zweite für ein Pull-Motiv. Das Mischungsverhältnis erlaubt eine klare Entscheidung für das Teilzeitmodell. Bei den oben wiedergegebenen Antworten angefrager Kollegen begründet die Perspektive gewonnener Zeit keinen Pull-Effekt, der die win-lose- in eine win-win-Situation verwandeln würde. Entweder wegen des trade-offs mit der Einkommensminderung (so das Urlaubs- und das Einkommensargument) oder weil gewonnene Zeit als solche gar kein *Pull* darstellt (was soll ich mit mehr Zeit anfangen?).

Es mag anstößig erscheinen, so aus der eigenen Biografie zu erzählen und daraus Schlüsse zu ziehen, wie ich es gerade getan habe. Ich habe mich im Bewusstsein dieser Gefahr dennoch entschlossen, dieses Beispiel zu wählen. Es ist nämlich konkret. Wer es liest, wird wahrscheinlich Vergleiche anstellen, wie er/sie solche Motive wahrnimmt und wichtet, wie er/sie sich zu einer solchen Anfrage verhalten hätte oder schon einmal verhalten hat. Ich glaube, dass der geschilderte Fall in vielerlei Hinsicht zwar ein Sonderfall ist - jeder Einzelfall ist ein Sonderfall -, dass sich in ihm aber durchaus allgemeine Problemkonturen finden. Ich jedenfalls bin durch ihn auf die Tragweite des Pull-Problems aufmerksam geworden.

Im Kontext mit Arbeitsumverteilung kann das folgendermaßen konkretisiert werden. Unter welchen Bedingungen wird bei beschäftigten Menschen der durch Arbeitsumverteilung bewirkte Zugewinn an nicht erwerblich gebundener Zeit so gewichtig, dass sie die Situation als win-win-Situation wahrnehmen? Nur dann nämlich werden sie Arbeitsumverteilungsstrategien aktiv - und nicht nur verbal - unterstützen. Man sieht sofort, dass hier das Verhältnis der Menschen zu ihrer Lebenszeit die entscheidende Bezugsgröße ist. Auf dieses Verhältnis richten sich meine folgenden Fragen.

1. Möchten die Menschen ihre Zeit am liebsten innerhalb statt außerhalb des Erwerbslebens verbringen?

Dies ist zwar eine skurrile, aber keineswegs eine rein rhetorische Frage. Es gibt Anzeichen dafür, dass viele Menschen - wohl vorrangig Männer, aber nicht nur - ihre Sinnbezüge ausschließlich oder vorrangig mit dem Erwerbsleben verknüpfen, somit die Vermehrung der außererwerblichen Zeit per se gar nicht als Vorteil empfinden oder sogar als Sinnleere fürchten und so weit wie möglich meiden. Man kann das als Persistenz der oft totgesagten protestantischen Ethik deuten, aber auch als Ausdruck eines neu sich entwickelnden Workaholism. Jedenfalls liegt bereits hier ein zentrales Problem, auf das sich eine Arbeitsumverteilungsstrategie beziehen muss. Denn dann wird bereits der „Zugewinn" von Freizeit statt als „win" als „lose" empfunden - womit der Pull-Effekt entfällt.

2. Was zieht - wenn die erste Frage wenigstens teilweise verneint wird - die Menschen an der Zeit außerhalb des Erwerbslebens an?

Auch hinter dieser Frage verbirgt sich mehr Komplexität, als auf den ersten Blick erscheint. Es reicht ja nicht, diese Frage rein empirisch mit Blick auf Zeitbudget-Studien zu beantworten: etwa was tun die Leute in ihrer *Freizeit*? Denn wenn man Nicht-Erwerbszeit unter dem Aspekt einer *gesellschaftspolitischen Strategie* - nämlich der Arbeitsumverteilung - betrachtet, muss man die außererwerblichen *Pulls* (außer dass sie geeignet sind, Arbeit umzuverteilen) auch unter dem Aspekt mustern und bewerten, wie sie sich zu diesen oder anderen gesellschaftspolitischen Zielsetzungen verhalten. Man muss sich dann dazu verhalten, wenn etwa der Pull-Effekt Kindererziehung geschlechterspezifisch greift und diskriminierende Wirkungen zu hinterlassen droht. Oder wenn der Pull-Effekt Bildung bei ohnehin schon Gebildeten greift und das Bildungsgefälle zu verstärken droht. Oder wenn der Pull-Effekt Freizeit zu unökologischem, gesundheitsschädlichem oder passivierendem Verhalten führt und damit gravierende Nachteile drohen. Es kann also durchaus sein, dass ein zeitlicher Attraktor außerhalb des Erwerbslebens zwar zu konstatieren ist, er aber mit als schädlich eingestuften Nebenfolgen verbunden ist, so dass eine gesellschaftspolitische Strategie ihn nicht sehendes Auges auswählen und sozialpolitisch begünstigen wird.

3. Was wird die Menschen - einmal angenommen, die Tests zu 1. und 2. seien möglich und erlaubt und mit zufriedenstellendem Ergebnis verlaufen[2] - motivieren, dem Pull-Effekt zur Arbeitsumverteilung nachzugeben, wenn damit Einkommensverluste gegenwärtiger und/oder zukünftiger Art einhergehen?

Man kann sich zwar vorstellen, dass der trade-off zwischen Zeit und Geld im Zuge einer Bündnis-Strategie der Arbeitsumverteilung in vielfacher Weise abgemildert wird, weil die Akteure des Bündnisses - zumindest theoretisch - das gesamte sozialpolitische Instrumentarium einbeziehen und bedienen können. Diese Abmilderung kann durch gesetzliche - wie beim Alterteilzeitgesetz - oder durch tarifvertagliche Mittel - wie nach dem niedersächsischen Metall-Beschäftigungs-Tarifvertrag - geschehen. Der Lohnausgleich kann, sozial gestaffelt, unten gegen 100 Prozent und nach oben hin degressiv gestaltet sein. Denkbar ist die Koppelung mit einer staatlich garantierten Grundsicherung. Wie auch immer abgemildert, wird es aber Einkommenseinbußen zwangsläufig für die geben, die einen Teil ihrer Erwerbsarbeitszeit umverteilen. Und damit stellt sich wieder die Frage, unter welchen Bedingungen der positive Pull-Effekt gewonnener freier Zeit so groß ist, dass der negative Pull-Effekt eingebüßten Geldes mehr als kompensiert wird. Die bisher vorliegenden Untersuchungen (etwa zu Volkswagen) stimmen da nicht gerade euphorisch. Aber hierüber Aufschluss zu haben, müsste Ziel einer Strategie der Arbeitsumverteilung sein - denn dies wäre sozusagen ihr Einstiegstor.

Damit steht die alte Frage erneut zur Beantwortung an, welche Sinn- und Tätigkeitsalternativen Menschen beim Gebrauch ihrer alltäglichen Zeit haben, die ihnen Alternativen zum Erwerbsleben bieten. Der Diskurs um Arbeitsorientierung und protestantische Ethik ist insoweit völlig ergebnislos verlaufen. Als alternative Zeitverwendung zur Erwerbszeit werden heute Tätigkeiten akzeptiert, die analog zu Erwerbsarbeit konstruierbar sind und deshalb in einen erweiterten Arbeitsbegriff integriert werden (Hausarbeit, Erziehungsarbeit, Bildung und so weiter). Aber das Feld, das sich jenseits von Arbeit im weitesten Sinne eröffnet, ist immer noch ein blinder Fleck. Ein blinder Fleck bleibt damit auch der mögliche Attraktor, der einer Arbeitsumverteilungsstrategie als Pull-Effekt dienen und dabei auch den trade-off zwischen Zeit und Geld überwinden helfen könnte. Damit aber bleibt die Strategie selbst ohne Bodenhaftung.

Was zieht die Gesellschaft zu einer aktiven Beschäftigungspolitik?

Mit den angerissenen drei Fragen ist das Problem des Pull auf der Ebene der einzelnen Mitglieder der Gesellschaft angedeutet. Auf der Ebene der Gesellschaft als solcher besteht es gleichfalls. Nur da natürlich nicht in Gestalt individueller Motive und Präferenzen, sondern in Gestalt politischer Mehrheitsverhältnisse, ideologischer Großwetterlagen, öffentlicher Meinungen - also in Gestalt, um es allgemein auszudrücken, der „Legitimität" für Politiken und politische Projekte. Auch hier kann man ganz gut mit den Kriterien von „Push" und „Pull" arbeiten. „Push" meint da, dass die Gesellschaft nach ihren Legitimitätskriterien ihren Mitgliedern unter bestimmten Umständen Leistungen nicht vorenthalten kann und wird, selbst wenn dies ihr oder anderen Gesellschaftsmitgliedern keine unmittelbaren Vorteile einbringt (win-lose). „Pull" meint, dass die Gesellschaft nach ihren Legitimitätskriterien ihren Mitgliedern unter bestimmten Umständen Leistungen gewährt und dadurch für sich oder andere Gesellschaftsmitgliedern Vorteile erlangt (win-win).

Unsere Gesellschaft ist kraft ihrer Gesetze, ihrer Verfassung und ihrer supranationalen Verpflichtungen zu sozialstaatlichem Handeln, zum Kampf gegen Ausgrenzung und Diskriminierung und damit zu aktivem Handeln zur Überwindung von Arbeitslosigkeit verpflichtet. Diese juristische Prämisse begründe ich hier nicht, sondern nutze sie lediglich als Baustein in der weiteren Überlegung. Das ist das *Push*. Nun wird aber eine Gesellschaft, die wie unsrige gegenwärtige, die Prämissen der Leistungsorientierung und der individuellen Bewertung folgt, beschäftigungspolitische Verpflichtungen nur widerstrebend erfüllen, wenn dem *Push*, also der Erfüllung supranationaler, verfassungsmäßiger oder gesetzlicher Pflichten, nicht auch ein *Pull* entspricht. Ich habe das Pull oben - auf die Gesellschaft bezogen - bezeichnet als: Perspektiven des Gewinns an gutem Leben, den die Gesellschaft durch eine Umgestaltung, die auch beschäftigungssteigernd wirkt, erlangt.

Legitimitätssteigernd für beschäftigungspolitische Maßnahmen wären also der systematische Nachweis und die systematische Herbeiführung von Konstellationen, in denen die Gesellschaft durch sie nicht nur „gibt" (win-lose), sondern gleichfalls „erhält" (win-win). Davon handeln die folgenden Fragen:

1. Spart die Gesellschaft Geld durch beschäftigungsfördernde Maßnahmen?

Es gibt durchaus Anzeichen dafür, dass die bloße passive Arbeitslosenverwaltung volkswirtschaftlich gesehen mehr kostet, als eine aktive Beschäftigungspolitik kosten würde. Nur erlaubt die Organisation der Sozialleistungssysteme bislang eine solche gesamtwirtschaftliche Betrachtung nicht.

In Coswig zum Beispiel hat ein findiger Vizebürgermeister die Entlassung von 1/3 der Kindergärtnerinnen dadurch zu verhindern versucht, dass jede von ihnen jedes dritte Jahr zum „Sonntagsjahr" machte. Er hat der Bundesanstalt für Arbeit im Detail vorgerechnet, dass sie, selbst wenn sie für dieses Sonntagsjahr Arbeitslosengeld bezahlt, insgesamt über die Jahre weniger aufwendet als bei Entlassungen. Die Bundesanstalt hat diese Art fantasievoller und innovativer solidarischer Beschäftigungspolitik nicht etwa unterstützt. Sie hat all ihren Grips darauf verwendet, deren Unzulässigkeit nachzuweisen - und damit gerichtlichen Erfolg erzielt, leider. Gesamtwirtschaftliches Denken ist unseren Kästchendenk-Bürokraten ein Dorn im Auge. Würde es durch das Bündnis für Arbeit erlaubt, so läge der Vorteil auf der Hand. Denn hier zahlt sich die win-win-Situation unmittelbar in DM und Pfennig - oder sagen wir: Euro - aus.

2. Das ist nicht mehr ganz so eindeutig bei der zweiten Frage: Hilft Beschäftigungsausweitung Schäden von der Gesellschaft abwenden? Gemeint ist hier, dass durch beschäftigungsfördernde Maßnahmen die Gesellschaft bedrohende oder schädigende Tendenzen - zum Beispiel Delinquenz oder Rechtsradikalismus - zurückgedrängt werden können.

Der Fall ist deshalb weniger eindeutig, weil sich der Vorteil für die Gesellschaft nicht in derselben Münze darstellt, die sie investiert. Ob zum Beispiel zwischen Arbeitslosigkeit und Delinquenz beziehungsweise Rechtsradikalismus ein direkter Zusammenhang besteht und ob und wann Beschäftigungsförderung diesen Zusammenhang in gesellschaftlich wünschenswertem Sinne beeinflusst, kann und wird umstritten sein. So lange aber weiß die Gesellschaft nicht, ob eine win-lose- oder ob eine win-win-Situation vorliegt; die Legitimität für darauf gestützte beschäftigungssteigernde Maßnahmen wird daher nicht überschwänglich sein. Immerhin kann man hier bereits auf einige Forschung zurückgreifen, die diesen Zusammenhang plausibel macht. Und es gibt in der Gesellschaft durchaus dominante wirtschaftliche und politische Interessen daran, Devianz und Xenophobie zurückzudrängen. Das könnte einer der Hintergründe dafür sein, dass das Bündnis für Arbeit etwa in der Ausbildungsstellenfrage gewisse Ergebnisse erzielt hat. Das win-win lässt sich zwar hier nicht unmittelbar in DM und Pfennig bemessen, hat aber durchaus Substanz als *Standortfaktor*.

3. Wieder anders stellt sich die Konstellation bei der dritten Frage, der eigentlichen Frage: Trägt die Ausweitung der Beschäftigung dazu bei, die gesellschaftlich vorhandenen Bedürfnisse nach besserem Leben zu befriedigen? Oder genauer ausgedrückt: Stellen sich Maßnahmen, die durchaus auch beschäftigungssteigernde Wirkung haben, der Gesellschaft als Maßnahmen dar, die ihrem Bedürfnis nach besserem Leben dienen?

Die Bedeutung dieser Frage zu Bewusstsein zu bringen, ist mein Hauptanliegen in diesem Abschnitt. Auf mittlere Sicht hat das Bündnis für Arbeit nur eine Chance, wenn die zuletzt gestellte Frage aus Sicht der Gesellschaft bejaht werden kann. Wenn man sie ernst nimmt, wird man zwangsläufig einen Perspektivwechsel im Blick auf das Beschäftigungsproblem vornehmen. Ausgangspunkt ist dann nicht mehr die Tatsache der Massenarbeitslosigkeit, und Ziel ist nicht mehr, Arbeitslose in Arbeit zu bringen (win-lose). Sondern Ausgangspunkt ist der Nachweis von und der öffentliche Diskurs über unbefriedigte gesellschaftliche Bedürfnisse, und Ziel ist, durch eine konzertierte Ausweitung von Betätigung diese gesellschaftlichen Bedürfnisse nach besserem Leben zu befriedigen (win-win). Ich habe bewusst vage von einer *konzertierten Ausweitung von Betätigung* gesprochen, um die Gedanken nicht gleich wieder auf „Beschäftigung" zusammenschrumpfen zu lassen. Damit wäre nämlich gleich wieder der geforderte Perspektivwechsel rückgängig gemacht und der Diskurs im Fahrwasser der traditionellen direkt-intentionalen[3] „Beschäftigungspolitik" versandet. Beschäftigung kann und wird aus einer konzertierten Ausweitung von Betätigung zur Befriedigung des gesellschaftlichen Bedürfnisses nach besserem Leben resultieren - aber unter Umständen auch ehrenamtliche Arbeit, Nachbarschaftshilfe, Eigenarbeit oder Ähnliches.

Beschäftigung ist unter dieser Perspektive ein Mittel der Gesellschaft zur Erreichung ihrer Ziele, nicht Zweck an sich. Sie ist ein durchaus erstrebter, aber doch ein Begleiteffekt im Vollzuge der Arbeit an einer besseren Gesellschaft. Sie ist nicht per se als nützlich ausgewiesen, sondern muss sich der Gesellschaft als ihren Zielen dienlich erweisen und darstellen. Wenn sie das kann, wird sie das haben, was ich oben als „Legitimität" bezeichnet habe. Beschäftigungspolitik wird sich dann als win-win-Konstellation darstellen und einen „Pull"-Effekt entwickeln. Sie kommt dann auch heraus aus der Grauzone von Parkschleifen, Statistik-Manipulationen, Arbeitszwang, Zwangs-Verrentung und so weiter, die die Praxis heutiger direkt-intentionaler Beschäftigungspolitik kennzeichnen.

Auf ökologischem Gebiet wird heute vielfach mit solchen ökologie- und beschäftigungspolitischen win-win-Konstellationen argumentiert - wie valide das geschieht, kann ich nicht beurteilen. Ich denke vor allem an den Mangel personenbezogener Dienstleistungen in Deutschland, der den Alltag der Menschen - geschlechtsspezifisch unterschiedlich, altersspezifisch unterschiedlich - zu einem Schauplatz virtuoser Überlebenstechniken macht. Zu dem Streit um die „Dienstleistungslücke" in Deutschland und um die Bedarfe auch nach gering qualifizierten Dienstleistungen nehme ich hier nicht Stellung. Jedenfalls zeigt mir die Arbeit in unseren „Zeiten der Stadt"-Projekten tagtäglich mehr, wie wenig die Praxis öffentlicher und privater Dienstleister wirklich auf die Alltagsbedürfnisse von Männern und Frauen, erwerbstätiger Eltern, Kindern und älterer Menschen zugeschnitten ist. Das sind keine Zufallsbeobachtungen. Bekanntlich unterscheiden sich die Sozialstaaten der Welt u. a. danach, ob sie personenbezogene Dienstleistungen marktförmig (angelsächsisches Modell) oder staatlich vorhalten (nordisches Modell) oder ob sie sie den privaten Haushalten vorbehalten und dafür Transferleistungen zahlen (kontinentaleuropäisches Modell). Wir leben in dem letztgenannten Modell und erfahren - Frauen sicher mehr als andere Mitglieder der Gesellschaft - seine Folgen auf eigener Haut, in den Schwierigkeiten der Alltagsorganisation. Ein solidarischerer Umgang der Gesellschaft mit sich selbst - wir sind auf der Suche nach win-win-Konstellationen - würde hier zwangsläufig zu einer großflächigen Ausweitung personenbezogener Dienstleistungen führen.

Ich kann das Problem hier nur andeuten, nicht lösen. Aber eines dürfte sichtbar geworden sein: Felder ausfindig zu machen, in denen einerseits gesellschaftliche Bedarfe nach besserem Leben bestehen und unbefriedigt, oft überhaupt unkommuniziert bleiben, in denen andererseits bessere gesellschaftliche Lösungen vorstell- und konkretisierbar sind, lohnt sich. Denn dabei werden beschäftigungspolitische Konsequenzen eben nicht (primär) aus beschäftigungspolitischen Absichten, sondern aus gesellschaftspolitischen Zielsetzungen hergeleitet und legitimiert. Damit können sie - als win-win-Konstellation - eine ganz andere Zugkraft entfalten als eine bloße „Beschäftigungspolitik".

Gesucht sind: Innovative Synthesen gesellschaftspolitischer Gestaltung

Ich habe zuletzt gesellschaftliche Ziele gegenüber beschäftigungspolitischen Zielen bewusst überbetont und einander entgegengesetzt. Das geschah vor allem in Reaktion auf den dominierenden Bündnis für Arbeit-Diskurs, der die umgekehrte Überbetonung vornimmt. Natürlich ist Beschäftigungspolitik Bestandteil von Gesellschaftspolitik, und natürlich spielt die beschäftigungspolitische Suchhaltung eine besondere Rolle bei der Musterung entwicklungsfähiger gesellschaftlicher Bedürfnisse nach besserem Leben. Was letztlich not tut, sind innovative Synthesen gesellschaftspolitischer Gestaltung, die Beschäftigungspolitik einschließen.

Ein vielversprechendes Beispiel für eine solche Zielsynthese ist für mich immer wieder das, was in etlichen finnischen Stadtverwaltungen und Industriebetrieben unter dem Stichwort „6 + 6 - Modell" erprobt wird. Unter dem Eindruck des ganz plötzlichen Einbruches der Arbeitslosigkeit haben diese Verwaltungen und Betriebe in Übereinkunft mit den Beschäftigtenvertretern in Versuchsabteilungen an die Stelle einer 8-stündigen Tagschicht zwei aufeinanderfolgende 6-stündige Tagschichten gesetzt. Über die Einzelheiten der Modelle - vor allem die Einkommens- und Finanzierungsfrage - will ich mich hier nicht äußern. Der beschäftigungspolitische Effekt lag, wo das Modell angewandt wurde, auf der Hand. Aber es blieb nicht dabei. Die Verwaltungen waren nunmehr vier Stunden länger für die Bürger/innen ansprechbar - was Besucherströme entzerrte, Wartezeiten verringerte und die Beratungsqualität erhöhte. Außerdem „desynchronisierte" sich die Arbeitszeit der Beschäftigten und trug so zur Entspannung von Spitzenbelastungen im öffentlichen Personennahverkehr und zur Vermeidung von Staus bei. Das 6 + 6 - Modell war so nicht einfach eine beschäftigungspolitische Maßnahme, sondern ein Beitrag zur Lebensqualität in den Zeiten der Stadt und ein Beitrag zur nachhaltigen Stadtentwicklung. Solche innovativen Zielsynthesen zu finden und zu entwickeln, sollte das Anliegen des Bündnisses für Arbeit - und der vielen dezentralen Bündnisse für Arbeit - sein. Es ist ihre und unsere einzige Chance.

1   Auf die Form der Arbeitsumverteilung - ob mithilfe individueller oder kollektiver, quantitativer oder qualitativer Arbeitszeitverkürzung usw. - und die hierüber bestehenden Kontroversen gehe ich in diesem Beitrag nicht ein. Der Begriff soll hier alle diese Formen umfassen. Die Probleme, die ich diskutiere, dürften auch allen diesen Formen - wenn auch in unterschiedlichem Ausmaß - gemeinsam sein.

2   Die Formulierung ist so zögerlich, weil ich mir nicht darüber im Klaren bin, in welchem Umfang und in welcher Weise die Gesellschaft befugt ist, Urteile über Zeitverwendungsmuster ihrer Mitglieder abzugeben und wirksam werden zu lassen. Ein libertärer Standpunkt würde hier allein die Grenze des Strafrechts gelten lassen, ein kommunitarischer würde weitergehende Beurteilung zulassen.

3   Mit „direkt-intentional" meine ich eine Beschäftigungspolitik, deren erstes Ziel Schaffung von Beschäftigung und deren zweites erst die Befriedigung gesellschaftlicher Bedarfe ist, zu der die Beschäftigung beiträgt. Die von mir befürwortete Politik könnte man umgekehrt „indirekt-intentionale Beschäftigungspolitik nennen: Sie geht („direkt") von den gesellschaftlichen Bedarfen aus, die es zu befriedigen gilt, und setzt hierüber („indirekt") auf mögliche Beschäftigungsausweitung.

Uwe Jean Heuser

**Digitale Ökonomie.
Der Sozialstaat löst sich auf**

Am Anfang steht eine Überzeugung: Jede neue Technologie und jeder durch sie verursachte Gesellschaftswandel bringen uns nicht nur neue Möglichkeiten, sondern nehmen auch alte weg. Die Vernetzung klaut uns, wenn ich das so sagen darf, die alte Stabilität - von Arbeitsumfeld und Karriere, von sozialem Status und sozialem Umfeld. Etablierte Formen solidarischen Handelns, etablierte Sozialstrukturen verlieren ihre Wirkung. In einem Satz: Die Vernetzung nimmt die Strukturen unseres Miteinanders auseinander - und liefert die Bausteine für eine neue Struktur.

Dies ist ein spekulativer Aufsatz darüber, wie die Informationsrevolution die Ökonomie verändert. Es geht nicht darum, was auf einzelnen Märkten passiert, deren Grenzen sich ändern - wie etwa in der Computer- und Unterhaltungselektronikindustrie. Auch temporäre Nischen und etwaige Monopolstellungen, die in diesem Wandel entstehen, gehören nicht zum Betrachtungsgegenstand. Und organisatorische Vorteile beim Reengineering aufgrund digitaler Technologie werden ebenfalls außen vorgelassen. Vielmehr geht es um Spuren grundsätzlicher, andauernder Änderungen im Wirtschaften, derer sich die Ökonomie bereits annimmt oder aber künftig annehmen muss.

Die Skizze ist dreigeteilt. Zunächst behandelt sie die Idee als ökonomischen Grundstoff, zweitens Wirkungen der Computervernetzung auf Märkte und Organisationen und drittens -wie eingangs angedeutet - Muster des Wandels in der Arbeits- und der sozialen Welt.

Ideen und unbegrenzte Skalenerträge

Ideenprodukte gab es immer, doch ihr Anteil an der Wertschöpfung wächst gewaltig. Sie zeichnen sich dadurch aus, dass Software im Sinne formalisierter, programmierter oder anders reproduzierbaren Ideen zu ihren wesentlichen Inputfaktoren gehört. (Davidow/ Malone 1993) EDV-Programme, Filme, Fernsehsendungen, Videospiele oder Bücher sind einleuchtende Beispiele. Die Grundidee eines Films etwa, ein Charakter oder ein Setting, lässt sich nicht nur für Kino und TV verwerten, sondern vermehrt in Merchandising-Produkten, in Themenparks der großen Filmstudios, in darauffolgenden Videospielen oder in sogenannten Spin-Offs - verwandte Programme um die Basisidee herum.

In immer mehr Fällen werden sowohl Produkt- als auch Dienstleistungsinnovationen in Form von Computersoftware umgesetzt, und die zeigt exemplarisch eine ökonomisch merkwürdige Eigenschaft: Man kann sie nicht aufbrauchen. Ist sie erst einmal entwickelt und gespeichert, lässt sie sich beliebig oft in Angebote umsetzen, verteilen; und eine nicht näher bestimmte oder a priori begrenzte Zahl von Menschen kann sie gleichzeitig nutzen.

Tatsächlich kommen bei vielen Ideenprodukten noch positive Netzexternalitäten hinzu. (Katz/ Shapiro 1985 und 1986) In diese Klasse gehören freilich nicht nur einige ideenbasierte Güter, sondern alle Angebote, deren Nutzen mit der Anzahl anderer Konsumenten steigt, die das gleiche oder zumindest ein technisch kompatibles Produkt haben. Dann hat die Basis der von einem bestimmten Standard verkauften Produkte positive externe Effekte für alle Nutzer dieser Technologie, indem es den Bereich vereinbarer Angebote erweitert. Das Telephon macht dies deutlich: Je mehr Haushalte eines besitzen, desto größer ist der Nutzen für den einzelnen Netzteilnehmer.

Das von Software-Input bestimmte Ideengeschäft folgt jedenfalls einer schlichten Regel: Je öfter man eine Idee verwenden und in Produkte umsetzen kann, desto besser. Die Grenzerträge nehmen nicht nur über ein kleines Mengenspektrum zu, wie das bei vielen Produkten mit hohen Entwicklungskosten der Fall ist, sondern über jede Menge. Wenn die grundlegende Idee erst einmal entwickelt ist, kostet es in der Regel ausgesprochen wenig, sie auf Magnetdisks, CD-ROMS oder über digitale Netze weiterzuverbreiten.

Der Materialwert für ein Exemplar des Betriebssystems Windows 95 ist vernachlässigbar. Das Teure daran ist die Software selbst beziehungsweise ihre Entwicklung. Wer sie kontrolliert, kann enorme Profite erzielen - vor allem, wenn er wie Windows-Anbieter Microsoft unter Ausnutzung von Netzexternalitäten De-facto-Standards schafft. Weil also die Herstellung und Verteilung jeder weiteren Windows-Packung wenig kosten und die Durchschnittskosten immer weiter sinken, gibt es von der Kostenseite her keine Begrenzung für den Markterfolg. Microsoft besitzt nicht unbedingt die beste, aber die dominante Idee und hat sich - freilich nicht nur aus diesem Grunde - als Marktführer etabliert.

Hardware, Software, Wetware

Diese Erklärungsmuster sind indes nicht auf Computer- und Medienmärkte begrenzt. Das macht sie bedeutsam. Früher waren intelligente Produkte „eher eine Rarität", heißt es bei Davis und Botkinn (1995), „heute sind sie relativ verbreitet; allerdings denken die meisten dabei an High-Tech-Produkte. Aber selbst die allergewöhnlichsten Dinge können intelligent sein." Software regiert auch in solchen Produkten, die weitgehend noch als reine Hardware angesehen werden: elektronische Geräte für Wohnzimmer und Küche etwa, die vielfach programmierbar werden und neue Regelkreisläufe bekommen; oder Automobile beispielsweise, in denen immer mehr Microchips ihren Dienst tun - nicht nur in Zusatzgeräten wie Radio oder digitalem Autotelephon. Angefangen bei der Benzineinspritzung über Bremssysteme bis zu Vorrichtungen gegen Diebstahl übertragen Automobilhersteller dem Chip mehr und mehr Funktionen. Daher bezeichnen sie ihre Produkte auch vermehrt als „intelligent".

In etlichen Branchen gilt es mittlerweile als wichtigstes Erfolgsrezept, den Wert der einzelnen Produkte durch mehr Software zu vergrößern. Produkte sind gemeint, die Informationen über ihre eigenen Möglichkeiten aufnehmen und sie dem Benutzer auf praktische Weise mitteilen oder eigenhändig in Reaktionen umsetzen. Kühlschränke, die selbst abtauen, sind dafür ein älteres Beispiel, Winterjacken, die warm werden, wenn sie der Kälte ausgesetzt sind, ein neueres. Elektronische Navigationssysteme gehören dazu, oder Federal Express, wo der Kunde jederzeit über das Internet erfragen kann, wo sich ein zu beförderndes Paket gerade befindet.

Wo Software eine größere Rolle spielt, werden klassische Rohstoffe unwichtiger. Computerchips bestehen bekanntlich aus einem überaus billigen Rohstoff. Aber in der klassischen Dreiteilung ökonomischer Einsatzfaktoren - Arbeit, Rohstoffe, Kapital - kommt Software nicht vor, und sie passt mit ihren zunehmenden Grenzerträgen auch nicht in das von konvexen Produktionskurven gekennzeichnete Theoriebild. Wo Software hinreichend dominant ist, so dass sie über einen großen Bereich für das Gesamtprodukt zu steigenden Grenzerträgen führt, gelangt man unter Umständen zu einem temporären natürlichen Monopol. Die gab es zwar immer schon - wenngleich in geringerem Maße, als die verdeckten Kostenrechnungen von Staatsmonopolisten in Infrastrukturmärkten Glauben machten. Aber nunmehr könnten auch Märkte damit konfrontiert sein, die bislang von abnehmenden Grenzerträgen gekennzeichnet waren.

Paul Romer, bekannt vor allem für seine auf unvollständigem Wettbewerb basierende Wachstumstheorie, betont schon seit einiger Zeit die Bedeutung von Software für die ökonomische Theorie. Die klassische Dreiteilung ersetzt er für das Computerzeitalter mit den Produktionsfaktoren „Hardware, Software und Wetware." (1995) Hardware sind alle physischen Objekte, Wetware die Summe des Wissens, der Fähigkeiten und Erfahrungen der Erwerbstätigen. Beide folgen dem Gesetz abnehmender Grenzerträge. Software dagegen nicht. Da mag man bessere Ansätze finden, was er aber frühzeitig erkannt hat: Nicht dass die klassische Produktion verschwindet, aber im Grenzbereich, da wo zusätzliche Werte erzeugt werden, wo neue Wettbewerbsvorteile entstehen, geschieht das immer mehr durch Ideen. „Wir sind nicht daran gewöhnt, Ideen als Wirtschaftsgüter anzusehen, aber sie sind mit Sicherheit die wichtigsten Güter, die wir produzieren", schrieb Romer bereits 1993. Und Lester Thurow sekundiert von der Warte der Standortdebatte aus: „Wissen und Fähigkeiten bleiben nunmehr als einzige Quelle komparativer Vorteile übrig. In der Vergangenheit war es möglich, mehr natürliche Rohstoffe und mehr Kapital zu haben als ein Konkurrent. Heute kann man nur mehr Ideen haben als der Konkurrent." (L. Thurow 1996)

Wo die Ideen dominieren, ist freilich der Wettbewerb alles andere als stabil. Marktbeherrschende Stellungen sind in der Ideenökonomie aufgrund der Kostenverläufe nicht nur wahrscheinlicher als in klassischen Industrien, sondern auch vergänglicher. Zum einen lassen sich Ideen und Konzepte nur schwer unter Verschluss halten und oft auch nicht sonderlich gut sichern. Die Debatte über den Urheberschutz in Computernetzen schwankt nicht von ungefähr zwischen politischem Willen und technischer Unmöglichkeit. Zum anderen haben neue Konkurrenten die gleichen Vorteile, wie sie die derzeit führenden Firmen wahrnahmen, um den Markt aufzurollen: Mit überlegenen Ideen lassen sich Etablierte schneller aus dem Feld schlagen als klassische Marktbeherrscher, die auf Erfahrungs- und Kostenkurve weit nach unten gerutscht sind. So warten auf gelungene Innovationen hohe potenzielle Gewinne, aber auch ein erhöhtes Risiko, bald schon wieder obsolet zu sein.

Nun sollte man nicht so tun, als sei dies einzig das Werk der digitalen Revolution. Aber selbst wenn der Computer nicht am Beginn all dieser neuen Trends stand, hat er sie doch beschleunigt und vielfach auch geprägt.

Wirtschaft digital - eine Intensivierung des Marktes

Einen größeren Effekt auf die Struktur des Wirtschaftens übt der Computer über die Vernetzung aus. Wie Microsoft-Gründer Bill Gates hoffen eine Reihe von Netzpionieren auf den „reibungslosen Kapitalismus": der virtuelle Marktplatz in den Computernetzen, durch den Anbieter blitzschnell auf neue Kundenwünsche eingehen können und die Konsumenten jederzeit alle weltweit verfügbaren Preise und Qualitäten abgleichen können. Auf diesem *Super-Markt* sind die Angebote abrufbar und per Video anschaubar, Konsumentenberichte liegen bereit, und wer einen schlechten Ruf hat, muss das durch niedrigere Preise wieder wettmachen. Produzenten und Kunden gehen direkt miteinander um, dafür werden immer mehr Beratungsdienste angeboten, und jede noch so kleine Dienstleistung wird gesondert in Rechnung gestellt, jeder noch so kleine Angebotsunterschied drückt sich im Preis aus.

Man mag das als Walrasianische Utopie begreifen, aber dieses extreme und nicht sonderlich reflektierte Szenario zeigt doch auf einige Eigenschaften vernetzter Ökonomie. Tatsächlich gestatten Computernetze auf einigen Märkten den weltweiten Abgleich zwischen Angeboten, und sie führen dazu, dass die Anbieter Kundenwünsche individueller berücksichtigen. Ein Extrem in diesem Zusammenhang ist die Tageszeitung, die im Netz nicht mehr als festes Paket daherkommt, sondern als nach den Wünschen des einzelnen von einem lernenden Programm zusammengestellte Artikel. Wie überhaupt alle möglichen Arten von Produktpaketen aufgelöst werden. Immer mehr einzelne Werte lassen sich in Geld ausdrücken, auch geringfügige Dienste können einen positiven Marktpreis haben - einfach weil das Netz die Transaktionskosten dramatisch senkt. Interne Subventionierungen aufrechtzuerhalten wird in diesen Bereichen der Ökonomie entsprechend schwerer.

So kommt man auf zwei Tendenzen: Erstens differenzieren sich die Produkte in der vernetzten Ökonomie - verbunden mit dem stärkeren Anreiz für Anbieter, auf Basis tatsächlicher Kosten zu kalkulieren, statt die Deckungsbeiträge profitabler Produkte zu nutzen, um andere Angebote mit negativen oder niedrig positiven Margen zu unterstützen; zweitens überwindet der Wettbewerb Raum viel besser als bisher. In vielen Bereichen spielt er nach wie vor eine Rolle, schon wegen der Notwendigkeit lokaler Erfahrungen und wegen Transportkosten. Trotzdem wächst gerade für viele Dienstleister der direkte Wettbewerbsdruck. Regionale Märkte und Nischen werden so zerstört. Viele standardisierte Dienstleistungen können hiesige Unternehmen via Computernetzen leichter nach außen vergeben. So lässt sich die Buchhaltung heute in Holland vornehmen und morgen in Argentinien. Und schon seit geraumer Zeit, das Beispiel ist weithin bekannt, werden Lufthansabuchungen in Indien bearbeitet.

In den meisten ökonomischen Analysen gilt Arbeit als der international immobile Faktor - und das trotz Migration zumindest für kürzere Zeithorizonte völlig zurecht. Danach müssen Erwerbstätige nur indirekte Konkurrenz fürchten - über Produkte, die aufgrund verschiedener Standortvorteile andernorts besser oder billiger hergestellt werden. Diese Art der Standortkonkurrenz betrifft materielle Güter, nicht aber die meisten Dienstleistungen. Diese lassen sich nur schwer transportieren, und selbst bei denen, die sich beispielsweise auf Papier transferieren ließen, wäre das zumeist extrem ineffizient: Es dauert zu lang oder ist zu teuer. Zudem muss der Dienstleister in möglichst engem Kontakt zum Kunden oder Arbeitgeber stehen.

Daher galten Dienstleistungsjobs auch immer als relativ sicher - weil dem internationalen Wettbewerb entzogen. Vielfach stimmt das auch noch: Ein Busfahrer in Bombay verdient ein Zwanzigstel dessen, was einem Busfahrer in Berlin bezahlt wird, obwohl ersterer wahrscheinlich noch mehr leisten muss. Über das Gehalt entscheidet in diesem Fall nicht internationaler Wettbewerb, sondern die Produktivität in anderen Teilen der Volkswirtschaft. Aber: Über Computernetze können nun viele Dienste direkt und überaus schnell transportiert werden. Die indischen Softwarespezialisten und Bürodienstleister sind schon bekannt, aber in anderen Ländern gibt es das ebenso. Für ein Zehntel des Westlohns arbeiten technische Zeichner aus Tschechien für deutsche Auftraggeber online. Konstrukteure oder Statiker sind andere Beispiele. Sie bedrohen nicht so sehr die Jobs von Billigarbeitern, sondern von modernen Problemlösern oder, wie sie gerne genannt werden, Wissensarbeitern. Im Netz werden Dokumente auch über weite Strecken hinweg gemeinsam bearbeitet - direkte Rückkopplung und Fernkooperation sind schon in verschiedenen Branchen an der Tagesordnung.

Die Computervernetzung gewährleistet also nicht nur den schnellen und billigen Transport des Dienstleister-Outputs, sondern auch die notwendige Interaktivität und den - räumlich und hierarchisch - dezentralen Informationszugang. Das gilt für solche Außenbeziehungen von Unternehmen, die Dienste von weither über elektronische Wege beziehen, als auch für die flexible Organisation sogenannter virtueller Unternehmen. (Zum Begriff vgl. W.H. Davidow und M.S.Malone 1993.) Die Dienstleister am vernetzten Computer haben ohne hohe Kosten Zugang zu Informationen über das Unternehmen und seine Märkte, die in traditionellen Organisationsstrukturen noch als Herrschaftswissen gehandelt wurden und nur auf dem Weg durch die Hierarchie erlangt werden konnten.

Der so wesentlich erleichterte direkte Arbeitswettbewerb unterscheidet sich vom Produktwettbewerb dadurch, dass er erstens plötzlicher kommt und zweitens direkter ist. Fernarbeit in Indien erfordert nur vergleichsweise geringe Investitionen, und entsprechend schnell kann die neue Konkurrenz entstehen. Und der Wettbewerb verläuft sozusagen Arbeiter gegen Arbeiter, während bei Industrieprodukten das Humankapital nur einen Inputfaktor darstellt und andere regionale Faktoren darüber hinaus unterschiedliche Lohnniveaus in verschiedenen Ländern und Standorten begründen. Damit nimmt auch das Outsourcing neue Dimensionen an. Für bestimmte Formen der Auslagerung scheinen sich tatsächlich globale Märkte zu bilden.

So lässt der ökonomische Wandel in der Informationsgesellschaft das Wirtschaften in vielerlei Hinsicht riskanter werden. Räumliche Grenzen kann der Wettbewerb so leichter überwinden; Kleinheit und Differenzierung ersetzen das Massenparadigma auf der Ebene des Produkts, des Unternehmens, der Arbeit. Anders ausgedrückt: Flexibilität wird billiger, Stabilität mithin über die Opportunitätskosten teurer.

Das hat auch Folgen für die gesamtwirtschaftliche Entwicklung. So muss ein Land der dritten oder vierten Welt nicht alle klassischen Stufen infrastruktureller Entwicklung durchlaufen, um im internationalen Wettbewerb erfolgreich zu sein. Wissensarbeiter, deren Fähigkeiten gefragt und elektronisch übertragbar sind, können unabhängig von einigen infrastrukturellen Voraussetzungen für Industrieproduktion ihr Geld auf einer Art internationalem Arbeitsmarkt verdienen. Freilich können die internationalen Arbeitgeber ihre Gunst und damit ihre Investition auch schnell wieder abziehen und einem anderen Standort zukommen lassen. Dabei sollte man sich nicht zu der Vorhersage versteigen, dass der Nord-Süd-Konflikt nun durch einen Graben zwischen Arm und Reich in jedem Land abgelöst wird. Und eine infrastrukturelle Voraussetzung ist ohnedies generell ausgenommen: die Bildung. Aber es zeigt sich eine Tendenz zu mehr Chancengleichheit in der vernetzten Wirtschaft, die mit der Differenzierung von Aufgaben, Angeboten und Organisationen einhergeht. Märkte mit solchen Eigenschaften aber frei von Friktionen zu nennen, ist indes mutig. Sowohl für Unternehmer wie für Arbeitnehmer werden sie genug Reibungen bereithalten. Eher schon ließen sie sich als extrem Transaktionskosten reduzierend bezeichnen.

Neue Arbeitsformen

Langsam verliert das Normalarbeitsverhältnis der massengesteuerten Industriegesellschaft - festangestellt, vollzeitig, sozial abgesichert - seine Gültigkeit. Mittlerweile zählt die deutsche Volkswirtschaft etwa 5 Millionen Teilzeitbeschäftigte; 4 Millionen geringfügig Beschäftigte (630-DM-Arbeitsverhältnisse); 750.000 sogenannte Scheinselbständige, die zwar auf eigene Rechnung arbeiten, aber zeitlich und räumlich noch von einem Arbeitgeber oder Kunden abhängig sind; 250.000 Leih- oder Zeitarbeiter, 100.000 Telearbeiter im engeren Sinn, immer mehr befristete Arbeitsverhältnisse und eine wachsende Zahl von Freelancern in höherwertigen Dienstleistungen. Und diese Entwicklung dürfte sich auf nahezu allen Feldern beschleunigt fortsetzen. So schätzt die Zukunftskommission Bayern und Sachsen, dass spätestens im Jahr 2010 nur noch jeder zweite Erwerbstätige in einem Normalarbeitsverhältnis stehen wird. Heute sind es noch rund 65 Prozent. (Kommission für Zukunftsfragen Bayern und Sachsen 1996 und 1997)

Das neue Extrem sind die jungen Netzunternehmen, die kaum Festangestellte haben und darüberhinaus nur mit jenen Mitgliedern ihres Netzes zusammenarbeiten, die gegenwärtig nützlich sind. So schnell wie sich die digitalen Koalitionen bilden, lösen sie sich später wieder auf.

Im folgenden vier Beispiele, die zeigen, dass dies auch in der deutschen Volkswirtschaft mittlerweile zur Realität gehört.

Erstens: Newplan in München. Das Unternehmen mit drei Gesellschaftern hat einen Pool von Freelancern (Softwarespezialisten vor allem, aber auch Grafiker, Ingenieure, Managementexperten), aus denen es Teams für Aufträge von Unternehmenskunden zusammenstellt oder einzelne Projektmitarbeiter vermittelt. In den meisten hiesigen Großstädten eröffnet das Unternehmen gegenwärtig Niederlassungen, um sich neue Quellen für geeignete Wissensarbeiter zu erschließen. Entwickelt hat Newplan zudem ein Freelancer Certificate, das dem jeweiligen Erwerbstätigen die für das Arbeiten auf eigene Rechnung notwendigen Kenntnisse und Fähigkeiten nach formalen Voraussetzungen bescheinigt.

Zweitens: Rauser Advertainment in Reutlingen macht Computerspiele zu Werbezwecken. Den Kern bilden sieben Mitarbeiter, für die einzelnen Projekte aber greift die Firma auf ihren Pool von Programmierern, Grafikern, Videoexperten zurück. Sie entwickeln Spiele für große Unternehmen ebenso wie für das Arbeitsministerium oder die Expo 2000. Bei einem Beispielprojekt wirkten ein Programmierer in der Türkei, ein anderer in Florida und ein dritter in der Bundesrepublik zusammen, um durch Spezialisierung höhere Qualität zu erreichen: Jeder kann etwas anderes besser programmieren, der eine Geschwindigkeit, der zweite Landschaften und so weiter. Persönlich treffen sich die Spezialisten selten.

Drittens Telinex: Ein ehemaliger Siemens-Ingenieur hat bei München diese via Computer erreichbare Online-Freelancer-Börse aufgemacht. Dort können sich die Selbständigen darstellen und interessierte Kunden ihnen Angebote machen. Die Börse nimmt Geld für die Vermittlung. Fast 1000 Experten sind eingeschrieben, trotzdem registriert der Gründer nach eigenen Angaben in einigen Bereichen eine Übernachfrage der Firmenkunden.

Viertens Bickmann & Collegen in Hamburg. Der Unternehmensberater Roland Bickmann unterhält ein virtuelles Netz spezialisierter Berater, die wiederum nur projektweise zusammenarbeiten und darüberhinaus eigene Projekte verfolgen.

Das sind Beispiele für eine kleine Gruppe von Unternehmen. Weitaus größer ist noch die Gruppe mobiler Angestellter, die durch Computer und digitale Kommunikation örtlich vergleichsweise ungebunden sind. Die Vertriebsmannschaft von Intel hat in der Bundesrepublik keine Büros mehr, sondern arbeitet, ausgestattet mit mobilen PC und Telekommunikationsgeräten, zu Hause und unterwegs. Auch die Selbständigkeit wächst auf verschiedenen Wegen.

Die Prognosen auf Basis gegenwärtiger Trends sind eindeutig: Stabile Karrieren werden in der vernetzten Ökonomie seltener sein als in der Industriegesellschaft. Die aktuelle Marktnachfrage dürfte das Arbeiten stärker bestimmen als heute. Darüber hinaus lösen sich die alten, wohldefinierten Grenzen zwischen den Arbeitsformen auf, und Mischformen werden zur Regel. Wenn heute über Telearbeit geredet wird, denkt man an die hundertprozentigen Heimarbeiter. Mehr Erwerbstätige nutzen aber die Telearbeit teilweise, wenn sie zu Hause oder unterwegs sind.

Wichtiger sind andere Grenzen - vor allem die zwischen abhängiger Erwerbstätigkeit und Selbständigkeit, zwischen betrieblichen Mitarbeitern und Zulieferern. So gelangt man zu folgenden Punkten:

1. Die individuelle und aktuelle Leistung des einzelnen Arbeitsanbieters zählt mehr.
2. Das Erwerbsleben wird grundsätzlich weniger planbar im Sinne hierarchisch orientierter Karrieren und stetig steigender Einkommensverläufe.
3. Der Einzelne muss und darf wesentlich mehr entscheiden als unter dem Paradigma der Industriegesellschaft. Schnellere und detailliertere Reaktionen auf Kundenwünsche werden ebenso möglich wie eine dezentralere Informationsbeschaffung.

Grundsätzlich öffnen vernetzte Computer immer neue Wege, um schnell auf den Markt zu reagieren. Und die Unternehmen finden immer neue Wege, um diese Veränderlichkeit weiterzugeben an die Erwerbstätigen. Stabile Arbeitsgemeinschaften, stabile Werdegänge oder ein stabiler sozialer Status werden dann seltener. Und die Halbwertszeit beruflicher Fähigkeiten nimmt auch ab; zumindest schwankt ihr Wert stärker und schneller.

In dieser zersplitterten Arbeitswelt ist reine Teleheimarbeit ebenso nur ein Extrem wie die Vollzeitarbeit im Büro, reines Unternehmertum ebenso wie permanente Beschäftigung. Auch Freizeit und Ferien werden variablere Größen. Im neunzehnten Jahrhundert hat die industrielle Revolution die Arbeit vereinheitlicht und verstetigt. Nur 150 Jahre später löst sich diese homogene Struktur, oft verhasst als Entfremdungsinstrument und nun als Hülle sozialer Sicherheit vermisst, wieder auf.

Das Normalarbeitsverhältnis ist die Basis der Sozialversicherung - ein Modell, das nie auf den ganzen Arbeitsmarkt gepasst hat, doch bis in die achtziger Jahre hinein auf immerhin vier Fünftel. Und nun?

Doch die Bedrohung für die Solidarität, für das Gemeinschaftliche in unserer Wirtschafts- und Warenwelt geht noch weiter. Die vernetzte Ökonomie erlaubt und verlangt, immer stärker zwischen den einzelnen Arbeitskräften und ihren jeweiligen Leistungen zu unterscheiden. Wir sollten uns klar darüber sein: Die wenigsten Arbeitnehmer werden heute ganz nach ihrer Leistung bezahlt. Mitunter hängt der Erfolg einer Gruppe gar nur an einem oder an zwei Kollegen, ohne dass diese entsprechend bezahlt würden - oder das auch nur verlangten. Vielfach schleppen Büros oder Teams ein Mitglied mit, das in privaten Schwierigkeiten steckt und dem Druck am Arbeitsplatz nicht standhält.

Das sind Formen relativer Gleichheit und Solidarität, an die wir uns gewöhnt haben, sind tägliche Formen der Gemeinschaft, über die vielfach nicht einmal geredet wird. Diese kleinen Solidarleistungen, über die kaum nachgedacht wird, ergeben sich nicht nur in Büros, sondern ähnlich auch in Fabrikhallen oder auf Baustellen. Damit sich das halten kann, ist indes eines notwendig: eine halbwegs stabile Arbeitsumgebung. Die fraglichen Gruppen müssen auf Dauer angelegt sein, sie müssen tatsächlich einige Zeit zusammenbleiben und gleichbleibende Aufgaben erfüllen. In der Informationsgesellschaft wird derlei relative Gleichheit mehr und mehr verschwinden. Die wachsende Zahl der Selbst- und Teilselbstständigen wird in der vernetzten Wirtschaft ohnedies nur für die tatsächlichen Früchte ihres Wirkens entlohnt. Schwankt ihre Arbeits- und Ideenkraft, werden sie das schnell spüren.

Aber auch innerhalb der Arbeitnehmerschaft: Wenn die Erwerbstätigen ihre Aufgaben ständig neu bestimmen müssen, kurzzeitige Zweckbündnisse statt permanenter Gruppen bilden, wenn sie über die Infobahn oft räumlich und zeitlich voneinander getrennt zusammenarbeiten - dann verliert die Arbeit ihrer Charakter als Platz der Gemeinschaft. Und dieser Verlust führt dann vielen Arbeitnehmern erstmals ins Bewusstsein, wie ihre industriell geprägte Arbeit funktioniert hat.

Nicht nur bei der Arbeit führt die Vernetzung zu sozialen Auflösungserscheinungen. So wird auch Bildung in wachsendem Maß zu einer individuellen Angelegenheit. Ob durch interaktive Lernprogramme auf dem Computer oder durch Fernunterricht auf der Infobahn: Die digitale Revolution schafft Alternativen zm Klassenraum oder Vorlesungssaal. Auch hier zeigt sich die größere Flexibilität, die maßgeschneiderte Bildung statt der Massenbildung. Und natürlich sind auch Klassenzimmer Gemeinschaftsorte.

Es bleibt dabei: Klassische Gemeinschaftserlebnisse sind nicht Sache dieser digitalen Revolution, die vielmehr der Vielfalt und der Flexibilität neue Wege ebnet. Soziales Handeln in den klassischen Formen des Staates wird schwerer, teilweise unmöglich. Die Aufgaben sind klar: Die Sozialsysteme müssen umgebaut werden, damit sie wieder der Realität entsprechen. Und es gibt neue Aufgaben solidarischen Handelns, weil die Wirtschaft unser Leben zwar chancenreicher macht, aber auch riskanter, weil sich der Markt immer stärker in das Leben drängt, weil er schneller wird, effizienter, unsteter. Das ist die Essenz der Vernetzung – mit allen Folgen.

Petra Kodré/ Stephan Leibfried

Moderne Solidarität.
Ihre Spaltungs- und Entwicklungslinien

Was könnten die Grundlagen eines zukünftigen Sozialstaates sein? Oder, noch grundsätzlicher gefragt: Wie ließe sich Solidarität *morgen* organisieren? Neue Ideen, innovative Vorschläge und diskutierte Ansätze gibt es viele. Angesichts solcher Fülle ist es kaum noch möglich, tatsächlich etwas Neues, etwas nicht-schon-Gedachtes vorzulegen. Gegenwärtig muss es eher darum gehen, bestimmte Weichenstellungen neu zu verteidigen, Pro und Kontras zu pointieren und abzuwägen - also am Wettstreit um einen neuen gesellschaftlichen Konsens mitzuwirken, der die Grundlage für eine neue Konzeption des Sozialstaates und eine Art eines *neuen Gesellschaftsvertrag* (Leisering/Leibfried 1999: 293ff.) sein könnte.

Sozialstaatsreform im „Schnellschuss" und „aus einem Guss"?

„*Morgen*" kann und wird es keine neue, keine umgesetzte Konzeption des Sozialstaates geben. Zwar hat der deutsche Sozialstaat schon längst viele seiner Grundlagen verloren (vgl. Kaufmann 1997) und seine Dysfunktionen treten deutlich hervor. Weil die Institutionen und Interessen vernetzt sind (Interdependenz) und der große Dampfer „Sozialstaat" massiv und komplex zu steuern ist, sind weder große Würfe, also „Reformen aus einem Guss", noch erfolgreiche „Schnellschüsse" zu erwarten. Und, gäbe es doch ein „window of opportunity" für den „großen und schnellen Wurf"? Dann würde alles in der Umsetzung scheitern. Paul Pierson (1996: 178) hat in seinen Arbeiten über den britischen und US-amerikanischen Wohlfahrtsstaat deutlich gemacht: Ab- und Umbau des Sozialstaates folgen ganz anderen Regeln als der Aufbau. Auch wenn es gegenwärtig nicht mehr en vogue ist, für eine verstärkte soziale Sicherung zu plädieren, ist doch allen Beteiligten klar, direkte Angriffe auf den Sozialstaat können die Wiederwahl der reformtreibenden Parteien und Politiker massiv gefährden. So verlor in den Niederlanden die Partij van de Arbeid (PvdA) - die 1992 zusammen mit den Christdemokraten die überfällige Reform der Kranken- und Erwerbsfähigkeitsversicherung durchgesetzt hatte - im Verlauf dieses Reformprozesses ein Drittel ihrer Mitglieder und dann bei der Wahl 1994 ein Viertel ihrer Wähler (Visser/ Hemerijck 1998: 35).[1]

Nach Gösta Esping-Andersen (1996) sind gerade konservative Wohlfahrtsstaaten wie die Bundesrepublik Deutschland, die vorwiegend kompensatorisch ausgerichtet sind, in einem Teufelskreis von „Sozialer Sicherung ohne Arbeit" gefangen. Da sie sich passiv auf den Ausgleich von Einkommensausfall (bei Krankheit, Alter, Unfall und so weiter) *im* Arbeitsmarkt konzentrieren, umschiffen und „verfassen" diese Wohlfahrtsstaaten eine neue Gruppe „Ausgeschlossener". Das sind vor allem Menschen mit geringer Qualifikation, die aufgrund der hohen Arbeitskosten keinen Zugang mehr zum Arbeitsmarkt finden (siehe auch Nickell 1998). Die hohen Arbeitskosten wiederum sind zirkulär („feed back") dadurch bedingt, dass das System der sozialen Sicherung durch Sozialabgaben finanziert wird, die direkt die Lohnkosten erhöhen. Hinter diesem System, das ja nicht nur Verlierer, sondern auch viele Gewinner kennt, stehen einflussreiche Interessengruppen, die - so Esping-Andersen - ihren privilegierten Status aufrecht erhalten wollen und jede Änderung blockieren. Und, wie Manfred G. Schmidt (1998a: 169) betont, zeichnet sich gerade das politische System der Bundesrepublik Deutschland dadurch aus, dass es eine große Zahl von Vetospielern gibt, was Reformen besonders schnell versanden lässt.

Ist der deutsche Sozialstaat gar nicht mehr reformierbar? Zu folgern ist nur, dass es längere Zeit braucht und gesteigerter Anstrengungen wie erhöhter Entschlossenheit bedarf, um ein solches Reformziel zu erreichen. Die Niederländer Jelle Visser und Anton Hemerijck (1998: 87) haben festgestellt: Wenn besondere institutionelle Bedingungen gegeben sind, lernen auch Interessengruppen aus ihren Fehlern und entwickeln die Bereitschaft, Reformen auch gegen die kurzfristigen Interessen ihrer Klientel zu unterstützen. Beide Autoren haben in diesem Zusammenhang ein Modell für den Wandel korporatistischer Steuerung entwickelt (vgl. Abb. 1).

Abb. 1: Institutioneller Wandel im Korporatismus

Gesellschaftliche Unterstützung

-	+	
„Immobiler" Korporatismus	„Offener" Korporatismus	+
„Rückzug" aus dem Korporatismus	„Innovativer" Korporatismus	-

Institutionelle Integration

Quelle: Visser/Hemerijck (1998:102)

Nach Visser und Hemerijck verfügen staatliche Akteure über zwei Optionen, um einen unerwünschten „immobilen Korporatismus" zu überwinden. Sie können versuchen, das *korporatistische Arrangement zu beenden*, also darauf hinarbeiten, sich aus der Abhängigkeit von gesellschaftlicher Unterstützung zu befreien. Geschieht das, um fundamentale Veränderungen zu erreichen, müssen sie hohe Kosten in Kauf nehmen, was sie sehr zögerlich sein lässt. Ähnlich gelagert und ebenso risikoreich sind die Handlungsmöglichkeiten der Sozialpartner in diesem Fall.

Die staatlichen Akteure können aber auch versuchen, einen *offenen* Korporatismus durchzusetzen beziehungsweise zu ihm zurückzufinden. Dazu müssen sie eine breitere gesellschaftliche Unterstützung herstellen. „Die Machbarkeit von Innovation und die Rückkehr zum Typus des offenen Korporatismus hängt entscheidend von dem Vertrauensverhältnis zwischen den Sozialpartnern ab sowie von der Erwartung, dass staatliche Akteure angesichts ungelöster Konflikte keine opportunistischen Strategien akzeptieren werden und über die hierarchische Autorität verfügen, dies auch durchzuhalten. All dies muss durch Erfahrungen herausgefunden werden, und daher kann es geschehen, dass in einer längeren Phase der Immobilität - hinter dem Vorhang der wechselseitigen Schuldzuweisung - die beteiligten Akteure tatsächlich dazulernen und über Verhandlungen eine institutionelle Reform vorbereiten" (Visser/ Hemerijck 1998: 107).

Es bedarf also - wie diese Autoren zeigen - einer aktiven, gestaltungsfreudigen und auch risikobereiten Regierung, die die Zusammenarbeit mit den Sozialpartnern sucht, aber keinen Zweifel daran aufkommen lässt, dass sie zu Reformen fest entschlossen ist. Zu einem ähnlichen Befund kommt Anke Hassel (1998), die die Grundlagen und Inhalte verschiedener „Bündnisse für Arbeit" in einigen europäischen Staaten untersucht: Den Regierungen kommt beim Initiieren und Umsetzen von sozialen Pakten eine Schlüsselrolle zu. Auch Sven Jochem und Nico Siegel (1999) unterstreichen in ihrem Kommentar zum deutschen Bündnis für Arbeit den hohen Stellenwert der Weichenstellung durch die Regierung.

Aber selbst dann, wenn eine Regierung initiativ und veränderungsbereit ist, gibt es keine „Reform aus einem Guss". Auch dafür sind die Niederlande[2] ein gutes Beispiel, an dem nicht nur interessiert, *was* alles verändert wurde, sondern auch *wie* es überhaupt möglich war, dass solche Reformen durch- und umgesetzt werden konnten. Von dem viel zitierten „Polder-*Modell*" kann eigentlich keine Rede sein. Hier von einem *Modell* zu sprechen hieße, schon beim ersten Abkommen 1982 hätte es ein fertiges Konzept gegeben, das dann in der Folgezeit umgesetzt worden wäre. Vielmehr fand aber ein mühevoller, langwieriger und recht umweghafter Prozess statt, der erst im Ergebnis - also retrospektiv betrachtet - zu einem reformierten Sozialstaat führte. Der Prozess ist durch viele zunächst nicht zusammenhängende Einzelentscheidungen und von einer Mischung aus Konsens und Konflikt geprägt worden. Die Reformen in der Tarif- und Lohnpolitik und die in der Sozial- und Arbeitsmarktpolitik konnten zwar in *eine* Richtung vorangetrieben werden. Aber es gab immer auch andere, unvorhergesehene, gegenläufige Entwicklungen, die eine eigenständige Korrektur herausforderten (Visser/ Hemerijck 1998).

Grundlagen der (neuen) Solidarität

Alle Fragen nach Solidarität in dieser Gesellschaft kreisen nach wie vor um Erwerbsarbeit. Trotz - oder geradezu aufgrund? - aller Veränderungen spielt die Erwerbsarbeit nach wie vor eine zentrale Rolle für gesellschaftliche Integration wie für die individuelle Integration in die Gesellschaft. Die relativ hohe Arbeitslosigkeit in den europäischen Staaten erzeugt Folgeprobleme, die sich kaum oder nur schlecht bewältigen lassen. Aus staatlicher Sicht sind zunächst die enormen Kosten anzuführen, die durch die hohe Arbeitslosigkeit anfallen: Die Versicherungskassen werden nicht mehr ausreichend gefüllt, aber gleichzeitig sollen immer mehr Menschen von den Sozialversicherungen unterstützt werden. Selbst wenn dieses Finanzierungsproblem nicht bestünde, bliebe doch ein wohlfahrtsgesellschaftliches Problem: Ein beachtlicher Teil der Bevölkerung ist unfreiwillig und teilweise für längere Zeit von gesellschaftlicher Teilhabe ausgeschlossen, die weiterhin primär über den Arbeitsmarkt sichergestellt wird. Folgt man dieser Überlegung, so ist die Antwort auf die

Frage nach den Grundlagen von Solidarität im Schaffen und Verteilen von Arbeitsplätzen zu suchen. Zugleich ist die damit in Zusammenhang stehende (staatliche) Sozialpolitik mit einzuschließen, um einschlägige Synergieeffekte zu nutzen.

Solidarität zwischen Arbeitenden und Arbeitslosen

Eine wesentliche Strategie der Arbeitsmarktpolitik in Deutschland - wie in anderen europäischen Staaten - bestand darin, das Angebot an Arbeitskräften zu verknappen. In seltener Einhelligkeit zwischen Arbeitgeber, Gewerkschaften und Staat wurde ein wachsender Anteil älterer Arbeitnehmer und Arbeitnehmerinnen in den Vorruhestand geschickt („early exit"). Auch „gelang" es, die Verweildauer von jungen Menschen im Bildungssystem zu erhöhen[3] und so Arbeitskraft brachzulegen (und oft zu qualifizieren). Ferner wurden, abgestützt durch den besonderen Zuschnitt von Familien- und Sozialpolitik, Frauen systematisch vom Arbeitsmarkt ferngehalten (Streeck/Heinze 1999). Schließlich wurde in Deutschland etwa durch Förderung der Rückkehr, der Begrenzung neuer Zuzüge beziehungsweise durch die restriktive Ausländerpolitik im Allgemeinen die Beschäftigung von Ausländern eingeschränkt.

Nach alledem beläuft sich die Erwerbsquote in Deutschland lediglich auf 71,1 Prozent. Abgesehen von der Frage, ob es gesellschaftlich gesehen Sinn macht, wachsende Gruppen aus dem Arbeitsmarkt herauszunehmen, konnte dadurch auch das selbst gesteckte Ziel nicht erreicht werden: Die Zahl oder die Quote der Arbeitslosen ist nicht deutlich verringert worden. Im Gegenteil, das Problem besteht unvermindert fort und wird sogar noch dadurch verschärft, dass wenigen Beitragszahlern eine steigende Anzahl von Leistungsempfängern gegenüber steht.

In Deutschland schlägt zudem eine (ungewollte) Folge der Hochlohnpolitik durch, die - zumindest unter den gegebenen wirtschaftlichen und politischen Bedingungen - ebenfalls zum Stagnieren beziehungsweise zum Abbau von Arbeitsplätzen beiträgt. Der Hochlohnpolitik liegt eine Solidarität zwischen den verschiedenen Branchen zu Grunde, wobei die Tarifverhandlungen im Metallbereich als die wesentliche Orientierungsmarke dienen. Insbesonders die gewerkschaftliche Seite argumentiert, die Hochlohnpolitik steigere die Produktivität und gewährleiste eine „gesunde" Wirtschaftsstruktur. Die Kehrseite ist allerdings, dass sich in Deutschland - etwa verglichen mit den USA, aber auch mit anderen europäischen Staaten - vor allem im Dienstleistungssektor keine Beschäftigungsfelder mit niedriger Produktivität und niedriger Entlohnung etablieren konnten.

Das heutige Ausmaß der Arbeitslosigkeit zeigt aber: Es kann nicht länger darum gehen, Gerechtigkeit ausschließlich im Verhältnis der Beschäftigten zueinander herzustellen (vgl. auch Streeck/ Heinze 1999). Arbeitnehmer *und Arbeitslose* sind zusammen zu sehen und ihre Belange abzuwägen. Vielleicht ist nicht *jeder* Arbeitsplatz besser als kein Arbeitsplatz. Dennoch ist eine Politik anzuraten, die in dieser Richtung deutliche Korrekturen vornimmt (vgl. auch Friedrich-Ebert Stiftung 1998).

Von (neo)liberaler Seite, insbesondere der der Arbeitgeber, heißt die Parole oft schlicht: „Deregulierung des Arbeitsmarktes", (faktische) Aufgabe des Tarifwesens, allgemeines Durchsetzen von Lohnspreizung und Abbau sozialer Standards, um so den Lohnabstand - zusätzlich zur Einrichtung eines Niedriglohnsektors - zu halten beziehungsweise zu vergrößern. Die Gewerkschaften halten dagegen im großen und ganzen an der Zentralität des Tarifvertragswesens und der „Hochlohnlogik" fest.[4]

Werden in der beschriebenen Richtung Korrekturen vorgenommen, so bedarf es wohl eher einer „reformpolitischen Roßkur als kleinerer Eingriffe entlang ausgetretener Pfade" (Jochem/ Siegel 1999). Das nicht deshalb, weil das vielgepriesene deutsche Modell endgültig über Bord geworfen werden müsste, sondern deshalb, weil selbst kleine Reformen, die an einer Stelle ansetzen, zwangsläufig weitere Reformen in anderen Politikbereichen nach sich ziehen. Nur wenn auch diese umgesetzt werden, kann etwa verhindert werden, dass im Niedriglohnsektor Beschäftigungsverhältnisse entstehen, die - wie in den USA - keine ausreichende Lebensgrundlage bieten.

Differenzierten sich die Löhne innerhalb und zwischen den Branchen stärker - und veränderte sich damit die Tarifstruktur und -politik -, so wäre der Staat aufgerufen, seine Sozial(versicherungs)politik so zu gestalten, dass die Arbeitskosten tatsächlich fallen. Gleichzeitig müssten aber auch die Nettoeinkommen - durch steuerliche Maßnahmen, durch Senkung der Sozialversicherungsbeiträge für untere Lohngruppen - stabilisiert werden. Der Staat würde damit davon abgehen, Arbeitslosigkeit zu bezahlen und sich in den viel geforderten „aktivierenden Staat" verwandeln. Zugleich übernähme er aber wieder mehr Verantwortung für die Umverteilung (siehe auch Streeck 1999). Der Staat könnte sich nicht „neoliberal" davonstehlen und verschlanken - er müsste gewissermaßen zum *„Erst-Recht-Sozialstaat"* werden.

Auch nach einer Entlastung der unteren Lohngruppen durch staatliche Reformen in der Steuerpolitik und den Sozialversicherungen bleibt das Problem bestehen, wie die neuen Arbeitsplätze im „Niedriglohnsektor" wirtschaftlich, etwa verglichen mit der Sozial- oder Arbeitslosenhilfe, attraktiv sein können. Die Diskussion wird vorwiegend unter der Losung „Re-Definition von Rechten und Pflichten im Sozialstaat" und „Aktivierung der Klienten" geführt. Gegenwärtig finden sich zwei Strategien. Die erste setzt auf Restriktion: Das Niveau des letzten Netzes der sozialen Sicherung, also der Sozialhilfe, ist so weit herabzusetzen, dass es sich auch „lohnt", eine schlecht bezahlte Tätigkeit anzunehmen. Oder der administrative Zwang Arbeit anzunehmen wird verstärkt: Wenn etwa ein angebotener Arbeitsplatz abgelehnt wird, muss man eine Kürzung oder eine Streichung der Unterstützung in Kauf nehmen.[5] Letztlich geht es bei diesen Strategien darum, den „Arbeitszwang" in der Gesellschaft zu verstärken.

Die zweite Möglichkeit, die ebenfalls in verschiedenen Varianten diskutiert wird, läuft darauf hinaus, Arbeit im Niedriglohnsektor staatlich zu subventionieren. Darauf zielt etwa der Vorschlag einer negativen Einkommensteuer durch Fritz W. Scharpf (1995; Friedrich Ebert Stiftung 1998). In diesem Modell wird zwischen Arbeitseinkommen, negativer und positiver Steuer sowie den verfügbaren Einkommen unterschieden. Bei niedrigen Einkommen würde der Staat eine negative Steuerzahlung leisten, also durch positiven Geldtransfer des Finanzamtes ein garantiertes Lohnminimum sichern. Gleichzeitig ließen sich durch die Integration von Steuer- und Transfersystem bei den Einrichtungen der sozialen Sicherung gewisse Einsparungen erzielen. Weniger weitgehend wurde dieser Vorschlag von Seiten der Arbeitgeberverbände als „Kombi-Lohn" aufgenommen. Hiernach sollen die Anrechnungsgrenzen bei der

Sozial- beziehungsweise Arbeitslosenhilfe erhöht werden, um auch im Niedriglohnsektor die Beschäftigungsverhältnisse attraktiver zu machen.

Grundsätzlich zielen die letztgenannten Vorschläge in eine sinnvolle Richtung. Soziale Sicherung wird mit Aktivierung und Beschäftigungspolitik verknüpft. Der Sozialstaat würde dann weniger „kompensatorisch" ausfallen und einen stärkeren Akzent auf die Integration legen. Allerdings bleibt das Problem der Sozialstaats-Finanzierung bestehen. Wird die Grundsicherung - unabhängig von den vielen Möglichkeiten sie auszugestalten - in ihrem Niveau hoch angesetzt und umfasst sie (damit) einen großen Personenkreis, so wächst der finanzielle Aufwand enorm. Wird das Niveau hingegen niedrig gehalten, so treten die restriktiven Elemente dieser Modelle stärker hervor - und der Wohlfahrtsstaat würde weniger in eine human aktivierende als in eine inhuman (neo)liberale Richtung gewendet (vgl. auch Heinze u.a. 1999: 175). Ein Problem bilden auch die wahrscheinlichen Mitnahme-Effekte (auf Seiten der Arbeitgeber), die vor allem beim „Kombi-Lohn" zu erwarten wären.

Solidarität zwischen Männern und Frauen

Wenn - mit Wolfgang Streeck und Rolf Heinze (1999) - das primäre Ziel der Politik und insbesondere des Bündnisses für Arbeit darin liegen muss, die *Beschäftigungsquote* zu erhöhen, berührt dies auch die Solidarität zwischen Männern und Frauen. Traditionell ist die deutsche Sozial- und Arbeitsmarktpolitik so gestaltet, dass sie Frauen - insbesondere Mütter - tendenziell vom Arbeitsmarkt fernhält und sie für Betreuungsaufgaben in der Familie verantwortlich macht. Obwohl sich in den letzten Jahr(zehnt)en einiges verändert hat (etwa steigende Bildungsbeteiligung von Mädchen und Frauen), ist der deutsche Wohlfahrtsstaat noch weit davon entfernt, Männer und Frauen (am Arbeitsmarkt) gleich zu behandeln.

Wie Entwicklungen in anderen Ländern aufzeigen, profitieren vor allem Frauen gegenwärtig von Beschäftigungszuwachs. „Die amerikanische Arbeitsmarktmaschinerie ist weiblich" schreiben Richard Freeman und Joel Rogers (1996). Diese Aussage bezieht sich auf eine steigende Erwerbsbeteiligung von Frauen beziehungsweise Müttern; es kann aber auch gezeigt werden, dass die Lohnunterschiede zwischen Frauen und Männern in den USA stetig abnehmen. Als ein weiteres Beispiel lassen sich die Niederlande anführen: Dort stieg die Erwerbsquote von 29 Prozent (1973) auf derzeit etwa 60 Prozent. Allerdings arbeitet ein Großteil dieser Beschäftigten nur Teilzeit, und dies nicht immer freiwillig (vgl. Visser/ Hemerijck 1998: 48ff.)

Für eine Neuakzentuierung der Solidarität zwischen Männern und Frauen spielt neben dem Schaffen neuer Arbeitsplätze vor allem das Umverteilen von Arbeitszeit eine wesentliche Rolle. Gleichzeitig muss der Dienstleistungssektor in Deutschland ausgebaut werden, um Frauen von - unentgeltlich geleisteter - Betreuungsarbeit zu entlasten. Und hier sind staatliche Akzentsetzungen gefordert, die, wie oben umrissen, im arbeitsmarktpolitischen Bereich erfolgen müssten und von sozial- und steuerpolitischen Reformen zu flankieren wären. Ein breites Betätigungsfeld bietet sich hier bei der Individualisierung von Sozialleistungen und der Besteuerung.

Solidarität zwischen Arbeitgebern und Arbeitnehmern?

Das Kräfteverhältnis zwischen den „Sozialpartnern" hat sich in den letzten Jahren maßgeblich verschoben. Für die Arbeitgeber gilt: Die Unternehmen müssen größere Anstrengungen unternehmen, um sich auf dem Weltmarkt zu behaupten, können aber auch immer stärker jenseits nationaler Grenzen und nationaler Gesetzgebung agieren. Diese Internationalisierung hat die Verhandlungsmacht der Arbeitgeberseite in den letzten Jahren wesentlich gestärkt. Gleichzeitig lässt die Bindungsfähigkeit der traditionellen Arbeitgebervereinigungen nach, was sich drastisch in den östlichen Bundesländern zeigt. Die Gewerkschaften büßen in dieser Entwicklung ihre Macht ein. Sinkende Mitgliederzahlen - als Auswirkung hoher Arbeitslosigkeit und des Bedeutungsschwunds des industriellen Sektors verglichen mit anderen Sektoren - und die Pluralisierung der Interessenlagen der Mitglieder bringen die Gewerkschaften zunehmend in die Defensive.

In der wissenschaftlichen und politischen Diskussion werden die Gewerkschaften oftmals als unbeweglicher und traditionsgeprägter Koloss dargestellt, der vorwiegend eigene institutionelle Interessen vertritt. Gefordert wird neue Beweglichkeit und die Anerkennung der neuen Ausgangsbedingungen. Die Unternehmerseite wird zunehmend von Kritik verschont. Wie sehr diese Verschiebungen in den letzten Jahren selbstverständlich geworden sind, zeigt etwa die ironische Bemerkung des JUSO-Landesvorsitzenden Mathias Brodkorb. Er meinte in Anspielung auf den Vorschlag des rheinland-pfälzischen Ministerpräsidenten Beck: „Wir fordern Solidarität von den Unternehmern: Ihre Gewinne sind allein 1998 um 30,5 Prozent gestiegen. Wir schlagen daher vor, auch die Gewinnentwicklung an die Inflationsrate zu koppeln" (Die Zeit 29/1999: 2).

Da das originäre Interesse der Unternehmen nun aber an der Gewinnsteigerung und nicht an der Senkung der Arbeitslosenzahl besteht und ihre Verhandlungsmacht faktisch zugenommen hat, reicht es nicht aus, an das soziale Gewissen der einzelnen Arbeitgeber zu appellieren. Auch hier ist die Regierung gefragt. Sie muss für politische Rahmenbedingungen sorgen, die es verhindern, dass Arbeitnehmer in die Sozialversicherungssysteme abgeschoben werden. Ferner muss sie dafür sorgen - oder zumindest darauf hinwirken -, dass nationale Arrangements nicht durch die drohenden exit-optionen der Unternehmen ausgehöhlt werden. Ein wesentlicher und effizienter Bezugspunkt ist hier die Europäische Union. Auf dieser Ebene müssen zukünftig solche Regelungen getroffen werden, die selbst größere Mitgliedstaaten alleine nicht mehr durchsetzen können.

Solidarität zwischen Alt und Jung

Nicht nur in Deutschland kommt zu den angeführten Polarisierungen die zwischen den Generationen hinzu: Der Zugang neuer Generationen zum Arbeitsmarkt wird von den älteren Generationen blockiert, die schon vorher „in Arbeit" gekommen waren und dort - im Gegensatz zu den neu Arbeit Suchenden - in ihrem jeweiligen status quo arbeits- und sozialpolitisch geschützt werden. *Jugendarbeitslosigkeit* hat so immer ein schärferes Profil als die durchschnittliche Arbeitslosigkeit (und konkurriert mit der älterer Arbeitnehmer/innen). Noch ausgeprägter findet sich diese Entwicklung allerdings in anderen Ländern, vor allem im Süden Europas, etwa in Italien und Spanien, da es dort an einem „dualen System" mangelt, das in Deutschland neue Generationen routinemäßig in Arbeit führt.

Dieses Arbeitsmarktproblem wird wohlfahrtsstaatlich *in Deutschland* dadurch zugespitzt, dass es keine institutionellen Formen gibt, in denen die Sozialpolitik für Alt und Jung zusammengebracht und -gesehen wird. Damit ist nicht nur der altbekannte (u.a. Schäfer 1983, Kaufmann 1997) *asymmetrische* Zuschnitt des Sozialstaates gemeint, wonach die Kosten des Alters weitgehend (über Sozialversicherung) sozialisiert werden, während die Kosten der Kinder weitgehend „privatisiert" bleiben (von Kindergeld und ähnlichem einmal abgesehen). Gemeint ist vor allem eine eigentümliche *„Sichtblende"* der deutschen Sozialpolitik, die kategorisch *„Bildungspolitik" ausblendet*: Bildung gilt als völlig getrennter, autarker Bereich der sozialpolitisch allenfalls durch Geldleistungen der „sozialen Förderung" (BaföG u.ä.) berührt wird (Eichenhofer 1997: 9); „Bildung" ist daher auch viel stärker föderalisiert als die Sozialversicherungspolitik. Daß Sozialpolitik Verteilung und Umverteilung von Lebenschancen *insgesamt* solidarisch ins Visier zu nehmen hat, wird im angelsächsischen Sprachgebrauch und auch in dem der EU sichtbar: Dort wird Bildungspolitik selbstverständlich als *„social policy"* gesehen[6], nicht aber in Deutschland. Entsprechend umfasst das Sozialbudget, der Sozialbericht des Bundesministeriums für Arbeit und Sozialordnung (BMAS 1997), der einmal je Legislaturperiode veröffentlicht wird, keine Bildungsausgaben[7], sondern schwerpunktmäßig faktisch Altersausgaben.

Diese „Sichtblende" verhindert auch, dass sich die gegenwärtig betriebene Sozialstaatsreform solidarisch als ein Umverteilungsprozess zwischen den Generationen ausprägen kann: Schließlich ist das (primäre und sekundäre) Bildungswesen in Deutschland - verglichen mit den hauptsächlich konkurrierenden westlichen Ländern (wie etwa den USA, Japan und Großbritannien) - durchweg schwächer ausgestattet. Sozialstaatsreform müsste nicht schlicht darauf hinauslaufen, Beiträge, Steuern und ähnliches zu senken, wobei die gesparten Beträge gewissermaßen vorstaatlich wieder auf die Straße fallen und dann vielleicht investiert, angelegt, gespart, exportiert oder für Luxuskonsum verwendet werden. Sozialstaatsreform könnte auch darin bestehen, diese Mittel aus der Alters- in die Jugendsicherung umzuleiten, sie *„im* Sozialstaat umzuverteilen" und in eine Qualifikationsoffensive zu investieren. Das wäre im Rahmen der Standortkonkurrenz für ein auf hoher Durchschnittsqualifikation aufbauendes Hochlohnland ohnedies zwingend erforderlich.

Im übrigen stellen sich auch im Bildungssystem - nicht nur bei der Entscheidung über seine Grundstruktur (vgl. Marshall 1992/49: 77ff.) - unmittelbar sozialpolitische Herausforderungen. In Deutschland finden Ausschließungsprozesse statt, die meist verschwiegen werden: Wenn 30 Prozent der Ausländerkinder keinen Hauptschulabschluss haben - dann ist „Bildungsarmut" (Allmendinger 1999) dafür ein mildes Wort. Präventiv ansetzende Sozialstaatsreform zur Verhinderung kumulierender und permanenter Ausgrenzung ist angesagt.

Deutschland unentschieden im Mittelfeld?

In der deutschen Diskussion und Politik werden, wie erwähnt, Sozial- und Bildungspolitik getrennt voneinander betrachtet. Sie überschneiden sich nur in einzelnen Strängen, etwa in der Arbeits- und der Bildungsförderung. Wie Jutta Allmendinger (1999) zeigt, lassen sich Bildungs- und Sozialpolitik gut zusammendenken. Beide Politiken *erzeugen* beziehungsweise *legitimieren Staatsbürgerschaft*. In den europäischen Wohlfahrtsstaaten sind Bildung, soziale Sicherung und politische Teilhabe gleichberechtigte Dimensionen von Bürgerschaft. Beide Politiken erzeugen oder reparieren Status. Traditionell wurde eher der Bildungspolitik die Statuserzeugung und damit die Prävention zugewiesen, während die Sozialpolitik primär für Statusreparatur zuständig war und folglich eher kompensatorisch wirkte. Allmendinger betont: Diese Funktionsteilung verschwimmt zunehmend, was dazu führen müsste, das beide Politikbereiche verstärkt miteinander in Beziehung gesetzt werden müssen.

Erste Ansätze Sozial- und Bildungspolitik integriert zu betrachten zeigen, dass zwischen der unterschiedlichen Wohlfahrts- und Bildungsstaatlichkeit ein systematischer Zusammenhang besteht: Manfred G. Schmidt (1998b) korreliert Zukunfts-[8] und Sozialausgaben (vgl. Abbildung 2) und kommt zu dem Ergebnis: Staaten, wie die USA oder die Schweiz bieten, verglichen mit der Bundesrepublik Deutschland, ein niedrigeres Niveau an sozialem Schutz, investieren aber wesentlich stärker in Zukunftsausgaben.

Abb. 2: Der Zusammenhang zwischen Zukunftsorientierung der Politik und Sozialstaatlichkeit

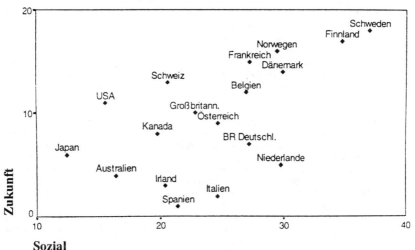

Anmerkungen:
Senkrechte: Index der Zukunftsorientierung in der Politik (vgl. Endnote 8).
Waagerechte: Sozialausgaben in Prozent BIP 1992 (OECD 1996).
Korrelationskoeffizient: r = 0,58
Regressionsgrade: Y = -2,30 + 0,48 (X), R^2 = 0,31; t-Statistik 2,92.
Quelle: Schmidt 1998b: 196

Demgegenüber weist die Bundesrepublik ein ausgeprägt niedriges Niveau von Zukunftsinvestionen auf. Man kann aber auch sehen, dass sich ein hohes Niveau von Sozialschutz *und* Zukunftsorientierung nicht ausschließen muss. Das zeigen die sozialdemokratischen Wohlfahrtsstaaten. So kombinieren Finnland und Schweden einen hohen Standard des Sozialschutzes mit hoher Zukunftsorientierung.

Folgt man der Schmidtschen integrierten Betrachtung von Sozial- und „Zukunfts"-Politik, so bestehen für die Bundesrepublik als Exportland, das auf hohe durchschnittliche Qualifikationen angewiesen bleibt, zwei Möglichkeiten sich zu entwickeln: Die Bundesrepublik könnte den *US-amerikanischen* Weg einschlagen, also ihre Sozialleistungen massiv senken und in Bildung investieren. Der Preis dafür erscheint uns aber zu hoch, wenn wir am Ziel einer solidarischen Gesellschaft festhalten wollen. Dann bleibt die Entwicklung in Richtung der *skandinavischen* Wohlfahrtsstaaten: Die Sicherungssysteme wären, wie dargestellt, in Richtung Integration in den Arbeitsmarkt - anstelle von Kompensation und Ausschluss - umzubauen, zugleich wäre Sozial- mit Bildungspolitik systematisch zu verbinden und Bildungspolitik zu einem gleichberechtigten Entwicklungsschwerpunkt moderner deutscher „social policy" zu entwickeln. Lebenslanges Lernen und Chancengleichheit im „Erst-Recht-Sozialstaat" - aus Schlagworten müsste Wirklichkeit werden.

1 Dass die PvdA dennoch als „Wahlsieger" aus der Wahl 1994 hervorging, liegt daran, dass die Christdemokraten noch größere Einbußen hinzunehmen hatten.
2 Ein anderes oft herangezogenes Musterland für Wohlfahrtsstaatsreform unter globalen Konkurrenzbedingungen ist inzwischen Dänemark. Siehe dazu Benner u.a. (2000) und Heinze u.a. (1999: 122-129).
3 Bei ihrem ersten Universitätsabschluss beträgt das Durchschnittsalter der Studentinnen und Studenten in Deutschland mittlerweile 28,5 Jahre (Streeck/Heinze 1999).
4 Ein erstens Aufweichen dieser Position findet sich allerdings im Vorschlag zu einem Bündnis für Arbeit 1996 von Klaus Zwickel. Auch die letzten Entwicklungen im derzeitigen Bündnis für Arbeit, bei denen die Gewerkschaften erstmals die Bereitschaft signalisiert haben, über Löhne zu reden, zeigen eine Abweichung von dieser Haltung an.
5 Letztere Konzeption findet sich gegenwärtig bereits in vielen Jugendprogrammen, die auf regionaler Ebene umgesetzt wurden. Auch andere europäische Staaten, wie die Niederlande oder Dänemark verfolgen bei jugendlichen Sozialhilfebeziehenden diese Strategie (vgl. für den dänischen Fall Benner u.a. 2000).
6 Arnold Heidenheimer (1981) etwa hat darauf aufmerksam gemacht, dass in den USA die frühe Entfaltung des öffentlichen Bildungssystems, bis hin zu den großen öffentlichen Universitäten, aus der Perspektive der Chancengleichheit betrachtet, eine Art funktionales Äquivalent für die deutsche Sozialversicherungspolitik bildete. Ging es in den USA um die Sicherung individualisierter Aufstiegschancen der jeweiligen Generation (und damit auch um die „Einschmelzung" der Kinder von Einwanderern), so ging es in Deutschland darum, die kollektive Statussicherung von ausgegrenzten Klassen (Arbeiter, Betriebsbeamte, Knappen und so fort) im Risikofall sicherzustellen.
7 Randständig werden Bildungsausgaben erfasst, so wenn es um „Arbeitsförderung", um Rehabilitation und ähnliches geht.
8 Die Größe der Zukunftsausgaben ergibt sich aus vier Indikatoren: 1. dem Anteil der öffentlichen Bildungsausgaben am Bruttoinlandsprodukt 1993, 2. dem Anteil der öffentlichen Forschungsausgaben, 3. der Höhe der Zinslast für die Staatsverschuldung 1993 und 4. Harold Wilensky's Index der expansiven und innovativen Familienpolitik abzüglich der Messung der Frühverrentung. Zu weiteren Details siehe Schmidt (1998b: 195).

Aussichten

Anke Hassel / Reiner Hoffmann

Nationale Bündnisse und Perspektiven eines europäischen Beschäftigungspakts

Staatliche Politik zur Überwindung der Beschäftigungskrise auf den westeuropäischen Arbeitsmärkten hat mit drei wesentlichen Problemen zu kämpfen: mit interdependenten Politikfeldern, unterschiedlichen Akteurskonstellationen und mit unterschiedlichen Interpretationen der Beschäftigungskrise. Arbeitsmärkte werden von verschiedenen Politikfeldern beeinflußt, von denen die Fiskalpolitik, die Steuerpolitik, die Tarifpolitik und die Sozialpolitik zu den bedeutendsten zählen. Diese verschiedenen Politikfelder haben unterschiedliche Effekte auf das Beschäftigungsproblem, die sich gegenseitig unterstützen, aber auch aufheben oder unterminieren können. Die maßgeblichen Akteure in diesen Politikfelder verfolgen zudem in erster Linie andere Ziele als die Förderung der Beschäftigung. Das für das Beschäftigungsproblem eigens geschaffene Politikfeld Arbeitsmarktpolitik hat hingegen im Vergleich zu den vier erst genannten einen eher geringen Einfluß auf die Beschäftigungsentwicklung.

In den einzelnen Politikfeldern trifft man zudem auf unterschiedliche Entscheidungsmechanismen und Akteurskonstellationen. Die wichtigsten Akteure in der Beschäftigungspolitik sind neben den politischen Akteuren die Tarifparteien. In den meisten westeuropäischen Ländern sind die Tarifparteien nicht nur an der Rolle der Lohn - und Arbeitsmarktgestaltung über die Tarifpolitik beteiligt, sondern haben durch die Verwaltungsorgane der Sozialversicherungsträger auch in der Sozialpolitik wesentliche Einflußmöglichkeiten und Vetorechte. Und drittens ist die Interpretation der Beschäftigungskrise umstritten: Die Entwicklung der Beschäftigung hängt von einem Bündel unterschiedlicher Faktoren ab, von denen einige konjunkturell, andere strukturell bestimmt sind. Die genaue Bewertung der einzelnen Faktoren für die Beschäftigungsentwicklung ist im politischen wie im wissenschaftlichen Diskurs umstritten, da sie verschiedene Gruppen in unterschiedlicher Weise betrifft.

Eine europäische Beschäftigungspolitik hat zusätzlich zu diesen allgemeinen Problemen eine weitere Schwierigkeit. Sie findet auf zwei Ebenen statt, der europäischen und der nationalen. Das Zusammenspiel zwischen der nationalen und der europäischen Ebene wird charakterisiert durch die institutionelle Heterogenität zwischen den europäischen Mitgliedsstaaten und ihrer ökonomischen und politischen Interdependenz. Das europäische Sozialmodell, das in den westeuropäischen Staaten nach dem zweiten Weltkrieg entstanden ist, zeichnet sich durch einen umfassenden Wohlfahrtsstaat und ein stark institutionalisiertes System der industriellen Beziehungen aus (Grahl/ Teague 1997: 405). Diese starken Institutionensysteme haben national unterschiedliche Tarifvertragssysteme hervorgebracht. Sie werden von Gewerkschaften und Arbeitgebern getragen, die in ihren organisatorischen Kapazitäten und ihrem politischen Selbstverständnis sehr unterschiedlich sind (Schulten 1999: 36). Die bestehenden institutionellen und organisatorischen Unterschiede führen zu unterschiedlichen Anpassungsprozessen der einzelnen Mitgliedsstaaten an die Beschäftigungskrise und den tiefgreifenden Strukturwandel der Arbeitsmärkte, der sich seit den 70er Jahren in Westeuropa vollzieht. Ein Indikator für diese Unterschiede sind die Arbeitslosenraten: Trotz des gemeinsamen Binnenmarktes und der Wirtschafts- und Währungsunion hat sich keineswegs ein einheitlicher europäischer Arbeitsmarkt herausgebildet, sondern die Arbeitslosenraten liegen zwischen 16 Prozent in Spanien, 11 Prozent in Frankreich und 2,8 Prozent in Luxemburg bzw. 3,3 Prozent in den Niederlanden. Dahinter verbergen sich gravierende Differenzen in den Produktivitätsniveaus und erhebliche Unterschiede in den Institutionen der Arbeitsmärkte, den Tarif- und Sozialsystemen.

Die gemeinsame Position der Mitgliedstaaten in einer zunehmend politisch und ökonomisch integrierten Europäischen Union hat indessen zu einer Thematisierung der Beschäftigungspolitik auf europäischer Ebene geführt. Bereits die Römischen Verträge haben die Förderung eines hohen Beschäftigungsniveaus als eine gemeinschaftliche Aufgabe im Rahmen des Europäischen Integrationsprozesses anerkannt. Die „besorgniserregende Beschäftigungslage" wurde unter anderem in der Entschließung des Rates über die Leitlinien für eine Arbeitsmarktpolitik der Gemeinschaft aus dem Jahr 1980 hervorgehoben und in der Folgezeit wurden zahlreiche Erklärungen, Beschlüsse und Empfehlungen abgegeben, die allerdings weitestgehend folgenlos blieben (Hoffmann/Hoffmann 1997). Erst in den letzten Jahren wurden auf europäischer Ebene ernsthafte Anstrengungen zur Überwindung der Arbeitslosigkeit und zur Modernisierung der Arbeitsmärkte erkennbar, welche sich widersprüchlich zwischen neo-liberaler Deregulierung und innovativen Reformen bewegen. Diese Europäisierung der Beschäftigungspolitik wird von Erfahrungen auf nationalstaatlicher Ebene getragen, die zu supranationalen Politiken verallgemeinert werden und damit wiederum auf die nationale Politik einzuwirken versuchen.

Auf nationaler Ebene mehren sich jene Beispiele, die mit Hilfe konzertierter Aktionen zwischen Regierungen und den Sozialpartnern zu wirksamen Beschäftigungspakten kommen, die wiederum erneuten Anstrengungen auf europäischer Ebene als Vorbild dienen. Bereits seit den 70er Jahren finden sich zahlreiche Versuche für ein europäisch konzertiertes Vorgehen, zu denen beispielsweise Konferenzen gehören, die von den Arbeits- und Sozialministern - zum Teil mit der Beteiligung der Wirtschafts- und Finanzministern –unter Beteiligung der Europäischen Sozialpartner einberufen wurden. Bis zum Jahre 1978 fanden insgesamt sechs Tagungen statt, auf denen eine Vielzahl von makroökonomischen und sozialpolitischen Themen erörtert wurden, darunter neben Vollbeschäftigung und Inflation auch Fragen der Lohnzurückhaltung und Steuerpolitik gehörten (Dolvik 1999: 33). Dazu gehört auch die Einsetzung eines Ständigen Beschäftigungsausschusses unter Beteiligung der Gewerkschaften und Arbeitgeberverbände, der zuletzt in diesem Jahr reformiert wurde.

Unter den Bedingungen der Globalisierung und insbesondere im Rahmen der Europäischen Wirtschafts- und Währungsunion (EWWU) wird ein europäisch koordiniertes Vorgehen zunehmend notwendig, ohne jedoch die EU-Mitgliedstaaten aus ihrer beschäftigungspolitischen Verantwortung zu entlassen. Der institutionellen Vielfalt auf nationaler Ebene steht die europäische Beschäftigungspolitik nicht unvermittelt gegenüber, sondern es ist im Gegenteil eine komplexe Interaktion zwischen der Anpassung der nationalen Beschäftigungssysteme an die negative Integrationsdynamik der Wirtschafts- und Währungsunion auf der einen Seite und den Initiativen zur Beschäftigungspolitik auf europäischer Ebene auf der anderen Seite beobachtbar. In diesem Prozess ist der auf dem Kölner Gipfel verabredete europäische Beschäftigungspakt der bislang letzte Schritt, der die gegenseitige Bezugnahme von nationalen Erfahrungen der Arbeitsmarktregulierung und Tarifpolitik und den zunehmenden Ansätzen einer europäischen Koordinierung der Beschäftigungspolitik verdeutlicht.

Im folgenden Beitrag sollen die parallelen Entwicklungen von Anpassungsprozessen der Tarif- und Sozialsysteme auf der nationalen Ebene und die beschäftigungspolitischen Ansätze auf der europäischen Ebene skizziert werden. Daran anknüpfend werden die Perspektiven für einen europäischen Beschäftigungspakt erörtert.

Nationale Vielfalt - europäische Anpassung

Jenseits aller nationalen Besonderheiten lassen sich in allen Mitgliedstaaten der EU seit Mitte der achtziger Jahre ähnliche Anpassungsprozesse an die neuen Bedingungen des gemeinsamen europäischen Marktes und an die Vorbereitung auf die Währungsunion beobachten. Diese umfassen insbesondere die institutionelle Gestaltung der Arbeitsmärkte, die Tarifpolitik und die Systeme der sozialen Sicherung. Überall finden sich einzelne Reformschritte auf dem einen oder anderen Gebiet, zumeist jedoch mehrfach in allen Politikfeldern. Dabei steht unter den Bedingungen des Wettbewerbs der Arbeitsregime nicht mehr zur Debatte, nach welchen Grundsätzen sie ihre Sozialsysteme an den europäischen Wirtschaftsraum anpassen. Vielmehr sind die wesentlichen institutionellen Reformelemente des Arbeitsmarktes zur Steigerung der Beschäftigungsquote - Lohnmoderation, Flexibilisierung von Arbeitsverhältnissen, Differenzierung der Entlohnung, stärkere Anreize zur Aufnahme von Arbeit - in allen EU-Mitgliedsländern in der einen oder anderen Weise zu finden. Und zwar unabhängig von politischen Mehrheiten und vordergründigen Differenzen zwischen den Tarifparteien.[1] Sie folgen dabei in einem hohen Maße den Orientierungen der EU-Kommission.

Versuchte Annäherung I: Lohnpolitik in der Währungsunion

Die für die Gewerkschaften bedeutendste Entwicklung lässt sich bei der nationalen Lohnpolitik beobachten. Hier ragt die Wettbewerbsdynamik der europäischen Wirtschafts- und Währungsintegration bereits deutlich in nationale Lohnregime hinein. Es ist unverkennbar, dass sich mit den Konvergenzkriterien im Rahmen der Währungsunion in allen EU-Mitgliedsländern eine deutlich moderate Lohnpolitik durchgesetzt hat (Schulten 1999: 37), die in vielen Fällen in Form von Lohnleitlinien vereinbart wurde (Tabelle 1). Formelle Lohnleitlinien, die explizit den Produktivitätszuwachs nicht ausschöpfen, wurden in den neunziger Jahren in Italien, Irland, Belgien, Schweden, Dänemark (begrenzt bis 1991), Portugal und Finnland vereinbart.[2]

Die Rolle der Europäischen Wirtschafts- und Währungsunion für die Neuausrichtung nationaler Tarifpolitik ist von zwei wesentlichen Merkmalen geprägt: Zum einen werden Lohnleitlinien in vielen Fällen mit den Anforderungen der monetären Konvergenzkriterien begründet. Zum anderen orientieren sich einige der vereinbarten Lohnleitlinien an den Entwicklungen der Löhne in anderen Ländern.

In dem jüngsten Abkommen in Irland (Partnerschaft 2.000) wird die Begrenzung der Lohnzuwächse ausdrücklich mit den Konvergenzkriterien begründet. Auch die Koppelung der italienischen Lohnzuwächse an die Inflation und die nachfolgende Reform des Tarifsystems durch das Ciampi-Protokoll im Jahr 1993 stand ganz eindeutig unter dem Zeichen der Konvergenzkriterien. In ähnlicher Weise versucht die portugiesische Regierung seit 1998, die Gewerkschaften zu einer EWWU-kompatiblen Tarifpolitik zu überreden. In Portugal wurde 1996 eine Lohnformel vereinbart, nach der Lohnzuwächse nicht mehr als die Hälfte der Produktivitätssteigerung umfassen sollte. Diese Formel erwies sich als unwirksam, da sich die CGTP nicht an dem Abkommen beteiligte[3]. Die Ansätze zu einer zentralisierten Tarifpolitik in Spanien stehen ebenso unter diesem Vorzeichen.

Zudem haben europäische Tarifsysteme zunehmend begonnen, ihre nationale Tarifpolitik an den Entwicklungen in den wichtigsten Nachbarländern auszurichten. In Belgien wurde die Lohnpolitik gesetzlich an die erwarteten durchschnittlichen Lohnerhöhungen in Deutschland, den Niederlanden und Frankreich gekoppelt. In dem intersektoralen Tarifvertrag vom Oktober 1998 wurde eine Lohnsteigerung von 5,9 Prozent für die nächsten vier Jahre vereinbart, die dem Durchschnitt der Lohnsteigerungen in den Nachbarländern in diesem Zeitraum entsprechen soll (Kuntze 1998). In Italien orientiert sich die Lohnleitlinie seit 1998 an den erwarteten Preissteigerungsraten in der EU. In Finnland wurden tarifliche Pufferfonds eingerichtet, um mögliche externe Schocks im Verlauf der Währungsunion für die Beschäftigten besser abfedern zu können. In Dänemark (1987-91) und in Schweden (1995) haben sich die Tarifparteien freiwillig auf eine Lohnnorm verpflichtet, die die Lohnzuwächse in der Weise begrenzen soll, dass sich Arbeitskosten parallel zu der anderer europäischer Länder entwickeln.

Ein weiteres Anzeichen dafür, wie stark der Anpassungsdruck an die Europäische Währungsunion auf nationale Tarifsysteme wirkt, die nicht Mitglied der Währungsunion sind, lässt sich in Schweden erkennen. Die Vorgaben, nach denen schwedische Löhne nicht schneller steigen sollten als die anderer europäischer Mitgliedsländer zwischen 1995 und 1997, ließen sich nicht umsetzen. Daraufhin entwickelten Expertengruppen unter der Leitung des Arbeitsministeriums Vorschläge für weitreichende Eingriffe in das Tarifsystem, um eine stärkere Lohnmoderation zu ermöglichen. Im Zentrum stehen die Einschränkung des Streikrechts und die Einführung gesetzlicher Schlichtungsprozeduren, die jedoch bislang von den Gewerkschaften erfolgreich blockiert werden konnten. Einige Beobachter sehen in der zunehmenden Schwäche der schwedischen Tarifparteien, Lohnmoderation zu garantieren, einen ernsten Hinderungsgrund für die Teilnahme Schwedens an der Währungsunion.

Es gibt zwei Gruppen von Ländern in der EU, die bislang noch keine Lohnleitlinien eingeführt haben. Dies sind zum einen Länder, in denen die Tarifverhandlungssysteme so weitgehend dezentralisiert wurden, dass die Tarifparteien keine Kontrolle mehr über allgemeine Lohnentwicklungen haben. In diesem Fall sind Lohnleitlinien sinnlos, da die Tarifparteien sie nicht umsetzen können, zum Beispiel Frankreich und Großbritannien. In Frankreich ist zwar der Deckungsgrad der Tarifverträge relativ hoch, relevante Lohnverhandlungen finden jedoch ausschliesslich auf Unternehmensebene statt. Die sozialistische Regierung Mauroy reformierte das Tarifsystem durch die Auroux-Gesetze im Jahr 1982. Gewerkschaften und Arbeitgeber mussten danach jährliche Lohnverhandlungen auf betrieblicher Ebene führen. Doch statt dass die gespaltenen Gewerkschaften mit mehr Handlungsmacht ausgestattet wurden, fanden es die Unternehmen dadurch einfacher flexiblere Lohnsysteme einzuführen. Die Dezentralisierung des Tarifsystems durch die Auroux-Gesetze hat Gewerkschaften und Arbeitgeberverbände bei der Regulierung von Arbeitsverhältnissen weiter geschwächt und den lokalen Sektionalismus weiter ermutigt (Goetschy 1998). Tarifverhandlungen auf der Ebene der Betriebe und Unternehmen führten dazu, dass die Lohnentwicklung weitgehend marktorientiert und in vielen Fällen von den Unternehmen einseitig bestimmt wurde. In ähnlicher Weise ist in Großbritannien nur noch eine Minderheit der Arbeitnehmer von Tarifverträgen abgedeckt. Wie in Frankreich, jedoch von einer ideologisch anders motivierten Regierung, wurde auch hier das Tarifsystem in den achtziger Jahren transformiert und weitgehend dezentralisiert. Auch hier gilt, dass dort, wo die Gewerkschaften noch in der Lage sind Tarifverhandlungen zu führen, sie in der Regel auf der Unternehmensebene stattfinden.

Zu der zweiten Gruppe gehören die Länder, die sich in der Vergangenheit aufgrund ihres sehr zentralisierten Tarifsystems immer durch Lohnzurückhaltung auszeichneten. Dies sind in erster Linie Deutschland und Österreich. Beide Länder waren in der Nachkriegsentwicklung von den Problemen der Einkommenspolitik anderer europäischer Ländern hauptsächlich deshalb befreit, weil sie die strikte Geldpolitik der Bundesbanken weitgehend in ihre Tarifpolitik internalisieren konnten und stets vergleichsweise geringe Lohnzuwächse zu verzeichnen hatten (Flanagan u.a. 1983). In den Niederlanden und Dänemark (ab 1991) kann man davon ausgehen, dass es so etwas wie informelle Lohnleitlinien gibt, in denen die deutschen Lohnabschlüsse als Obergrenze fungieren.

Betrachtet man die Versuche, nationale Beschäftigungssysteme an die europäische Integrationsdynamik anzupassen in diesem Licht, so fällt zusammenfassend auf, dass sich trotz der institutionellen Unterschiede in den Tarifsystemen, die Ergebnisse der Lohnpolitik in den neunziger Jahren zunehmend angenähert haben. Obwohl eine aktive Koordinierung der Lohnpolitik zwischen den Gewerkschaften in verschiedenen Ländern kaum stattgefunden hat, kann man ähnliche Antworten auf die Herausforderung der Konvergenzkriterien in den meisten Ländern erkennen. Die Lohnpolitik wird neu reguliert und in der Regel dadurch kontrollierbarer; eine moderate Lohnpolitik wird von den meisten Gewerkschaften in Ländern mit Lohnleitlinien als Voraussetzung für die Bewährung unter neuen Wettbewerbsbedingungen akzeptiert. In Ländern, in denen es keine Lohnleitlinien gibt, werden sie in der Regel nicht gebraucht: entweder weil die Tarifparteien keine Kontrolle über die Lohnentwicklung mehr haben oder weil eine moderate Lohnpolitik traditionell bereits vorhanden war.

Versuchte Annäherung II: Sozial- und Arbeitsmarktpolitik

Die Anpassung der nationalen Beschäftigungssysteme an die neuen Wettbewerbsbedingungen beschränkt sich nicht auf die Tarifpolitik. Sie berührt auch weite Teile der sozialen Sicherungssysteme und der Arbeitsmarktpolitik. Die Mitgliedstaaten sahen sich alle der Versuchung ausgesetzt, „heimische Arbeitsplätze auf Kosten der Nachbarn durch kompetitive Deregulierung und Steuersenkung zu schützen" (Scharpf 1999: 142).

Und es gibt in den meisten EU-Ländern in den neunziger Jahren Reformen zur Flexibilisierung der Arbeitsmärkte, zum Beispiel durch den Ausbau der Leiharbeit und der befristeten Beschäftigung (Niederlande) oder den Abbau des Kündigungsschutzes (Deutschland, Großbritannien, Griechenland, Spanien). Der Wettbewerb bei den Arbeitskosten hinterlässt seine Spuren auch in Maßnahmen zur Senkung der Lohnnebenkosten (Belgien, Frankreich, Irland), wie auch allgemein zur Senkung der Arbeitskosten von Langzeitarbeitslosen und Geringqualifizierten (Dänemark, Italien, Portugal, Frankreich). Grenzsteuersätze auf Niedrigeinkommen wurden reduziert (Frankreich, Großbritannien, Dänemark, Irland, Niederlande und Schweden). In Irland und Portugal wurden die Steuern auf Arbeitnehmereinkommen gesenkt und dadurch Lohnzurückhaltung belohnt. In Rentenreformen versuchten insbesondere die von hohen Renten- und Sozialausgaben belasteten Länder Italien und Holland, die Rentenansprüche für Personen unterhalb des Rentenalters zu verringern. Ähnliche Entwicklungen gab es in Frankreich und Griechenland. In anderen Ländern wurde das allgemeine Rentenalter erhöht (Deutschland, Italien, Großbritannien, Belgien, Portugal). In vielen Ländern wurden Transferleistungen insgesamt gekürzt, beispielsweise an Arbeitslose (Großbritannien, Österreich, Dänemark, Irland, die Niederlande und Schweden) beziehungsweise Lohnleistungen an kranke Arbeitnehmer (Deutschland und Schweden) (OECD 1997 sowie Eichhorst 1999).

Andererseits lassen sich jenseits aller durch den Wettbewerb hervorgerufenen Maßnahmen zur Kostenreduzierung Hinweise auf eine aktive Arbeitsmarkt- und Bildungspolitik finden, um die Beschäftigungsfähigkeit von Nichterwerbstätigen zu erhöhen, mit denen die beschäftigungspolitischen Prioritäten der EU-Kommission umgesetzt werden. Grundsätzlich wurde versucht, passive Transferzahlungen des Staates an Arbeitslose durch Arbeitsmöglichkeiten und Anreize zur Arbeitsaufnahme zu ersetzen. In der aktiven Arbeitsmarktpolitik finden sich neue Arbeitsbeschaffungsprogramme für vom Arbeitsmarkt ausgegrenzte Gruppen. In Irland und den Niederlanden wurden eigene Arbeitserfahrungsprogramme in Form von Praktika für Langzeitarbeitslose eingeführt. In den Niederlanden gab es zudem zielgruppenorientierte Programme, wie etwa die Vereinbarung zur Schaffung von Arbeitsplätzen für ethnische Minderheiten im Jahr 1990. Eine bessere Unterstützung bei der Arbeitsplatzsuche durch die Arbeitsvermittlung wurde in Großbritannien, Österreich und Belgien eingeführt und das Arbeitsvermittlungsmonopol in Deutschland,

Österreich, Dänemark und Finnland abgeschafft. Maßnahmen zur Absicherung von Teilzeitarbeit finden sich in den Niederlanden, Frankreich und Portugal.

Kurz: In den europäischen Mitgliedsstaaten gibt es eine Wettbewerbsdynamik zwischen den Tarif- und Sozialsystemen, die regelmäßig zu kostensenkenden Massnahmen innerhalb der Mitgliedstaaten führt. Gleichzeitig gibt es an vielen Stellen Versuche, die Arbeitsmärkte zu dynamisieren und Qualifikation zu erhöhen, um so eine bessere Beschäftigungsfähigkeit der Erwerbsbevölkerung zu erreichen.

Formelle und informelle, gescheiterte und gelungene soziale Pakte

Welche Rolle spielen Bündnisse für Arbeit (soziale Pakte) in diesen Anpassungsprozessen? Es gibt dabei maßgebliche Unterschiede in der Rolle der Tarifparteien. Für die Regierungen scheint es im wesentlichen zwei Wege zu geben, ihre Ziele in der Beschäftigungspolitik zu erreichen: Die Kooperation mit den Tarifparteien oder die einseitige Dezentralisierung und Deregulierung nationaler Beschäftigungssysteme. Die Länder, in denen Tarifsysteme gegen den Widerstand der Gewerkschaften dezentralisiert wurden, haben diesen Prozess weitgehend in den achtziger Jahren abgeschlossen. In den betroffenen Ländern, insbesondere Großbritannien und Frankreich, sind auch unter den Linksregierungen der neunziger Jahren keine bedeutsamen Kooperationen mit den Gewerkschaften zu beobachten.[4] In den Ländern, die ihren gesamtwirtschaftlichen Dialog mit Arbeitgebern und Gewerkschaften in den achtziger Jahren nicht aufgegeben haben, kann man ab Mitte der achtziger Jahren hingegen eine zunehmende Kooperation zwischen den Regierungen und Tarifparteien beobachten, die in einer Reihe von Ländern zu einem erfolgreichen Abschluss von Bündnissen für Arbeit führten (siehe Tabelle 2). Die vereinbarten Sozialpakte umfassen dabei die Lohnpolitik als einen wichtigen Bestandteil, in der Regel in der Form von Lohnleitlinien. Daneben gibt es jedoch noch eine ganze Reihe weiterer Massnahmen zur Reform der Sozialpolitik, der Arbeitsmarktpolitik, der Steuerpolitik und der Systeme sozialer Sicherung (Hassel 1998).

Eine kooperative Koordination bei der Anpassung nationaler Tarif- und Sozialpolitik an die europäische Integrationsdynamik findet sich vornehmlich in den skandinavischen Ländern wie in Dänemark und Finnland, aber auch in Österreich. In diesen Länder wurde die Arbeitsmarkt- und Tarifpolitik traditionell auf zentraler Ebene zwischen Regierungen und Tarifparteien verhandelt und koordiniert. Besondere Massnahmen kamen in Dänemark in der sozialpartnerschaftlichen Absprache zwischen den Tarifparteien und in den einzelnen finnischen Sozialpakten hinzu. Auch die Niederlande kann man im Prinzip zu den Fällen der informellen Koordination zählen, da der seit 1982 eingeleitete Reformprozess der niederländischen Beschäftigungspolitik auf einem Tarifvertrag beruhte und nicht auf formalen Vereinbarungen mit der Regierung. Die Gewerkschaften spielen in der Form der kooperativen Koordination eine wichtige und anpassungsorientierte Rolle.

Erfolgreiche *formale* Bündnisse für Arbeit, an denen sich das deutsche Bündnis orientieren könnte, gibt es in Italien und Irland. Hier haben Regierungen mit den Tarifparteien umfangreiche schriftlich fixierte Vereinbarungen über die Reform der Tarif- und Sozialsysteme getroffen und sie in langfristigen Kooperationen weitge-

erfolgreich umgesetzt. Die Gewerkschaften haben sich zumeist erst nach konfliktreichen Auseinandersetzungen in ihre neue Rolle als Bündnispartner gefunden, sie jedoch nach Abschluss der Vereinbarung auch gegen vereinzelte Widerstände getragen. In einigen Ländern finden sich instabile oder gescheiterte Bündnisse für Arbeit. Hierzu gehören formal vereinbarte Sozialpakte, die nicht von allen Tarifparteien unterzeichnet wurden wie in Spanien 1994, Portugal 1996 oder in Griechenland 1997. In anderen Ländern wurden bereits vorbereitete Vereinbarungen von einer der beteiligten Seiten später wieder aufgekündigt, wie in Deutschland 1996 und im jüngsten Anlauf zu einem Bündnis für Arbeit in Schweden 1999.

Warum greifen Regierungen und Tarifparteien zur Kooperation in Bündnissen für Arbeit? Die Tarifparteien sind in nationalen Beschäftigungssystemen tief verwurzelt und haben vielfältige Möglichkeiten auf die Tarif- und Sozialpolitik einzuwirken. Daher sind beschäftigungspolitische Reformen mit der Zustimmung der Tarifparteien in der Regel erheblich einfacher zu implementieren als gegen ihren Willen. Die Zustimmung der Tarifparteien - insbesondere der Gewerkschaften - ist jedoch voraussetzungsreich und nur dann zu erhalten, wenn ihnen ausgleichende Mechanismen bereitgestellt werden. Da zumindest die Themen Kostensenkung/ Lohnmoderation und Flexibilisierung der Arbeitsmärkte direkt die Interessensphäre der Gewerkschaften berühren, werden Kompensationsmaßnahmen in die Vereinbarungen integriert: Arbeitskosten sollen zur Verbesserung der Wettbewerbsfähigkeit oder zur Beschäftigungsexpansion im Dienstleistungssektor gesenkt werden, ohne dass Arbeitnehmer notwendigerweise an Einkommen verlieren. Arbeitsmärkte sollen flexibilisiert und dynamisiert werden, ohne dass Arbeitnehmer davon überfordert werden.

In dieser stilisierten Form finden sich die Verabredungen nur selten. In der Regel erfolgen die in den Bündnissen vereinbarten Einzelmaßnahmen in kleinen Schritten, die auch im Abstand von mehreren Jahren neu entschieden werden. Italien ist jedoch ein Beispiel, an dem die Austauschmechanismen des Paktes besonders deutlich werden. In dem Pakt für Entwicklung und Beschäftigung vom Dezember 1998 wurde eine Reduzierung des Steuersatzes für Jahreseinkommen zwischen 15 und 30 Millionen Lire von 27 Prozent auf 26 Prozent festgelegt. Die Regierung versprach zudem, in den nächsten drei Jahren 1,6 Billionen Lire in berufliche Bildungsmaßnahmen zu investieren. Auf Forderung der Unternehmer hin hat die Regierung zugestimmt, dass Abgaben auf betrieblich vereinbarte Lohnbestandteile um ein Prozent reduziert werden. Bis zum Jahr 2003 sollen die Lohnkosten um 1,25 Prozent reduziert werden, indem bestimmte Teile der Lohnnebenkosten abgeschafft oder verschoben werden sollen. Zudem verpflichtet sich die Regierung, bürokratische Hürden für die Unternehmen abzubauen und Anreize zu entwickeln, um irreguläre Beschäftigungsverhältnisse in reguläre umzuwandeln (Telljohann 1999).

Man muss sich über den Unterschied zwischen der angelsächsischen Variante der institutionellen Reform des Arbeitsmarktes und den Reformen des Arbeitsmarktes im Rahmen sozialer Pakte im klaren sein: Soziale Pakte versuchen deregulierende und kostensenkenden Massnahmen mit ausgleichenden Instrumenten durch die öffentliche Hand zu verknüpfen. Auch in den Sozialpakten spielen „Kostensenkung", „Anreizstrukturen zur Arbeitsaufnahme" und „Flexibilisierung" eine beherrschende und entscheidende Rolle. Es geht daher nicht um einen grundsätzlich anderen Ansatz in der Reformpolitik, aber in sozialen Pakten wird die gesellschaftliche Akzeptanz für Reformen in der Sozial- und Tarifpolitik dadurch ermöglicht, dass die Tarifparteien eingebunden werden.

Gewerkschaften zwischen Kooperation und Marginalisierung

Für die Gewerkschaften besteht der Vorteil einer Teilnahme an Bündnissen für Arbeit darin, dass ihr Einfluss auf die Reform der Sozial- und Tarifsysteme tendenziell größer ist, als wenn sie sich der Kooperation mit den Regierungen verweigern. In Ländern, die ihre Arbeitsmärkte traditionell in Kooperation zwischen Arbeitgebern, Gewerkschaften und Regierungen regulieren, ist dieser Mechanismus aus der Korporatismusliteratur bekannt. In den Ländern, die nicht traditionell zu den korporatistischen Beispielen gehören (zum Beispiel Italien und Irland), lässt sich der Einfluss der Gewerkschaften auf wichtige sozialpolitische Reformen nicht verkennen. In Italien wurde die Rentenreform 1995 nahezu ausschließlich von den Gewerkschaften und in ihrem Interesse konzipiert: "Der Schlüssel zur Zustimmung der Gewerkschaften war tatsächlich die Beibehaltung der bisherigen Altersvorsorge für die älteren Arbeitnehmer und die Einführung einer in Teilen oder im ganzen radikalen Neuordnung der Rentenversicherung für jüngere Arbeitnehmer." (Regini/ Regalia 1997: 217)

Außerdem lässt sich eine Bedeutungszunahme beziehungsweise neue Etablierung von gemeinsamen Institutionen in den Bereichen Arbeitsverwaltung, Schlichtung und beruflichen Bildung beobachten, die den Gewerkschaften zum Teil erstmals den Zugang zu einer gemeinsamen Regulierung dieser Politikfelder eröffnen (Hassel 1998). In Italien wurde 1996 ein Nationaler Rat für Berufsbildung unter der Leitung des Arbeitsministeriums die Organisation und Reform der beruflichen Bildung geschaffen. In Portugal sah ein Abkommen des Jahres 1991 vor (an dem übrigens auch die CGTP beteiligt war), Arbeitsschutzkommissionen einzurichten. Diese institutionelle Neuordnung der Zuständigkeiten und Verfahren in der Abstimmung der Beschäftigungs- und Sozialpolitik stabilisiert insgesamt die Gewerkschaften. Dies wird deutlich, wenn man sie mit den Ländern vergleicht, in denen die Gewerkschaften in einem Maße an Steuerungsfähigkeit verloren haben, dass sie in der Tarifpolitik - abgesehen von der Mobilisierung sozialer Proteste - keine Rolle mehr spielen. Für viele der an Bündnissen für Arbeit beteiligten Gewerkschaften, insbesondere in Südeuropa, bestand die Wahl zwischen einer kooperativen Koordination in der Reform der Arbeitsmärkte oder einer zunehmenden Marginalisierung ihrer Verbände im politischen System.

Indem Sozialpakte die Handlungsfähigkeit der Gewerkschaften auf nationaler Ebene stabilisieren, können sie indirekt auch einen positiven Beitrag für die Koordination der Beschäftigungspolitik auf europäischer Ebene leisten. Dies gilt sowohl für den jetzt vereinbarten makroökonomischen Dialog zwischen den Tarifparteien und den europäischen Regierungen als auch für die Koordination der Gewerkschaften untereinander. Zum Beispiel wurde die erste Form einer gewerkschaftlichen Koordinierung der Tarifpolitik in Europa von solchen Ländern getragen, in denen die Gewerkschaften aktiv an Sozialpakten beteiligt sind. In der sogenannten Vereinbarung von Doorn vom September 1998 haben Vertreter der belgischen, deutschen, luxemburgischen und niederländischen Gewerkschaften vereinbart, dass sie in ihren jeweiligen nationalen Tarifrunden ein Abschlussvolumen anstreben, das der Summe aus Preisentwicklung und der Steigerung der Arbeitsproduktivität entspricht. Eine solche Vereinbarung ist nicht möglich zwischen Ländern, in denen es keinen Mechanismus zur Beeinflussung der Lohnentwicklung auf gesamtwirtschaftlicher Ebene mehr gibt.

Die europäische Wirtschafts- und Währungsunion hat in den neunziger Jahren bereits deutliche Spuren in den nationalen Tarif- und Sozialsystemen hinterlassen. Alle europäischen Mitgliedstaaten befinden sich in einem Kostenwettbewerb, in dem die Arbeits- und Sozialsysteme zunehmend im Mittelpunkt der Anpassung an neue Umweltbedingungen stehen. Im Rahmen dieses Kostenwettbewerbs werden in allen Ländern - jenseits von politischen Mehrheiten und den Positionen der Tarifparteien - Reformmaßnahmen zur Kostenentlastung und Flexibilisierung der Arbeitsmärkte ergriffen. Bündnisse für Arbeit können in diesem Prozess die Handlungsfähigkeit nationaler Akteure erhöhen, indem sie einerseits die Regierungen zu unausweichlichen Reformmaßnahmen befähigen und andererseits die Rolle der Tarifparteien im nationalen Tarifsystem stabilisieren.

Von Essen über Amsterdam nach Luxemburg

Die Kommission der Europäischen Gemeinschaften hat bereits im Dezember 1993 das Weißbuch „Wachstum, Wettbewerbsfähigkeit, Beschäftigung" in der erklärten Absicht vorgelegt, einen Beitrag zur Überwindung der Wettbewerbsschwäche Europas und der anhaltenden Beschäftigungskrise zu leisten. Bis zum Jahr 2000 sollten 15 Millionen Arbeitsplätze geschaffen werden, womit unter den damaligen Bedingungen eine Halbierung der Arbeitslosenquote der EU angestrebt wurde. Darin werden zwei alternative Wege aufgezeigt, um die Arbeitslosigkeit in Europa zu reduzieren: Der US-amerikanische Weg, der bescheidene Wachstumsraten des Sozialprodukts, aber eine sehr hohe Beschäftigungsintensität des Wachstums beinhaltet. Dieser wird für nicht akzeptabel gehalten, um das europäische Sozialmodell zu sichern und weiter zu entwickeln, da er auf einer „deutlichen Erweiterung der Lohnskalen nach unten" (Kommission 1993: 50) basiert. Die Kommission plädiert jedoch für „einschneidende Veränderungen, aber nicht bloß die Deregulierung der europäischen Arbeitsmärkte. Vielmehr ist ein neues, vernünftiges und vereinfachtes Regulierungs- und Anreizsystem nötig."(ebenda: 150). Des Weiteren fordert sie im Interesse einer verbesserten Investitionsrentabilität, dass der Anstieg der Reallöhne im Durchschnitt um einen Prozentpunkt hinter dem Anstieg der Produktivität zurückbleiben soll. Sie spricht von der „Notwendigkeit einer weiterhin maßvollen Lohnentwicklung"; eine Orientierung, die seit Jahren in den Empfehlungen für die Grundzüge der Wirtschaftspolitik der Mitgliedstaaten wiederholt wird und natürlich in einem engen Kontext mit den in Maastricht beschlossenen monetären Konvergenzkriterien steht (Kommission 1998)[5].

Als qualitativer Sprung können die auf dem EU-Gipfel in Essen (1994) beschlossenen beschäftigungspolitischen Prioritäten interpretiert werden. Wie bereits im Weissbuch der Kommission wurde eingeräumt, dass wirtschaftliches Wachstum

kann. Zur Modernisierung der Arbeitsmärkte seien daher seitens der Mitgliedstaaten Mehrjahresprogramme aufzulegen, mit denen vorrangig fünf beschäftigungspolitische Prioritäten umgesetzt werden sollen:

- Förderung von Investitionen in die Berufsbildung,
- Steigerung der Beschäftigungsintensität des Wachstums,
- Senkung der Lohnnebenkosten,
- Übergang von passiver zu aktiver Arbeitsmarktpolitik
- Ausbau der Maßnahmen zugunsten von Problemgruppen des Arbeitsmarktes.

Die Kommission wurde beauftragt, basierend auf jährlich vorzulegenden Fortschrittsberichten, die Politik der Mitgliedstaaten zu „überprüfen". Dabei konnten durchaus erste Erfolge verzeichnet werden. Jedoch neigten viele Mitgliedstaaten dazu, unter dem Druck der Konvergenzkriterien und unter Bezug auf die Essener Prioritäten einer weiteren Deregulierung der Arbeitsmärkte und einem Abbau der Systeme der sozialen Sicherung Vorrang einzuräumen. Letztendlich fehlte es weiterhin an verbindlichen quantitativen und qualitativen Vorgaben.

Zu solchen verbindlichen Vorgaben kam es dann auf dem „außerordentlichen EU-Beschäftigungsgipfel" im November 1997. Dem vorausgegangen war die Aufnahme eines Beschäftigungskapitels in den revidierten Amsterdamer EU-Vertrag, wie es die Gewerkschaften bereits seit langem gefordert hatten (Europäisches Gewerkschaftsinstitut 1996). Damit wurde eine vertragliche Grundlage geschaffen, eine koordinierte europäische Beschäftigungsstrategie (Artikel 125) zu entwickeln.

Danach legt der Rat auf Vorschlag der Kommission jährlich mit qualifizierter Mehrheit beschäftigungspolitische Leitlinien fest, welche die Mitgliedstaaten in ihrer Beschäftigungspolitik zu berücksichtigen haben. Diese berichten wiederum jährlich dem Rat und der Kommission über die wichtigsten Massnahmen zur Umsetzung der beschäftigungspolitischen Leitlinien. Die Beschäftigungspolitik der Mitgliedstaaten wird jährlich geprüft und kann auf Basis qualifizierter Mehrheit zu Empfehlungen des Rates an die Mitgliedstaaten führen. Gestärkt wurde in dem Beschäftigungskapitel auch die Rolle der Sozialpartner: Sie sind an der Erstellung, Durchführung und Bewertung der beschäftigungspolitischen Aktionspläne zu beteiligen. Damit gibt es Chancen für eine Rahmenregulierung der europäischen Arbeitsmärkte, so dass die Begrenzung einer solchen Regulierung auf die nationalstaatliche Ebene überwunden werden kann. Zugleich besteht die Chance, mit diesem neuen Instrument den drohenden ruinösen Wettlauf der Nationalstaaten in Kapitalanlagen durch nationale Deregulierungspolitiken und Absenkungen der Kosten der sozialen Sicherung zu begrenzen beziehungsweise ihr offensiv durch eine innovative Regulierungspolitik zu begegnen.

Die EU-Kommission hat auf dem Beschäftigungsgipfel in November 1997 erste beschäftigungspolitische Leitlinien vorgelegt, die konkrete Vorstellungen einer innovativen Neuregulierung der europäischen Arbeitsmärkte erkennen lassen. Sie konzentrieren sich auf vier Schwerpunkte:

- Verbesserung der Beschäftigungsfähigkeit (Employability),
- Entwicklung des Unternehmergeistes (Entrepreneurship),

- Förderung der Anpassungsfähigkeit der Unternehmen und ihrer Arbeitnehmer (Adaptability),
- Stärkung von Maßnahmen für die Chancengleichheit von Frauen und Männern (Equal Opportunities).

Die Leitlinien sind im Vergleich zu dem EU-Weissbuch und den Essener beschäftigungspolitischen Prioritäten nicht nur erstaunlich konsistent. Sie enthalten darüber hinaus zum ersten Mal auch quantitative Orientierungen, die darauf abzielen, dass erstens arbeitslosen Erwachsenen, bevor sie zwölf Monate lang arbeitslos sind, ein Arbeitsplatz, eine Qualifizierungs- oder Umschulungsmaßnahme oder andere beschäftigungsfördende Maßnahmen angeboten werden. Zweitens sollen arbeitslosen Jugendlichen diese Angebote gemacht werden, bevor sie sechs Monate arbeitslos sind. Darin wird unter anderem im Schwerpunkt „Entwicklung des Unternehmergeistes" vorgegeben, das Steuersystem beschäftigungsfreundlicher zu gestalten und den langfristigen Trend zu einer höheren Steuer- und Abgabenbelastung der Arbeit umzukehren, die im europäischen Durchschnitt von 35 Prozent im Jahre 1980 auf über 42 Prozent im Jahre 1995 gestiegen ist. Jeder Mitgliedstaat legt unter Berücksichtigung des derzeitigen Niveaus Zielvorgaben für eine schrittweise Senkung der Steuer- und Abgabenbelastung fest und soll die Steuerbelastung der Arbeit und der Lohnnebenkosten insbesondere im Bereich der niedrigqualifizierten und schlechtbezahlten Arbeit absenken.[6] Desweiteren soll - allerdings ohne eine verbindliche Verpflichtung - geprüft werden, ob der Mehrwertsteuersatz bei arbeitsintensiven Dienstleistungen, die keinem grenzüberschreitenden Wettbewerb ausgesetzt sind, gesenkt werden kann (Foden/ Magnusson 1999).

Eine erste - wenn auch noch nicht sehr aussagefähige Bewertung - hat auf dem EU-Gipfel im Dezember 1998 in Wien stattgefunden, auf dem die folgende deutsche Ratspräsidentschaft damit beauftragt wurde, einen europäischen Beschäftigungspakt zu erarbeiten.[7]

Perspektiven für einen europäischen Beschäftigungspakt

Konzertierte Aktionen oder Beschäftigungspakte sind - wie wir gezeigt haben - kein neues Phänomen in Europa und haben insbesondere seit Mitte der 80er Jahre in verschiedenen Ländern an Bedeutung bei der Reform der Arbeitsmärkte gewonnen. In der Bundesrepublik Deutschland gehen solche kooperatistischen Arrangements auf die Zeit der Konzertierten Aktion von 1968 bis Mitte der 70er Jahre zurück. Auch auf europäischer Ebene lassen sich vergleichbare Ansätze seit Beginn der 70er Jahre feststellen. Mit dem EU-Weissbuch wurde die Notwendigkeit sozialer Konzertierung auch auf europäischer Ebene ausdrücklich anerkannt. Der Präsident der Kommission, Jacques Delors, konnte sich jedoch zum damaligen Zeitpunkt mit seinen Vorstellungen eines europäischen Beschäftigungspaktes nicht durchsetzen. Vor dem Hintergrund der Initiative des IG-Metall Vorsitzenden, Klaus Zwickel, auf dem IG-Metall-Kongress im November 1995 für einen deutschen Beschäftigungspakt, hat der Kommissionspräsident Jacques Santer die Idee auf europäischer Bühne erneut aufgegriffen und im Januar 1996 vor dem Europäischen Parlament seine Initiative eines europäischen Paktes vorgestellt. Sie beinhaltete im wesentlichen drei Elemente: einen makroökonomischen Policy-mix, eine aktive europäische Strukturpolitik und neue Initiativen im Rahmen des sozialen Dialogs, bei dem vor allem die Sozialpartner gefordert waren.

Santer konnte sich mit einem seiner zentralen Vorschläge nicht durchsetzen. Er wollte die damaligen Überschüsse aus den EU-Agrarfonds zusätzlich für die Finanzierung der transeuropäischen Netze nutzen. Dieser Vorschlag wurde von den EU-Finanzministern einhellig abgelehnt, welche die Überschüsse lieber zur Sanierung ihrer Haushalte verwandten, um die Konvergenzkriterien des Maastrichter Vertrages zu erfüllen. Dennoch konnten durchaus Teilerfolge erzielt werden, beispielsweise im Bereich der von der EU geförderten lokalen Beschäftigungsinitiativen. Bislang sind mit Unterstützung der EU-Strukturfonds immerhin 89 solcher lokalen Beschäftigungsinitiativen entstanden (Spineux u.a. 1999). Auch im Bereich des Sozialen Dialogs konnten erste erkennbare Teilerfolge erzielt werden, die durchaus geeignet sind, zu einer Neuregulierung der europäischen Arbeitsmärkte beizutragen. Dazu gehört die Rahmenvereinbarung über Teilzeitarbeit, die als EU-Richtlinie am 15. Dezember 1997 verabschiedet wurde und bis zum 20. Januar 2000 in nationale Rechts- und Verwaltungsvorschriften umgesetzt werden muss. Auch die Rahmenvereinbarung von EGB, UNICE und CEEP über befristete Arbeitsverträge wurde vom Rat am 28. Juni 1999 als Richtlinie verabschiedet. Zudem haben die Sozialpartner ihre Absicht bekräftigt, ähnliche Vereinbarungen für andere flexible Arbeitsformen zu prüfen.[8] Damit wurden Regulierungsansätze zur atypischen Beschäftigung, welche die Kommission bereits Anfang der 80er Jahre vorgelegt hat, und die immer wieder am Widerstand im Rat gescheitert sind, zumindestens teilweise zur Wirkung verholfen (Mückenberger 1993). Insbesondere aus Perspektive des Europäischen Gewerkschaftsbundes (EGB) gibt es zahlreiche Themen für europäische Verhandlungen, die in einen europäischen Beschäftigungspakt eingebunden werden können. Dazu gehören beispielsweise Vereinbarungen zum Bereich Zeitarbeit, Teleheimarbeit oder Vereinbarungen zum lebenslangen Lernen.

Der in Köln im Juni 1999 vereinbarte Europäische Beschäftigungspakt knüpft an die bisherigen Erfahrungen an und geht zugleich deutlich darüber hinaus. Er ist als Prozess auf eine längere Dauer angelegt - was vor dem Hintergrund der nationalen Erfahrungen zweifelsohne notwendig ist - und umfaßt drei aufeinander abzustimmende Prozesse. Zunächst die Koordinierung der Wirtschaftspolitik und die Verbesserung des wechselseitigen Zusammenwirkens von Lohnentwicklung sowie der Geld-, Haushalts- und Finanzpolitik durch einen makroökonomischen Dialog. Dieser Dialog soll eine nachhaltige nicht-inflationäre Wachstumsdynamik freizusetzen helfen (Köln-Prozess). Zweitens soll die in Luxemburg begonnene koordinierte Beschäftigungsstrategie weiterentwickelt und besser umgesetzt werden (Luxemburg-Prozess). Und Drittens werden umfassende strukturelle Reformen und Modernisierungen zur Verbesserung der Innovationsfähigkeit und der Effizienz der Güter, Dienstleistungs- und Kapitalmärkte angestrebt (Cardiff-Prozess).

Während mit dem Luxemburg-Prozess (1997) und dem Cardiff-Prozess (1998) bereits erste Erfahrungen gesammelt werden konnten, ist der makroökonomische Dialog das eigentlich neue Element des Europäischen Beschäftigungspaktes. Der

Luxemburg-Prozess soll durch zusätzliche nachprüfbare Zielsetzungen effektiver gestaltet werden. Unter anderem soll die Kommission 1999 ein Projekt „Peer Review bewährter Verfahren" starten, um zukünftig die Evaluierung der Nationalen Aktionsprogramme auf eine gesicherte Grundlage zu stellen. Dazu gehört auch die Entwicklung gemeinsamer Indikatoren und kohärenter statistischer Grundlagen. Es wird auch erneut betont, dass die Wirtschaftsreformen zur Verbesserung der Wettbewerbsfähigkeit mit einem sozialen Dialog verbunden werden müssen.

Mit dem dritten Pfeiler des Europäischen Beschäftigungspakts, dem sogenannten Köln-Prozess aber soll das Ziel eines möglichst spannungsfreien Zusammenwirkens von Lohnentwicklung, Finanz- und Geldpolitik angestrebt werden. Der damit beabsichtige kooperative makroökonomische Dialog soll auch die Europäische Zentralbank (EZB) einbeziehen, ohne ihre Unabhängigkeit zu gefährden. Zugleich soll die Autonomie der Tarifvertragsparteien nicht in Frage gestellt werden. Damit soll letztendlich die Lohnpolitik auch weiterhin auf einen verläßlichen Pfad eingeschworen werden, um die gewünschte nachhaltige nicht-inflationäre Wachstumsdynamik freizusetzen. Wenngleich die damit angestrebten beschäftigungspolitischen Wirkungen keineswegs gesichert sind, so ergeben sich gerade aus der Einbeziehung der Geldpolitik, wie sie von den Gewerkschaften immer wieder gefordert wurde (Gabaglio 1999) neue Chancen. Für die Gewerkschaften bedeutet dies allerdings, dass sie dringend ihre Tarifpolitik europäisch koordinieren müssen, nicht nur, um der wachsenden Gefahr eines Lohndumping entgegenzuwirken, sondern auch, um die ihnen auf europäischer Ebene überantwortete Rolle im makroökonomischen Dialog ausfüllen zu können.

Erste Ansätze einer europäischen Koordinierung der Tarifpolitik sind durchaus erkennbar (Kuhlmann 1999, Schulten 1999). Ihre Perspektiven wurden gerade auf dem 9. Ordentlichen EGB Kongreß im Juli 1999 in Helsinki ausführlich diskutiert (EGB 1999). Eine europäische Koordinierungsregel soll zukünftig erstens die Kompensation der Inflationsrate sicherstellen und zweitens den mit dem Produktivitätswachstum einhergehenden Verteilungsspielraum nutzen. Eine produktivitätsorientierte europäisch koordinierte Tarifpolitik beinhaltet die Chance, reale Einkommensverluste, wie sie in den letzten Jahren in mehreren Ländern hingenommen werden mussten, zukünftig zu verhindern. Damit würde auch die Tendenz einer zunehmend wettbewerbsorientierten Tarifpolitik eingedämmt, wie sie de facto nicht nur in den kleineren EU-Staaten sondern auch in Deutschland betrieben wurde. Zugleich lässt eine solche europäische Regel genügend Spielraum für beschäftigungspolitische Maßnahmen auf sektoraler und nationaler Ebene, da die Produktivitätsgewinne, nicht nur für Einkommenssteigerungen verwendet werden können, sondern auch für Arbeitszeitverkürzungen, Maßnahmen zur Qualifizierung oder anderen Formen der Beschäftigungssicherung genutzt werden sollen. Das Problem hierbei dürfte vor allem in der Verbindlichkeit der „Beschäftigungszusagen" und ihrer Überprüfbarkeit liegen.

In jedem Fall ist ein umfangreicher europäischer Informations- und Erfahrungsaustausch notwendig, für den der Europäische Beschäftigungspakt durchaus einen geeigneten Rahmen zur Verfügung stellen kann. Eine solche Strategie würde jedoch ins Leere laufen, wenn im Rahmen nationaler Beschäftigungspakte Vereinbarungen getroffen werden, die sich unterhalb der europäischen Koordinationsregel bewegen. An dieser Stelle wird erneut die enge Verzahnung von nationalen Anpassungsprozessen und europäischer Beschäftigungspolitik deutlich. Soziale Pakte auf nationaler Ebene gehen in der Regel mit einer Stärkung der nationalen Handlungsfähigkeit der Verbände – insbesondere in der Tarifpolitik – einher. Lohnleitlinien, die an die Abschlüsse anderer Länder (als Obergrenze) gekoppelt werden, können die Handlungsfähigkeit der Tarifparteien fördern, in dem sie zunächst die Gewerkschaften im nationalen Rahmen stärken. Nationale Sozialpakte sind damit keine Barriere für eine europäisch koordinierte Beschäftigungspolitik. Sie können unter Umständen zu einer unterstützenden Vorleistung für eine europäisch koordinierte Beschäftigungspolitik werden.

Die Architektur des Europäischen Beschäftigungspaktes macht deutlich, das sie nicht lediglich einer neo-liberalen Lohnverzichtsstrategie folgt und sich keineswegs auf Verteilungsfragen reduziert. Die Logik folgt vielmehr den Erfahrungen nationaler Pakte und besteht in der Ausweitung der Themenfelder, mit der die Chancen zur Kompromissfindung erhöht werden (Traxler 1997). Damit wird zugleich anerkannt, dass Lohnzurückhaltung bei weitem nicht das einzige Mittel im Kampf gegen die Arbeitslosigkeit ist. Vielmehr wird deutlich, dass ein Bündel von politischen Massnahmen zur Bekämpfung der Arbeitslosigkeit existiert, das die Bereiche Steuerpolitik, Industrie- und Strukturpolitik, Qualifizierung und Weiterbildung, Arbeitszeit und Arbeitsorganisation etc. umfaßt. Die entscheidende Frage ist, welche dieser Massnahmen sich zu einem intelligenten Policy-Mix im Rahmen des Europäischen Beschäftigungspaktes zusammenfassen lassen, die allein auf Ebene der Mitgliedstaaten nicht mehr gelöst werden und somit berechtigterweise einen europäischen Mehrwert erwarten lassen können. Zugleich eröffnet der Kölner Prozess eine Verständigung zwischen den wichtigsten Akteuren in der Beschäftigungspolitik mit einem langfristigen Zeithorizont auf europäischer Ebene. Ein Europäischer Beschäftigungspakt, der die vielfältigen nationalen, regionalen und betrieblichen Erfahrungen berücksichtigt, könnte einen Reformprozess der europäischen Gesellschaften ermöglichen, der ihre soziale Kohäsion erhält und zugleich flexibel genug ist, um auf den Weltmärkten präsent zu sein (Hoffmann, Hoffmann 1997).

1   Dass ein solcher Anpassungsprozess zu erwarten sei, wurde von den Kritikern der EWWU im Vorfeld hervorgehoben. Der Lohnpolitik wurde dabei eine Schleusenfunktion zugerechnet, die dann zum Zuge kommt, wenn Währungsabwertungen nicht mehr zur Verfügung stehen (Altvater/ Mahnkopf 1993). Es hat sich jedoch herausgestellt, dass die tatsächlichen Anpassungsprozesse erheblich komplexer sind, als zuvor in diesen Analysen antizipiert wurde, und weit über die reine Lohnfrage hinausgehen.
2   Die Informationen über die Entwicklungen in den einzelnen Ländern stammen von eironline. European Industrial Relations Observatory Online sowie aus: Ferner, Hyman (Hrsg.):1998 und Pochet/ Fajertag (Hrsg.) 1997.
3   Die UGT-P (Allgemeine Arbeiterunion) hat eine entsprechende Vereinbarung unterstützt. Bei der CGTP handelt es sich um den allgemeinen Dachverband der portugiesischen Arbeiter, früher Intersindical (Confederacao Geral dos Trabalhadores Portugueses). Beide Gewerkschaften gehören dem EGB an.
4   Eine Ausnahme ist der von der Jospin-Regierung initiierte dreiseitige Gipfel in Matignon zur Umsetzung des Arbeitszeitgesetzes im Jahr 1997, der jedoch mit dem Auszug der Arbeitgeber aus den Verhandlungen endete.

5   Bereits ohne dass die Gewerkschaften ihre Tarifpolitik in Europa koordineren, lässt sich feststellen, dass der lohnpolitischen Empfehlung in vielen Mitgliedsländern bereits gefolgt wird, zum Teil lag der Anstieg der Reallöhne um mehr als einem Prozentpunkt hinter dem Anstieg der Produktivität (Fajertag 1998).
6   Ein Vorschlag, der auf europäischer Ebene von den Gewerkschaften nicht nur akzeptiert wird, sondern zuletzt auf dem 9. Ordentlichen EGB Kongress in Helsinki auch ausdrücklich gefordert wurde. In der Bundesrepublik Deutschland haben ähnliche Vorschläge im Rahmen des Bündnisses für Arbeit erhebliche Kontroversen ausgelöst.
7   Die Idee eines europäischen Beschäftigungspaktes wurde bereits mit dem sogenannten START-Programm der SPD für den bundesrepublikanischen Wahlkampf wiederbelebt und findet sich in der Koalitionsvereinbarung zwischen der SPD und Bündnis 90/Die GRÜNEN von 1998 wieder. In einem gemeinsamen Brief des Bundeskanzlers der Bundesrepbulik Deutschland, Gerhard Schröder, und des Präsidenten der französischen Republik, Jacques Chirac, an den seinerzeit amtierenden Vorsitzenden des Europäischen Rates vom 8. Dezember 1998 wurde die Idee, der deutschen Präsidentschaft den Auftrag zur Erarbeitung eines Beschäftigungspaktes zu erteilen, förmlich vorgeschlagen. In diesem Brief sprechen sich die beiden Regierungschefs auch dafür aus, dass sich die Regierungen der Mitgliedstaaten der Europäischen Union künftig auf verbindliche und nachprüfbare Ziele in den beschäftigungspolitischen Leitlinien verpflichten. Und zwar nicht nur im Bereich Jugend- und Langzeitarbeitslosigkeit, sondern beispielsweise auch zur Überwindung der Diskriminierung der Frauen auf dem Arbeitsmarkt. Weiter heißt es: „Es bedarf der Festlegung von gemeinsamen Mindeststandards in der Umweltpolitik und Fortschritten in den Bereichen Steuer- und Sozialpolitik, um insbesondere unfaire Steuerpraktiken und Sozialdumping zu vermeiden". Der britische Regierungschef Tony Blair konnte seinerzeit für eine solche Initiative nicht gewonnen werden.
8   Zur ausführlichen Erörterung der beiden Rahmenvereinbarungen siehe Dürmeier 1999 und Clauwaert 1999. Vollständigkeitshalber ist auf die erste europäische Rahmenvereinbarung zum Elternurlaub hinzuweisen, die 1997 abgeschlossen wurde.

Tabelle 1

Lohnpolitik in den Mitgliedsländern der EU der neunziger Jahre

Lohnleitlinien		Moderate Lohnpolitik ohne Lohnleitlinien	
Orientierung an anderen EU Ländern	Feste Vorgaben	Dezentralisiertes Tarifsystem	Zentralisiertes Tarifsystem
Belgien (seit 1989)	Portugal (1996)	Spanien	Niederlande
Italien (seit 1992)	Finnland (seit 1991)	Großbritannien	Deutschland
Schweden (seit 1995)	Irland (seit 1987)	Frankreich	Österreich
Dänemark (1987-91)			

Tabelle 2

Kooperation zwischen Tarifparteien und Regierung in der EU

Länder **Jahr** **Name**

Kooperative Koordination in der Reform der Arbeitsmärkte

Österreich

Niederlande	1982	Abkommen über 'allgemeinverbindliche Empfehlungen zu Fragen der Beschäftigungspolitik' (Wassenaar)
	1990	Mehr Beschäftigung für ethnische Minderheiten
	1993	Ein neuer Kurs: Agenda für Tarifverhandlungen 1994
	1997	Agenda 2002
Irland	1987	Programme for National Recovery
	1990	Programme for Economic and Social Progress
	1994	Programme for Competitiveness and Work
	1997	Partnership 2000 for Inclusion, Employment and Competitiveness
Italien	1992	Dreiseitige Vereinbarung zur Abschaffung der Scala Mobile
	1993	Ciampi Protokoll: Abkommen über Arbeitskosten vom 23. Juli 1993
	1996	Beschäftigungspakt (Accordo per il Lavoro)
	1998	Sozialer Pakt für Wachstum und Beschäftigung
Dänemark	1987	Sozialpartnerschaftliche Absprache
Finnland	1991	Stabilitätspakt
	1995	Sozialpakt
	1998	Sozialkontrakt

Instabile Koordination

Griechenland	1997	Pakt für Wettbewerbsfähigkeit (ohne Zustimmung der Klein- und mittleren Unternehmen)
Spanien	1994	Toledo Pact (ohne Zustimmung der Arbeitgeber)
	1997	Vereinbarung der Tarifparteien
Portugal	1996	Kurzfristiger Dreiseitiger Vertrag (Acordo de Concertado Social de Curto Prazo) (nicht von CGTP unterzeichnet)
	1997	Strategischer sozialer Pakt (Acordo de Concertacao Estrategica)
Belgien	1993	Globaler Plan (gescheitert)
	1996	Verhandlungen über einen Vertrag über die Zukunft der Beschäftigung (gescheitert)
	1998	Intersektoraler Tarifvertrag (nach gesetzlicher Intervention)
Deutschland	1996	Bündnis für Arbeit und Standortsicherung (gescheitert)
	1998	Bündnis für Arbeit, Ausbildung und Wettbewerbsfähigkeit
Schweden	1999	Wachstumspakt (allians för tillväxt) gescheitert

Länder ohne kooperative Koordination

Großbritannien

Martina Klein

Tripartistische Konsensstrategien
Erfahrungen, Voraussetzungen und Chancen

Kooperation, Konsens und Berechenbarkeit haben im sozialen, politischen und Wirtschaftsleben Deutschlands einen - auch international gesehen - hohen Stellenwert. Diese Konsensbereitschaft ist aber nicht gleichbedeutend mit 'Friede, Freude, Eierkuchen'. Sie beeinträchtigt keineswegs den Individualismus, hindert weder an hartem Wettbewerb, noch verhindert sie notwendige, knallharte Interessenauseinandersetzungen. Charakteristisch scheint vielmehr zu sein, dass Konsensstrategien in Deutschland eine echte - weil historisch durchaus erfolgreiche und damit bewährte - Alternative zur Lösung von Anpassungs- und Gestaltungsproblemen darstellen. Sie bilden deshalb eine wichtige - gegenüber kompetitiven Verfahren - zusätzliche Ressource der Problemlösung. Das zeigt sich gerade auch in der Arbeitsmarkt- und Wirtschaftspolitik, wo die grundsätzlichen und dauerhaften Interessenunterschiede zwischen den Akteuren immer wieder neu gelöst werden müssen und selbst unkontroverse Ziele (wie etwa die Reduzierung der hohen Arbeitslosigkeit) hinsichtlich des einzuschlagenden Lösungsweges nahezu unüberbrückbare Gegensätze aufwerfen. Die Möglichkeit über beides, Konflikt- *und* Konsensstrategien, verfügen zu können, stellt also eine außerordentliche Erweiterung der Fähigkeit dar, wirtschaftliche, technische, organisationale und soziale Anpassungs- sowie Gestaltungsprobleme zu lösen. Dies um so mehr, als einige - vor allem kleinere - Demokratien das Potential von Konsensstrategien in der Arbeitsmarktpolitik eindrucksvoll bestätigen.

Das aktuelle Bündnis für Arbeit, Ausbildung und Wettbewerbsfähigkeit bildet einen erneuten Versuch die Potentiale arbeitsmarktpolitischer Konsensstrategien zu nutzen und hat dabei - wie im folgenden noch gezeigt wird - eine ganze Reihe bisheriger Erfahrungen zu berücksichtigen. Diese beziehen sich insbesondere auf die Konzertierte Aktion (1966 - 1977) und das Bündnis für Arbeit und zur Standortsicherung (1996). Nach einer kurzen Reflexion darüber, was über Vorbilder aus der deutschen Nachbarschaft möglicherweise gelernt werden kann, sollen im abschließenden Teil dieses Beitrages einige wichtige Voraussetzungen für den Erfolg des aktuellen Bündnisses aufgezeigt werden.

Aus Erfahrung klüger werden ...

Die soziale Marktwirtschaft, eine Wortschöpfung aus dem Jahre 1947, stellte in den Anfängen der Bundesrepublik Deutschland die Alternative zu der hier traditionell als Dilemma wahrgenommenen Frage Kapitalismus oder Sozialismus'dar. Die sich entwickelnde Marktwirtschaft mit sozialer Komponente wurde dann allerdings bereits zum bundesdeutschen Markenzeichen als bei unseren Nachbarn, zum Beispiel in Frankreich und Großbritannien, die Wirtschaft noch oder wieder erheblicher staatlicher Reglementierung unterworfen wurde. Die Zuspitzung des Kalten Krieges und die Westintegration der Bundesrepublik Deutschland bildeten die politischen sowie gesellschaftlichen Rahmenbedingungen für das sogenannte Wirtschaftswunder der fünfziger Jahre, zu dessen Erfolg die neu gegründeten Einheitsgewerkschaften ihren spezifischen Beitrag leisteten. Die deutschen Gewerkschaften verschafften sich schnell den Ruf eine konstruktive, das heißt an möglichen und nicht an absoluten Lösungen orientierte Rolle im Wirtschaftsprozess zu übernehmen. Sie galten und gelten bis heute als besonders besonnen, friedfertig und konsensorientiert. Im internationalen Vergleich sind die Streikaktivitäten und die Ausfalltage in Deutschland tatsächlich sehr gering, das Ausmaß an gewerkschaftseigenen Maßnahmen zur Bewältigung von Strukturproblemen, Umschulungs- und Weiterbildungsmaßnahmen außerordentlich.

Zu dieser wirtschafts- und gesellschaftspolitisch verantwortlichen Rolle haben maßgeblich die organisatorische Stärke der Gewerkschaften und die positive, mitgestaltete, wirtschaftliche Entwicklung beigetragen. Die Politik der deutschen Gewerkschaften befand sich deshalb selbst in Krisenzeiten - und dies ist sicher ein zentraler Unterschied zum Beispiel zur französischen oder italienischen Gewerkschaftsbewegung - nie in völliger Systemopposition. Sie konservierten andererseits - und dies ist sicher ein zentraler Unterschied zu den britischen Gewerkschaften - auch nicht gegebene Sozialmilieus und Klassenunterschiede. Hierin, in der auf eigener Stärke beruhenden Chance, zugunsten übergeordneter wirtschaftspolitischer Ziele, Integrations- und Konsensstrategien verfolgen zu können, liegt das Erfolgsrezept bundesdeutscher Gewerkschaften. Aufgrund ihrer Stärke war und ist es den Gewerkschaften möglich, ihre wesentliche Aufgabe in einer konkreten, problemorientierten Zukunftsgestaltung zu sehen, nicht bei der bloßen Verteidigung des status quo stehen zu bleiben oder gar die Lösung von Problemen an die Verwirklichung von Utopien zu binden. Das Organisationsprinzip der Industriegewerkschaften (branchenweit statt berufsgebunden) und die vergleichsweise Zurückhaltung in allgemeinpolitischen Fragen, tragen zu dieser „Erfolgsstory" bei. Das allerdings, was nach außen als charakteristisch für die deutsche Gewerkschaftsbewegung, als „friedlich" und „kooperativ" ausgewiesen werden kann, ist aus der Binnensicht hart erarbeitet und erkämpft. Es ist wenig mit intellektuell-utopischem Nervenkitzel verbunden, aber ganz erheblich mehr als eine „Mit-dem-Rücken-an-der-Wand"-Politik. Die gewerkschaftliche Stärke ist vielmehr das Resultat ständigen Wettbewerbs und tagtäglicher (Überzeugungs-)Arbeit in der Praxis. Die doppelte Voraussetzung für den positiven Beitrag der Gewerkschaften zum bisherigen wirtschaftlichen und gesellschaftspolitischen Erfolg der Bundesrepublik darf nicht übersehen werden: Nur aufgrund der Sicherheit über die eigene Stärke sind kooperative Gestaltungsstrategien möglich.

Die wirtschaftspolitische Bedeutung und grundsätzliche Orientierung der Gewerkschaften ermöglichte deren Beitritt zur Konzertierten Aktion im Rahmen des von Wirtschaftsminister Karl Schiller vertretenen Keynesianismus und den daraus abgeleiteten Bemühungen wirtschaftspolitischer Globalsteuerung. Das zwischen Schiller und Vertretern des DGB am 22. Dezember 1966 unterzeichnete Übereinkommen schloß damals - wie heute - eine Einschränkung der Tarifautonomie aus. Die von Schiller als „Tisch der gesellschaftlichen Vernunft" bezeichnete Konzertierte Aktion setzte sich vielfacher ordnungspolitischer Kritik aus. So wurde einerseits gemutmaßt, dass mit der Beteiligung der Gewerkschaften und Verbände an politischen Entscheidungen eine „Verstaatlichung der Verbände" verbunden sei, die diese letztlich zu

Erfüllungsgehilfen degradierten. Andererseits wurde die „Vergesellschaftung des Staates" befürchtet, das heißt die Gefahr gesehen, dass die am übergeordneten Gemeinwohl orientierte Autonomie politisch-staatlicher Entscheidungen beeinträchtigt werden könnte (vgl.Andersen, 1998: 331).

Der Kerngedanke der Konzertierten Aktion bestand darin, das Verhalten der verschiedenen, am wirtschaftlichen Produktions- und Verteilungsprozess beteiligten Akteure aufeinander abzustimmen, zu konzertieren. Die interessenbedingten Friktionen und Reibungsverluste sollten durch gegenseitige Information über die eigenen und mögliche gemeinsame Ziele minimiert werden, die notwendigen wirtschaftspolitischen Entscheidungen dadurch transparent und auf eine rationale Basis gestellt werden. Die letztlich gemeinsam zu tragenden Entscheidungen sollten es allen Beteiligten erleichtern, gegenüber der Öffentlichkeit, insbesondere aber gegenüber der jeweiligen Klientel den eigenen Beitrag, die spezifischen Aufgaben und Vorteile - im Rahmen des gemeinsamen Ganzen - zu vermitteln. Der Anreiz für die Beteiligung an der Konzertierten Aktion und den sich daraus ergebenden Verpflichtungen - insbesondere gegenüber den eigenen Mitgliedern - bestand also darin, unmittelbar an den politischen Entscheidungen beteiligt zu werden.

Kollektive Kosten, keine gemeinsamen Erträge

Die Konzertierte Aktion traf von Anfang an sowohl auf nahezu vorbehaltlose Befürwortung als auch nahezu vorbehaltlose Ablehnung: „Zwischen dieser Polarität bewegen sich dann die Meinungen, die aus einer pragmatischen oder auch opportunistischen Politik heraus ein 'ja aber' oder ein 'nein aber' beinhalten." (Tacke, 1996: 259) Bernhard Tacke sieht die Gründe für diese Haltungen in dem „Unsicherheitsfaktor", der „im wesentlichen in dem psychologischen Teil der konzertierten Aktion begründet" ist (Tacke, 1969: 259).

Die Gewerkschaften haben - wie allgemein bekannt - die Konzertierte Aktion 1977 verlassen. Der äußere Anlaß, die Verfassungsklage der BDA gegen das Mitbestimmungsgesetz von 1976, überlagert die strukturellen Ursachen. Letztere liegen vielmehr darin, dass aus Sicht der Gewerkschaften Kostenträger und Nutznießer der konzertanten Entscheidungen drastisch auseinanderfielen. Während die Gewerkschaften ihren Teil der gemeinsamen Bemühungen, den einer verantwortungsbewußten Einkommenspolitik umsetzen konnten, blieben die Beiträge der anderen beiden Akteure der tripartistischen Vereinbarungen zunehmend prekär. So hatte die Konzertierte Aktion im Laufe ihres Bestehens zwar ganz erheblich zur Lohnzurückhaltung beigetragen; aufgrund des zur Verfügung stehenden Instrumentariums - den allgemeinverbindlichen Tarifverträgen - hatten die Gewerkschaften ihre Verpflichtungen also weitestgehend eingehalten. Die Investitions-, Preis- und Strukturpolitik der (einzelnen) Arbeitgeber hinkte jedoch ganz erheblich hinter den allgemeinen und zum Teil auch hinter den Erwartungen der Vertreter der Arbeitgeberorganisationen hinterher. Ein dem Tarifvertrag in der Einkommenspolitik vergleichbares Instrument zur Umsetzung der Arbeitgeberverpflichtungen aus den gemeinsamen Entscheidungen stand nicht zur Verfügung. Aus Sicht nicht nur der Gewerkschaften mussten so die Kosten des Neo-Korporatismus zwar kollektiv getragen werden, kollektive Erträge blieben dagegen weitgehend aus. Aber auch der dritte der tripartistischen Akteure, der Staat, konnte seinen Verpflichtungen zunehmend weniger nachkommen, die Weltwirtschaftskrise engte den Reformspielraum der sozialliberalen Bundesregierung ganz erheblich ein. Das materielle Resultat des neo-korporatistischen Experimentes waren daher maßive Beschäftigungsprobleme, eine erhebliche Verschiebung des Kräfteverhältnisses zugunsten der Arbeitgeber und - auch als nachträgliche Reaktion auf die enttäuschten Erwartungen der Arbeitnehmer - maßive Lohn(nach)forderungen, Streiks und Aussperrungen (vgl. Schönhoven 1987 und Limmer 1986).

Das materielle Resultat der Konzertierten Aktion ist also maßgeblich durch die unterschiedliche Handlungs- und Umsetzungskompetenz der beteiligten Akteure zustandekommen. Die insofern als „Misserfolg" zu beurteilenden Anstrengungen der Konzertierten Aktion dürfen aber nicht dazu verleiten, den Modus als solchen, Konsensstrategien generell zu diskreditieren. Eine systematische Aufarbeitung der Stärken und Schwächen der Konzertierten Aktion steht noch aus. Eine der zahlreichen Schwächen bestand sicherlich in der zunehmenden Expansion des Teilnehmerkreises. Die Verbindlichkeit der Verabredungen und ein koordiniertes Vorgehen blieben auch deshalb prekär, weil die Konzertierte Aktion als reines „top-down"-Modell angelegt war, dem insbesondere die Erfahrungen, die Aktionen und Reaktionen „vor Ort" viel zu lange verborgen blieben. Auf einen ansonsten für die Umsetzung von hierarchischen Entscheidungen dieser Art notwendigen organisatorischen Unterbau wurde - aus guten Gründen - verzichtet.

Das derzeitige Bündnis für Arbeit hat aus einer ganzen Reihe dieser Erfahrungen bereits gelernt. Es ist von der Anlage her ein Instrument vielfältige Aktivitäten anzuregen, Lösungsalternativen aufzuzeigen und (zum Beispiel ausländische) Erfahrungen weiter zu reichen. Es ist auch dazu geeignet mögliches Konsenspotential auf Spitzenebene auszuloten und - wie die Vereinbarung zwischen BDA und DGB vom 06. Juni 1999 gezeigt hat - auch zu nutzen. Bereits der organisatorische Aufbau des Bündnisses misst der möglichen Bearbeitung und Vernetzung von Einzelproblemen mindestens ebensoviel Bedeutung zu, wie den zentralen Spitzengesprächen. Darüber hinaus sind die zahllosen betrieblichen, lokalen und regionalen Bündnisse für Arbeit als „bottom-up"-Strategie und inhaltliche Unterstützung wesentlicher Teil der Aktivitäten an der „Spitze" zu werten. Möglicherweise stellt genau diese der Sache angemessenere und erfolgversprechendere Organisation des Bündnisses ein gewisses Hindernis bei der medialen Vermittlung seiner Aktivitäten dar: Zentrale Großereignisse lassen sich eben schneller in Schlagzeilen verwandeln - ob sie auf Dauer auch tragfähig und wirksam sind, ist eine andere Frage.

Die Offensive des IG Metall-Vorsitzenden

Doch zurück zu den bundesdeutschen Erfahrungen mit Konsensstrategien. Kann man aus Fehlschlägen - wie es die Konzertierte Aktion aus Sicht der Gewerkschaften zweifellos war - lernen? Man kann, vorausgesetzt man will! Zur völligen Überraschung der Öffentlichkeit und auch eines großen Teils seiner eigenen Organisation schlug der Vorsitzende der IG Metall, Klaus Zwickel, am 1. November 1995 der Bundesregierung und den Metallarbeitgeberverbänden ein 'Bündnis für Arbeit' vor (siehe

Dokumentation). Dieser überraschende Vorstoß war ein äußerst mutiges Angebot an die konservativ-liberale Bundesregierung unter Kanzler Kohl.

Den Hintergrund bildete die wachsende Massenarbeitslosigkeit, die Mitte der neunziger Jahre die 10 Prozent-Hürde überschritten hatte. Darüber hinaus schien diese gewerkschaftliche Initiative angesichts der drängenden wirtschafts- und sozialstaatlichen Probleme nicht nur mutig, sondern auch überaus notwendig. Die politische Steuerung des Arbeitsmarktes, die Handlungskompetenzen der politischen Akteure, die Bedeutung der industriellen Beziehungen drohten - unter den Schlagworten: Globalisierung, ökonomische Sachzwänge, Verflechtung internationaler Kapitalmärkte und durch riesige Unternehmensfusionen - zunehmend eingeschränkt zu werden (vgl. Wolf/ Dückert/ Robinet 1999). Das ursprüngliche gewerkschaftliche Angebot lautete ein Jahr auf Lohnsteigerungen jenseits der Inflationsrate zu verzichten. Im Gegenzug wurde erwartet, dass die Metallarbeitgeber ein zusätzliches Arbeitsplatzangebot unterbreiteten und die von der Bundesregierung geplanten Verschärfungen im Sozialbereich nicht umgesetzt würden. Zwickel versuchte somit im Rahmen tarifpolitischen Gestaltungspotentials eine gezielte und kontrollierte Verwendung von Teilen der Unternehmensgewinne in Beschäftigung umzuwandeln und damit die Personal- und Einstellungspolitik der Unternehmen zu beeinflussen.

Der Vorschlag Klaus Zwickels zielte aber auf mehr: In die Offensive gehend, zwang er die anderen politischen Akteure zu einer eindeutigen Reaktion, stärkte damit das Selbstbewußtsein innerhalb der eigenen Organisation und darüber hinaus der Gewerkschaftsbewegung in ihrer Rolle als gesellschaftspolitisch verantwortlicher Akteur. Die Gewerkschaften machten zudem explizit deutlich, dass sie von nun an die Interessen der Arbeitsplatzsuchenden vertreten wollten. Die innenpolitische Aufmerksamkeit konzentrierte sich auf die Bündnis-Diskussion und die öffentliche Irritation kulminierte in dem Ausspruch des damaligen CDU-Arbeitsministers Norbert Blüm: „Ich bin ganz stolz, dass meine IG Metall, der ich seit über 40 Jahren angehöre, die SPD überholt hat."(zit.n. Hank 1996: 33) Der Mut anderer kann so dazu genutzt werden, sich selbst zu profilieren und das eigene Versäumnis auf andere zu projizieren.

Der Vorschlag Zwickels mündete in die Unterzeichnung der Konsensvereinbarung „Bündnis für Arbeit und zur Standortsicherung" am 23. Januar 1996 durch die genannten Akteure. Der weitere Verlauf ist bekannt: Mit Vorlage des Jahreswirtschaftsberichtes 1996 erfolgte gewissermaßen die Aufkündigung des Versuchs, über tripartistische Vereinbarungen zur Reduzierung der Arbeitslosigkeit beizutragen. Die Bundesregierung beziehungsweise Bundeskanzler Kohl, der das Bündnis zur „Chefsache" erklärt hatte, nutzte das Angebot zur - gleichberechtigten - Kooperation der Gewerkschaften kurzerhand zur Formulierung einseitiger Interessen. Das „Aktionsprogramm für Investitionen und Arbeitsplätze", das sogenannte 50-Punkte-Programm, mit dem der Standort Deutschland für den globalen Wettbewerb fit gemacht werden sollte, legte die Rückführung des Staatsanteils gegenüber der Gesamtwirtschaft durch Maßnahmen des Sozialabbaus fest (vgl. Hickel 1996: 298). Die Gewerkschaften kündigten daraufhin die gemeinsame Vereinbarung auf, jedoch nicht ohne intensive Bemühungen, der Interessenlage der Arbeitgeberverbände und deren besonderer Problematik einer eingeschränkten Verpflichtungsfähigkeit entgegenzukommen. An die Adresse der Bundesregierung ging das Signal nach Möglichkeiten zur gemeinsamen verantwortlichen Umgestaltung des Sozialstaates zu suchen.

Auch das Scheitern des Zwickel-Bündnisses war - trotz unterschiedlicher Rahmenbedingungen - eine erst zu überwindende Hypothek für das aktuelle Bündnis für Arbeit, Ausbildung und Wettbewerbsfähigkeit. Es warf die - berechtigte - Frage auf, inwieweit auf gleichberechtigter Teilnahme beruhende Konsensstrategien in der Bundesrepublik überhaupt noch möglich sind.

Dabei ist zunächst grundsätzlich auseinanderzuhalten, dass sich sowohl die Initiative Zwickels als auch das aktuelle Bündnis für Arbeit deutlich von der Konzertierten Aktion der siebziger Jahre unterscheiden: Erstens muss das Scheitern der Konzertierten Aktion mit dem wirtschaftspolitischen Wechsel - von der nachfrage- zur angebotsorientierten Wirtschaftspolitik - in Zusammenhang gebracht werden. Neben den strukturellen Veränderungen ging es daher auch um die Durchsetzung eines neuen wirtschaftspolitischen Paradigmas, in dessen Konzeption der Nutzen von Kollektivvereinbarungen und konstruktiver Gewerkschaftspolitik nicht vorgesehen waren. Die Vertreter dieser theoretischen Schule hatten einseitig nur jenen Teil der Gewerkschaften - vor allem Unions angelsächsischen Typs - vor Augen, der ausschließlich auf kurzfristige, konfliktorientierte Verteilungspolitik ausgerichtet war. Gewerkschaften also, die insbesondere auch aus strukturellen Gründen gar nicht in der Lage sind unmittelbar ordnungspolitisch verantwortliche Leistungen zu erbringen. Die deutschen Gewerkschaften haben sowohl den konjunkturellen Höhenflug dieser Theorieschule durchgestanden, als auch - bei allen notwendigen Anpassungszwängen - sich die Möglichkeit erhalten, Konflikt- und Konsensstrategien zur Erreichung wirtschafts- und gesellschaftspolitisch sinnvoller Ziele einsetzen zu können.

Wie bereits erwähnt, geht aber zweitens das aktuelle Bündnis für Arbeit weit über das Zwickel-Bündnis hinaus, das im wesentlichen auf Lohnzurückhaltung im Tausch gegen Arbeitsplätze setzte. In den aktuellen Bündnisgesprächen werden dagegen eine ganze Palette von Problemen, wie „Soziale Sicherungssysteme", „Arbeitszeitpolitik", „Steuerpolitik" und „Aufbau Ost" thematisiert, vernetzt und wo immer möglich als aktivierendes Instrument genutzt. Genau hierin liegt auch die Chance des aktuellen Bündnisses: Es zielt weit mehr als ähnliche Vorgänger auf die Umsetzbarkeit und mögliche Abstimmung von Maßnahmen unterschiedlicher Politikfelder, um vorhandene Arbeitsplätze zu stabilisieren und neue zu schaffen. Dies verlangt allerdings von allen beteiligten Akteuren den Mut mit Tabus zu brechen und traditionelle Rituale - die ja immer auch eine nicht zu unterschätzenden Grad an (Verhaltens-)Sicherheit geboten haben - zur Diskussion zu stellen. Mit anderen Worten, es geht nicht nur darum Denkblockaden aufzuheben, es geht auch darum, den Mut zu besitzen entsprechend zu handeln. Dies gilt sicherlich für alle beteiligten Akteure. Das ist die Ausgangssituation und der Rahmen für tripartistische Gespräche und Vereinbarungen im Bündnis für Arbeit, Ausbildung und Wettbewerbsfähigkeit.

Worst case & best practice

Was liegt näher, als in einem zusammenwachsenden Europa die offenen Grenzen zu überschreiten und von den positiven bzw. negativen Erfahrungen der Nachbarländer zu lernen? (vgl. Hassel/ Hoffmann in diesem Band) Ohne auf Details eingehen zu wollen, ist hinsichtlich der Möglichkeit sozialer Pakte Großbritannien sicher als 'worst case' zu bezeichnen. Die britischen Gewerkschaften unterscheiden sich bezüglich Stärke und Struktur grundsätzlich von deutschen Gewerkschaften. Einerseits mussten sie in der Thatcher-Ära erhebliche Machtverluste hinnehmen, andererseits verfügen sie - traditionell als Berufsgewerkschaften organisiert - aufgrund des Strukturwandels kaum über ausreichende Verhandlungsmacht. Konsensstrategien sind im Fall Großbritannien bestenfalls betriebswirtschaftlich zu verstehen. Etwa, wenn Gewerkschaften gewisse Aufgaben in der Personalarbeit (meistens im Sozialbereich) übernehmen beziehungsweise wenn einzelne Unternehmen Gewerkschaftsbeiträge einziehen und - gegen Kostenerstattung - an die Gewerkschaften abführen, ohne allerdings preiszugeben, wieviel Mitglieder und welche Struktur die Mitgliedschaft in diesem Unternehmen hat. Die britischen Gewerkschaften sind praktisch nicht in der Lage gesamtwirtschaftlichen Aufgaben zu übernehmen; aktive Konsensstrategien würden bereits deshalb scheitern, weil sie nicht in der Lage sind etwas für Arbeitgeber oder Staat Interessantes 'anzubieten'. Seit Jahren bewegen sie sich nunmehr in der Rolle einer kritischen Opposition; auf die konkrete Gestaltung des Arbeitsmarktes haben sie so gut wie keinen Einfluss.

Neben gescheiterten sozialen Pakten, wie im Falle von Belgien und Deutschland (1996/ 97) gilt als herausragendes und vielzitiertes *positives* Beispiel das 'Abkommen über allgemeinverbindliche Empfehlungen zu Fragen der Beschäftigungspolitik' von Wassenaar, den Niederlanden. Anhand dieses Abkommens, datiert aus dem Jahre 1982, kann exemplarisch verdeutlicht werden, welche Voraussetzungen beziehungsweise Bedingungen für einen erfolgreichen sozialen Pakt gegeben sein müssen.

Das niederländische Abkommen kam nur wenige Jahre nach dem Scheitern der Konzertierten Aktion in Deutschland zustande, in der Hoch-Zeit der angebotstheoretischen Diskussion. Das Abkommen zeigt, dass wirtschafts- und strukturpolitische Anpassungs- und Gestaltungsaufgaben nicht nur kompetitiv und zu Lasten eines der Sozialpartner lösbar sind, sondern auch - theoretisch gesprochen - 'win-win'-Situationen darstellen können. Daraus folgt, dass nicht der Modus - die Konsensstrategie - zum Scheitern verurteilt ist, sondern vielmehr die Frage nach den Rahmenbedingungen gestellt werden muss, die ein Aufeinanderzugehen und gegenseitiges Zu- und Vertrauen aufkommen lassen.

Die Niederlande können hier auf eine lange Tradition zurückblicken. Der sozialökonomische Dialog wurde bereits nach 1945 in Form einer 'Stichting van de Arbeid' (Stiftung der Arbeit) und dem 'Sociaal Economische Raad' (Sozialökonomischer Rat) institutionalisiert. Dies schloß maßive Interessenauseinandersetzungen und Arbeitskämpfe keineswegs aus, stellte aber immer wieder zusätzliche Instrumente für die Verarbeitung konfligierender Interessen und Ziele zur Verfügung. Neben diesem 'Guthabenposten' sieht Wim Kok ein zweites zentrales Merkmal für den Erfolg des Poldermodells darin, „dass bei dem niederländischen Modell die sozialökonomische Agenda, über die diskutiert und verhandelt wird, recht umfangreich ist."(Kok 1999) Diese Agenda beschränkt sich vor allem nicht auf Verteilungsfragen, sondern befasst sich insbesondere mit der Gestaltung und Vermittlung der Bedingungen, die eine dauerhaft positive ökonomische Entwicklung ermöglichen können. „Das 'Poldermodell' bedeutet für mich nicht, dass wir gemütlich beieinander sitzen nach dem Motto „Welch gutes Wetter wir hier haben, wo es doch hinter dem Deich ziemlich stürmt." Das Modell zeigt eine Haltung bzw. Vorgehensweise derjenigen Parteien auf sozialökonomischem Gebiet, die unter Berücksichtigung ihres jeweiligen Interesses über den eigenen Tellerrand hinaus sehen können, langfristig denken und die Belange anderer respektieren können."(Kok 1999) Dabei zeichnet sich das niederländische Modell durch eine bemerkenswerte Flexibilität und Dynamik der Agenda aus: Die sich verändernden ökonomischen, sozialen und kulturellen Herausforderungen finden Eingang in eine aktualisierte politische Tagesordnung.

Eine zentrale Voraussetzung ist also - dies wird insbesondere an dem niederländischen Beispiel deutlich -, dass alle Beteiligten sich einen langen Atem leisten können. Kurzfristige politische Erfolge sind allenfalls über kurzfristige Einzelmaßnahmen möglich, die möglicherweise ihre eigene Berechtigung haben. So muss das Vertrauen der eigenen Mitglieder und die Unterstützung des Bündnisprozesses durch die verschiedenen gesellschaftlichen Gruppen über „Zwischenergebnisse" gestärkt werden und nicht zuletzt die Motivation der beteiligten Akteure immer wieder geweckt werden. Strukturwandel und die Beschäftigungsfrage sind aber nach allem, was wir wirtschaftspolitisch wissen und jenseits aller nachfrage- oder angebotstheoretischen Grundsatzüberzeugungen, als permanente Aufgaben nicht „ein-für-alle-mal", sondern immer wieder neu zu schaffen. Das heißt es müssen immer wieder neue Ziele, Mittel und Wege zur Verarbeitung dieser Herausforderungen gefunden werden. Hierzu bedarf es dauerhafter Anstrengungen, trotz aller Interessengegensätze kontinuierlicher Abstimmungsprozesse und trotz möglicher Rückschläge eines gewissen - skeptischen - Maßes an Vertrauensvorschuss. Die institutionalisierte Form des niederländischen Bündnisses bietet eine ausgezeichnete Möglichkeit hierzu an.

Zweitens finden sich auf der Agenda des Bündnisses Themen, die längerfristiger Natur sind und für mindestens einen der beteiligten Akteure zunächst größere interne Kosten verursachen, als es sofortigen und direkten Nutzen verspricht. Das heißt, dass die internen Abstimmungsprozesse innerhalb der Organisationen, Verbände oder Koalitionen Anstrengungen erforderlich machen, die auch bei den Vertretern des jeweils „anderen Lagers" Anerkennung hervor bringen. In diesen Anstrengungen wird gleichzeitig eine Chance gesehen: Der demonstrierte „good-will" des einen Akteurs soll dazu beitragen, bislang verschlossene, tabuisierte Türen bei anderen Akteuren zu öffnen.

Auf das Beispiel der Niederlande bezogen heißt dies, dass durch die Verhandlungsbereitschaft der Arbeitgeber im Bereich der Arbeitszeitverkürzung, den Gewerkschaften die Möglichkeit eröffnet wurde, ihrerseits über Lohnleitlinien zu diskutieren. „Diese Art konzertierter Arbeitsbeziehungen lohnt sich, auch wenn man ihre Effekte nicht genau beziffern kann. Konzertierung holländischer Art ist wesentlich mit einer Politik der kleinen Schritte verbunden, der Möglichkeit, Verhandlungsformen und Verhandlungsthemen miteinander zu verbinden, dem Willen zum Kompromiss, der Fähigkeit zu lernen und dem Vertrauen, dass die eigenen Schwächen nicht unmittelbar von der Gegenseite ausgenutzt werden." (Visser 1998) Warum jedoch schaut man nur bewundernd zu den europäischen Nachbarn und setzt nicht mehr Vertrauen in die Akteure des eigenen Bündnisses?

Drittens verursacht das Bündnis einen erheblichen Koordinierungsaufwand auch zwischen den Themenbereichen und den Akteuren auf unterschiedlichen Ebenen des Bündnisses. Zentrale Bedingung für den Erfolg des Bündnisses ist das gegenseitige Vertrauen, ohne das die Akteure nicht handlungsfähig sind. Voraussetzung für dieses Vertrauen ist - wie aus dem niederländischen Beispiel gelernt werden kann -, dass gemeinsame Erfahrungen Schritt-für-Schritt gemacht werden. Diese Erfahrungen müssen nicht zwangsläufig immer positiv sein. Es muss aber der Wille und die Möglichkeit dafür vorhanden sein, aus - positiven wie negativen - Einzelerfahrungen zu lernen.

Regionale Netzwerke für Beschäftigungsprojekte

Das Bündnis ist zunächst einmal eine zentrale Veranstaltung. Es wird jedoch durch die verschiedenen Arbeitsgruppen, Fach- und Themendialoge unterstützt und vor allem auch durch die vielen dezentralen landesweiten, kommunalen und regionalen Bündnisse erweitert und stabilisiert. Die Möglichkeit, vor Ort Modelle „ausprobieren" und Fehler korrigieren zu können - ohne die Gefahr, damit direkt das gesamte Bündnis für Arbeit, Ausbildung und Wettbewerbsfähigkeit ins Wanken zu bringen, sollte als ein zentraler Bestandteil des gesamten Bündnisprozesses weiter ausgebaut werden. Die Erfahrungen, die hierbei gemacht werden, sollten stetig „rückgekoppelt" und für den Gesamtprozess nutzbar gemacht werden.

Wichtig für den Erfolg des Bündnisses ist auch dessen gesellschaftliche Akzeptanz. Durch die Kooperation von Kirchen, Hochschulen, Industrie-, Handels- und Handwerkskammern, Wohlfahrts- und Jugendverbänden und kommunalen Einrichtungen vor Ort, in regionalen, landes- oder kommunalen Bündnissen könnten Informationsdefizite abgebaut und Akzeptanz geschaffen werden. Ein herausragendes Beispiel ist die „Initiative für Beschäftigung", gegründet von Reinhard Mohn, Jürgen Strube und Hubertus Schmoldt. Kern des Projektes ist es, regionale Netzwerke ins Leben zu rufen, in denen sich engagierte Vertreter und Vertreterinnen aus Wirtschaft, Politik und Gesellschaft zusammenschließen und die Probleme dort, wo sie entstehen, zu lösen versuchen. Die Initiative organisiert darüber hinaus für die beschäftigungsfördernden Aktivitäten und Projekte einen Ideen- und Erfahrungsaustausch zwischen den Regionen. „*Die Initiative für Beschäftigung!* ist damit ein Modell für eine kooperative gesellschaftliche Strategie, die traditionelle Grenzen von Institutionen überwindet und über geographische oder organisatorische Grenzen hinweg zusammenarbeitet... Bei diesem Projekt geht es dabei nicht um Beschäftigungspolitik, sondern um Beschäftigungsprojekte." (Mohn/ Strube/ Schmoldt 1999: 3) Vielfältige Arten solcher Initiativen sind notwendig, um aus der „top-down"-Idee ein erfolgreiches „bottom-up"-Projekt zu entwickeln. In diesem Zusammenhang sind auch die Aktivitäten der Hans-Böckler-Stiftung hervorzuheben, die einen wichtigen Beitrag zur wissenschaftlichen Unterstützung des Bündnisses für Arbeit, der einzelnen Arbeitsgruppen und der benchmarking-Gruppe leistet.

Das Bündnis ist nicht als bloße „Spitzen"-Veranstaltung konzipiert und darf es auch nicht werden, sondern muss - eher noch stärker - durch „bottum up"-Aktivitäten inhaltlich unterstützt und weiter stabilisiert werden. Gleichzeitig muss gesehen werden, dass nicht jede auf betrieblicher Ebene getroffene Vereinbarung, die einen Tarifvertrag unterläuft, zugleich ein Bündnis für Arbeit darstellt - bestimmte Entwicklungen werden durch eine Um-Etikettierung nicht besser.

Konsensstrategien sind in der deutschen Arbeitsmarktpolitik nichts Neues. Neu ist vielmehr die Verknüpfung der Verhandlungs- mit den Umsetzungsebenen, das heißt die Ausdehnung und Substanzerweiterung durch eine Strategie des Bündnisses „von unten". Die Aktivitäten vieler Bündnisse, die Möglichkeit, disparate Erfahrungen zu machen, also Experimente und im eigentlichen Sinne Innovationen zuzulassen, ist eine der wesentlichen und über die oben genannten Bedingungen hinaus neue Herausforderung. Insofern enthält das aktuelle Bündnis für Arbeit einen neuen, innovativen Kern. Die Verarbeitung der vielen, möglicherweise disparaten und dezentralen Erfahrungen, deren „Rückkoppelung" und Einbindung in die zentralen Strategien und Vereinbarungen verlangt allerdings noch Einiges an organisationaler, kommunikativer und sozialer Intelligenz. Es dürfte zu zeitaufwendig und wenig erfolgversprechend sein darauf zu warten, dass sich die Wirklichkeit den eigenen Vorstellungen anpasst! Daher ist der Einsatz intelligenter Konsensstrategien mehr als nur einen Versuch wert.

Warnfried Dettling

Erfolgreiches Scheitern?
Das Bündnis für Arbeit und die Optionen für die Gewerkschaften

Das Bündnis für Arbeit wird heute nicht mehr in Frage gestellt. Es hat sich, wie seinerzeit die Konzertierte Aktion, im öffentlichen Bewusstsein festgesetzt als ein legitimer Versuch, das Verhalten unabhängiger Akteure (Regierung, Gewerkschaften, Arbeitgeber) zu koordinieren. Die Befürchtung, das Bündnis werde zu einer Art Nebenregierung werden oder aber Alibi und Ausrede, hinter denen Regierung und Kanzler ihr Nichtstun verbergen, hat sich bis jetzt nicht erfüllt. Mit ihrem Sparpaket und ihrem Reformprogramm vom Juni 1999 hat die Regierung Schröder/ Eichel Freund und Feind überrascht und sich vorläufig als handlungsstark erwiesen, auch wenn abzuwarten bleibt, ob sie ihre Politik erfolgreich durch Bundestag und Bundesrat bringen wird. Das Bündnis kann sogar erfolgreich werden, wenn die Zahl der Arbeitslosen in den nächsten Jahren deutlich zurückgeht. Dazu müssen allerdings wohl Wege eingeschlagen werden, die bis jetzt vor allem für die Gewerkschaften tabu waren. Stichworte sind etwa sozialverträglicher Niedriglohnsektor, Kombilohn, Konvergenz von Sozialhilfe und Arbeitslosenhilfe.

Dennoch wird das Bündnis für Arbeit, letzte Vorbemerkung, hinter den Aufgaben der Zeit zurückbleiben und seine eigentliche Chance verfehlen: Den Einstieg in die Erneuerung des Rheinischen Kapitalismus für eine Zeit, in der die Fundamente und Rahmenbedingungen des deutschen Modells nicht mehr verlässlich sind. Der eigentliche Erfolg des Bündnisses kann nur darin bestehen, gegen Ende der Industriegesellschaft etwas Ähnliches zu schaffen, was zu Beginn der Industriegesellschaft ein beachtliches Ereignis war - eine Leistung, die dann nach dem Zweiten Weltkrieg unter günstigen Bedingungen befestigt wurde, nämlich eine Figuration für Reformen über (fast) alle Klassenschranken und ideologischen und politischen Gegensätze hinweg. Die Logik des Handelns hat die Akteure damals nicht (nur) in gegensätzliche Richtungen getrieben, sondern sie ein gemeinsames Werk schaffen lassen.

Der Erfolg des Bündnisses für Arbeit wird sich daran messen lassen müssen, ob man nach einiger Zeit sagen kann, etwas Vergleichbares ist auch für das 21. Jahrhundert zu erwarten, oder ob man zu der resignierenden Erkenntnis kommen muss: So wie man die Reform der Bürokratie nicht von dieser selbst erwarten kann, so kann auch der Korporatismus diesen selbst nicht reformieren. Möglicherweise ist der Kapitalismus das einzige, das sich selbst erfolgreich verändern kann, und vielleicht gründet gerade darin seine Stärke ...

Kooperation und Vertrauen

Dass die ordnungspolitischen Einwürfe gegen das Bündnis für Arbeit leiser geworden sind, verdient festgehalten zu werden. Man kann darin die stille Anerkenntnis sehen, dass Rahmenbedingungen der Wirtschaft allein nicht ausreichen, um aus der je besonderen Rationalität der Akteure ein kollektiv vernünftiges Verhalten zu machen, das für alle von Vorteil ist und damit auch wieder für die einzelnen Akteure. Der globale und digitate Kapitalismus schafft soziale Probleme, die er selbst, aber auch eine Regierung nicht einfach lösen kann (vgl. Kirsch/ Lohmann 1999). Globalisierung, Digitalisierung und Individualisierung schränken die Handlungsmöglichkeiten von Staat und Gesellschaft, von Verbänden und Unternehmen ein. Die Stichworte sind oft genannt worden (vgl. Steger 1999: 13ff.) Entgrenzung, Heterarchie, Legitimitätserosion, Vielfalt der Optionen. Entgrenzung bedeutet, „dass die bisherigen Grenzen verschwimmen". Heterarchie will sagen, dass es keine zentrale Instanz (mehr) gibt, die die Entwicklung steuert, sondern viele beteiligte Akteure, von denen „kaum einer ohne Unterstützung anderer beziehungsweise ohne Koordination mit anderen seine Ziele erreichen kann". Das führt dazu, „dass hierarchische Organisationen, die auf klaren Zuständigkeiten sowie Über- und Unterordnungsverhältnissen basieren" immer weniger in der Lage sind, die ihnen gestellten Probleme zu lösen... An die Stelle von Hierarchien treten vermehrt sogenannten 'heterarchische' Koordinationsformen" oder, einfacher gesagt, die Kooperation autonomer Akteure auf ein gemeinsames Ziel hin.

Voraussetzung für einen Erfolg des gemeinsamen Handelns unter solchen Bedingungen ist ein Kapital neuer Art: Vertrauen. Man muss sich auf den anderen verlassen können. Lohnzurückhaltung etwa macht keinen Sinn, wenn der Staat die Abgaben erhöhte und von den Arbeitgebern nichts nirgendwo zu erwarten wäre. Der Aufbau von Vertrauen als Voraussetzung für ein kollektives Handeln, von dem am Ende alle etwas haben, das aber keiner der Akteure alleine herstellen kann: Das ist das Versprechen, mit dem das Bündnis für Arbeit angetreten ist und mit dem es, dies vor allem, über sich selbst hinausweist. Wenn es eingelöst wird, dann sehen die demokratischen, sozialen und auch ökonomischen Perspektiven für das 21. Jahrhundert besser aus. Wenn nicht, dann ist mehr gescheitert als ein Bündnis für Arbeit. Dann beginnt der sanfte Niedergang, wenn auch zum Glück auf einem hohen Niveau. Die heute für ihn verantwortlich wären, würden dann, wenn er mit bloßem Auge zu erkennen ist, nicht mehr leben.

Selbstbeschränkung, Tabus und ihre Folgen

Das Bündnis für Arbeit ist bei genauerer Betrachtung ein Bündnis für Erwerbsarbeit. Es versammelt vor allem die alten Schlachtrösser des industriellen Korporatismus am runden Tisch. Gewiss: Man kann nicht alles auf einmal machen, nicht einmal erörtern. Aber hätte nicht, gleichsam vor der Klammer, irgendwer irgendwo wenigstens zu Protokoll geben müssen, dass genau darin, in der Gleichsetzung von Arbeit mit Erwerbsarbeit, eine Engführung liegt, die Perspektiven in die Zukunft versperrt? Doch man wird nicht fündig, wenn man die Verlautbarungen des Bundeskanzlers, von Arbeitgeber- oder Gewerkschaftsführern liest. Im Gegenteil, es verstärkt sich der Verdacht, dass hinter der vielleicht notwendigen Selbstbeschränkung eine geistigpolitische Beschränktheit des Horizontes liegt.

Natürlich ist es lobenswert, die Zahl der Arbeitslosen reduzieren zu wollen. Und dazu, so stimmen alle Beteiligten überein, sei das Bündnis da, um dieses „vornehmste Ziel der deutschen Politik", wie es heißt, zu erreichen. Aber warum hört man dann nur in Sachsen, von Ministerpräsident Biedenkopf und seinem Wirtschafts- und Arbeitsminister Schommer, nicht aber in Berlin und schon gar nicht im Bündnis, dass die Arbeitslosenstatistik, wie sie allmonatlich rituell aus Nürnberg verkündet wird, eine politische Schimäre ist. Diese Statistik versammelt Menschen und Schicksale, die wenig gemeinsam haben und die man deshalb nicht auf einen Begriff bringen kann, und die vor allem ganz unterschiedliche Politiken erfordern.

Um die Kurzzeitarbeitslosen braucht sich, überspitzt gesagt, niemand zu kümmern. Eine Wechsel- und Sucharbeitslosigkeit von bis zu drei Monaten, und dies ein paarmal im Leben, wird für immer mehr Menschen in Zukunft ein normaler Zustand werden. Es macht keinen Sinn, hier von Arbeitslosigkeit zu sprechen. Um die Langzeitarbeitslosen, die ein oder schon mehrere Jahre arbeitslos sind, muss man sich vermutlich ganz anders kümmern, als mit der traditionellen Arbeitsmarkt- und Sozialhilfepolitik. Auch hier ist die Frage, ob es wirklich Sinn macht, von Arbeitslosen und Arbeitslosigkeit zu reden und damit zu suggerieren, dieser Zustand werde sich einmal ändern. Dazwischen liegt die Gruppe jener, die keine Beschäftigung haben, obwohl sie eine suchen. Denen kann und muss geholfen werden durch Fortbildung und Umschulung, durch eine aktive Arbeitsmarktpolitik, vor allem aber durch eine Dynamisierung der Wirtschaft und durch eine andere Bildungs- und Sozialpolitik.

Diese Tabuisierungen haben Folgen, positive wie negative. Alle können über Arbeitslosigkeit reden, sich darüber moralisch erregen und so zeigen, dass sie gute, sozial sensible Menschen sind, ohne dass sich für die Betroffenen viel ändert. Der Berliner Publizist Bernd Ulrich hat neulich einen bemerkenswerten Aufsatz geschrieben: „Der moralisierende Egoismus oder Die Schwachen, das sind die Stummen." (Ulrich 1999) Darin geht er von der lapidaren Feststellung aus: „Die Deutschen können was. Nur eines können sie offenbar nicht- wirkungsvoll etwas gegen die Arbeitslosigkeit tun." Er spricht von der „Dauer- oder besser Hyperthematisierung von Arbeitslosigkeit", wundert sich, dass, obwohl Arbeitslosigkeit seit fast zehn Jahren von allen als das wichtigste Thema angesehen wird, nichts geschieht, sich nichts ändert: „Wie lässt sich dieses Wunder an Vergeblichkeit erklären?" Sein Fazit: „1. Die große Mehrheit will gar nicht; 2. die Hyperthematisierung der Arbeitslosigkeit dient nicht so sehr dazu, sie zu verringern, sondern eher dazu, den fehlenden Willen zu verdecken ..." Am Ende des Bündnisses für Arbeit werde „man wahrscheinlich wieder sagen können: Gut, dass wir darüber geredet haben."

Das Bündnis für Arbeit und das Dilemma der *Gewerkschaften*: Bernd Ulrich beschreibt den aus seiner Sicht wahrscheinlichen, für die Betroffenen und Beteiligten schlimmsten Fall. So *muss* es nicht kommen. Teilerfolge wird das Bündnis weiter haben. Aber die Arbeitslosigkeit wird nicht beseitigt werden, die Zahl der Arbeitslosen nicht deutlich (und über die demographischen Wirkungen hinaus) sinken. Und selbst wenn sie dies täte, so würde es an dem Grundsachverhalt wenig ändern: Als Folge diskontinuierlicher Erwerbsbiographien wird die Erwerbsarbeit nicht mehr wie früher das alleinige Fundament für Sicherheit, Status, soziale Integration sein können. Arbeitslosigkeit ist kein „Problem", so hat der Soziologe Claus Offe einmal gesagt, weil es keine „Lösung" gebe, nach der sich der urspüngliche Zustand wieder einstelle, wie es sonst bei erfolgreichen Operationen der Fall ist. Es ist deshalb fahrlässig, das Schicksal einer Regierung, eines Bündnisses für Arbeit, einer Organisation wie der Gewerkschaften (nur die Wirtschaftsverbände tun nichts dergleichen) an diesen einen Indikator zu binden. Probleme, die sich nicht lösen lassen, können in einem anderen Kontext, vor einem anderen Horizont, ihre Bedeutung verändern, auch ihren Charakter als soziales Ärgernis verlieren, und dies nicht oberflächlich-kosmetisch, sondern durch eine andere soziale Architektur der Gesellschaft. Dass diese politische Debatte nicht geführt wird, nicht im Bündnis, nicht in der Regierung, nicht in der Öffentlichkeit, das wird sich für die Hauptakteure ganz unterschiedlich auswirken. Kurz gesagt: Regierung und Arbeitgeber können damit leben. Die Gewerkschaften nicht.

Die Regierung Schröder hat, so sieht es aus, kein Interesse daran, einen neuen Horizont aufzumachen. (Das ist, nebenbei gesagt, der wichtigste Unterschied zu Tony Blair, trotz aller gemeinsamen Papiere.) Der Kanzler hat ein anderes Anliegen: It's economy, stupid. Er will der Wirtschaft mitteilen, dass Sozialdemokraten in der Regierung keine Gefahr mehr darstellen. Er will die Wähler daran gewöhnen, dass die SPD eine normale Regierungspartei ist. Beides ist aus der politischen Logik einer einstmals linken und jetzt regierenden Partei heraus verständlich. Beides verändert aber nachhaltig den politischen Status der Gewerkschaften. Sie werden nun auch von einem SPD-Kanzler zurückgestuft auf den Status eines zwar bedeutenden, ansonsten aber normalen Interessenverbandes. Es wird ihnen bedeutet, dass dies keine Zeit sei, Partialinteressen mit dem Ganzen zu verwechseln. Schröder artikuliert, stärker als Kohl es je getan hat, eine konservative Maxime: Der Staat ist der Hüter des Gemeinwohls. Und dieses Gemeinwohl verlange, wie der Finanzminister sagt, den Sozialstaat neu zu definieren, es verlange, in des Kanzlers Worten, einen „Paradigmenwechsel". Für die Regierung, für den Kanzler muss dies kein schlechtes Stück werden. Die Gewerkschaften aber finden sich gleich doppelt in die Schranken verwiesen. Von außen kommt die Botschaft: Ihr seid ein Teil, verwechselt euch nicht mit dem Ganzen. Von innen, aus den Gewerkschaften selbst, werden jene Kräfte in Stellung gebracht, die glauben, jetzt verteidigen zu müssen, was noch zu verteidigen ist. Die Gewerkschaften werden von einer SPD-Regierung marginalisiert, und sie selbst rufen sich zurück in die hintere Hälfte des politischen Spielfeldes. Wer sich aber auf defensive Aufgaben beschränkt, kann nicht gewinnen.

Die Arbeitgeber können auch ganz gut mit der Selbstbeschränkung des Bündnisses für Arbeit leben. Parallel zu der Abwertung der Gewerkschaften erleben sie eine Aufwertung ihres gesellschaftlichen und politischen Status. Die Veränderungen der Zeit bringen frischen Wind in ihre Segel, und auch der Kanzler vermittelt den Eindruck, dass die Wirtschaft und ihr Wohlergehen auf absehbare Zeit ganz nahe am Gemeinwohl wohnen. Der Kapitalismus hat auch ohne Horizont Perspektive. Betriebe und Unternehmen sind es, die Arbeitsplätze schaffen. Wer nur noch *Arbeit, Arbeit, Arbeit* in die Gesellschaft ruft, wird bald nur noch das Echo *Wirtschaft, Wirtschaft, Wirtschaft* hören; er begründet den Primat der Ökonomie, ob er will oder nicht. Für die Gewerkschaften ist dieses Spiel nicht zu gewinnen. Sie sollen Maß halten. Wenn sich auf dem Arbeitsmarkt dennoch nichts bewegt, haben sie trotzdem den Schwarzen Peter. Nach den alten Regeln der Industriegesellschaft zu spielen, nachdem diese dabei ist, sich zu verabschieden, bringt die Gewerkschaften in eine „no-win"-Situation. Sie stehen vor der Alternative: Weiter so (mit sinkenden Erfolgschancen und Mitgliederzahlen) oder geordneter Rückzug und neuer Aufbruch.

Geordneter Rückzug und neuer Aufbruch

Ein Jahr nach dem Regierungswechsel von Kohl zu Schröder bietet die politische Landschaft ein ungewohntes Bild: Die Gewerkschaften Arm in Arm mit der CDU gegen die Regierung. Während bei der Opposition taktische Winkelzüge dafür den Ausschlag geben, muss man bei den Gewerkschaften etwas anderes vermuten: Ratlosigkeit und Schwäche. Wer einfach weiter so macht, den bestraft der Wandel. Was aber heißt geordneter Rückzug? Es bedeutet, Positionen aufzugeben, die man auf Dauer nicht halten kann, um die Kräfte frei zu haben für neue Aufgaben und Aufbrüche. Das setzt zunächst einmal eine Lagebeurteilung voraus. Sie muss sich selbst Rechenschaft und der Gesellschaft Auskunft geben wenigstens über drei Fragen und Sachverhalte:

- Wie steht es um die *Zukunftsfähigkeit der fordistischen Industriegesesellschaft* mit Massenproduktion, Massenkonsum, Massenbewegungen? Die Gewerkschaften waren in ihren Anfängen zukunfts-, nicht vergangenheitsorientiert, obwohl damals, nach dem Übergang von der Agrar- in die Industriegesellschaft, auf dem Lande mit der Zeit Heerscharen von Bauern „freigesetzt" wurden. Die sozialen Errungenschaften der Vergangenheit verteidigen, und das auch noch gegen eine sozialdemokratische Regierung. Oder die gesellschaftlichen Umbrüche mit sozialer Phantasie und in welchen Koalitionen auch immer begleiten und gestalten: Das ist eine der Optionen, vor denen die Gewerkschaften gegenwärtig stehen.
- *Traditionsfaktor oder Gestaltungsmacht?* Es ist die Frage, wie lange sich die Gewerkschaften noch um die Einsicht drücken können, die sowohl ihren historischen Erfolg als auch ihre neue Aufgabe beschreibt: Die Lösung der alten sozialen Frage der Industriegesellschaft ist eine große Leistung, und die Gewekschaften können sagen, sie sind dabei gewesen. Aber die Antwort auf die alte soziale Frage hat neue soziale Fragen geschaffen. Nicht weil sie falsch war, sondern weil sich die Verhältnisse geändert haben, nicht zuletzt als Folge des Erfolgs der Gewerkschaften.
- Die neue Aufgabe lässt sich einfach beschreiben: Die alte Sozialpolitik hat riskante Lebenslagen abgesichert. Die neue Sozialpolitik wird riskante Übergänge in den Lebensläufen erleichtern beziehungsweise abfedern müssen. Flexicurity nennen Dänen und Holländer diese Verbindung von Sicherheit und Flexibilität.

Diese neue Aufgabe erfordert einmal einen geordneten Rückzug aus Stellungen, die man nicht mehr halten kann. Er hat bereits begonnen - etwa bei den Flächentarifverträgen oder bei der Beurteilung des Zusammenhangs zwischen Lohnkosten und Arbeitsplätzen - und er wird auch andere Positionen räumen müssen. Man wünscht sich Gewerkschaften, die die Ersten sind, wenn es darum geht, die *neuen Ungerechtigkeiten* zu geißeln, auch wenn sie guten Absichten entsprungen sind und sie selbst beteiligt waren. So könnten sie die Kritik an der Rentenpolitik der Regierung, besser einer machtbewußten Opposition überlassen und statt dessen auf die maßive Umverteilung zwischen den Generationen zugunsten der Alten hinweisen, die in den letzten

Jahrzehnten stattgefunden hat. Alter ist längst kein Indikator für Armut mehr, sondern Arbeitslosigkeit und Familienformen (Alleinerziehende) sind es. Die Gewerkschaften haben Instrumente (mit)geschaffen, die Gleichheit bringen sollten und die sich jetzt als Diskriminierungsmechanismus erweisen. So privilegiert der Bundesangestelltentarif (BAT) die Akademiker gegenüber Praktikern - und jene, die drin sind, gegenüber denen, die draußen sind. Der gewiss unverdächtige Sozialforscher Burkart Lutz hat schon vor Jahren gefordert, den BAT abzuschaffen, nicht um zu flexibilisieren, sondern weil er ungerecht und leistungsfeindlich ist. Wann setzen sich die Gewerkschaften an die Spitze der Bewegung? Des weiteren ist nur schwer einzusehen, warum die einen (Lehrer, Beamte) lebenslänglich bekommen und alle Sicherheit, während andere nichts von alledem haben und draußen vor der Tür stehen. Wenn aber alle Lehrer nur noch Fünf- oder Siebenjahresvertäge bekommen, müssen sich auch die Rahmenbedingungen ändern, müssen danach Zeiten an der Universität, in einem Betrieb oder in einem anderen Land leichter möglich sein. Die Gewerkschaften als Anwälte und Motoren einer sozialverträglichen Flexibilisierung, warum eigentlich nicht?

Wenn es den Gewerkschaften gelänge, die Kräfte, die so frei werden, zu sammeln, auf realistische Ziele zu richten, die in die Zukunft weisen, und neue Akzente zu setzen, dann könnten sie vielleicht wieder interessanter für eine breitere Öffentlichkeit werden. Dafür nur drei Beispiele:

- Während manche *das Arbeits- und Sozialrecht* ausdünnen wollen, könnte die Aufgabe der Gewerkschaften darin bestehen, es nicht einfach zu verteidigen, sondern es an veränderte Bedingungen anzupassen. Eine internationale Expertenkommission hat dafür in einem Bericht an die EU-Kommission Vorschläge unterbreitet (EU-Kommission 1998). Der Bericht regt an, einen neuen Berufsstatus zu erfinden und diesen nicht auf einen verengten Beschäftigungsbegriff, sondern auf einen erweiterten Arbeitsbegriff zu gründen. In Zukunft komme es darauf an, nicht so sehr den sicheren Arbeitsplatz, sondern mehr die Kontinuität eines Weges zu gewährleisten."Soziale Ziehungsrechte" sollen es erlauben, aus dem Beschäftigungsverhältnis auf Zeit auszusteigen und einer anderen Form der Tätigkeit nachzugehen. So soll „die dreifache Forderung nach Freiheit, Sicherheit und Verantwortung" umgesetzt werden.
- Von wachsender Bedeutung für die nachindustrielle Ära wird *eine neue Zeit-Politik*. In der Industriegesellschaft war die Kontrolle über die Zeit eines der wichtigsten Anliegen von Kapital und Arbeit. Den Gewerkschaften ging es darum, die Arbeitszeit zu begrenzen. Eine der letzten großen Kampagnen galt der 35-Stunden-Woche. Arbeitszeitverkürzung steht nach wie vor auf den Fahnen, mit denen sie Menschen mobilisieren wollen. Aber reicht das aus? Für eine Sozialpolitik der riskanten Übergänge gewinnt der Zeitausgleich eine wachsende Bedeutung. Es muss möglich sein, in guten Jahren Zeit anzusparen (durch Mehrarbeit oder Gehaltsverzicht), damit man sie später hat, wenn man sie braucht. Es muss Gelegenheiten geben, sich Zeit kaufen zu können, um sie dann später wieder zurückzuzahlen. Eine intelligente Zeit-Politik könnte Übergänge erleichtern und den Arbeitsweg stabilisieren.

- Schließlich wird Bildung mehr und mehr zur sozialen Frage des 21. Jahrhunderts, und zwar in doppelter Hinsicht. Organisation und Finanzierung des Bildungswesens entscheiden darüber, ob jeder in seinem Leben wenigstens eine zweite Chance erhält, der soziale Fahrstuhl nach oben also stets offen bleibt, und sie können mithelfen zu verhindern, dass der soziale Fahrstuhl für immer mehr Menschen nach unten durchknallt. Auch hier wiederum stehen die Gewerkschaften vor der Wahl nur die Interessen einer Gruppe zu vertreten oder Gestaltungsfaktor einer sich verändernden Gesellschaft zu sein.

Die Möglichkeiten, die ein geordneter Rückzug und ein neuer Aufbruch den Gewerkschaften bietet, lassen sich auf vielen Feldern der Gesellschaft durchbuchstabieren. Das Leitbild, nicht nur traditionelle Interessenvertretung, sondern treibende Kraft sein zu wollen, enthält dabei immer wieder drei Aspekte und Maximen, die die Gewerkschaften in der öffentlichen Debatte nach vorne bringen könnten:

- *Die Frage der Legitimität*: „Ein Regime, das Menschen keinen tiefen Grund gibt, sich umeinander zu kümmern, kann seine Legitimität nicht lange aufrechterhalten" (Sennett 1998:203).
- *Die Frage der Gerechtigkeit* wird sich künftig nicht mehr als Frage nach einer egalitären, dafür um so stärker als Frage nach einer fairen Gesellschaft stellen, in der die Starken Rücksicht nehmen auf die Schwachen, die Gewinner der Modernisierung auf die Verlierer; einer fairen Gesellschaft, die niemanden ausgrenzt und in der alle beteiligt sind. Die alte soziale Frage lautete: Wie verhindern wir die *Ausbeutung* der arbeitenden Menschen und wie sichern wir ihre Beteiligung (Mitbestimmung)? Die neue soziale Frage lautet: Wie verhindern wir die *Ausgrenzung* all jener, die scheinbar nicht „gebraucht" werden und wie erreichen wir die Beteiligung möglichst aller an einer wirtschaftlich und sozial aktiven Gesellschaft? Wer die Frage der *Verteilungsgerechtigkeit* wieder mit Aussicht auf Erfolg auf die politische Tagesordnung zurückbringen will, der muss sie wohl als die andere Seite der *Beteiligungsgerechtigkeit* begründen.
- Alles in allem stellt sich für die Gewerkschaften die Frage, ob sie, rückwärtsgewandt und defensiv, Schröders Politik einer halbierten Modernisierung bekämpfen wollen oder ob sie den Versuch wagen, im Vorgriff die Horizonte einer *ganzheitlichen Modernisierung* zu skizzieren, die sich nicht auf ökonomische, methodische und kurzfristige Fragen beschränkt, sondern wieder, da es sonst kaum einer tut, die Frage in die Debatte bringt: In welcher Gesellschaft wollen wir eigentlich leben?

Auf diese Weise würden die Gewerkschaften erneut dazu beitragen, aus Problemen Projekte zu machen und aus Ängsten Hoffnungen. Natürlich kann das nicht alles im Bündnis für Arbeit geschehen. Dieses ist eine notwendige, aber keine hinreichende Arena, um die Optionen für die Zukunft zu verhandeln, die Zukunft der Gesellschaft wie der Gewerkschaften.

Dirk Baecker

Ein korporatives Projekt gegen den Korporatismus

Man ist sich weitgehend darüber einig, worin das grundsätzliche Problem besteht, auf das das „Bündnis für Arbeit" eine Antwort sucht: Es besteht in einer Neudefinition der Aufgabe der Politik. Und es besteht in einer Einschätzung der wirtschaftlichen Chancen einer Territorialgesellschaft wie Deutschland in einer „globalisierten", das heißt grenzüberschreitende Effekte nicht mehr politisch beherrschenden Weltgesellschaft. Beide Problemdimensionen sind bekannt: Die Reichweite politischer Maßnahmen ist grundsätzlich begrenzt, da die Politik nur eingeschränkt selbst als Arbeitgeber auftreten kann und darin, dass sie dies dennoch tut, eher ein Teil des Problems denn ein Teil der Lösung gesehen wird. Und die Globalisierung setzt die Unternehmen der Wirtschaft unter einen Konkurrenzdruck, vor dem man sich nicht mehr auf nationale Märkte zurückziehen kann und, vielleicht noch wichtiger, für den man sich auch nicht mehr auf nationalen Märkten durch Abschöpfung heimischer Protektionsgewinne stark machen kann, weil auch hier mit Konkurrenz gerechnet werden muss.

Das „Bündnis für Arbeit" hat in dieser Situation eine Entscheidung getroffen. Es wird nicht nach Maßnahmen gesucht, die es für die Unternehmen attraktiver macht, Arbeitskräfte einzustellen, sondern nach Maßnahmen, die es erlauben, den „Standort" Deutschland in der globalisierten Weltwirtschaft neu „aufzustellen". Dies wird zurecht als ein „Paradigmenwechsel" weg von der klassischen Arbeitsmarktpolitik hin zu einer neuen Wirtschaftspolitik bezeichnet. Die Anführungsstriche, die man hier meistens setzt und die ich deswegen wiederhole, deuten an, dass man sich darüber im Klaren ist, jetzt im Gegensatz zu den bisher üblichen Semantiken der Politikbegründung in Deutschland, die auf das „Soziale" der „sozialen Marktwirtschaft" zielten, eine eher wirtschaftsorientierte, genauer: eine gewinnorientierte beziehungsweise, noch genauer: eine an der Gefährdung des Gewinns und damit der Wirtschaft orientierte, Sprache zu sprechen. Politik ist nicht mehr Wohlfahrtsstaatspolitik, die sich auf die Kompensation der durch die Wirtschaft produzierten Ungleichheit konzentrierte und dazu den Arbeitnehmern gegenüber den Arbeitgebern den Rücken stärkte, sondern sie ist in Bausch und Bogen Wirtschaftspolitik, die die Chancen der deutschen Wirtschaft auf den Weltmärkten insgesamt im Blick hat und dazu Arbeitnehmer und Arbeitgeber in „ein Boot" zu holen versucht.

Deshalb plädiert die Wissenschaft, von der sich das Bündnis beraten lässt, dafür, hinfort alle Maßnahmen nicht mehr am traditionellen Ziel zu orientieren, für die Arbeitslosen neue Arbeitsplätze zu schaffen. Statt dessen gilt jetzt die Zielvorstellung, die Wirtschaft in die Situation zu bringen, so erfolgreich operieren zu können, dass gleichsam im Nebeneffekt auch neue Arbeitsplätze bereitgestellt werden können (Streeck/ Heinze 1999). Das ist eine Nuancenverschiebung mit einer erheblichen Reichweite. Denn sie zielt darauf, die Fiktion der Politik als Hauptakteur der Gesellschaft aufzugeben und die Wirtschaft in diese Rolle einzusetzen. Abgesichert wird diese Zielsetzung mit der Vorstellung, dass es nicht nur darauf ankommt, die deutsche Wirtschaft auf den Weltmärkten in eine bessere, das heißt zuhause kostenentlastete

Wettbewerbssituation zu bringen, sondern zugleich darauf, die Kostenentlastung der Beschäftigung auch für die Schaffung neuer Arbeitsmärkte für Dienstleistungen, Handwerk, Soziales und Ausbildung zu nutzen. So schlägt man zwei Fliegen mit einer Klappe: Man hilft den Unternehmen, sich fit zu machen für die Weltwirtschaft. Und man schafft jenen Typ von heimischen Märkten, auf denen mit geringerer Weltmarktkonkurrenz gerechnet werden kann, weil Erstellung und Konsum der auf ihnen gehandelten Leistungen hohe Lokalgebundenheit erfordern.

Ökonomisch gesehen lassen sich die beabsichtigten und zum Teil bereits auf den Weg gebrachten Maßnahmen auf die Kostenentlastung der Beschäftigung reduzieren. Abhängig von der Qualifikation der Arbeitskraft soll es möglich sein, sie zu angemessen Preisen einstellen und abhängig von der Beschäftigungslage auch wieder entlassen zu können, ohne während der Beschäftigung prohibitive Sozialkosten in Form von Steuern und Sozialbeiträgen zahlen zu müssen und ohne für die Entlassung ebenso prohibitive Sozialpläne aufstellen zu müssen.

Wechsel von Politik und Recht auf Wirtschaft, Wissenschaft und Technologie?

Wir lassen die ökonomische Diskussion hier auf sich beruhen. Statt dessen soll die Frage verfolgt werden, welche Aussichten in der deutschen Gesellschaft bestehen, die verordnete Kur mit Erfolg zu absolvieren. Denn allen Beteiligten ist klar, dass das Problem nicht nur in der ökonomischen Diagnose und auch nicht nur in der Herstellung eines Konsenses über dieser Diagnose entsprechende Maßnahmen besteht. Das Problem besteht vielmehr primär darin, wie sich die deutsche Gesellschaft dazu bringen kann, ihre eigene soziale Verfassung auf die neue wirtschaftliche und politische Situation der „globalisierten" Weltgesellschaft einzustellen. Denn dabei steht nichts Geringeres an, als nicht mehr normativ orientierten Sozialsystemen wie der Politik und dem Recht, sondern kognitiv, also lernfähig orientierten Sozialsystemen wie Wirtschaft, Wissenschaft und Technologie die gesellschaftlich evolutionär führende Rolle zuzumessen (so bereits Luhmann 1971).

Wie stellt man eine auf Politik und Recht eingeschworene Gesellschaft um auf eine an Wirtschaft, Wissenschaft und Technologie orientierte Gesellschaft? Wie sinnvoll ist bereits diese Fragestellung? Kann man eine Gesellschaft „umstellen"? Kann sie sich selbst „umstellen"? Hat man im Anschluss an die Wende in Ostdeutschland nicht bereits reichhaltige Erfahrungen mit der Nichttrivialität von Transformationsprozessen sammeln können (vgl. Baecker 1998)? Und was heißt das: Orientierung an Wirtschaft, Wissenschaft und Technik? Welchen Orientierungswert hat eine Orientierung, die nahezu täglich andere Marken setzt und die nicht etwa mit neuen Gewissheiten aufwartet, die an die Stelle politischer und rechtlicher Gewissheiten treten könnten, sondern mit neuen Ungewissheiten, die alles bisher Bekannte übertreffen? Wenn man heute von „Wissensgesellschaft" spricht, dann ist das ein Euphemismus für die Einsicht, dass wir neue Wege finden müssen, mit unserem Nichtwissen umzugehen. Und wie „abgewirtschaftet" sind denn Politik und Recht? Geht es nicht vor allem darum, die Politik international zu denken, wie sie längst international praktiziert wird, und zur Kenntnis zu nehmen, dass sich die Findung, Setzung und Durchsetzung von Recht längst von politischen oder gar nationalen Vorgaben emanzipiert

muten, dass wir es nicht mit einem Abbau von Politik und Recht zu tun haben, sondern mit einem Abbau, mit einer „Dekonstruktion" ihrer „nationalen" Vorgaben. Und man muss vermuten, dass die internationale Politik längst Formen gefunden hat, über die wir nur deswegen unzureichend Bescheid wissen, weil die Massenmedien immer noch am „Staat" des 19. Jahrhunderts hängen und ihn, wenn sie ihn nicht finden, in der Ersatzform seines eigenen Ungenügens reinszenieren und dadurch der Politik bis hin zu militärischen Operationen ein Spielfeld eröffnen, das sich nur insofern auf die Gesellschaft von heute bezieht, als diese Gesellschaft immer noch glaubt, sie sei die Gesellschaft von gestern.

Wenn es also nicht um einem Wechsel von Politik und Recht auf Wirtschaft und Technologie geht, sondern um neue Formen ihrer strukturellen Kopplung und deswegen um neue Formen ihres Selbstverständnisses, was ist dann der Einsatz des „Bündnisses für Arbeit"? Was kann das Bündnis in einer Gesellschaft bewirken, die, folgt man neueren sozialwissenschaftlichen Einsichten (vgl. Eve/ Horsfall/ Lee 1997; Luhmann 1997), nicht-linear und nicht-trivial verfasst ist? Das Bündnis kann nicht als Steuerungsinstanz begriffen werden, die Maßnahmen beschließt, die anschließend umgesetzt werden und das Problem der Arbeitslosigkeit lösen. Solche Vorstellungen einer linearen Kausalität und einer gleichsam von außen die Gesellschaft regulierenden Instanz sind in diesen neueren Konzepten überholt. Das heißt aber nicht, dass man von vornherein auf jede Maßnahme der angestrebten Art verzichten muss. Sondern es bedeutet, dass man die Wirkungsart dieser Maßnahmen anders denken muss. Jede Maßnahme der Politik partizipiert am selbstreferentiellen Operationsmodus der Gesellschaft. Sie wird beobachtet, sie kann unterlaufen werden, sie kann ausgenutzt werden und sie kann sogar aufgegriffen werden, wenn andere Akteure darin für ihre Reproduktion Vorteile erkennen können. Jede Maßnahme ist überdies selber eine Kommunikation, die schon dadurch etwas „bewirkt", dass sie vorkommt. Denn indem sie vorkommt, informiert sie über diejenigen, die sie für erforderlich halten, und darüber, was diejenigen, die sie für erforderlich halten, auch für möglich halten. Vor allem auf dieser Ebene hat sich die Politik in der Vergangenheit vielfach dekonstruiert, indem sie Erwartungen in die Welt gesetzt hat, die dann für alle sichtbar nicht durchgesetzt werden konnten.

Wenn man das „Bündnis für Arbeit" in diesem Sinne als Kommunikation versteht, dann informiert es zunächst einmal darüber, welche Akteure bereit sind, ihre eigenen Handlungsmöglichkeiten durch Verweise auf die Handlungsmöglichkeiten anderer einzuschränken. Die Bewegung ist eine doppelte: Man verzichtet auf bestimmte Handlungsoptionen (der Staat auf erhöhte Steuerbelastung, die Arbeitgeber auf weitflächige Entlassungen, die Gewerkschaften auf Lohnerhöhungen) und gewinnt aus diesem Verzicht eine zuvor nicht vorhandene gemeinsame Handlungsfähigkeit (Spielräume für die „Dienstleistungsgesellschaft"). Das ist das Signal, das kommuniziert wird. Ob die Erwartungen, die damit mitkommuniziert werden, eintreffen werden, wird auf einer anderen Ebene entschieden, wenn man hier überhaupt von „Entscheidungen" sprechen kann. Der Staat muss sein Refinanzierungsproblem lösen, Unternehmen müssen ihre Märkte entwickeln und Arbeitnehmer müssen sich auf neue Arbeitsmuster einstellen. Das geschieht nicht von heute auf morgen und kann auch von keinem „Bündnis" vorweggenommen werden.

Tatsächlich reicht das Bündnis jedoch über diesen Signaleffekt der Selbsteinschränkung von Handlungsmöglichkeiten zwecks Gewinn neuer Handlungsmöglichkeiten hinaus. Die eigentliche Operation des Bündnis scheint in einer homöopathischen Selbstimpfung des deutschen Korporatismus gegen sich selbst zu liegen. Man geht mit den Mitteln des Korporatismus gegen den Korporatismus vor, oder anders formuliert: Man unternimmt eine korporative Aktion, ein Bündnis, das die Diagnose trifft, dass im Korporatismus, also im Bündnis, die Wurzel des Problems liegt. Man führt diese Gesellschaft sich selbst vor, damit sie erkennt, wie sie operiert, und damit sie erkennt, dass in ihrem Operationsmodus, der gefunden wurde, um Probleme zu lösen, die Ursache für neue Probleme liegt.

Man kann feststellen, dass das Bündnis alle jene „Diskurse" unserer Gesellschaft bündelt, in denen wie vorsichtig auch immer die Diagnose einer korporativen „Verkrustung" der deutschen Gesellschaft ventiliert wird. Diese Diskurse finden sich rechts wie links, auf der Seite des Kapitals wie auf der Seite der Arbeit, in der Wissenschaft und in den Massenmedien. Sie sind so verbreitet, dass man kaum noch auf Gegenstimmen stößt, so sehr man weiß, dass die Position des „Sozialstaats" nach wie vor ihre überzeugten Vertreter hat. Der primäre Effekt des Bündnisses liegt dann darin, diese Gesellschaftsform zur Diskussion zu stellen und zu schauen, welche Notwendigkeit von welcher Seite für sie mit welcher Konfliktbereitschaft und welcher Durchsetzungskraft aufgebracht und welches evolutionäre Potenzial ihr von wem eingeräumt wird. Mit anderen Worten, zur Diskussion steht die Form der Stabilisierung dieser Gesellschaft. Man befürchtet, so lautet die Diagnose, dass die Art und Weise, wie die deutsche Gesellschaft sich bisher im evolutionären Prozess der Weltgesellschaft behauptet hat, selbst zum Hindernis einer weiteren Teilnahme an dieser Evolution wird. Ihre Stabilisierungsmechanismen, insbesondere ihr Konsensualmodell der Konfliktaustragung, genügen nicht mehr den Selektionskriterien der Weltgesellschaft. Sie riskiert, als Variante gesellschaftlicher Selbstorganisation weltgesellschaftlich nicht mehr zum Zuge zu kommen.

Das Bündnis warnt vor den Bündnissen - in Form des Bündnisses

Das Raffinement am Bündnis liegt darin, dass es die Diagnose der korporativen Gesellschaft in den performativen Widerspruch verpackt, selbst dem Muster des institutionalisierten Korporatismus punktgenau zu gehorchen. Das Bündnis warnt vor den Bündnissen - in der Form des Bündnisses. Damit werden zwei Informationen zugleich bedient: „so geht es nicht weiter" und „es geht weiter wie gehabt." Wer sich über das eine aufregt, wird auf die andere Seite verwiesen und schöpft wieder Hoffnung. Die für alles Weitere entscheidende Frage lautet daher, ob dieser in das Zentrum des blinden Flecks der deutschen Gesellschaft gepflanzte Widerspruch Luft für neue Bewegungen, Raum für neue Initiativen oder auch nur Aufmerksamkeit für vielversprechende Tendenzen und Wachsamkeit gegenüber dem Rückfall in die problemgenerierenden Strukturen schafft. Das Bündnis funktioniert kommunikativ wie eine Heuristik für die zarten Pflanzen neuer gesellschaftlicher Entwicklungen. Es verwehrt den Korporationen den raschen Zugriff auf evolutionäre Chancen, indem es sich als Korporation zunächst einmal auf ihre Seite stellt und sich zugleich das korporative Urteil über sie vorbehält. Wir wollen den Wechsel, sind aber jederzeit bereit, darüber noch einmal nachzudenken und halten die passende Form der Kontrolle bereit.

Vielversprechend ist dieser performative Widerspruch vor allem deswegen, weil er zu seiner Auflösung Beschreibungen der Gesellschaft in Reichweite bringt, die differenzierter sind als das bisherige Komplementärmodell von Marktwirtschaft und korporativer Politik. Erstens entdeckt man, dass die Unternehmen und Verbände der Marktwirtschaft selbst begnadete korporative Akteure sind, also am Problem teilhaben, das sie so beredt beklagen. Dabei muss man nicht nur an die „Tarifpartnerschaft" denken, sondern kann sich vor Augen halten, dass die Adressaten aller steuerpolitischen und subventionspolitischen Maßnahmen Unternehmen sind, ganz zu schweigen von den Geld-, Arbeits- und Produktmärkten, auf denen die Behörden ebenfalls auf Unternehmen und Verbände stoßen, die sich gerne auf den Bedarf der Politik an langfristigen, also planbaren Bindungen einlassen. Und zweitens entdeckt man, dass die Gesellschaft nur unzureichend der Vorstellung ihrer „nationalen", „territorialen" und „staatlichen" Verfassung gehorcht, sondern in die Teilsystemlogiken der Wirtschaft, der Politik, der Wissenschaft, der Erziehung, des Sports, der Massenmedien und so weiter differenziert ist, für die die von der Politik gezogenen territorialen Grenzen zwar Anlässe zu spezifischen Rücksichtnahmen, aber nicht etwa Vorgaben für eigene Grenzziehungen sind. Mit anderen Worten, für alle diese Systeme, vor allem für die Politik selbst, ist der grenzüberschreitende Verkehr ein selbstverständliches Moment.

Wenn man sich auf diese neuen Beschreibungen einlässt, sieht man, dass der Korporatismus nichts anderes ist als die Form der Bewältigung der eigenen Gefährdung. Gesellschaften organisieren sich korporativ, wenn sie merken, dass sie nur über die Einschränkung von Handlungsmöglichkeiten ihre eigenen Handlungsmöglichkeiten aufrechterhalten können (s. White 1992: 142 ff.). Insofern ist der Korporatismus wie jede andere „kulturelle", also auf ihre eigene Selbstverständlichkeit rekurrierende Form der Gesellschaft, eine besondere Art und Weise, mit Überraschungen umzugehen. Sobald man, wie es das Bündnis tut, diese Form zur Diskussion stellt, fällt auf, dass sich unter Umständen die Typik der Überraschungen verändert hat, auf die eine Gesellschaft eine Antwort finden muss (Markt- und Kapitalbewegungen, aber auch neue Technologien), dass die Art und Weise, wie der Korporatismus reagiert, das Problem der Gesellschaft verschärft und nicht löst und dass somit der Korporatismus keine Form der Bewältigung von Gefährdungen, sondern eine Gefährdung der Gesellschaft durch sich selbst ist.

Und bei all dem wird zugleich immer auch die leise Hoffnung bedient, den Korporatismus selber reformieren zu können. Er ist nun einmal die Form, in der man in Deutschland die Verfassung der Gesellschaft seit der Zunftorganisation der mittelalterlichen Städte zu denken gewohnt ist. Und er hat sich in wunderbarer Weise sowohl während der Industrialisierung des 19. Jahrhunderts (die eine Modernisierung auf der Grundlage der alten Zuftordnung, nicht gegen sie war) als auch in den Weltkriegen und in den beiden Nachkriegszeiten, und zwar in West und Ost, bewährt. Wer will denn ausschließen, dass es sich gerade in der globalisierten Weltgesellschaft, die auf die distinkten Merkmale von Regionalkulturen sowohl zur politischen Ordnung als auch für die Ordnung segmentierter Märkte setzt, wieder auszahlt, wenn sich Wirtschaft und Erziehung auf Bildungsmodelle verständigen, wenn sich Politik und Wissenschaft über Steuerungsmechanismen einig werden und wenn sich Kunst und Kultur gemeinsam in die Obhut ehrgeiziger Sponsoren begeben? Das Bündnis zur Auflösung aller Bündnisse hat den Charme, selbst ein Bündnis zu sein, das nicht nur kopiert, wie in diesem Lande bisher Politik gemacht worden ist, sondern auch Modellcharakter für künftige Politik haben kann.

Dies also wäre die Botschaft des „Bündnisses für Arbeit": Wir stellen die Form der Politik in diesem Lande zur Diskussion, können jedoch nicht ausschließen, dass alles beim Alten bleibt. Hier wie selten würde demnach der Satz von Marshall McLuhan gelten: The medium is the message. Und die Arbeitslosen wären gut beraten, auf eigene Faust nach Formen alternativer Beschäftigung zu suchen. Aber das tun sie bereits, und dass sie nicht darum herumkommen, es selber zu tun, ist auch eine Botschaft des Bündnisses.

Dokumentation
zusammengestellt von Daniel Enzkat

Rede des IG Metall-Vorsitzenden Klaus Zwickel am 1.11.1995
auf dem 18. Ordentlichen Gewerkschaftstag der IG Metall in Berlin   (11/95)

Koalitionsvereinbarung zwischen
der SPD und Bündnis 90/ Die GRÜNEN   (10/98)

Regierungserklärung von Bundeskanzler Schröder
vom 10. November 1998 vor dem Deutschen Bundestag   (11/98)

Gemeinsame Erklärung des Bündnisses für Arbeit,
Ausbildung und Wettbewerbsfähigkeit vom 7. Dezember 1998   (12/98)

Organisationsstruktur des Bündnisses für Arbeit,
Ausbildung und Wettbewerbsfähigkeit

Arbeitsschwerpunkte der Bundesregierung 1999   (1/99)

Zweites Bündnis-Gespräch, 27. Februar 1999
Presseerklärung der Bundesregierung   (2/99)

Gemeinsame Erklärung des Bündnisses zu den
Ergebnissen des 3. Spitzengesprächs am 6. Juli 1999   (7/99)

Ausbildungskonsens des Bündnisses vom 6. Juli 1999   (7/99)

Gemeinsame Erklärung von BDA und DGB   (7/99)

Statement von Dr. Dieter Hundt zur gemeinsamen Erklärung
von BDA und DGB, 7. Juli 1999 in Bonn   (7/99)

IG Metall-Vorstand: Bewertung der Gemeinsamen Erklärung
des Bündnisses für Arbeit und des BDA/ DGB-Papiers vom 6. Juli 1999   (7/99)

Der Weg nach vorne für Europas Sozialdemokraten
Ein Vorschlag von Gerhard Schröder und Tony Blair   (6/99)

Internet-Adressen

Rede des IG Metall-Vorsitzenden Klaus Zwickel am 1.11.1995 auf dem 18. Ordentlichen Gewerkschaftstag der IG Metall in Berlin

[...]

IV.

Kolleginnen und Kollegen.
Ich habe die verheerenden Folgen der Massenarbeitslosigkeit angesprochen für die Schicksale der Menschen, für die gesellschaftliche Entwicklung, für unsere eigene Arbeit.
In vielen Berichten und Diskussionsbeiträgen ist unsere unmittelbare Betroffenheit durch die Arbeitslosigkeit angesprochen worden. Ich habe das politische Versagen der Bundesregierung kritisiert, die unternehmerische Verantwortung angemahnt, der Arbeitslosigkeit zu Leibe zu rücken.
Ich will jetzt über unseren Zukunftsbeitrag reden, über einen Beitrag, mit dem vielleicht Bewegung in die politische Diskussion zur Bekämpfung der Arbeitslosigkeit gebracht werden kann.
Ich schlage der Bundesregierung sowie den Unternehmern und ihren Verbänden ein Abkommen auf Gegenseitigkeit vor, zur Schaffung von Arbeitsplätzen, ein „Bündnis für Arbeit". Dieses „Bündnis" umfaßt auch einen eigenen Beitrag. Daran sind Voraussetzungen und Bedingungen geknüpft. Ein Geben und ein Nehmen.
Dieses Bündnis verpflichtet die Bundesregierung, die Arbeitgeber und auch uns zur Einhaltung.
Und es verpflichtet zur Bilanz. Wenn die Unternehmen der Metallverarbeitung garantieren, in den nächsten drei Jahren auf betriebsbedingte Kündigungen zu verzichten, 300.000 zusätzliche Arbeitsplätze zu schaffen, außerdem 30.000 Langzeitarbeitslose einzustellen sowie die Ausbildungsplätze um jährlich 5 Prozent zu steigern und wenn die Bundesregierung verbindlich erklärt, bei der Novellierung des Arbeitsförderungsgesetzes auf die Kürzung des Arbeitslosengeldes und der Arbeitslosenhilfe zu verzichten und die Sozialhilfekriterien nicht zu verschlechtern, eine Regelung zur Gewährleistung des Ausbildungsplatzangebotes entsprechend der Nachfrage zu schaffen, Betriebe, die nicht oder zuwenig ausbilden, zum Lastenausgleich heranzuziehen, dann werde ich mich dafür einsetzen, in 1997 Einkommenssteigerungen zu vereinbaren, die sich am Ausgleich der Preissteigerung orientieren, und befristete Einarbeitungsabschläge für Langzeitarbeitslose zu ermöglichen.

Kolleginnen und Kollegen,
ich weiß, dass ich damit Tabus tangiere und wahrscheinlich auch Aufregung auslöse. Aber ich möchte mit diesem „Bündnis für Arbeit" unser Engagement im Kampf gegen Arbeitslosigkeit deutlich machen. Ich möchte, dass Politik und Wirtschaft auf den Prüfstand gestellt werden. Nicht mit verbalen Tiraden, sondern mit konkreten Abforderungen.
Bislang werden immer von uns Vorleistungen und Verzichte verlangt, mehr Arbeitsplätze und weniger Arbeitslose aber nur abstrakt in Aussicht gestellt. Das

haben wir nie mitgemacht. Wir werden dies auch in Zukunft nicht tun. Ich bin für eindeutige Vereinbarungen und Verabredungen mit Leistung und Gegenleistung! Das Jahr 1996 kann zum Testjahr werden. Gegen Ende dieses Jahres gälte es, Bilanz zu ziehen, ob zusätzliche Arbeitsplätze und Ausbildungsplätze geschaffen wurden und die Bereitschaft besteht, zusätzliche Langzeitarbeitslose einzustellen, ob die Regierung auf Verschlechterungen im Sozialbereich verzichtet hat - mit einem Wort: ob Bundesregierung und Metallarbeitgeber zu konkreten Vereinbarungen im Kampf gegen die Arbeitslosigkeit bereit sind. Über konkrete Schritte zur Verwirklichung dieses „Bündnisses" muss gesprochen werden, wenn Metallarbeitgeber und Regierung dazu prinzipiell bereit sind. Wir verlieren nichts, wenn wir diesen Denkanstoß geben. Wir gewinnen aber viel, wenn er dazu führt, dass zusätzliche Arbeitsplätze geschaffen werden, Langzeitarbeitslose Arbeit finden, die Zahl der Ausbildungsplätze gesteigert wird und Verschlechterungen für Sozialhilfeempfänger und Arbeitslose abgewehrt werden können.

[...]

Koalitionsvereinbarung zwischen der SPD und Bündnis 90/ Die GRÜNEN

[...]

2. Bündnis für Arbeit und Ausbildung

Zur Bekämpfung der Arbeitslosigkeit wird die neue Bundesregierung alle gesellschaftlichen Kräfte mobilisieren. Wir wollen ein Bündnis für Arbeit und Ausbildung. Gemeinsam mit Gewerkschaften und Unternehmen werden wir konkrete Maßnahmen vereinbaren, um die Arbeitslosigkeit abzubauen und allen Jugendlichen einen Ausbildungsplatz zu sichern. Zu diesem Bündnis für Arbeit und Ausbildung haben alle Beteiligten in fairem Geben und Nehmen ihren Beitrag zu leisten. Dabei geht die neue Bundesregierung von folgenden Grundsätzen aus:

- Gewerkschaften und Unternehmen sind zuständig für eine beschäftigungsorientierte Tarifpolitik und für eine Organisation der Arbeit, die dem Flexibilisierungsbedarf der Betriebe und dem Wunsch der Beschäftigten nach mehr Zeitsouveränität Rechnung trägt.
- Aufgabe der Wirtschaft ist es, die Anstrengungen für Investitionen und Innovation zu verstärken. Wirtschaft und öffentliche Verwaltung stehen in der Pflicht, durch Erhöhung der Lehrstellenzahl jedem Jugendlichen einen qualifizierten Ausbildungsplatz zu geben.
- Die neue Bundesregierung wird die Rahmenbedingungen schaffen für nachhaltiges Wachstum und zukunftsfähige Arbeitsplätze. Dazu gehört eine umfassende Steuerreform, die Senkung der gesetzlichen Lohnnebenkosten, die Modernisierung der öffentlichen Verwaltung und eine Innovationsoffensive in Bildung, Forschung und Wissenschaft.

Beim Bündnis für Arbeit und Ausbildung sollen unter anderem zu folgenden Themen Vereinbarungen gefunden werden:

- Sicherung einer qualifizierten Ausbildung für alle Jugendlichen
- Integration erwerbsloser Jugendlicher in den Arbeitsmarkt
- Beschäftigungschancen für Geringqualifizierte
- Flexible und beschäftigungswirksame Organisation der Arbeitszeit, zum Beispiel Teilzeitarbeit, Altersteilzeit sowie Einstiegsteilzeit für Jüngere; beschäftigungswirksamer Abbau von Überstunden; die Vereinbarkeit von Familien- und Erwerbsarbeit
- Neuregelung der Anrechnung von Entlassungsabfindungen auf das Arbeitslosengeld
- Modernisierung der beruflichen Bildung und der Weiterbildung
- Verbesserte Beteiligung der Arbeitnehmerinnen und Arbeitnehmer am Produktivkapital
- Verstärkung der Branchen- und Regionaldialoge mit dem Ziel, die Innovationsanstrengungen in den Branchen und Regionen zu steigern.

Die neue Bundesregierung wird im Lichte der Ergebnisse des Bündnisses für Arbeit ihre Festlegungen über mögliche politische und gesetzgeberische Maßnahmen hinsichtlich der Sicherung einer qualifizierten Ausbildung für alle Jugendlichen, der Beteiligung der Arbeitnehmer am Produktivkapital und der Arbeitszeitpolitik treffen.
[...]

Regierungserklärung von Bundeskanzler Schröder vom 10. November 1998 vor dem Deutschen Bundestag

[...]

7. Bündnis für Arbeit - Verantwortung gemeinsam wahrnehmen

Aber machen wir uns nichts vor: Die Bewältigung des Jahrhundertproblems Arbeitslosigkeit kann nur gelingen, wenn alle gesellschaftlich Handelnden dabei mitmachen. Die eine, einzelne Maßnahme zur Lösung des Problems gibt es nicht. Steuerpolitik, Abgabenreduzierung, Zukunftsinvestitionen und Tarifpolitik müssen einander sinnvoll ergänzen. Erst im Zusammenwirken aller volkswirtschaftlichen Akteure kann dauerhaft mehr Beschäftigung entstehen. Ich betone: im Zusammenwirken aller volkswirtschaftlichen Akteure. Das ist die Erfahrung, die man in anderen Ländern hat machen können.

Das ist auch die positive Erfahrung, die in vergangenen Zeiten mit einem funktionierenden Modell Deutschland gemacht worden ist. Die deutschen Unternehmer stehen dabei ebenso in der Verantwortung wie die Sozialverbände und die Gewerkschaften. Sie alle lade ich zu einem Bündnis für Arbeit und für Ausbildung ein. Ich bin froh, bestätigen zu können: Das erste Treffen wird bereits Anfang Dezember stattfinden.

Dieses Bündnis wird als ständiges Instrument zur Bekämpfung der Arbeitslosigkeit eingerichtet. Ich weiß inzwischen, dass die Beteiligten meiner Einladung folgen und ihren Teil der Verantwortung übernehmen wollen. Ich erwarte, dass sich die Gesprächspartner vom Denken in angestammten Besitzständen und von überkommenen Vorstellungen lösen. Das gilt für alle Beteiligten. Ich setze darauf, dass wir zu einer vorurteilsfreien Beurteilung der Lage kommen und dass unsere Diskussionen vom fairen Ausgleich zwischen Geben und Nehmen geprägt sind.

Bündnisse für Arbeit wirken bereits überall mit Erfolg, in unseren Nachbarstaaten, aber auch in ungezählten Betrieben in unserem eigenen Land. Hier in Deutschland haben sozial verantwortliche Unternehmer und tüchtige, ökonomisch denkende Betriebsräte unsere Mitbestimmung zu einem modernen, weltweit vorbildlichen Modell entwickelt. Dies werden wir verteidigen und ausbauen.

Das Bündnis für Arbeit ist der richtige Ort, um sich den drängenden Fragen zu stellen: Welche Spielräume kann die Abgabenpolitik des Staates, kann die Tarifpolitik schaffen? Was bedeutet es, die Sozialleistungen stärker auf die Bedürftigen zu konzentrieren? Welche Spielräume schaffen wir damit für Investitionen, und welche Möglichkeiten bieten Instrumente wie Investivlohn und ähnliches? Welche Chancen bieten sich für uns alle, auch für die Beschäftigten, bei der Flexibilisierung der Arbeitszeiten?

Ich erwarte auch, dass wir in diesem Bündnis für Arbeit und Ausbildung die einmaligen Gelegenheiten nutzen, die uns die neuen politischen Konstellationen in Europa bieten. Der Kampf gegen Arbeitslosigkeit kann mit dieser Bundesregierung nun endlich auch als europäische Frage behandelt werden. In bezug auf diese Frage haben unsere Partner in Europa - bei allem Respekt vor sonstigem - lange gewartet.

Mit der Steuerreform, der Entlastung bei den Lohnnebenkosten und dem Sofortprogramm gegen Jugendarbeitslosigkeit bringt die Bundesregierung gute Vorleistungen in das Bündnis für Arbeit ein. Ich erwarte, dass auch die anderen wirtschaftlich Handelnden unserem Beispiel folgen. Die Menschen haben ein Recht darauf, dass wir uns der Verantwortung stellen und die Chancen entschlossen ergreifen, die uns ein Bündnis für Arbeit in Deutschland, mitten in einem sozialer gewordenen Europa, eröffnet.

Niemand erwartet von diesem Bündnis Patentlösungen. Aber alle stehen in der Pflicht, das Beste zu geben: Zusammenarbeit, Zukunftswillen und Zuversicht - das sind die Koordinaten des Bündnisses für Arbeit und Ausbildung.

[...]

Gemeinsame Erklärung des Bündnisses für Arbeit, Ausbildung und Wettbewerbsfähigkeit vom 7. Dezember 1998

Bundesregierung sowie Repräsentanten der Wirtschaftsverbände und der Gewerkschaften haben sich heute bei einem Spitzengespräch unter Vorsitz von Bundeskanzler Gerhard Schröder darauf verständigt, in einem Bündnis gemeinsam auf einen Abbau der Arbeitslosigkeit hinzuarbeiten und die Wettbewerbsfähigkeit der Wirtschaft nachhaltig zu stärken.

I.

Die am Bündnis für Arbeit, Ausbildung und Wettbewerbsfähigkeit beteiligten Seiten stimmen in den folgenden Punkten überein:
1. Die Überwindung der hohen Arbeitslosigkeit ist die größte Herausforderung für Politik und Gesellschaft am Übergang ins nächste Jahrhundert. Ein hoher Beschäftigungsstand in einer globalisierten Wirtschaft ist keine Utopie, sondern ein realistisches Ziel, das mit einer problemorientierten Kombination wirtschaftspolitischer Aktivitäten Schritt für Schritt erreichbar ist.
2. Eine positive Entwicklung am Arbeits- und Ausbildungsmarkt erfordert eine dauerhafte Zusammenarbeit zwischen Staat, Gewerkschaften und Wirtschaft. Besonders dringlich ist eine enge Abstimmung zwischen den Beteiligten. Das Bündnis für Arbeit, Ausbildung und Wettbewerbsfähigkeit ist deshalb auf Dauer und als Prozess der Verständigung angelegt, in dem gegenseitiges Vertrauen geschaffen werden soll, aber auch unterschiedliche Interessen und verschiedene Meinungen ausgetragen werden.
3. Zur nachhaltigen Steigerung der Beschäftigung und zur Verbesserung der ökonomischen Dynamik sind rasche und umfassende Reformen unverzichtbar. Erste wirksame Maßnahmen sind schon jetzt möglich.
4. Erforderlich sind wirksame Beiträge des Staates, von Wirtschaft und Gewerkschaften sowie Selbstverpflichtungen der Tarifparteien. Alle müssen zusammenwirken, um gemeinsam spürbare Beschäftigungserfolge zu erzielen. Es ist gemeinsames Verständnis, dass eigenverantwortliches Handeln der Bündnispartner - zum Beispiel der Tarifparteien und der Politik - an den Zielen dieses Bündnisses ausgerichtet wird und die Bündnisvereinbarungen unterstützt. Die Tarifautonomie bleibt unangetastet.
5. Der Abschluß einer Ausbildung im dualen System bietet gute Chancen für eine erfolgreiche Integration in den Arbeitsmarkt. Jeder Jugendliche in Deutschland, der will und kann, soll einen Ausbildungsplatz erhalten.
6. Die beteiligten Seiten unterstützen Länder, Kommunen, Gewerkschaften und Arbeitgeberverbände sowie Arbeitgeber und Betriebsräte bei ihren gemeinsamen Aktivitäten, nach neuen Wegen zu suchen, wie Beschäftigung in ihren jeweiligen Bereichen erhalten und neu aufgebaut werden kann. Das Bündnis wird diese Bemühungen durch eine entsprechende Gestaltung der Rahmenbedingungen fördern.

II.

Die am Bündnis für Arbeit, Ausbildung und Wettbewerbsfähigkeit beteiligten Seiten streben vor allem an:
1. eine weitere dauerhafte Senkung der gesetzlichen Lohnnebenkosten; eine strukturelle Reform der Sozialversicherung;
2. eine beschäftigungsfördernde Arbeitsverteilung und flexible Arbeitszeiten, wodurch Überstunden abgebaut werden können (Arbeitszeitkonten)- Ausbau und Förderung der Teilzeitarbeit;
3. ein Inkraftsetzen der Unternehmensteuerreform insbesondere zur Entlastung der mittelständischen Wirtschaft zum 1. Januar 2000;
4. weitere Verbesserung der Innovations- und Wettbewerbsfähigkeit der Unternehmen;
5. flexibilisierte und verbesserte Möglichkeiten für das vorzeitige Ausscheiden im Rahmen der bestehenden gesetzlichen Altersgrenzen durch gesetzliche, tarifvertragliche und betriebliche Regelungen;
6. eine Tarifpolitik, die den Beschäftigungsaufbau unterstützt;
7. eine Verbesserung des Zugangs von kleinen und mittleren Unternehmen zu Chancenkapital;
8. einen Ausbau der Möglichkeiten für Vermögensbildung und Gewinnbeteiligung der Arbeitnehmer;
9. Fach- und Themendialoge für Beschäftigung, Innovation und Wettbewerbsfähigkeit;
10. einen weiteren Abbau struktureller Hemmnisse für Gründung und Wachstum von Unternehmen;
11. die Erschließung neuer Beschäftigungsfelder und Ausbildungsmöglichkeiten für gering qualifizierte Arbeitnehmer unter Erprobung und Einsatz neuer Instrumente;
12. einen Ausbau des arbeitsmarktpolitischen Instrumentariums zur Bekämpfung von Jugendarbeitslosigkeit und Langzeitarbeitslosigkeit, insbesondere durch Verbesserung von Aus- und Weiterbildungsmöglichkeiten sowie verstärkte Anreize zur Arbeitsaufnahme. Die Instrumente der aktiven Arbeitsmarktpolitik müssen stärker innovationsfördernd eingesetzt werden;

III.

Die am Bündnis für Arbeit, Ausbildung und Wettbewerbsfähigkeit beteiligten Seiten werden als erste Schritte unverzüglich Arbeitsgruppen bzw. Expertengruppen zu folgenden Themen bilden:
1. Aus- und Weiterbildung
   Umsetzung des Sofortprogramms zum Abbau der Jugendarbeitslosigkeit
   - Die Teilnehmer des Bündnisses für Arbeit werden in einem gemeinsamen Schreiben an Unternehmen und Betriebsräte um größere Anstrengungen, Ausbildungsplätze zur Verfügung zu stellen, werben.
2. Steuerpolitik

3. Lebensarbeitszeit; vorzeitiges Ausscheiden
4. Reform der Sozialversicherungssysteme
5. Arbeitszeitpolitik
6. Aufbau Ost
7. Entlassungsabfindungen
8. Benchmarking
9. Außerdem besteht Einigung, Fach- und Themendialoge in jeweiliger Ressortverantwortung durchzuführen, zum Beispiel Mittelstand, Forschungs- und Wissenstransfer, Handwerk.

Bundesregierung, Wirtschaft und Gewerkschaften werten das heutige Treffen als guten Auftakt für weitere Gespräche im Rahmen des Bündnisses für Arbeit, Ausbildung und Wettbewerbsfähigkeit beim Bundeskanzler. Die Gespräche sollen nach dem gemeinsamen Willen der Beteiligten im selben Teilnehmerkreis fortgesetzt werden. Das nächste Gespräch wird am 25. Februar 1999 stattfinden.

Organisationsstruktur des Bündnisses für Arbeit, Ausbildung und Wettbewerbsfähigkeit

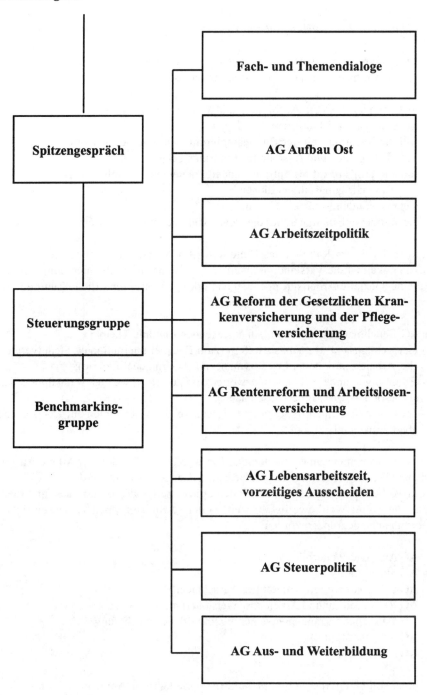

Arbeitsschwerpunkte der Bundesregierung 1999

1. Bündnis für Arbeit, Ausbildung und Wettbewerbsfähigkeit

Wir streben ein „Bündnis der Modernisierer" mit Wirtschaft und Gewerkschaften an. Dies ist das Kernstück unseres Regierungshandelns.

Das Bündnis für Arbeit, Ausbildung und Wettbewerbsfähigkeit
- ist auf längere Frist angelegt;
- soll die Reformarbeit der Bundesregierung während der gesamten Legislaturperiode begleiten und Anstöße für Reformen geben;
- soll alle Projekte auf die entscheidenden Fragen hin abklopfen, ob sie
  dem Beschäftigungsaufbau dienen,
  mehr Ausbildungsplätze schaffen,
  die Wettbewerbsfähigkeit der deutschen Unternehmen verbessern.

Erster Schritt im Rahmen des Bündnisses für Arbeit, Ausbildung und Wettbewerbsfähigkeit ist die Verständigung auf eine gemeinsame Problemdeutung. Hierzu wird eine spezielle Arbeitsgruppe „benchmarking" wissenschaftliche Zuarbeit leisten, das heißt: Maßnehmen am Besseren.

Die AG-Benchmarking" soll zu allen anstehenden Bündnis-Themen
- eine gemeinsame Datenbasis liefern (zum Beispiel internationale Steuervergleiche, Arbeitszeitmodelle, Erwerbschancen für Geringqualifizierte);
- Erfahrungen anderer Länder auswerten, um zu sehen, welche Maßnahmen sich als besonders wirksam erwiesen haben,
- „best practices" identifizieren und prüfen, welche Maßnahmen auf Deutschland übertragbar sind.

Auf der Basis gemeinsamer Problemdiagnosen sollen im Bündnis für Arbeit, Ausbildung und Wettbewerbsfähigkeit gemeinsame Lösungen gesucht werden.
Zur Vorbereitung dazu sind beim ersten Spitzentreffen des Bündnisses für Arbeit, Ausbildung und Wettbewerbsfähigkeit weitere Arbeitsgruppen zu wesentlichen Reformthemen gegründet worden:

- AG Aus- und Weiterbildung
- AG Steuerpolitik
- AG Lebensarbeitszeit, vorzeitiges Ausscheiden
- AG Rentenreform und Arbeitslosenversicherung
- AG Gesetzliche Krankenversicherung und Pflegeversicherung
- AG Arbeitszeitpolitik
- AG Aufbau Ost

Ferner soll eine Expertengruppe kurzfristig die künftige Anrechnung von Entlassungsabfindungen auf Arbeitslosenunterstützung sowie die steuerliche Behandlung von Entlassungsabfindungen klären.

Das erste Treffen des Bündnisses für Arbeit, Ausbildung und Wettbewerbsfähigkeit fand am 7. Dezember 1998 statt. Das nächste Treffen wird am 25. Februar 1999 sein. Weitere Treffen sind für April 1999 und Juni 1999 geplant.

Zweites Bündnis-Gespräch, 26. Februar 1999 - Presseerklärung der Bundesregierung

Diese Ergebnisse nannte Bundeskanzler Schröder in der Pressekonferenz nach dem zweiten Bündnisgespräch:
Die Diskussionen um die Fortsetzung des Bündnisses sind beendet. Das nächste Gespräch zum Bündnis für Arbeit findet Mitte Mai statt.

Die Wirtschaft gibt eine Lehrstellenzusage für 1999. Jeder ausbildungsfähige und ausbildungswillige Jugendliche solle einen Ausbildungsplatz bekommen. Zahlen wurden noch nicht genannt.

Die angestrebte umfassende Steuerreform soll in einer Arbeitsgruppe des Bündnisses für Arbeit konzipiert werden. Sie soll ein schlüssiges Konzept vorlegen und dabei die Unternehmenssteuerreform, die zweite und dritte Stufe der Ökosteuerreform und die Entlastung der Familien einbeziehen.

Die Gesprächspartner im Bündnis für Arbeit wollen sich künftig auf gemeinsam festgestellte volkswirtschaftliche Daten festlegen.

Dazu sagte Klaus Zwickel, Erster Vorsitzender der IG Metall: In diesen Datenkranz würden auch Entwicklung und Verwendung von Gewinnen und und ihre volkswirtschaftliche Verteilung gehören. Er hat sich gegen „Lohnleitlinien" ausgesprochen.

BDA-Präsident Dieter Hundt hatte im Bündnis eine Instanz verlangt, die vor Tarifrunden „Orientierungen" erarbeitet. Sie solle mit einer Art Frühwarnsystem für Arbeitskampfmaßnahmen und Konsultationspflichten verbunden werden.

Kanzler Schröder hatte am Tag vor der Bündnisrunde deutlich gemacht: „Wer das Streikrecht weiter einschränken will, legt die Axt an eine Institution, die Deutschland stark und erfolgreich gemacht hat, an die Tarifautonomie."

Gemeinsame Erklärung des Bündnisses zu den Ergebnissen des 3. Spitzengesprächs am 6. Juli 1999

I.

Die Teilnehmer am Bündnis für Arbeit, Ausbildung und Wettbewerbsfähigkeit haben sich heute unter Vorsitz von Bundeskanzler Gerhard Schröder zum dritten Mal getroffen. Sie haben eine Zwischenbilanz der bisherigen Gespräche gezogen, die Themen Steuerpolitik, Ausbildung, Rente und früheres Ausscheiden, Arbeitszeit und Aufbau Ost vertieft diskutiert und sich auf das weitere Arbeitsprogramm verständigt. Die Vertreter von Wirtschaft, Gewerkschaften und Bundesregierung, Bundeskanzler Gerhard Schröder; Bundesminister Hans Eichel; Bundesminister Dr. Werner Müller; Bundesminister Walter Riester; Bundesministerin Andrea Fischer; Bundesministerin Edelgard Bulmahn; Staatssekretär Dr. Frank-Walter Steinmeier; Hans-Olaf Henkel, Präsident des Bundesverbandes der Deutschen Industrie; Dr. Dieter Hundt, Präsident der Bundesvereinigung der Deutschen Arbeitgeberverbände; Dieter Philipp, Präsident des Zentralverbandes des Deutschen Handwerks; Hans Peter Stihl, Präsident des Deutschen Industrie- und Handelstages; Dieter Schulte, Vorsitzender des Deutschen Gewerkschaftsbundes; Roland Issen, Vorsitzender der Deutschen Angestellten-Gewerkschaft; Klaus Zwickel, Vorsitzender der IG Metall; Hubertus Schmoldt, Vorsitzender der IG Bergbau, Chemie, Energie; Herbert Mai, Vorsitzender der Gewerkschaft Öffentliche Dienste, Transport und Verkehr, erklären:

II. Zukunftsprogramm 2000

Die Bündnispartner halten einen Kurs der Finanzpolitik für notwendig und richtig, der eine nachhaltige Konsolidierungspolitik beinhaltet, der Wachstum und Beschäftigung fördert und die Last der notwendigen Sparmaßnahmen sozial gerecht verteilt.

III. Unternehmensteuerreform

Das von der Bundesregierung geplante Konzept zur Unternehmensteuerreform wird von den Bündnispartnern in seiner Zielrichtung begrüßt, die Tarifsätze der Steuerbelastung von Unternehmen in Deutschland, insbesondere der kleinen und mittleren Unternehmen, auf ein - auch im internationalen Vergleich - wettbewerbsfähiges Niveau zu senken und auf diese Weise Investitionstätigkeit und Beschäftigungsaufbau zu unterstützen.

Die vorgesehene niedrigere Besteuerung der Unternehmenserträge erscheint geeignet, die Investitionstätigkeit allgemein zu fördern und besonders auch die Attraktivität des deutschen Standorts für internationale Direktinvestitionen zu erhöhen. Dies wird auch dem Arbeitsmarkt zugute kommen.

IV. Sicherstellung eines ausreichenden Ausbildungsplatzangebotes

„Jeder junge Mensch, der kann und will, wird ausgebildet." Dies ist Ziel des von den Bündnispartnern vereinbarten Ausbildungskonsenses. Er sieht vor, dass den bis zum 30. September bei den Arbeitsämtern als unvermittelt gemeldeten Bewerberinnen und Bewerbern je nach regionalen Gegebenheiten ein möglichst wohnortnahes Ausbildungsverhältnis im gewünschten Berufsfeld angeboten wird. Ab 1999 finden in jedem Jahr im Oktober regionale Ausbildungskonferenzen von Arbeitsverwaltung, Wirtschaft, Gewerkschaften und anderen in der Region Verantwortlichen auf Arbeitsamts- und Landesarbeitsamtsbezirksebene statt. Die Vermittlung in betriebliche Berufsausbildung hat Vorrang. Die Bündnispartner unterstützen Initiativen der Tarifvertragsparteien, Betriebe dabei mit einem externen Ausbildungsmanagement zu unterstützen.

Die Wirtschaftsverbände unterstreichen noch einmal ihre im Februar bekräftigte Zusage, 1999 den demographisch bedingten Zusatzbedarf an betrieblichen Ausbildungsplätzen zu decken und darüber hinaus mindestens 10.000 zusätzliche Ausbildungsplätze zu schaffen. Für die Folgejahre streben sie an, zumindest den jährlichen, demographisch bedingten Zusatzbedarf zu decken. Dafür ist die Schaffung neuer Berufe eine zwingende Voraussetzung. Die Sozialpartner werden der Bundesregierung bis Ende September entsprechende Vorschläge unterbreiten; anderenfalls wird die Bundesregierung durch Verordnung entscheiden. Die Bündnispartner sehen darüber hinaus in den von der Arbeitsgruppe Aus- und Weiterbildung beschlossenen Leitlinien und Umsetzungsschritten für Jugendliche mit schlechten Startchancen einen wichtigen Beitrag zur Verhinderung künftiger Arbeitslosigkeit.

Die Bundesverwaltung wird ihr Ausbildungsangebot in den Berufen des dualen Systems 1999 um über 6 Prozent und in den Folgejahren ebenfalls zumindest entsprechend dem demographisch bedingten Zusatzbedarf steigern.

Im März jeden Jahres werden regionale Ausbildungskonferenzen durchgeführt, um die Lehrstellenbilanz des vorangegangenen Jahres zu bewerten, Einvernehmen über den voraussichtlichen Ausbildungsbedarf für das laufende Jahr zu erzielen und Maßnahmen zur Deckung des Ausbildungsbedarfs zu verabreden. Die Ergebnisse der Regionalkonferenzen werden auf der Bundesebene durch die Bündnispartner zusammengeführt. Dabei findet eine kritische Prüfung und ggf. Ergänzung oder Korrektur der Maßnahmen des Ausbildungskonsenses statt.

Fachkräfte in Informations- und Kommunikationsberufen ausbilden

Die Bündnispartner sehen einen erheblichen Bedarf an zusätzlichen Fachkräften im Bereich der Informations- und Kommunikationstechnologien. Sie haben sich daher auf eine mehrjährige Offensive zum Abbau des IT-Fachkräftemangels verständigt. Dazu gehört u.a. die Steigerung des Ausbildungsvolumens neuer IT-Berufe auf 40.000 in drei Jahren. Ziel ist es, den akuten Engpaß auf dem deutschen Arbeitsmarkt abzubauen und bis 2005 die Zahl der Beschäftigten um weitere 150.000 zu erhöhen.

Weiterhin müssen nach Auffassung der Bündnispartner Defizite im allgemeinen Bildungssektor beseitigt werden, die eine volle Ausschöpfung der Beschäftigungspotentiale erschweren, zum Beispiel zu lange Studienzeiten und eine zu geringe Praxisorientierung der Studiengänge.

V. Tarifpolitik

Die Bündnispartner nehmen die gemeinsame Erklärung von BDA und DGB zustimmend zur Kenntnis.

Sie begrüßen, dass sich BDA und DGB auf gemeinsame Orientierungen für das Bündnis für Arbeit; Ausbildung und Wettbewerbsfähigkeit verständigt haben.

VI. Altersteilzeit

Die Bündnispartner haben sich einvernehmlich auf Maßnahmen zur Weiterentwicklung der Altersteilzeit geeinigt. Künftig soll der Wechsel in Altersteilzeitarbeit auch Arbeitnehmern möglich sein, die bisher bereits teilzeitbeschäftigt sind. Darüber hinaus haben sich die Bündnispartner auf Erleichterungen bei der Wiederbesetzung, der wichtigsten Voraussetzung für die Zahlung der Altersteilzeitförderung, verständigt. In Zukunft ist in Unternehmen bis 50 Beschäftigte der Nachweis einer Umsetzungskette nicht mehr erforderlich; zugleich können anstelle von arbeitslosen Arbeitnehmern auch Auszubildende eingestellt werden. Für größere Unternehmen wird auf den Nachweis einer Umsetzungskette zugunsten einer funktionsbereichsbezogenen Betrachtung verzichtet.

Die Bundesregierung wird einen Gesetzentwurf mit den zur Umsetzung der Vorschläge notwendigen Änderungen erarbeiten und, soweit gesetzliche Änderungen nicht erforderlich sind, sicherstellen, dass die Verwaltungspraxis der Bundesanstalt für Arbeit entsprechend der Einigung verfahren kann.

VII. Rente/ Früheres Ausscheiden aus dem Erwerbsleben

Mit den Eckpunkten der Bundesregierung zur Rentenstrukturreform soll eine angemessene Lebensstandardsicherung bei stabiler Beitragssatzentwicklung erreicht und die zusätzliche Eigenvorsorge gestärkt werden. Im Rahmen der Arbeitsgruppe Rentenreform und Arbeitslosenversicherung" werden die von der Bundesregierung vorgelegten Eckpunkte zur Rentenstrukturreform im Bündnis weiter erörtert.

Die Arbeitsgruppe „Rentenreform und Arbeitslosenversicherung" und die Arbeitsgruppe „Lebensarbeitszeit/ vorzeitiges Ausscheiden" werden prüfen, wie flexibilisierte und verbesserte Möglichkeiten für das vorzeitige Ausscheiden aus dem Erwerbsleben (Tariffondsmodell des BMA, Vorschlag der Gewerkschaften zum Ausgleich der versicherungsmathematischen Abschläge beim Rentenzugang mit 60 und Arbeitgebervorschläge zur Verbesserung der Rahmenbedingungen für die betriebliche Altersversorgung) mit dem Ziel des Ausbaus der betrieblichen und privaten Altersvorsorge verknüpft werden können.

VIII. Aufbau Ost

Die Bündnispartner sind gemeinsam der Auffassung, dass der Aufbau Ost weiterhin besondere Anstrengungen erfordert. Die Entwicklung der neuen Länder zu wettbewerbsfähigen Standorten ist in vielen Sektoren und Regionen inzwischen weit vorangekommen, doch ist dieser Prozess bei weitem noch nicht abgeschlossen.

Die Teilnehmer am Bündnis halten es insbesondere für erforderlich, den überregionalen Absatz für ostdeutsche Produkte und Dienstleistungen weiter zu fördern. Sie haben sich hierzu auf konkrete Maßnahmen verständigt. Diese reichen von der Beratung durch Kammern und Verbände über die Messeförderung bis hin zur konkreten Kontaktanbahnung für exportorientierte ostdeutsche Unternehmen im In- und Ausland. Die Mitglieder des Bündnisses haben sich darüber hinaus darauf verständigt, alle gemeinsamen Maßnahmen für die neuen Länder unter das Logo „wir" zu stellen. Auf einer gemeinsamen Konferenz im Frühjahr 2000 wird über Erfahrungen und Fortschritte der vereinbarten Maßnahmen der Absatzförderung berichtet.

Zur Entlastung der besonders schwierigen Arbeitsmarktsituation in den neuen Ländern halten es die Bündnispartner auch in Zukunft für unabdingbar, die aktive Arbeitsmarktpolitik auf hohem Niveau fortzusetzen. Die Mittel sollen noch genauer auf besondere Problemgruppen konzentriert werden. Damit die Maßnahmen den künftigen Qualifikationsanforderungen des Arbeitsmarktes besser entsprechen, werden Industrie- und Handelskammern sowie Handwerkskammern den künftigen Fachkräftebedarf verstärkt aufklären. Auch eine differenzierte arbeitsmarktpolitische Förderung, zum Beispiel von Existenzgründungen aus der Arbeitslosigkeit heraus und neue Wege zur Beschäftigung von Arbeitslosen- und Sozialhilfeempfänger im Rahmen von Modellprojekten, soll in Zukunft verfolgt werden.

IX. Benchmarking

Das Bündnis für Arbeit, Ausbildung und Wettbewerbsfähigkeit unterstreicht die Bedeutung des Benchmarking-Ansatzes für seine Arbeit. Ziel des Benchmarking ist es, unter Auswertung der Erfahrungen anderer Länder den für Deutschland besten Weg zu mehr Arbeitsplätzen aufzuzeigen.
Als Themen für ein Benchmarking sind vorgesehen.
- Die Arbeitsgruppe Benchmarking wird gebeten, nach der Sommerpause Optionen für eine Verbesserung der Erwerbschancen von Geringqualifizierten vorzulegen. Ziel ist es, insbesondere Langzeitarbeitslose und erwerbsfähige Bezieher von Sozialhilfe wieder in das Arbeitsleben zu integrieren. Sie begrüßen die Bereitschaft verschiedener Bundesländer, unterschiedliche Ansätze dafür zu erproben.
- Erarbeitung einer Konzeption für einen „Benchmarking Germany"-Bericht, der alle wichtigen Daten zum Wirtschafts- und Sozialstandort Deutschland im internationalen Vergleich erfaßt und gemeinsame Datenbasis für alle Bündnispartner werden soll.
- Europäischer Vergleich von Arbeitszeitregelungen.
- Internationaler Vergleich von arbeitsmarktpolitischen Strategien.

X.

Das nächste Spitzengespräch des Bündnisses wird im Herbst in Berlin stattfinden. Der genaue Termin hierfür wird im Steuerungsausschuß des Bündnisses vereinbart.

Ausbildungskonsens des Bündnisses vom 6. Juli 1999

„Jeder junge Mensch, der kann und will, wird ausgebildet."

Um den Ausbildungsplatzbedarf im Jahre 1999 und in den Folgejahren zu decken, bedarf es großer gemeinsamer Anstrengungen. Dieser Ausbildungskonsens berücksichtigt die besondere Situation in Ostdeutschland. Er dient auch der Umsetzung des Beschäftigungspolitischen Aktionsplanes Deutschlands.

Die Wirtschaftsverbände unterstreichen noch einmal ihre im Februar bekräftigte Zusage, 1999 den demographisch bedingten Zusatzbedarf an betrieblichen Ausbildungsplätzen zu decken und darüber hinaus mindestens 10.000 zusätzliche Ausbildungsplätze zu schaffen. Für die Folgejahre streben sie an, zumindest den jährlichen, demographisch bedingten Zusatzbedarf zu decken. Dazu wird die Umsetzung der Initiative der Bündnispartner „Offensive zum Abbau des IT-Fachkräftemangels" einen wesentlichen Beitrag leisten. Sie sieht u.a. vor, in den nächsten drei Jahren die Zahl der betrieblichen Ausbildungsverhältnisse in den neuen IT-Berufen von 14.000 auf 40.000 zu steigern. Für die Steigerung der Ausbildungsplätze in den kommenden Jahren ist die Schaffung neuer Berufe eine zwingende Voraussetzung. Die Sozialpartner werden der Bundesregierung bis Ende September entsprechende Vorschläge unterbreiten; anderenfalls wird die Bundesregierung durch Verordnung entscheiden. Die Wirtschaftsverbände und Gewerkschaften werden sich darüber hinaus dafür einsetzen, dass in möglichst vielen Tarifverhandlungen ausbildungsfördernde Vereinbarungen zur Steigerung des Ausbildungsplatzangebotes getroffen werden. Die Bündnispartner unterstützen Initiativen der Tarifvertragsparteien, Betriebe mit einem externen Ausbildungsmanagement zu unterstützen.

Ab 1999 finden in jedem Jahr im Oktober regionale Ausbildungskonferenzen von Arbeitsverwaltung, Wirtschaft, Gewerkschaften und anderen in der Region Verantwortlichen auf Arbeitsamts- und Landesarbeitsamtsbezirksebene statt. Jugendlichen, die sich bis zum 30. September eines jeden Jahres bei den Arbeitsämtern gemeldet haben, denen aber noch kein Ausbildungsplatz vermittelt werden konnte, wird je nach regionalen Gegebenheiten ein möglichst wohnortnahes Ausbildungsverhältnis im gewünschten Berufsfeld angeboten.

Die Vermittlung in das duale System ist in jedem Fall vorrangig. Dazu organisiert die Arbeitsamtsebene Nachvermittlungsaktionen mit dem Ziel, das betriebliche Ausbildungspotential voll auszuschöpfen und zu erweitern. Die oben genannten Jugendlichen, die trotz aller Anstrengungen und zusätzlicher Vermittlungsbemühungen keinen betrieblichen Ausbildungsplatz finden, werden im Dezember/ Januar eines jeden Jahres von der Arbeitsverwaltung schriftlich aufgefordert, sich zu melden. Daraufhin wird ihnen ein Ausbildungsangebot unterbreitet.

Jugendliche, die nach Einschätzung der Arbeitsverwaltung noch nicht über die erforderliche Ausbildungsbefähigung verfügen, werden in Berufsvorbereitungsmaßnahmen vermittelt.

Im März jeden Jahres werden von den Arbeitsämtern unter Beteiligung von Wirtschaft, Gewerkschaften und anderen in der Region Verantwortlichen regionale Ausbildungskonferenzen durchgeführt, um
- die Lehrstellenbilanz des vorangegangenen Jahres zu bewerten;
- Einvernehmen über die Einschätzung des voraussichtlichen Ausbildungsbedarfs für das laufende Jahr zu erzielen.

Auf regionaler Ebene werden von den Schulverwaltungen Daten über Zahl und Struktur der Schulabgänger als Grundlage für die Prognosen bereitgestellt. Aufgrund der aktuellen Berufswünsche und der Erfahrungen aus den Vorjahren sollen erste Prognosen über die Ausbildungsnachfrage erstellt werden. Arbeitsverwaltung, Wirtschaft, Gewerkschaften und andere in der Region Verantwortliche einigen sich auf eine Bewertung, verabreden zu ergreifende Maßnahmen und vertreten diese gemeinsam.

Auf der Bundesebene werden die regionalen Prognosen und die verabredeten Aktionen zur Deckung des Ausbildungsbedarfs zusammengeführt, durch die Bündnispartner bewertet und von ihnen gemeinsam vertreten. Dabei findet eine kritische Prüfung und ggf. Ergänzung oder Korrektur der Maßnahmen des Ausbildungskonsenses statt.

Durch Übernahme von Ausbildungspatenschaften können Unternehmen und Privatpersonen Mittel für zusätzliche Ausbildungsplätze bereitstellen. Vorrang haben dabei Ausbildungsplätze in neuen Berufen. Die Schirmherrschaft für das Patenprogramm soll dem Bundespräsidenten angetragen werden.

Neue Berufe werden auf der Grundlage des bewährten Konsensprinzips schnell entwickelt und für die Ausbildung geöffnet. Vordringlicher Handlungsbedarf für die Schaffung neuer Berufe besteht bei der Umsetzung bereits vorliegender Vorschläge und in folgenden Feldern: Freizeit/ Tourismus, Transport/ Verkehr/ Logistik, Gesundheit und Umwelt. Wirtschaft und Gewerkschaften werden entsprechende Vorschläge bis zum Oktober diesen Jahres vorlegen. Die Schaffung neuer Berufe ist mit der Zusage der Wirtschaft verbunden, in diesen Berufen weitere Ausbildungsplätze zur Verfügung zu stellen und damit das Angebot an betrieblichen Ausbildungsplätzen dauerhaft zu erhöhen.

Beratung und Vermittlungstätigkeit werden auf eine noch breitere Basis gestellt und intensiviert. Die Gemeinschaftsinitiative der Bündnispartner „Ausbilden. Wir machen mit!" wird ihre Informationskampagne über neue Ausbildungsberufe intensivieren.

Die Bündnispartner informieren und beraten die Betriebe und die Jugendlichen, sie helfen bei der Vermittlung von Lehrstellen:
- Die Organisationen der Wirtschaft unterstützen die Unternehmen, Betriebe und Selbständigen bei der Bereitstellung zusätzlicher Ausbildungsplätze;
- die Gewerkschaften informieren die Betriebs- und Personalräte;
- die Arbeitsämter beraten und vermitteln die Jugendlichen.

Die Bundesverwaltung wird ihr Ausbildungsangebot in den Berufen des dualen Systems 1999 um über 6 Prozent und in den Folgejahren zumindest entsprechend dem demographischen Zusatzbedarf erhöhen. Die Bündnispartner appellieren an die Länder und Kommunen, ihre Ausbildungsanstrengungen entsprechend dem demographisch bedingten Zusatzbedarf zu verstärken.

Die Bündnispartner stimmen darin überein, dass
- die Bereitschaft zur beruflichen Mobilität durch frühzeitige Beratung geweckt werden soll;
- die Erfahrungen aus dem Sofortprogramm zum Abbau der Jugendarbeitslosigkeit mit der Ansprache von Problemgruppen in die ständige Beratungs- und Förderpraxis umgesetzt werden;
- die Flexibilität bei der Organisation des Berufsschulunterrichtes und die Kooperation zwischen Berufsschulen und Betrieben weiter verbessert werden müssen;
- eine weitere Differenzierung in der Berufsausbildung für viele erst Zugangsmöglichkeiten in eine erfolgreiche Berufsausbildung schafft. Das breite Spektrum von Ausbildungsberufen mit unterschiedlichen Leistungsanforderungen und Ausbildungszeiten muss deshalb bei der Modernisierung bestehender und der Schaffung neuer Ausbildungsberufe gesichert werden, um möglichst viele Betriebe an der Berufsausbildung zu beteiligen und möglichst vielen Jugendlichen, auch den benachteiligten, eine betriebliche Ausbildungschance zu geben (Ergebnis der Arbeitsgruppe Aus- und Weiterbildung am 27. Mai 1999);
- die Übergänge von berufsvorbereitenden und außerbetrieblichen Bildungsmaßnahmen in betriebliche Ausbildung - einschließlich der Berücksichtigung bereits absolvierter Ausbildungsleistungen - verbessert werden müssen.

Die Bundesländer werden aufgefordert, ihre zugesagten Anstrengungen zur Stärkung der Ausbildungsfähigkeit als Beitrag zur Verbesserung der Ausbildungssituation zügig umzusetzen.

Die Bundesministerin für Bildung und Forschung berichtet im Spitzengespräch des Bündnisses für Arbeit, Ausbildung und Wettbewerbsfähigkeit über die Umsetzung dieses Ausbildungskonsenses einschließlich der Aktivitäten der Länder.

Gemeinsame Erklärung von BDA und DGB

- Anläßlich des 3. Gesprächs zum Bündnis für Arbeit -

Die Bundesvereinigung der Deutschen Arbeitgeberverbände und der Deutsche Gewerkschaftsbund haben anläßlich des 3. Gesprächs zum Bündnis für Arbeit, Ausbildung und Wettbewerbsfähigkeit in Bonn am 6. Juli 1999 folgende gemeinsame Erklärung abgegeben. Diese wurde von den Bündnispartnern zustimmend zur Kenntnis genommen:

1. Die anhaltende Arbeitslosigkeit in Deutschland und Europa, die Herausforderungen der demographischen Entwicklung insbesondere für die sozialen Sicherungssysteme, Finanzierungsprobleme der öffentlichen Haushalte, der Schutz der natürlichen Lebensgrundlagen und die Notwendigkeit, den Zusammenhalt unserer Gesellschaft zu wahren, fordern gemeinsame Anstrengungen, Verständigung und Kooperation. Es ist unser gemeinsames Ziel, die Arbeitslosigkeit deutlich und nachhaltig zu verringern, die Wettbewerbs- und Innovationsfähigkeit der Unternehmen zu stärken, neue Beschäftigungsfelder zu erschließen, den Sozialstaat zu modernisieren und seine Effizienz zu verbessern.
2. Schnell wirksame Patentrezepte für den Beschäftigungsaufbau gibt es nicht. Arbeitslosigkeit hat viele Gründe und eine nachhaltige Beschäftigungspolitik wirkt nicht von heute auf morgen. Darum muss ein ganzes Bündel kurz- und mittelfristiger Maßnahmen in Angriff genommen werden. Auf allen Ebenen des sozialen und wirtschaftlichen Lebens ist eine auf mehrere Jahre angelegte Politik zur Stärkung von Wettbewerbsfähigkeit und Beschäftigung notwendig.
3. Erfahrungen in anderen Ländern zeigen, dass mit strukturellen Reformen der Tarif-, Sozial- und Steuerpolitik, mit Innovationen und Investitionen, mit der Verbesserung von Bildung, Aus- und Weiterbildung eine neue Beschäftigungsdynamik entsteht, und dass zu diesem Ziel ein politischer und gesellschaftlicher Konsens möglich ist. BDA und DGB wollen einen solchen neuen Konsens, sie wollen dem Bündnis für Arbeit, Ausbildung und Wettbewerbsfähigkeit neuen Schwung verleihen.
4. BDA und DGB wollen das Bündnis für Arbeit, Ausbildung und Wettbewerbsfähigkeit nachhaltig zum Erfolg führen. Es bleibt das gemeinsame Ziel, die Arbeitslosigkeit deutlich und nachhaltig zu verringern und möglichst allen Arbeitsuchenden eine Beschäftigungschance in Voll- oder Teilzeit zu eröffnen. Dazu ist in den zentralen Feldern - der Haushalts-, Finanz-, Sozial- und Tarifpolitik - jeweils eine gemeinsame, auf Beschäftigungsaufbau ausgerichtete Orientierung erforderlich. BDA und DGB bekennen sich zu dieser Orientierung. Sie wird die Beratungen über die Rahmenbedingungen der volkswirtschaftlichen Entwicklung bestimmen.
5. Neue Arbeitsplätze in neuen Beschäftigungsfeldern müssen auch durch Produkt- und Prozessinnovationen erschlossen werden. Die Entwicklung von Technologie und Produktivität erfordert auch Maßnahmen einer differenzierten und flexiblen Arbeitszeitpolitik und eine andere Verteilung von Arbeit.

BDA und DGB treten für eine differenzierte und flexibilisierte Arbeitszeitpolitik und den beschäftigungswirksamen Abbau von Überstunden ein. Bei der Arbeitszeit stehen die tariflichen Vereinbarungen von Arbeitszeitkorridoren, Jahresarbeitszeiten, die Schaffung von Jahres-, Langzeit- und Lebensarbeitszeitkonten sowie eine bessere Verknüpfung von Arbeit und betrieblicher Fort- und Weiterbildung im Mittelpunkt. Die Tarifvertragsparteien werden, sofern noch nicht geschehen, entsprechende Vereinbarungen anstreben.

6. BDA und DGB setzen sich für die Schaffung von mehr Teilzeitarbeitsplätzen ein und werden Modelle prüfen, wie durch zusätzliche Anreize Teilzeitarbeit geschaffen werden kann.

7. Auf der Grundlage von Tarifverträgen muss durch betriebliche Regelungen verstärkt Altersteilzeit ermöglicht werden. Dazu sollen auch Langzeitarbeitskonten genutzt werden. Wir begrüßen das Konzept zur Novellierung des Altersteilzeitgesetzes, das im Rahmen des Bündnisses für Arbeit, Ausbildung und Wettbewerbsfähigkeit erarbeitet worden ist und erwarten dessen gesetzgeberische Umsetzung bis Ende des Jahres.

8. BDA und DGB setzen sich ferner dafür ein, die betriebliche Alterssicherung zu stärken, indem auf der Basis freiwilliger Vereinbarungen und/ oder tariflicher Regelungen Einkommensbestandteile künftig im Rahmen der betrieblichen Alterssicherungssysteme angelegt werden können. Dazu müssen die Rahmenbedingungen für die betriebliche Altersversorgung verbessert werden. Es müssen auch Wege gefunden werden, ein beschäftigungswirksames vorzeitiges Ausscheiden aus dem Erwerbsleben zu zumutbaren Bedingungen für die Betroffenen zu ermöglichen.

9. Um Arbeitslosigkeit nachhaltig abzubauen, ist auch eine mittel- und langfristig verläßliche Tarifpolitik erforderlich. Produktivitätssteigerungen sollen vorrangig der Beschäftigungsförderung dienen. Dazu gehört ein leistungsgerechtes Entgelt. Auf der Grundlage der Flächentarifverträge soll auf betrieblicher Ebene eine stärkere Beteiligung der Beschäftigten am Unternehmenserfolg angestrebt und damit der unterschiedlichen Ertrags- und Wettbewerbssituation der Unternehmen Rechnung getragen werden.

10. Die Reform des Flächentarifvertrages wird fortgesetzt. Voraussetzung ist die Wahrung der uneingeschränkten Tarifautonomie. BDA und DGB lehnen gesetzliche Eingriffe in die Tarifautonomie ab.

11. Um betriebs- und praxisnahe Regelungen von Flächentarifverträgen zu stärken, sollen tarifliche Wahl- und Ergänzungsmöglichkeiten, tarifvertragliche Korridore und Öffnungsklauseln erweitert werden. Wie viele Beispiele belegen, sind auf der betrieblichen Ebene Bündnisse für Arbeit mit konkreten Verabredungen zur Beschäftigungssicherung und zum Aufbau neuer Arbeitsplätze möglich. In diesem Sinne treten wir im Rahmen geltender Gesetze und Tarifverträge für betriebliche Bündnisse für Beschäftigungssicherung und -förderung, zur Schaffung von Ausbildungsplätzen und zur Verbesserung der Wettbewerbsfähigkeit ein.

Statement von Dr. Dieter Hundt zur gemeinsamen Erklärung von BDA und DGB, 7. Juli 1999 in Bonn

Meine Damen und Herren,

BDA und DGB haben gestern Abend eine gemeinsame Erklärung in dem 3. Gespräch des Bündnisses für Arbeit, Ausbildung und Wettbewerbsfähigkeit vorgelegt. Die Bündnispartner haben diese gemeinsame Erklärung ausdrücklich zustimmend begrüßt.

Herr Schulte hat gestern Abend in der Pressekonferenz bereits aus seiner Sicht zu der vereinbarten künftigen Einbeziehung der Lohn- und Tarifpolitik in das Bündnis Stellung genommen. Die Tarifpolitik als zentrales Bündnisthema sei „enttabuisiert" und erste Orientierungen für die künftige Lohn- und Tarifpolitik sind damit im Bündnis vereinbart worden.

Ich stimme dieser Bewertung des DGB-Vorsitzenden ausdrücklich zu.

Wir betonen in der gemeinsamen Erklärung mehrfach, dass die Tarifpolitik künftig ein zentrales Feld und ein wichtiges Thema der Bündnisgespräche sein wird.

Sie werden verstehen, dass nach den Diskussionen der vergangenen Monate der BDA und mir sehr daran gelegen ist, diese zu Recht herausgehobene und jetzt vereinbarte Stellung der Tarifpolitik im Bündnis zu betonen.

Natürlich bedarf auch nach dieser gemeinsamen Erklärung die Einbeziehung der Tarifpolitik in das Bündnis einer weiteren Konkretisierung. Das gilt auch für andere Punkte dieser Erklärung. Aber ich sehe jetzt eine gute Grundlage, diese Aufgabe in den nächsten Monaten zu leisten. Die nachfolgenden sieben Punkte aus unserer gemeinsamen Erklärung sind mir besonders wichtig:

„Produktivitätssteigerungen sollen vorrangig der Beschäftigungsförderung dienen." Das ist schon ein ganz wichtiger Grundkonsens zur Tarifpolitik, wie wir ihn in Ziffer 9 unserer gemeinsamen Erklärung wörtlich so formuliert haben. Damit haben wir ein wichtiges Kriterium für eine „mittel- und langfristig verläßliche Tarifpolitik", wie sie in der gemeinsamen Erklärung angestrebt wird.

Um der unterschiedlichen Ertrags- und Wettbewerbssituation der Unternehmen Rechnung zu tragen, haben wir uns darauf verständigt, auf betrieblicher Ebene eine stärkere Beteiligung der Beschäftigten am Unternehmenserfolg anzustreben.

Die BDA hat immer betont, dass die Zukunft der Tarifautonomie und des Flächentarifvertrages voraussetzt, die betrieblichen Handlungsspielräume zu erweitern. In Ziffer 11 unserer gemeinsamen Erklärung haben wir uns darauf verständigt, künftig Öffnungsklauseln in Flächentarifverträgen zu erweitern, um betriebs- und praxisnahe Regelungen in den Flächentarifverträgen zu stärken.

Wir verweisen gemeinsam in der Erklärung auf die vielen Bündnisse für Arbeit in den Betrieben mit konkreten Verabredungen zur Beschäftigungssicherung und zum Aufbau neuer Arbeitsplätze. Die in Ziffer 11 der gemeinsamen Erklärung verabredete Erweiterung von Öffnungsklauseln wird solche Bündnisse stärken.

BDA und DGB treten in der gemeinsamen Erklärung für eine differenzierte und flexibilisierte Arbeitszeitpolitik und die beschäftigungswirksame Verminderung von

Überstunden ein. Auch wenn wir fast einen historischen Tiefststand an Überstunden haben, sehen wir mit den in der gemeinsamen Erklärung benannten Instrumenten durchaus eine Möglichkeit, teure Überstunden zu vermeiden und stärker mit Langzeitarbeitskonten zu arbeiten: Je flexibler die Arbeitszeiten und je länger die Dauer der Arbeitszeitkonten, desto geringer die Zahl der Überstunden.

Allerdings sollte nicht die Erwartung geweckt werden, dass damit kurzfristig und in erheblichem Umfange Arbeitsplätze geschaffen werden können. Überstunden bleiben auch in Zukunft eine Form flexibler Arbeitszeitgestaltung, die ein rasches Reagieren der Betriebe auf veränderte Bedarfssituationen ermöglicht. Ein Teil der bezahlten Überstunden kann jedoch nach unserer Überzeugung durch Langzeitarbeitskonten vermindert werden. Das spart Kosten und hat auf längere Sicht auch positive Beschäftigungseffekte.

„Die Tarifvertragsparteien werden, sofern noch nicht geschehen, entsprechende Vereinbarungen anstreben." Mit dieser Aussage in der gemeinsamen Erklärung weisen wir darauf hin, dass es noch nicht in allen Tarifverträgen zur Arbeitszeit solche Langzeit- oder gar Lebensarbeitszeitkonten gibt. Diese lassen sich sicherlich auch nicht in allen Tarifbereichen verwirklichen und schon gar nicht schematisch und einheitlich. Wir sind uns aber darin einig, dass wir in der Tendenz ein noch größeres Ausmaß an differenzierter und flexibilisierter Arbeitszeitpolitik verwirklichen können.

Die Entwicklung von Technologie und Produktivität erfordert, so heißt es in unserer gemeinsamen Erklärung, auch Maßnahmen einer differenzierten und flexiblen Arbeitszeitpolitik und eine andere Verteilung von Arbeit. Diese Feststellung beschreibt die heutige Wirklichkeit in unseren Betrieben. Bei technologischen Umstellungen sind häufig andere Arbeitszeitgestaltungen erforderlich und werden heute auf der Grundlage von Tarifverträgen durch die Betriebspartner vereinbart. Gerade in diesem Zusammenhang lege ich größten Wert auf unsere Vereinbarung, tarifliche Wahl- und Ergänzungsmöglichkeiten, tarifvertragliche Korridore und Öffnungsklauseln zu erweitern, um betriebs- und praxisnahe Regelungen von Flächentarifverträgen zu stärken.

Wir sprechen uns in der gemeinsamen Erklärung ferner dafür aus, auf der Grundlage von Tarifverträgen durch betriebliche Regelungen verstärkt Altersteilzeit zu ermöglichen. Dazu sollen auch Langzeitarbeitskonten genutzt werden - siehe Ziffer 7 unserer Erklärung.

In diesem Zusammenhang - und das hat auch gestern in dem Gespräch mit dem Bundeskanzler eine Rolle gespielt - wollen wir auch die betriebliche Alterssicherung stärken, indem auf der Basis freiwilliger Vereinbarungen und/ oder tariflicher Regelungen Einkommensbestandteile künftig im Rahmen der betrieblichen Alterssicherungssysteme angelegt werden können - so heißt es wörtlich in Ziffer 8 unserer gemeinsamen Erklärung. Dazu müssen die Rahmenbedingungen für die betriebliche Altersversorgung verbessert werden. Hier ist die Bundesregierung am Zug. BDA und DGB werden gemeinsam darauf drängen, das Prinzip der nachgelagerten Besteuerung für diese Möglichkeiten erweitert und verstärkt anwenden zu können.

Meine Damen und Herren,

die gemeinsame Erklärung von BDA und DGB ist sicherlich kein Programm von konkreten Punkten, die jetzt ohne weiteres und kurzfristig tarifvertraglich und/ oder gesetzlich umzusetzen sind. Aber diese Erklärung wird für uns die Basis sein, um im Rahmen des Bündnisses für Arbeit, Ausbildung und Wettbewerbsfähigkeit auch der Tarifpolitik Orientierung zu geben und einen Handlungskonsens zu entwickeln, mit dem wir das Bündnis für Arbeit, Ausbildung und Wettbewerbsfähigkeit zum Erfolg führen können.

Wenn ich sage, „zum Erfolg führen können", so will ich damit zum Ausdruck bringen, dass wir noch nicht von einem erfolgreichen Bündnis sprechen können. Die bisherigen konkreten Ergebnisse sind nach wie vor spärlich. Aber wir haben nach meiner Einschätzung mit der Einbeziehung der Tarifpolitik ins Bündnis jetzt die Chance einer Trendwende. Die ist auch notwendig. Denn seit dem Beginn der Gespräche am 7. Dezember letzten Jahres hat es bisher nur wirtschaftsbelastende Entscheidungen gegeben: Die Reformrücknahmen, die diesjährige Tarifrunde, die Steuerreformgesetze vom Frühjahr markieren ausschließlich Belastungen. Es gibt zwar jetzt Eckpunkte und Absichten für Schritte in die richtige Richtung, aber wir werden sorgfältig darauf drängen, das diese Trendwende auch tatsächlich stattfindet.

Bei der Unternehmenssteuerreform mehren sich die offenen Fragen und Zweifel. Aus heutiger Sicht kann ich nicht erkennen, dass bis zum Ende dieser Legislaturperiode eine Nettoentlastung bei den Unternehmenssteuern erfolgt. Nicht nur dass die versprochene Unternehmenssteuerreform um ein Jahr nach hinten verschoben wird, auch die Frage, ob die beschlossenen Eckpunkte tatsächlich überhaupt zu einer Nettoentlastung führen, ist offen. Wie die Personengesellschaften - und das sind über 80 Prozent der deutschen Unternehmen - entlastet werden, erscheint vollständig offen. Von einer Unternehmenssteuerbelastung von maximal 35 Prozent ist in dieser Legislaturperiode keine Rede mehr. Die Wirtschaft wird deshalb in den nächsten Monaten intensiv die Steuerpolitik begleiten. Unsere Zielsetzung heißt, die von der Bundesregierung ursprünglich versprochenen Ziele zu erreichen:

Eine Entlastung vor allem der mittelständischen Unternehmen ab dem 01.01.2000, eine wirkliche Nettoentlastung für alle Unternehmen, auch und insbesondere für die große Mehrheit der Unternehmen, einschließlich Personengesellschaften, und ein Höchstsatz der Besteuerung einschließlich Gewerbeertragssteuer von 35 Prozent.

Die Eckpunkte der Bundesregierung enthalten richtige Schritte in die richtige Richtung, aber von diesen Zielen sind wir noch weit entfernt.

Auch bei dem Rentenkonzept der Regierung verändern sich die Angaben zu den Auswirkungen der Eckpunkte negativ. Zunächst hieß es, mit den Maßnahmen solle eine dauerhafte Absenkung und Stabilisierung des Beitrages auf 18,5 Prozent angestrebt werden, dann war von unter 19 Prozent die Rede, jetzt heißt es um die 19 Prozent.

Die von der Regierung vorgesehenen Schritte sind unseres Erachtens zum Teil richtig, aber unzureichend, um eine dauerhafte Stabilisierung des Beitrages auf einem deutlich niedrigeren Niveau zu erreichen.

Bei den weiteren Erhöhungen der Ökosteuern ist plötzlich keine Rede mehr davon, dass diese erst nach einer europäischen Harmonisierung erfolgen sollen. Auch die Aussage, die Ökosteuereinnahmen sollen ausschließlich zur Absenkung der Sozialversicherungsbeiträge verwendet werden, wird nicht mehr eingehalten.

Wir haben auch gestern in dem Bündnisgespräch diese und andere Fragen kritisch angesprochen.

Sie sehen, es gibt genügend Kontroversen. Wir haben Fortschritte erzielt. Wir bewegen uns in eine richtige Richtung. Aber es bleibt wahrlich noch viel zu tun, um tatsächlich die Arbeitslosigkeit in unserem Lande abbauen zu können.

IG Metall-Vorstand, Frankfurt: Bewertung der Gemeinsamen Erklärung des Bündnisses für Arbeit vom 6. Juli 1999 und des BDA/ DGB-Papiers

Das Wichtigste in Kürze
Das herausragende Ergebnis des 3. Bündnisgesprächs vom 6. Juli 1999 ist die Konkretisierung der Ausbildungszusage 1999 und die Verständigung auf eine Verfahren, wie die Ausbildungszusage 1999 verwirklicht und ihr Ergebnis überprüft werden soll.

Hier ist ein wichtiger Fortschritt erreicht worden, der von den Gewerkschaften uneingeschränkt begrüßt werden kann: Jedem Jugendlichen der kann und will, wird ein Ausbildungsplatz zugesagt - möglichst wohnortnah und im Berufsfeld seiner Wahl. Gleichzeitig wurde ein Verfahren vereinbart, um dieses Ziel praktikabel zu erreichen und das Ergebnis Anfang nächsten Jahres auszuwerten. Damit ist die Forderung der Gewerkschaften nach einer Umlage zur Finanzierung der Berufsausbildung nicht vom Tisch, aber eine Verbesserung der Ausbildungssituation greifbar. Sollte diese Verbesserung nicht eintreten, so ist das ein zusätzliches Argument, um politischen Druck für die Umlagefinanzierung zu machen.

Wichtig ist auch, dass der Auftrag an die Benchmarking-Gruppe zur Beschäftigung und Qualifizierung Geringqualifizierter auf Langzeitarbeitslose und erwerbsfähige Bezieher von Sozialhilfe eingegrenzt wurde.

Aus der Gemeinsamen Erklärung von BDA und DGB ist hervorzuheben, dass auch von Seiten der BDA eine andere Verteilung der Arbeit für notwendig gehalten wird und die BDA gemeinsam mit dem DGB für den beschäftigungswirksamen Abbau von Überstunden sowie für die Wahrung der uneingeschränkten Tarifautonomie eintritt. Klar ist auch, dass es auch in Zukunft durch das Bündnis für Arbeit keine Festlegungen oder Empfehlungen für Lohnleitlinien oder Lohnkorridore geben soll.

Zu der Gemeinsamen Erklärung des Bündnisses für Arbeit vom 6. Juli 1999 ist im einzelnen festzustellen:

Ziffer II. Haushaltspolitik

Der Abschnitt enthält eine richtige Aussage zu den Erfordernissen einer vernünftigen Haushaltskonsolidierung und den Kriterien, die dafür zu gelten haben.

Die Gewerkschaften sind unverändert der Auffassung, dass der vorliegende Haushaltsentwurf 2000 diesen Kriterien nicht entspricht, Wachstum und Beschäftigung zu beeinträchtigen droht und in den Sparvorschlägen sozial nicht ausgewogen ist. Hier ist eine Nachbesserung in den parlamentarischen Beratungen dringend geboten.

Ziffer III. Unternehmenssteuerreform

Die Aussagen zur Steuerpolitik unterstützen nur das auch von den Gewerkschaften gewollte Ziel, die Tarife der Unternehmenssteuern zu senken. Über die gesamte Steuerbelastung ist nichts ausgesagt.

Die Gewerkschaften halten am Ziel der aufkommensneutralen Finanzierung der Unternehmenssteuerreform fest und haben dies auch im Gespräch am 6.7.1999 unmißverständlich deutlich gemacht.

Die Gewerkschaften fordern deswegen zum Beispiel die Wiedereinführung der Vermögenssteuer oder die Erhöhung der Erbschaftssteuer und werden für diese notwendigen Korrekturen im Blick auf die parlamentarische Beratung auch öffentlich Druck machen.

Ziffer III. Ausbildungsplatzzusage '99

Hier wird die Ausbildungszusage '99 bekräftigt und konkretisiert. Über den demographischen Bedarf hinaus werden mindestens 10000 zusätzliche Ausbildungsplätze von Seiten der Wirtschaft zugesagt.

Jedem bis zum 30. September als unvermittelt gemeldetem Bewerber wird ein möglichst wohnortnahes Ausbildungsverhältnis im gewünschten Berufsfeld zugesagt. Wir müssen mit all unseren Möglichkeiten mit dafür sorgen, dass sich Jugendliche ohne Ausbildungsplatz entsprechend melden. Und wir müssen auch dafür sorgen, dass bei der Umsetzung des Ausbildungskonsens Wege gefunden werden, wie sich Bewerberinnen und Bewerber bei anderen Stellen (zum Beispiel Gewerkschaften) oder bei einer kostenlosen Ausbildungstelefonnummer melden können.

In den ab 1999 stattfinden regionalen Ausbildungskonferenzen im Oktober können regional sowohl der aktuelle Ausbildungsbedarf festgestellt als auch Möglichkeiten noch fehlende Ausbildungsplätze anzubieten, erörtert werden. Es geht dabei in erster Linie um betriebliche Ausbildungsplätze. Von Seiten der Gewerkschaften kann und muss in diesem Zusammenhang darauf gedrängt werden zum Beispiel durch externes Ausbildungsmanagement die Zahl der Ausbildungsbetriebe und der Ausbildungsplätze zu erhöhen.

Ab dem Jahr 2000 sollen dann im März jeden Jahres weiteres regionale Ausbildungskonferenzen stattfinden, bei denen ausgewertet werden soll, ob die Ausbildungszusage des Vorjahres tatsächlich erreicht wurde. Über die Maßnahmen zur Korrektur und Ergänzung hinaus, kann das Ergebnis dieser Konferenzen gegebenenfalls auch unsere Forderung nach einer Umlagefinanzierung der Berufsausbildung unterstützen.

Die Anlage zur Erklärung „Jeder junge Mensch, der kann und will, wird ausgebildet" beschreibt das Verfahren, wie der Ausbildungskonsens erreicht werden soll, im Detail.

Uneingeschränkt zu begrüßen ist auch die Verständigung auf die „Offensive zum Abbau des IT-Fachkräftemangels" mit der Zusage, das Ausbildungsvolumen bei neuen IT-Berufen in den nächsten drei Jahren auf 40 000 Ausbildungsplätze zu steigern und zum Beispiel dem Aufbau bundesweiter und regionaler Netzwerke, um Fachkräfte zu entwickeln und zu gewinnen sowie der Einrichtung eines Ausbildungsfonds von IT-Unternehmen.

Auch das Papier zur „Weiterentwicklung der Konzepte zur Förderung benachteiligter Jugendlicher und junger Erwachsener" entspricht gewerkschaftlichen Forderungen und Vorstellungen. Die gesamte Zielsetzung des Papiers liegt in einer Verbesserung der Ausbildungs- und Berufsvorbereitung und nicht in einer qualitativen oder zeitlichen „Abspeckung" der Berufsausbildung selbst.

Wenn die Zielsetzungen, Konkretisierungen und Vorhaben im gesamten Bereich Berufsausbildung von allen Beteiligten konsequent umgesetzt werden, so sind damit wichtige Schritt zur Verbesserung der qualitativen und quantitativen Ausbildungssituation erreicht. Das Bündnis für Arbeit hat somit an diesem Punkt ein begrüßenswertes Erfolg zustande gebracht.

Ziffer V. Tarifpolitik

Hier wird nur auf das BDA/ DGB-Papier verwiesen.

Ziffer VI. Altersteilzeit

Die Aussagen zur Änderung des Altersteilzeitgesetzes sind übereinstimmend in der entsprechenden Arbeitsgruppe erarbeitet worden. Mit den vorgesehen Veränderungen wird auf die Pflicht zu Wiederbesetzung von Altersteilzeitstellen als Voraussetzung für die Förderung durch die Bundesanstalt für Arbeit nicht verzichtet, aber diese Pflicht praktikabler gestaltet. Gleichzeitig soll die Altersteilzeit auch für Teilzeitbeschäftigte geöffnet werden.

Ziffer VII. Rente/ Früheres Ausscheiden

Die Gemeinsame Erklärung formuliert hier den Auftrag an die Arbeitsgruppen „Rentenreform und Arbeitslosenversicherung" sowie „Lebensarbeitszeit/ vorzeitiges Ausscheiden" einen Weg zu finden, wie die Finanzierung des früheren Ausscheidens aus dem Arbeitsleben (zum Beispiel ab 60 oder - in Verbindung mit Altersteilzeit - auch früher) mit dem Ausbau der betrieblichen und privaten Altersvorsorge verknüpft werden kann.

Das kann zum Beispiel auf der Zeitschiene geschehen. Für die Gewerkschaften gilt unverändert, dass in jedem Fall eine paritätische Finanzierung erfolgen muss und das frühere Ausscheiden aus beschäftigungspolitischen Gründen unbedingt Vorrang hat. Im Bündnis für Arbeit kann es jetzt nicht vorrangig um den Aufbau weiterer Säulen der Alterssicherung gehen, sondern es müssen jetzt unmittelbar Schritte zum Abbau der Arbeitslosigkeit durch Verkürzung der Lebensarbeitszeit ermöglicht werden.

VIII. Aufbau Ost

Auf diese Ergebnisse hat sich die zuständige Arbeitsgruppe verständigt. Es geht zum einen um bessere Absatzförderung für ostdeutsche Produkte, zum anderen um die Fortsetzung der aktiven Arbeitsmarktpolitik auf hohem Niveau. Beide Zielsetzungen können von den Gewerkschaften nachdrücklich unterstützt werden.

Ziffer IX. Benchmarking

Hier sind die Aufträge benannt, die bislang an die Benchmarking-Gruppe erteilt worden sind.

Bei dem Thema „Verbesserung der Erwerbschancen von Geringqualifizierten" ist angesichts der Diskussion der vergangenen Wochen ausdrücklich die Einengung auf Langzeitarbeitslose und erwerbsfähige Bezieher von Sozialhilfe vorgenommen worden.

Zu der Gemeinsamen Erklärung von BDA und DGB

Hervorzuheben sind aus dieser Erklärung zunächst folgende Punkte:

- Das Bekenntnis der BDA zur deutlichen und nachhaltigen Verringerung der Arbeitslosigkeit;
- die Forderung nach einer Vernetzung der verschiedenen Politikbereiche in einer „auf Beschäftigungsaufbau ausgerichtete(n) Orientierung"; damit sind allerdings weder Lohnleitlinien noch Lohnkorridore durch das Bündnis für Arbeit gemeint;
- die Zustimmung der BDA zur Notwendigkeit einer anderen Verteilung von Arbeit aufgrund der technischen und arbeitsorganisatorischen Rationalisierung und Produktivitätssteigerung;
- das Eintreten auch der BDA für einen beschäftigungswirksamen Abbau von Überstunden;
- das Eintreten für mehr Teilzeitarbeitsplätze, verstärkte Nutzung der Altersteilzeit und die klare Aussage, dass „auch Wege gefunden werden (müssen) ein beschäftigungswirksames vorzeitiges Ausscheiden aus dem Erwerbsleben zu zumutbaren Bedingungen für die Betroffenen zu ermöglichen";
- das Eintreten für betriebliche Bündnisse nur auf der Basis geltender Gesetze und Tarifverträge; - das Bekenntnis zur Wahrung der uneingeschränkten Tarifautonomie und zu der Ablehnung gesetzlicher Eingriffe.

Andere Punkte der Erklärung sind von Seiten der Gewerkschaften mitzutragen. Dazu gehört

- die Forderung nach einer mittel- und langfristig verläßlichen Tarifpolitik und einem leistungsgerechten Entgelt;
- die Aussage, dass Produktivitätssteigerungen vorrangig der Beschäftigungsförderungen dienen sollen. In Verbindung mit der Feststellung, dass die Entwicklung der Produktivität eine andere Verteilung der Arbeit erfordert (Ziffer 5) zielt dies auf die Verwendung eines Teils der Produktivitätsteigerungen für Beschäftigungsförderung durch Umverteilung der Arbeit;
- die tarifliche gesicherte stärkere Beteiligung der Arbeitnehmerinnen und Arbeitnehmer am Unternehmenserfolg, also die Ausweitung tariflicher Regelungskompetenz;

- die Reform des Flächentarifvertrages und seine Ausgestaltung mit tariflichen Wahl und Ergänzungsmöglichkeiten, tariflichen Korridoren und Öffnungsklauseln.

Die Gemeinsame Erklärung BDA/DGB stärkt die gewerkschaftlichen Positionen
- bei der Verteidigung der Tarifautonomie und des Flächentarifvertrages
- bei der Abwehr tarif- und gesetzeswidriger betrieblicher Bündnisse für Arbeit
- bei dem Eintreten für die Umverteilung von Arbeit durch verschiedenste Formen der Arbeitszeitverkürzung - vom beschäftigungswirksamen Abbau der Überstunden bis zum beschäftigungswirksamen vorzeitigen Ausscheiden aus dem Erwerbsleben.

Insofern kann das 3. Spitzengespräch im Rahmen des Bündnisses für Arbeit insgesamt als Erfolg angesehen werden, sowohl was die Gemeinsame Erklärung der Bündnisrunde selbst insbesondere mit der Ausbildungszusage 99 und den anderen Vereinbarungen zur Verbesserung der Ausbildungssituation betrifft, als auch bezüglich der Gemeinsamen Erklärung zwischen BDA und DGB, die aufgrund des Bündnisses für Arbeit zustande kam.

Der Weg nach vorne für Europas Sozialdemokraten

Ein Vorschlag von Gerhard Schröder und Tony Blair
(London, 8. Juni 1999)

In fast allen Ländern der Europäischen Union regieren Sozialdemokraten. Die Sozialdemokratie hat neue Zustimmung gefunden - aber nur, weil sie glaubwürdig begonnen hat, auf der Basis ihrer alten Werte ihre Zukunftsentwürfe zu erneuern und ihre Konzepte zu modernisieren. Sie hat neue Zustimmung auch gewonnen, weil sie nicht nur für soziale Gerechtigkeit, sondern auch für wirtschaftliche Dynamisierung und für die Freisetzung von Kreativität und Innovation steht.

Markenzeichen dafür ist die „Neue Mitte" in Deutschland, der „Dritte Weg" im Vereinigten Königreich. Andere Sozialdemokraten wählen andere Begriffe, die zu ihrer eigenen politischen Kultur passen. Mögen Sprache und Institutionen sich unterscheiden: Die Motivation ist die gleiche. Die meisten Menschen teilen ihre Weltsicht längst nicht mehr nach dem Dogma von Links und Rechts ein. Die Sozialdemokraten müssen die Sprache dieser Menschen sprechen.

Fairneß, soziale Gerechtigkeit, Freiheit und Chancengleichheit, Solidarität und Verantwortung für andere: diese Werte sind zeitlos. Die Sozialdemokratie wird sie nie preisgeben. Um diese Werte für die heutigen Herausforderungen relevant zu machen, bedarf es realistischer und vorausschauender Politik, die in der Lage ist, die Herausforderungen des 21. Jahrhunderts zu erkennen. Modernisierung der Politik bedeutet nicht nur, auf Meinungsumfragen zu reagieren, sondern es bedeutet, sich an objektiv veränderte Bedingungen anzupassen.

Wir müssen unsere Politik in einem neuen, auf den heutigen Stand gebrachten wirtschaftlichen Rahmen betreiben, innerhalb dessen der Staat die Wirtschaft nach Kräften fördert, sich aber nie als Ersatz für die Wirtschaft betrachtet. Die Steuerungsfunktion von Märkten muss durch die Politik ergänzt und verbessert, nicht aber behindert werden. Wir unterstützen eine Marktwirtschaft, nicht aber eine Marktgesellschaft!

Wir teilen ein gemeinsames Schicksal in der Europäischen Union. Wir stehen den gleichen Herausforderungenungen gegenüber: Arbeitsplätze und Wohlstand fördern, jedem einzelnen Individuum die Möglichkeit bieten, seine eigenen Potentiale zu entwickeln, soziale Ausgrenzung und Armut bekämpfen; materiellen Fortschritt, ökologische Nachhaltigkeit und unsere Verantwortung für zukünftige Generationen miteinander vereinbaren; Probleme wie Drogen und Kriminalität, die den Zusammenhalt unserer Gesellschaften bedrohen, wirksam bekämpfen und Europa zu einem attraktiven Modell in der Welt machen.

Wir müssen unsere Politik stärken, indem wir unsere Erfahrungen zwischen Großbritannien und Deutschland austauschen, aber auch mit den Gleichgesinnten in Europa und der übrigen Welt. Wir müssen voneinander lernen und uns an der besten Praxis und Erfahrung in anderen Ländern messen. Mit diesem Appell wollen wir die anderen sozialdemokratisch geführten Regierungen Europas, die unsere Modernisierungsziele teilen, einladen, sich an unserer Diskussion zu beteiligen.

I. Aus Erfahrung lernen

Obgleich Sozialdemokraten und Labour Party eindrucksvoll historische Errungenschaften vorweisen können, müssen wir heute realitätstaugliche Antworten auf neue Herausforderungen in Gesellschaft und Ökonomie entwickeln. Dies erfordert Treue zu unseren Werten, aber Bereitschaft zum Wandel der alten Mittel und traditionellen Instrumente.

- In der Vergangenheit wurde die Förderung der sozialen Gerechtigkeit manchmal mit der Forderung nach Gleichheit im Ergebnis verwechselt. Letztlich wurde damit die Bedeutung von eigener Anstrengung und Verantwortung ignoriert und nicht belohnt und die soziale Demokratie mit Konformität und Mittelmäßigkeit verbunden statt mit Kreativität, Diversität und herausragender Leistung. Einseitig wurde die Arbeit immer höher mit Kosten belastet.
- Der Weg zur sozialen Gerechtigkeit war mit immer höheren öffentlichen Ausgaben gepflastert, ohne Rücksicht auf Ergebnisse oder die Wirkung der hohen Steuerlast auf Wettbewerbsfähigkeit, Beschäftigung oder private Ausgaben. Qualitätvolle soziale Dienstleistungen sind ein zentrales Anliegen der Sozialdemokraten, aber soziale Gerechtigkeit lässt sich nicht an der Höhe der öffentlichen Ausgaben messen. Der wirkliche Test für die Gesellschaft ist, wie effizient diese Ausgaben genutzt werden und inwieweit sie die Menschen in die Lage versetzen, sich selbst zu helfen.
- Die Ansicht, dass der Staat schädliches Marktversagen korrigieren müsse, führte allzuoft zur überproportionalen Ausweitung von Verwaltung und Bürokratie, im Rahmen sozialdemokratischer Politik. Wir haben Werte, die den Bürgern wichtig sind - wie persönliche Leistung und Erfolg, Unternehmergeist, Eigenverantwortung und Gemeinsinn - zu häufig zurückgestellt hinter universelles Sicherungsstreben.
- Allzu oft wurden Rechte höher bewertet als Pflichten. Aber die Verantwortung des einzelnen in Familie, Nachbarschaft und Gesellschaft kann nicht an den Staat delegiert werden. Geht der Gedanke der gegenseitigen Verantwortung verloren, so führt dies zum Verfall des Gemeinsinns, zu mangelnder Verantwortung gegenüber Nachbarn, zu steigender Kriminalität und Vandalismus und einer Überlastung des Rechtssystems.
- Die Fähigkeit der nationalen Politik zur Feinsteuerung der Wirtschaft hinsichtlich der Schaffung von Wachstum und Arbeitsplätzen wurde über-, die Bedeutung des einzelnen und der Wirtschaft bei der Schaffung von Wohlstand unterschätzt. Die Schwächen der Märkte wurden über-, ihre Stärken unterschätzt.

II. Neue Konzepte für veränderte Realitäten

Das Verständnis dessen, was „links" ist, darf nicht ideologisch einengen.

- Die Politik der Neuen Mitte und des Dritten Weges richtet sich an den Problemen der Menschen aus, die mit dem raschen Wandel der Gesellschaften leben und zurechtkommen müssen. In dieser neu entstehenden Welt wollen die Menschen Politiker, die Fragen ohne ideologische Vorbedingungen angehen und unter Anwendung ihrer Werte und Prinzipien nach praktischen Lösungen für ihre Probleme suchen, mit Hilfe aufrichtiger, wohl konstruierter und pragmatischer Politik. Wähler, die in ihrem täglichen Leben Initiative und Anpassungsfähigkeit im Hinblick auf die wirtschaftlichen und sozialen Veränderungen beweisen müssen, erwarten das gleiche von ihren Regierungen und ihren Politikern.

- In einer Welt immer rascherer Globalisierung und wissenschaftlicher Veränderungen müssen wir Bedingungen schaffen, in denen bestehende Unternehmen prosperieren und sich entwickeln und neue Unternehmen entstehen und wachsen können.
- Neue Technologien ziehen radikale Veränderungen der Arbeit sowie eine Internationalisierung der Produktion nach sich. Einerseits führen sie dazu, dass Fertigkeiten verlorengehen und einige Wirtschaftszweige schrumpfen, andererseits fördern sie die Entstehung neuer Unternehmen und Tätigkeiten. Daher besteht die wichtigste Aufgabe der Modernisierung darin, in Humankapital zu investieren, um sowohl den einzelnen als auch die Unternehmen auf die wissensgestützte Wirtschaft der Zukunft vorzubereiten.
- Ein einziger Arbeitsplatz fürs ganze Leben ist Vergangenheit. Sozialdemokraten müssen den wachsenden Anforderungen an die Flexibilität gerecht werden und gleichzeitig soziale Mindestnormen aufrechterhalten, Familien bei der Bewältigung des Wandels helfen und Chancen für die eröffnen, die nicht Schritt halten können.
- Wir stehen zunehmend vor der Herausforderung, umweltpolitische Verantwortung gegenüber künftigen Generationen mit materiellem Fortschritt für die Breite der Gesellschaft zu vereinbaren.
Wir müssen Verantwortung für die Umwelt mit einem modernen, marktwirtschaftlichen Ansatz verbinden. Was den Umweltschutz anbelangt, so verbrauchen die neuesten Technologien weniger Ressourcen, eröffnen neue Märkte und schaffen Arbeitsplätze.
- Die Höhe der Staatsausgaben hat trotz einiger Unterschiede mehr oder weniger die Grenzen der Akzeptanz erreicht. Die notwendige Kürzung der staatlichen Ausgaben erfordert eine radikale Modernisierung des öffentlichen Sektors und eine Leistungssteigerung und Strukturreform der öffentlichen Verwaltung.
- Der öffentliche Dienst muss den Bürgern tatsächlich dienen: Wir werden daher nicht zögern, Effizienz-, Wettbewerbs- und Leistungsdenken einzuführen.
- Wir müssen uns an die Spitze stellen, wenn es darum geht, eine Gesellschaft mit gleichen Rechten und Chancen für Frauen und Männer zu schaffen.
- Armut, insbesondere unter Familien mit Kindern, bleibt ein zentrales Problem. Wir brauchen gezielte Maßnahmen für die, die am meisten von Marginalisierung und sozialer Ausgrenzung bedroht sind.
- Die Kriminalität ist ein zentrales politisches Thema für die moderne Sozialdemokraten: So verstehen wir Sicherheit auf den Straßen als ein Bürgerrecht.
- Und: Eine Politik für lebenswerte Städte fördert Gemeinsinn, schafft Arbeit und macht die Wohnviertel sicherer.

All dies erfordert auch einen modernen Ansatz des Regierens.

- Der Staat soll nicht rudern, sondern steuern, weniger kontrollieren als herausfordern. Problemlösungen müssen vernetzt werden.
- Innerhalb des öffentlichen Sektors muss es darum gehen, Bürokratie auf allen Ebenen abzubauen, Leistungsziele zu formulieren, die Qualität öffentlicher Dienste rigoros zu überwachen und schlechte Leistungen auszumerzen.
- Moderne Sozialdemokraten lösen Probleme, wo sie sich am besten lösen lassen. Einige Probleme lassen sich jetzt nur noch auf europäischer Ebene lösen. Andere, wie die jüngsten Finanzkrisen, erfordern eine stärkere internationale Zusammenarbeit. Im Grundsatz sollte jedoch gelten, dass Machtbefugnisse an die niedrigstmögliche Ebene delegiert werden.

Wenn die neue Politik gelingen soll, muss sie eine Aufbruchstimmung und einen neuen Unternehmergeist auf allen Ebenen der Gesellschaft fördern. Dies erfordert:

- Kompetente und gut ausgebildete Arbeitnehmer, die willens und bereit sind, neue Verantwortung zu übernehmen.
- ein Sozialsystem, das Initiative und Kreativität fördert und neue Spielräume öffnet;
- ein positives Klima für unternehmerische Selbständigkeit und Initiative. Kleine Unternehmen müssen leichter zu gründen sein und überlebensfähiger werden;
- wir wollen eine Gesellschaft, die erfolgreiche Unternehmer ebenso positiv bestätigt wie erfolgreiche Künstler und Fußballspieler und die Kreativität in allen Lebensbereichen zu schätzen weiß.

Unsere Staaten haben unterschiedliche Traditionen im Umgang zwischen Staat, Industrie, Gewerkschaften und gesellschaftlichen Gruppen, aber wir alle teilen die Überzeugung, dass die traditionellen Konflikte am Arbeitsplatz überwunden werden müssen.

Dazu gehört vor allem, die Bereitschaft und die Fähigkeit der Gesellschaft zum Dialog und zum Konsens wieder neu zu gewinnen und zu stärken. Wir wollen allen Gruppen ein Angebot unterbreiten, sich in die gemeinsame Verantwortung für das Gemeinwohl einzubringen.

In Deutschland hat die neue sozialdemokratische Regierung deshalb sofort nach Amtsantritt Spitzenvertreter von Politik, Wirtschaft und Gewerkschaften zu einem Bündnis für Arbeit, Ausbildung und Wettbewerbsfähigkeit um einen Tisch versammelt.

- Wir möchten wirkliche Partnerschaft bei der Arbeit, indem die Beschäftigten die Chance erhalten, die Früchte des Erfolgs mit den Unternehmern zu teilen.
- Wir wollen, dass die Gewerkschaften in der Modernen Welt verankert bleiben. Wir wollen, dass sie den einzelnen gegen Willkür schützen und in Kooperation mit den Arbeitgebern den Wandel gestalten und dauerhaften Wohlstand schaffen helfen.

- In Europa streben wir - unter dem Dach eines Europäischen Beschäftigungspaktes - einen fortlaufenden Dialog mit den Sozialpartnern an. Das befördert den notwendigen ökonomischen Wandel.

III. Eine neue angebotsorientierte Agenda für die Linke

Europa sieht sich der Aufgabe gegenüber, den Herausforderungen der Weltwirtschaft zu begegnen und gleichzeitig den sozialen Zusammenhalt angesichts tatsächlicher oder subjektiv empfundener Ungewißheit zu wahren. Eine Zunahme der Beschäftigung und der Beschäftigungschancen ist die beste Garantie für eine in sich gefestigte Gesellschaft.

Die beiden vergangenen Jahrzehnte des neoliberalen Laisser-faire sind vorüber. An ihre Stelle darf jedoch keine Renaissance des „deficit spending" und massiver staatlicher Intervention im Stile der siebziger Jahre treten. Eine solche Politik führt heute in die falsche Richtung.

Unsere Volkswirtschaften und die globalen Wirtschaftsbeziehungen haben einen radikalen Wandel erfahren. Neue Bedingungen und neue Realitäten erfordern eine Neubewertung alter Vorstellungen und die Entwicklung neuer Konzepte.

In einem großen Teil Europas ist die Arbeitslosigkeit viel zu hoch, und ein großer Teil dieser Arbeitslosigkeit ist strukturell bedingt. Um dieser Herausforderung begegnen zu können, müssen die europäischen Sozialdemokraten gemeinsam eine neue angebotsorientierte Agenda für die Linke formulieren und umsetzen.

Wir wollen den Sozialstaat modernisieren, nicht abschaffen. Wir wollen neue Wege der Solidarität und der Verantwortung für andere beschreiten, ohne die Motive für wirtschaftliche Aktivitäten auf puren Eigennutz zu gründen.

Die wichtigsten Elemente dieses Ansatzes sind die folgenden:

Ein robuster und wettbewerbsfähiger marktwirtschaftlicher Rahmen

Wettbewerb auf den Produktmärkten und offener Handel sind von wesentlicher Bedeutung für die Stimulierung von Produktivität und Wachstum. Aus diesem Grund sind Rahmenbedingungen, unter denen ein einwandfreies Spiel der Marktkräfte möglich ist, entscheidend für wirtschaftlichen Erfolg und eine Vorbedingung für eine erfolgreichere Beschäftigungspolitik.

- Die EU sollte auch weiterhin als entschiedene Kraft für die Liberalisierung des Welthandels eintreten.
- Die EU sollte auf den Errungenschaften des Binnenmarktes aufbauen, um wirtschaftliche Rahmenbedingungen zu stärken, die das Produktivitätswachstum fördern.

Eine auf die Förderung nachhaltigen Wachstums ausgerichtete Steuerpolitik

In der Vergangenheit wurden Sozialdemokraten mit hohen Steuern, insbesondere Unternehmenssteuern, identifiziert. Moderne Sozialdemokraten erkennen an, dass

Steuerreformen und Steuersenkungen unter den richtigen Umständen wesentlich dazu beitragen können, ihre übergeordneten gesellschaftlichen Ziele zu verwirklichen.
So stärken Körperschaftssteuersenkungen die Rentabilität und schaffen Investitionsanreize. Höhere Investitionen wiederum erweitern die Wirtschaftstätigkeit und verstärken das Produktivpotential. Dies trägt zu einem positiven Dominoeffekt bei, durch den Wachstum die Ressourcen vermehrt, die für öffentliche Ausgaben für soziale Zwecke zur Verfügung stehen.

- Die Unternehmensbesteuerung sollte vereinfacht und die Körperschaftssteuersätze sollten gesenkt werden, wie dies New Labour im Vereinigten Königreich getan hat und wie es die Bundesregierung plant.
- Um sicherzustellen, dass Arbeit sich lohnt, und um die Fairness des Steuersystems zu stärken, sollten Familien und Arbeitnehmer entlastet werden, wie dies in Deutschland (mit dem Steuerentlastungsgesetz) begonnen wurde - und mit der Einführung niedriger Eingangssteuersätze und dem Steuerkredit für arbeitende Familien in Großbritannien.
- Investitionsneigung und Investitionskraft der Unternehmen - insbesondere des Mittelstandes - sollten gestärkt werden, wie dies die sozialdemokratisch geführte Bundesregierung in Deutschland mit der Unternehmenssteuerreform beabsichtigt, und wie es die Reform der Kapitaleinkünfte und der Unternehmenssteuern in Großbritannien zeigt.
- Die Steuerbelastung von harter Arbeit und Unternehmertum sollte reduziert werden. Die Steuerbelastung insgesamt sollte neu ausbalanciert werden, zum Beispiel zu Lasten des Umweltverbrauchs. Deutschland, Großbritannien und andere sozialdemokratisch regierte Länder Europas gehen auf diesem Weg voran.
- Auf EU-Ebene sollte die Steuerpolitik energische Maßnahmen zur Bekämpfung des unlauteren Wettbewerbs und der Steuerflucht unterstützen. Dies erfordert bessere Zusammenarbeit, nicht Uniformität. Wir werden keine Maßnahmen unterstützen, die zu einer höheren Steuerlast führen und die Wettbewerbsfähigkeit und Arbeitsplätze in der EU gefährden.

Angebots- und Nachfragepolitik gehören zusammen und sind keine Alternativen

In der Vergangenheit haben Sozialdemokraten oft den Eindruck erweckt, Wachstum und eine hohe Beschäftigungsquote ließen sich durch eine erfolgreiche Steuerung der Nachfrage allein erreichen. Moderne Sozialdemokraten erkennen an, dass eine angebotsorientierte Politik eine zentrale und komplementäre Rolle zu spielen hat.
In der heutigen Welt haben die meisten wirtschaftspolitischen Entscheidungen Auswirkungen sowohl auf Angebot als auch auf Nachfrage.

- Erfolgreiche Programme, die von der Sozialhilfe in die Beschäftigung führen, steigern das Einkommen der zuvor Beschäftigungslosen und verbessern das den Arbeitgebern zur Verfügung stehende Arbeitskräfteangebot.

- Moderne Wirtschaftspolitik strebt an, die Nettoeinkommen der Beschäftigten zu erhöhen und zugleich die Kosten der Arbeit für die Arbeitgeber zu senken. Deshalb hat die Senkung der gesetzlichen Lohnnebenkosten durch strukturelle Reformen der sozialen Sicherungssysteme und eine zukunftsorientierte, beschäftigungsfreundliche Steuer- und Abgabenstruktur besondere Bedeutung.

Ziel sozialdemokratischer Politik ist es, den Scheinwiderspruch von Angebots- und Nachfragepolitik zugunsten eines fruchtbaren Miteinanders von mikroökonomischer Flexibilität und makroökonomischer Stabilität zu überwinden.

Um in der heutigen Welt ein größeres Wachstum und mehr Arbeitsplätze zu erreichen, müssen Volkswirtschaften anpassungsfähig sein: Flexible Märkte sind ein modernes sozialdemokratisches Ziel.

Makroökonomische Politik verfolgt noch immer einen wesentlichen Zweck: Sie will den Rahmen für stabiles Wachstum schaffen und extreme Konjunkturschwankungen vermeiden. Sozialdemokraten müssen aber erkennen, dass die Schaffung der richtigen makroökonomischen Bedingungen nicht ausreicht, um Wachstum zu stimulieren und mehr Arbeitsplätze zu schaffen.

Veränderungen der Zinssätze oder der Steuerpolitik führen nicht zu verstärkter Investitionstätigkeit und zu mehr Beschäftigung, wenn nicht gleichzeitig die Angebotsseite der Wirtschaft anpassungsfähig genug ist, um zu reagieren. Um die europäische Wirtschaft dynamischer zu gestalten, müssen wir sie auch flexibler machen.

- Unternehmen müssen genügend Spielraum haben, um sich die verbesserten Wirtschaftsbedingungen zunutze zu machen und neue Chancen zu ergreifen: Sie dürfen nicht durch Regulierungen und Paragraphen erstickt werden.
- Die Produkt-, Kapital- und Arbeitsmärkte müssen allesamt flexibel sein: Wir dürfen nicht Rigidität in einem Teil des Wirtschaftssystems mit Offenheit und Dynamik in einem anderen verbinden.

Anpassungsfähigkeit und Flexibilität stehen in der wissensgestützten Dienstleistungsgesellschaft in Zukunft immer höher im Kurs

Unsere Volkswirtschaften befinden sich im Übergang von der industriellen Produktion zur wissensorientierten Dienstleistungsgesellschaft der Zukunft. Sozialdemokraten müssen die Chance ergreifen, die dieser wirtschaftlicher Umbruch mit sich bringt. Sie bietet Europa die Gelegenheit, zu den Vereinigten Staaten aufzuschließen. Sie eröffnet Millionen Menschen die Chance, neue Arbeitsplätze zu finden, neue Fähigkeiten zu erlernen, neue Berufe zu ergreifen, neue Unternehmen zu gründen und zu erweitern - kurzum, ihre Hoffnung auf eine bessere Zukunft zu verwirklichen.

Sozialdemokraten müssen aber auch anerkennen, dass sich die Grundvoraussetzungen für wirtschaftlichen Erfolg verändert haben. Dienstleistungen kann man nicht auf Lager halten: Der Kunde nutzt sie, wie und wann er sie braucht - zu unterschiedlichen Tageszeiten, auch außerhalb der heute als üblich geltenden Arbeitszeit. Das rasche Vordringen des Informationszeitalters, insbesondere das enorme Potential des elektronischen Handelns, verspricht, die Art, wie wir einkaufen, lernen, miteinander kommunizieren und uns entspannen, radikal zu verändern. Rigidität und Überregulierung sind ein Bremsklotz für die wissensorientierte Dienstleistungsgesellschaft der Zukunft. Sie ersticken das Innovationspotential, das zur Schaffung neuen Wachstums und neuer Arbeitsplätze erforderlich ist. Wir brauchen nicht weniger sondern mehr Flexibilität. Ein aktiver Staat in einer neuverstandenen Rolle hat einen zentralen Beitrag zur wirtschaftlichen Entwicklung zu leisten.

Moderne Sozialdemokraten sind keine Laisser-faire-Neoliberalen. Flexible Märkte müssen mit einer neu definierten Rolle für einen aktiven Staat kombiniert werden. Erste Priorität muss die Investition in menschliches und soziales Kapital sein.

Wenn auf Dauer ein hoher Beschäftigungsstand erreicht werden soll, müssen Arbeitnehmer auf sich verändernde Anforderungen reagieren. Unsere Volkswirtschaften leiden an einer erheblichen Diskrepanz zwischen offenen Stellen, die nicht besetzt werden können (zum Beispiel im Bereich Informations- und Kommunikationstechnologie), und (dem Mangel an) angemessen qualifizierten Bewerbern.

Dies bedeutet, dass Bildung keine „einmalige" Chance sein darf: Zugang und Nutzung zu Bildungsmöglichkeiten und lebenslanges Lernen stellen die wichtigste Form der Sicherheit in der modernen Welt dar. Die Regierungen sind deshalb dafür verantwortlich, einen Rahmen zu schaffen, der es den einzelnen ermöglicht, ihre Qualifikationen zu steigern und ihre Fähigkeiten auszuschöpfen. Dies muss heute für Sozialdemokraten höchste Priorität haben.

- Die Ausbildungsqualität auf allen Ebenen der schulischen Bildung und für jede Art von Begabung muss gesteigert werden: Wo Probleme bei Lesen, Schreiben und Rechnen bestehen, müssen diese behoben werden, da wir ansonsten Menschen zu einem Leben mit niedrigem Einkommen, Unsicherheit und Arbeitslosigkeit verurteilen.
- Wir wollen, dass jeder Jugendliche die Chance erhält, sich über eine qualifizierte Berufsausbildung den Weg in die Arbeitswelt zu bahnen. Im Dialog mit den Arbeitgebern, den Gewerkschaften und anderen müssen wir sicherstellen, dass Bildungschancen und eine ausreichende Zahl von Ausbildungsplätzen zur Verfügung gestellt und die Bedürfnisse der lokalen Arbeitsmärkte gedeckt werden.

In Deutschland unterstützt die Politik dieses Vorhaben mit einem Sofortprogramm für Arbeit und Ausbildung, das 100.000 Jugendlichen einen neuen Job, eine Lehrstelle oder eine Qualifizierung vermittelt. In Großbritannien hat das „wefare to work"-Programm es bereits 95.000 Jugendlichen ermöglicht, Arbeits- und Ausbildungsplätze zu finden.

- Wir müssen die nachschulische Ausbildung reformieren und ihre Qualität heben und gleichzeitig Bildungs- und Ausbildungsprogramme modernisieren, um Anpassungs- und Beschäftigungsfähigkeit im späteren Leben zu fördern. Dem Staat kommt die besondere Aufgabe zu, Anreize zur Bildung von Sparkapital zu setzen, um die Kosten des lebenslangen Lernens bestreiten zu können. Auch soll

ein breiterer Bildungszugang durch die Förderung des Fernunterrichts geschaffen werden.
- Wir sollten sicherstellen, dass die Ausbildung eine wesentliche Rolle in unseren aktiven Arbeitsmarktpolitiken für Arbeitslose und die von Arbeitslosigkeit betroffenen Haushalte spielt.

Eine moderne und effiziente öffentliche Infrastruktur einschließlich einer starken Wissenschaftsbasis ist ein wesentliches Merkmal einer dynamischen arbeitsplätzeschaffenden Wirtschaft. Es ist wichtig sicherzustellen, dass sich die öffentlichen Ausgaben in ihrer Zusammensetzung auf diejenigen Tätigkeiten konzentrieren, die dem Wachstum und der Förderung des notwendigen Strukturwandels am besten dienen.

Moderne Sozialdemokraten müssen die Anwälte des Mittelstands sein

Der Aufbau eines prosperierenden Mittelstands muss eine wichtige Priorität für moderne Sozialdemokraten sein. Hier liegt das größte Potential für neues Wachstum und neue Arbeitsplätze in der wissensgestützten Gesellschaft der Zukunft.

- Menschen unterschiedlichster Herkunft wollen sich selbständig machen: Seit langem etablierte und neue Unternehmer, Anwälte, Computerexperten, Ärzte, Handwerker, Unternehmensberater, Kulturschaffende und Sportler. Ihnen muss man den Spielraum lassen, wirtschaftliche Initiative zu entwickeln und neue Geschäftsideen zu kreieren. Sie müssen zur Risikobereitschaft ermutigt werden. Gleichzeitig muss man ihre Belastungen verringern. Ihre Märkte und ihr Ehrgeiz dürfen nicht durch Grenzen behindert werden.
- Europas Kapitalmärkte sollten geöffnet werden, damit Unternehmen und Unternehmer leichten Zugang zu Finanzierungsquellen erhalten. Wir wollen gemeinsam daran arbeiten, sicherzustellen dass High-Tech-Firmen im Wachstum denselben Zugang zu den Kapitalmärkten erhalten wie ihre Konkurrenten.
- Wir sollten es dem einzelnen leicht machen, Unternehmen zu gründen, und neuen Firmengründungen sollten wir Wege bahnen, indem wir Kleinunternehmen von administrativen Belastungen befreien und ihren Zugang zu Finanzierungsmöglichkeiten erweitern. Wir sollten es Kleinunternehmen im besonderen erleichtern, neues Personal einzustellen: Dies bedeutet, die Regulierungslast zu verringern und die Lohnnebenkosten zu senken.
- Die Verbindungen zwischen Wirtschaft und Wissenschaft sollten gestärkt werden, um mehr unternehmerische Nebeneffekte („spin offs") aus der Forschung und die Förderung der Konzentration („clusters") neuer High-Tech-Industrien zu gewährleisten.

Gesunde öffentliche Finanzen sollten zum Gegenstand des Stolzes für Sozialdemokraten werden

In der Vergangenheit wurde sozialdemokratische Politik allzu oft assoziiert mit der Einstellung, dass der beste Weg zur Förderung von Beschäftigung und Wachstum die

Ausdehnung der öffentlichen Verschuldung zum Zweck höherer öffentlicher Ausgaben sei. Für uns ist öffentliche Verschuldung nicht generell abzulehnen - während eines zyklischen Abschwungs kann es Sinn machen, die automatischen Stabilisatoren arbeiten zu lassen. Und Verschuldung mit dem Ziel höherer öffentlicher Investitionen, in strikter Beachtung der „goldenen Regel", kann eine wichtige Rolle in der Stärkung der Angebotsseite der Ökonomie spielen.

Aber „Defizit Spending" kann nicht genutzt werden, um strukturelle Schwächen in der Ökonomie zu beseitigen, die schnelleres Wachstum und höhere Beschäftigung verhindern. Sozialdemokraten dürfen deshalb exzessive Staatsverschuldung nicht tolerieren. Wachsende Verschuldung stellt eine unfaire Belastung kommender Generationen dar. Sie kann unwillkommene Verteilungseffekte haben. Und schließlich ist Geld, das zum Schuldendienst eingesetzt werden muss, nicht mehr für andere Prioritäten verfügbar, einschließlich höherer Investitionen in Bildung, Ausbildung und Infrastruktur.

IV. Eine aktive Arbeitsmarktpolitik für die Linke

Der Staat muss die Beschäftigung aktiv fördern und nicht nur passiver Versorger der Opfer wirtschaftlichen Versagens sein.

Menschen, die nie gearbeitet haben oder schon lange arbeitslos sind, verlieren die Fertigkeiten, die sie brauchen, um auf dem Arbeitsmarkt konkurrieren zu können. Langzeitarbeitslosigkeit beeinträchtigt die persönlichen Lebenschancen auch in anderer Weise und macht die uneingeschränkte gesellschaftliche Teilhabe schwieriger.

Ein Sozialversicherungssystem, das die Fähigkeit, Arbeit zu finden, behindert, muss reformiert werden. Moderne Sozialdemokraten wollen das Sicherheitsnetz aus Ansprüchen in ein Sprungbrett in die Eigenverantwortung umwandeln.

Für unsere Gesellschaften besteht der Imperativ der sozialen Gerechtigkeit aus mehr als der Verteilung von Geld. Unser Ziel ist eine Ausweitung der Chancengleichheit, unabhängig von Geschlecht, Rasse, Alter oder Behinderung - um sozialen Ausschluß zu bekämpfen und die Gleichheit zwischen Mann und Frau sicherzustellen.

Die Menschen verlangen zu Recht nach hochwertigen Dienstleistungen und Solidarität für alle, die Hilfe brauchen - aber auch nach Fairneß gegenüber denen, die das bezahlen. Alle sozialpolitischen Instrumente müssen Lebenschancen verbessern, Selbsthilfe anregen, Eigenverantwortung fördern.

Mit diesem Ziel wird in Deutschland das Gesundheitssystem ebenso wie das System der Alterssicherung umfassend modernisiert, indem beide auf die Veränderungen in der Lebenserwartung und die sich verändernden Erwerbsbiographien eingestellt werden, ohne den Grundsatz der Solidarität dabei preiszugeben. Derselbe Gedanke stand im Hintergrund bei der Einführung der „Stakeholder Pensions" und der Reform der Erwerbsunfähigkeitszahlungen in Großbritannien.

Zeiten der Arbeitslosigkeit müssen in einer Wirtschaft, in der es den lebenslangen Arbeitsplatz nicht mehr gibt, eine Chance für Qualifizierung und persönliche Weiterbildung sein. Teilzeitarbeit und geringfügige Arbeit sind besser als gar keine Arbeit, denn sie erleichtern den Übergang von Arbeitslosigkeit in Beschäftigung.

Eine neue Politik mit dem Ziel, arbeitslosen Menschen Arbeitsplätze und Ausbildung anzubieten, ist eine sozialdemokratische Priorität - wir erwarten aber auch, dass jeder die ihm gebotenen Chancen annimmt.

Es reicht aber nicht, die Menschen mit den Fähigkeiten und Kenntnissen auszurüsten, die sie brauchen, um erwerbstätig zu werden. Das System der Steuern und Sozialleistungen muss sicherstellen, dass es im Interesse der Menschen liegt, zu arbeiten. Ein gestrafftes und modernisiertes Steuer- und Sozialleistungssystem ist eine wesentliche Komponente der aktiven, angebotsorientierten Arbeitsmarktpolitik der Linken. Wir müssen:

- dafür sorgen, dass sich Arbeit für den einzelnen und die Familie lohnt. Der größte Teil des Einkommens muss in den Taschen derer verbleiben, die dafür gearbeitet haben;
- Arbeitgeber durch den gezielten Einsatz von Subventionen für geringfügige Beschäftigung und die Verringerung der Steuer- und Sozialabgabenlast auf geringfügige Beschäftigungsverhältnisse ermutigen, „Einstiegsjobs" in den Arbeitsmarkt anzubieten. Wir müssen ausloten, wieviel Spielraum es gibt, die Belastung durch Lohnnebenkosten mit Hilfe von Umweltsteuern zu senken;
- gezielte Programme für Langzeitarbeitslose und andere Benachteiligte auflegen, um ihnen die Möglichkeit zu geben, sich unter Beachtung des Grundsatzes, dass Rechte gleichzeitig auch Pflichten bedingen, wieder in den Arbeitsmarkt zu integrieren;
- alle Leistungsempfänger, darunter auch Menschen im arbeitsfähigen Alter, die Erwerbsunfähigkeitsleistungen beziehen, auf ihre Fähigkeit überprüfen, ihren Lebensunterhalt zu verdienen, und die staatlichen Stellen so reformieren, dass sie Arbeitsfähige dabei unterstützen, eine geeignete Beschäftigung zu finden.
- Unternehmergeist und Geschäftsgründungen als gangbaren Weg aus der Arbeitslosigkeit unterstützen. Solche Entscheidungen bringen erhebliche Risiken für diejenigen mit sich, die einen solchen Schritt wagen. Wir müssen diese Menschen unterstützen, indem wir diese Risiken kalkulierbar machen.

Die neue angebotsorientierte Agenda der Linken wird den Strukturwandel beschleunigen. Sie wird es aber auch leichter machen, mit ihm zu leben und ihn zu gestalten.

Anpassung an den Wandel ist nie einfach, und der Wandel scheint sich schneller zu vollziehen als je zuvor, nicht zuletzt aufgrund der Auswirkungen neuer Technologien. Der Wandel vernichtet unweigerlich Arbeitsplätze, aber er schafft auch neue.

Zwischen dem Verlust von Arbeitsplätzen in einem Sektor und der Schaffung von neuen Arbeitsplätzen anderswo können jedoch zeitliche Lücken entstehen. Was immer der langfristige Nutzen für Volkswirtschaften und Lebensstandard sein mag, in einigen Wirtschaftszweigen und bei einigen Gruppen werden sich die Kosten vor dem Nutzen einstellen. Daher müssen wir unsere Bemühungen darauf konzentrieren, Probleme des Übergangs abzufedern. Die unerwünschten Auswirkungen des Wandels werden um so stärker ausfallen, je länger man sich diesem Wandel widersetzt, aber es wäre Wunschdenken, sie leugnen zu wollen.

Je reibungsloser der Arbeitsmarkt und die Produktmärkte funktionieren, desto leichter wird die Anpassung gelingen. Beschäftigungshindernisse in Sektoren mit relativ niedriger Produktivität müssen verringert werden, wenn Arbeitnehmer, die von den mit jedem Strukturwandel einhergehenden Produktivitätszuwächsen verdrängt wurden, anderswo Arbeit finden sollen. Der Arbeitsmarkt braucht einen Sektor mit niedrigen Löhnen, um gering Qualifizierten Arbeitsplätze verfügbar zu machen.

Die öffentliche Hand kann durch die gezielte Entlastung niedriger Einkommen von Sozialabgaben neue Erwerbschancen schaffen und so gleichzeitig Unterstützungsleistungen für Arbeitslose sparen. Reformierte Arbeitsmarktpolitiken müssen verdrängte Arbeitnehmer durch Umschulung, die gezielte Rückführung aus der sozialen Abhängigkeit in Erwerbstätigkeit sowie Maßnahmen, durch die sich Arbeit wieder lohnen soll, an diese neuen Beschäftigungsmöglichkeiten heranführen.

V. „Politisches Benchmarking" in Europa

Die Herausforderung besteht in der Formulierung und Umsetzung einer neuen sozialdemokratischen Politik in Europa. Wir reden nicht einem einheitlichen europäischen Modell das Wort, geschweige denn der Umwandlung der Europäischen Union in einen „Superstaat". Wir sind für Europa und für Reformen in Europa.

Die Menschen unterstützen weitere Integrationsschritte, wenn damit ein wirklicher „Mehrwert" einhergeht und sie klar begründet werden können, wie der Kampf gegen Kriminalität und Umweltzerstörung sowie die Förderung gemeinsamer Ziele in der Sozial- und Arbeitsmarktpolitik. Aber gleichzeitig bedarf Europa dringend der Reformen - effizientere und transparentere Institutionen, eine Reform veralteter Politiken und die energische Bekämpfung von Verschwendung und Betrug.

Wir stellen unsere Ideen als einen Entwurf vor, nicht als abgeschlossenes Programm. Die Politik der Neuen Mitte und des Dritten Weges ist bereits Realität, in vielen Kommunen, in reformierten nationalen Politiken, in der europäischen Kooperation und in neuen internationalen Initiativen.

Deshalb haben die deutsche und die britische Regierung beschlossen, den bestehenden Meinungsaustausch über die Entwicklung von Politik in einen umfassenderen Ansatz einzubetten. Wir schlagen vor, dies auf dreierlei Weise zu tun:

- Es soll eine Reihe von Ministerbegegnungen geben, begleitet von häufigen Kontakten ihrer engsten Mitarbeiter.
- Zweitens werden wir die Diskussion mit den politischen Führungspersönlichkeiten anderer europäischer Staaten suchen, die mit uns - in ihrem jeweiligen innerstaatlichen Kontext - die Sozialdemokratie modernisieren wollen. Damit beginnen wir jetzt.
- Drittens werden wir ein Netzwerk von Fachleuten, Vor-Denkern, politischen Foren und Diskussionsrunden einrichten. So vertiefen wir das Konzept der Neuen Mitte und des Dritten Weges und entwickeln es ständig weiter. Das hat für uns Priorität.

Ziel dieser Erklärung ist es, einen Anstoß zur Modernisierung zu geben. Wir laden alle Sozialdemokraten in Europa dazu ein, diese historische Chance zur Erneuerung nicht verstreichen zu lassen. Die Vielfalt unserer Ideen ist unser größtes Kapital für die Zukunft. Unsere Gesellschaften erwarten, dass wir unsere vielfältigen Erfahrungen zu einem neuen Konzept bündeln.

Lasst uns zusammen am Erfolg der Sozialdemokratie für das neue Jahrhundert bauen. Lasst die Politik des Dritten Weges und der Neuen Mitte Europas neue Hoffnung sein.

Internet-Adressen

Bundesregierung:
www.buendnis.de

Bundesministerium für Arbeit::
www.bma.de

Deutscher Gewerkschaftsbund:
www.dgb.de

einblick - gewerkschaftlicher Info-Service:
www.einblick.dgb.de

IG Bergbau, Chemie, Energie:
www.igbce.de

IG Metall:
www.igmetall.de

ÖTV:
www.oetv.de

Deutsche Angestellten Gewerkschaft:
www.dag.de

Bundesvereinigung der Deutschen Arbeitgeberverbände:
www.bda-online.de

Bundesverband der Deutschen Industrie:
www.bdi-online.de

Deutscher Industrie- und Handelstag:
www.diht.de

Zentralverband des Deutschen Handwerks:
www.zdh.de

Literaturverzeichnis

Allmendinger, Jutta, 1999: Bildungsarmut: Zur Verschränkung von Bildungs- und Sozialpolitik. In: Soziale Welt Jg.50, H. 1, S. 35-50.
Altvater, Elmar/ Mahnkopf, Birgit, 1993: Gewerkschaften vor der europäischen Herausforderung, Münster
Andersen, Uwe, 1998: Stichwort „Konzertierte Aktion". In: Nohlen, Dieter (Hrsg.), Lexikon der Politik
Arlt, Hans-Jürgen, 1998: Kommunikation, Öffentlichkeit, Öffentlichkeitsarbeit, Opladen
Arlt, Hans-Jürgen/ Jarren, Otfried, 1996: Mehr PR wagen? Über Agitation, Öffentlichkeitswandel und Gewerkschaftsreform, in: Gewerkschaftliche Monatshefte, 47. Jg., H. 5, S. 298-308

Bäcker, Gerhard/ Stolz-Willig, Brigitte, 1994: Vereinbarkeit von Beruf und Familie als eine Zukunftsaufgabe des Sozialstaats. In: Bäcker, Gerhard/ Stolz-Willig, Brigitte (Hrsg.), Kind, Beruf, Soziale Sicherung, Köln
Baerns, Barbara, 1985: Öffentlichkeitsarbeit oder Journalismus. Zum Einfluß im Mediensystem, Köln
Baethge, Martin, 1999: Warum tun sich die Deutschen mit der Dienstleistung so schwer? In: Frankfurter Rundschau (Dokumentation) vom 01.07.1999, S. 8.
Beck, Ulrich, 1998: Die Seele der Demokratie. Wie wir Bürgerarbeit statt Arbeitslosigkeit finanzieren können. In: Gewerkschaftliche Monatshefte, Jg. 49, H.6/7, S. 330-335
Benne, Mats/ Vad, Torben/ Schludi, Martin, 2000: Sweden and Denmark. Changing Places in Defense of the Welfare State. In: Scharpf, Fritz W./ Schmidt, Vivien A. (Hrsg.), From Vulnerability to Competitiveness: Welfare and Work in the Open Economy, Oxford (in Vorbereitung)
Bentele, Günter/ Haller, Michael (Hrsg.), 1997: Aktuelle Entstehung von Öffentlichkeit. Akteure-Strukturen-Veränderungen, Konstanz
Berthold, Norbert/ Hank, Rainer, 1999: Bündnis für Arbeit: Korporatismus statt Wettbewerb, Tübingen
Binswanger, Hans Christoph et al., 1983: Arbeit ohne Umweltzerstörung. Strategien für eine neue Wirtschaftspolitik, 2. Aufl., Frankfurt
Bispinck, Reinhard/ Schulten, Thorsten, 1999: Europas Gewerkschaften zwischen Konkurrenz und Solidarität. In: Blätter für deutsche und internationale Politik, Jg. 44, H. 2, S. 179-187
BMAS (Bundesministerium für Arbeit und Sozialordnung), 1998: Sozialbericht 1997, Bonn
Bosch, Gerhard, 1998: Arbeitszeitverkürzungen, nicht nur auf das „Ob", sondern auch auf das „Wie" kommt es an. In: Gewerkschaftliche Monatshefte Jg.49, Heft 9, S. 574 - 587
Bosch, Gerhard, 1998: Brauchen wir mehr Ungleichheit auf dem Arbeitsmarkt? In: WSI-Mitteilungen 1/1998
Bosch, Gerhard/ Lehndorff, Steffen, 1998: Arbeitszeitverkürzung und Beschäftigung, Erfahrungen in Europa und wirtschaftspolitische Empfehlungen. In Vierteljahreshefte zur Wirtschaftsforschung des DIW, Jg. 67, Heft 4, S. 300 - 326.
BUND/ Misereor (Hrsg.), 1996: Zukunftsfähiges Deutschland. Ein Beitrag zu einer global nachhaltigen Entwicklung. Studie des Wuppertal-Instituts für Klima, Umwelt und Energie, 4. Aufl., Basel/ Berlin
Bundesministerium für Finanzen, 1999: Neue Wege zu mehr Beschäftigung. Jahreswirtschaftsbericht der Bundesregierung, Bonn
Bundesumweltministerium (Hrsg.), 1998: Nachhaltige Entwicklung in Deutschland. Entwurf eines umweltpolitischen Schwerpunktprogramms, Bonn
Butterwegge, Christoph, 1999: Was soll aus dem Wohlfahrtsstaat werden? Solidarische Alternativen zum Neoliberalismus. In: Spw. Zeitschrift für sozialistische Politik und Wirtschaft, Heft 107

Clauwaert, Stefan, 1999: The ETUC–UNICE–CEEP framework agreement on fixed term contracts in: Gabaglio, Emilio/ Hoffmann, Reiner (Hrsg.), European Trade Union Yearbook 1998, Brüssel
Cohen, Joshua/ Rogers, Joel, 1994: Solidarity, Democracy, Association. In: Streeck, Wolfgang (Hrsg.), Staat und Verbände, Opladen (PVS-Sonderheft 25) S. 136-159
Conell, Robert W., 1999: Der gemachte Mann. Konstruktion und Krise von Männlichkeiten, Opladen
Czada, Roland, 1994: Konjunkturen des Korporatismus: Zur Geschichte eines Paradigmenwechsels in der Verbändeforschung. In: Streeck, Wolfgang (Hrsg.), Staat und Verbände, Opladen (PVS-Sonderheft 25) S. 37-64

Davidow, William H./ Malone, Michael, 1993: Das virtuelle Unternehmen, Frankfurt/M.
Davis, Stephen/ Botkin, James, 1995: Wissen gegen Geld - Die Zukunft der Unternehmen in der Wissensrevolution, Frankfurt/M.
Dettling, Warnfried, 1998: WirtschaftsKummerland? Wege aus der Globalisierungsfalle, München
DGB-Bundesvorstand, 1999: Arbeit und Umwelt. Ein Beitrag zur ökologischen Modernisierung und zur Schaffung zukunftsfähiger Arbeitsplätze. DGB-Positionspapier zum Themen- und Fachdialog "Umwelt" im Bündnis für Arbeit, Düsseldorf
Dolvik, Jan Erik, 1999: Die Spitze des Eisbergs? Der EGB und die Entwicklung eines Euro - Korporatismus, Münster.
Dryzek, John S., 1996: Political Inclusion and the Dynamics of Democratization. In: American Political Science Review, 90, 1, S. 475-487
Dürmeier, Silvia, 1999: Teilzeitarbeit im Kontext europäischer Kollektivvereinbarungen, DWP 99.01.4, Brüssel, EGI

Ebbinghaus, Bernhard/ Visser, Jelle, 1998: When Institutions Matter: Union Growth and Decline in Western Europe, 1950-1995, Mannheim (Zentrum für europäische Sozialforschung)
Economist, 1996: Tomorrow's second sex. In: The Economist, September 28th 1996
Eichenhofer, Eberhard, 1997: Sozialrecht, 2. Aufl., Tübingen
Eichhorst, Werner, 1999: Die beschäftigungsfördernde Koordination von staatlicher Sozial- und Steuerpolitik und sozialpartnerschaftlicher Tarifpolitik – Erfahrungen aus Ländern der europäischen Union. In: WSI-Mitteilungen, H. 8, S. 530-538
Engelhard, Peter/ Fehl, Ulrich/ Geue, Heiko, 1998: Konzertierte Aktionen, Runde Tische, Aktionsbündnisse: Machtbeteiligung und Machtkontrolle organisierter Interessen durch korporatistische Politikbeteiligung? In: Cassel, Dieter (Hrsg.), 50 Jahre Soziale Marktwirtschaft. Ordnungstheoretische Grundlagen, Realisierungsprobleme und Zukunftsperspektiven einer wirtschaftspolitischen Konzeption, Stuttgart, S. 741-768
Enquete-Kommission des Deutschen Bundestages "Schutz des Menschen und der Umwelt - Ziele und Rahmenbedingungen einer nachhaltig zukunftsverträglichen Entwicklung", 1998: Konzept Nachhaltigkeit. Vom Leitbild zur Umsetzung, Bonn
Esping-Andersen, Gösta, 1996: Welfare States Without Work: The Impasse of Labour Shedding and Familialism in Continental European Social Policy. In: ders. (Hrsg.), Welfare States in Transition. National Adaptions in Global Economies, London, S. 66-87
Esser, Josef/ Schröder, Wolfgang, 1999: Die Chance des dritten Weges. Das Bündnis für Arbeit und die Weiterentwicklung des deutschen Modells sozialer Regulierung. In: Blätter für deutsche und internationale Politik, Jg. 44, H. 1, S. 51-61
EU-Kommission, 1998: Wandel der Arbeit und Zukunft des Arbeitsrechts in Europa. Brüssel
Eucken, Walter, (1952) 1990: Grundsätze der Wirtschaftspolitik, Tübingen
Europäischer Gewerkschaftsbund, 1999: Auf dem Weg zu einem europäischen System der Arbeitsbeziehungen, spezifische Entschliessung, angenommen auf dem 9. ordentlichen Kongress des Europäischen Gewerkschaftsbundes, Helsinki, 29.6. – 2.7.1999, http://www.etuc.org
Europäisches Gewerkschaftsinstitut (Hrsg.), 1996: Die Zukunft der Europäischen Union – gewerkschaftliche Anforderungen und Erwartungen an die Regierungskonferenz 1996, Brüssel

Fajertag, Giuseppe (Hrsg), 1998: Collective Bargaining in Western Europe 1997-1998, Brüssel, ETUI
Fajertag, Guiseppe/ Rochet, Philippe (Hrsg.), 1997: Social Pacts in Europe, Brüssel, ETUI
Ferner, Anthony/ Hyman, Richard (Hrsg.), 1998: Changing Industrial Relations in Europe, Oxford
Flanagan, Robert J./ Soskice, David W./ Ulman, Lloyd, 1983: Unionism, Economic Stabilization and Incomes Policies. European Experiences. Washington DC: The Brookings Institution.
Flassbeck, Heiner, 1998: Vorbild Deutschland oder Vorbilder für Deutschland? Die Niederlande und andere in der Beschäftigungspolitik erfolgreiche Länder. Forschungsinstitut der Friedrich-Ebert-Stiftung, Globalisierung und nationale Sozialpolitik (Dokumentation einer internationalen Fachtagung), Gesprächskreis Arbeit und Soziales Nr. 83, Bonn, S. 101-120.
Foden, David, 1997: Amsterdam and after – Europe's Emerging employment policy. In: Gabaglio, Emilio/ Hoffmann, Reiner (eds.), European Trade Union Yearbook, 1997, Brussels
Foden, David/ Magnusson, Lars (Hrsg.), 1999: Entrepreneurship in the European employment strategy, Brüssel, ETUI
Freeman, Richard B./ Rogers, Joel, 1996: Quintessenz. In: Mitbestimmung 7/8, 12-17

Gabaglio, Emilio, 1999: Die Zeit der beschäftigungspolitischen Rhetorik ist vorbei. Plädoyer für einen „dritten Weg" und ein europäisches Bündnis für Arbeit, in: Frankfurter Rundschau 114, Dokumentation, S. 11, 19. Mai 1999
Gewerkschaftliche Monatshefte, 1998: Bündnis(se) für Arbeit in Europa, Jg. 49, H. 10
Gewerkschaftliche Monatshefte, 1999: Auf dritten Wegen ins dritte Jahrtausend, Jg. 50, H. 7/8
Giarini,Orio/ Liedke, Patrick M., 1998: Wie wir arbeiten werden. Der neue Bericht an den Club of Rome, Hamburg
Goetschy, Janine, 1998: France. The Limits of Reform. In: Ferner, Anthony/ Hyman, Richard (Hrsg.): Changing Industrial Relations in Europe, Oxford, S. 357-394
Grahl, John/ Teague, Paul, 1997: Is the European Social Model Fragmenting? New Political Economy, Vol. 2, No. 3, S. 405-426.
Greenpeace/ Deutsches Institut für Wirtschaftsforschung (Hrsg.), 1999: Wirtschaft ohne Wachstum? Denkanstöße, Handlungskonzepte, Strategien, Wiesbaden
Grote, Jürgen R., 1997: Regionale Vernetzung: Interorganisatorische Strukturdifferenzen regionaler Politikgestaltung. In: B. Kohler-Koch (Hrsg.), Interaktive Politik in Europa: Regionen im Netzwerk der Integration, Opladen

Hank, Rainer, 1996: Bündnis für Arbeit statt Programmdebatte. In: Gewerkschaftliche Monatshefte, Jg. 47, H. 1
Hassel, Anke, 1998: Soziale Pakte in Europa. In: Gewerkschaftliche Monatshefte Jg.49, H.10, S. 626-638.
Heidemann, Winfried, 1998: Betriebs- und Dienstvereinbarungen zur Beschäftigungssicherung, Düsseldorf, Ms.
Heidenheimer, Arnold J., 1981: Education and Social Security Entitlements in Europe and America. In: Peter Flora und Arnold J. Heidenheimer, Hrsg., The Development of Welfare States in Europe and America. New Brunswick, S. 269-306.
Heinze, Rolf G./ Josef Schmid, 1994: Mesokorporatistische Strategien im Vergleich: Industrieller Strukturwandel und die Kontingenz politischer Steuerung in drei Bundesländern. In: Streeck, Wolfgang (Hrsg.), Staat und Verbände, Opladen (PVS-Sonderheft 25), S. 65-99
Hennis, Wilhelm, 1961: Verfassungsordnung und Verbandseinfluß. In: Politische Vierteljahresschrift, Jg. 2, H. 1, S. 23-35
Hickel, Rudolf, 1996: Marktentfesselung oder Beschäftigungspolitik. In: Blätter für deutsche und internationale Politik, H. 3
Hirsch, Joachim, 1999: Geht die Arbeit wirklich aus? in: Jungle World Nr. 24, 9. Juni
Hoffmann, Edeltraud/ Walwei, Ulrich, 1998: Normalarbeitsverhältnis - ein Auslaufmodell? Überlegungen zu einem Erklärungsmodell für den Wandel der Beschäftigungsformen. In: MittAB 3/1998
Hoffmann, Jürgen/ Hoffmann, Reiner, 1997: Wenn in Europa die Jugendarbeitslosigkeit halbiert werden soll - Anforderungen an den ausserordentlichen EU-Beschäftigungsgipfel in Luxemburg. In: Frankfurter Rundschau 270 , Dokumentation, Seite 20, 20. November
Hoffmann, Jürgen/ Hoffmann, Reiner, 1997: Globalisierung – Risiken und Chancen für gewerkschaftliche Politik in Europa, in: Simons, Rolf, Westermann, Klaus (Hrsg.): 1997, Standortdebatte und Globalisierung der Wirtschaft, Marburg
Holst, Elke/ Maier, Friederike, 1998: Normalarbeitsverhältnis und Geschlechterordnung. In: MittAB 3/1998
Hombach, Bodo, 1998: Aufbruch. Die Politik der neuen Mitte, München
Hyman, Richard/ Ferner, Anthony (Hrsg.), 1998: Changing Industrial Relations in Europe, Oxford

Institut zur Erforschung sozialer Chancen (ISO), 1996: Arbeitszeit 1995, Arbeitszeitstrukturen, Arbeitszeitwünsche und Zeitverwendung der abhängig Beschäftigten in West- und Ostdeutschland, Neuss

Jänicke, Manfred, 1997: Nachhaltigkeit als politische Strategie. Notwendigkeiten und Chancen langfristiger Umweltplanung in Deutschland. Gutachterliche Stellungnahme für den BUND, Bonn
Jarren, Otfried, 1988: Politik und Medien im Wandel: Autonomie. Interdependenz oder Symbiose. In: Publizistik, 33, S. 619-632
Jochem, Sven/ Siegel, Nico, 1999: Der Kanzler als Schattenmann. Gedanken zur Modernisierung des bundesdeutschen Sozialstaates. In: Weser-Kurier, 25. Juni 1999, Nr. 146, S. 5.
Jürgens, Kerstin/ Reinecke, Karsten, 1998: Zwischen Volks- und Kinderwagen, Auswirkungen der 28,8 Stunden-Woche bei der VW AG auf die familiale Lebensführung von Industriearbeitern, Berlin

Katz, Michael L./ Shapiro, Carl, 1985: Network Externalities, Competition and Compatibility. In: American Economic Review, Vol. 75, Nr. 3, S.424-440
Katz, Michael L./ Shapiro, Carl, 1986: Technology Adoption in the Presence of Network Externalities. In: Journal of Political Economy, Vol. 94, S. 822-841
Kaufmann, Franz-Xaver, 1997: Herausforderungen des Sozialstaates, Frankfurt/M.
Kirsch, Guy/ Gerhard Lohmann, 1999: Globalisierung: Chaos oder legitime Anarchie? Zum Funktionswandel des Staates in einer globalisierten Welt. In: Ulrich Steger (Hrsg.), Facetten der Globalisierung, Berlin, S. 257-275
Klammer, Ute/ Klenner, Christina, 1999: Hoffnungsträger "Dritter Sektor" - neue Arbeit für Frauen? In: Stolz-Willig, Brigitte/ Veil, Mechthild (Hrsg.), Es rettet uns kein höh`res Wesen... Feministische Perspektiven der Arbeitsgesellschaft, Hamburg
Kok, Wim, 1999: Konsenspolitik durch Dialog. In: Gewerkschaftliche Monatshefte, Jg. 50, H. 7/ 8, S. 400-411
Kommission der Europäischen Gemeinschaften: 1993, Wachstum, Wettbewerbsfähigkeit, Beschäftigung. Herausforderungen der Gegenwart und Wege ins 21. Jahrhundert, Weißbuch, Brüssel
Kommission der Europäischen Gemeinschaften, 1997: Commission Draft for the Joint Employment Report 1997, Brüssel
Kommission der Europäischen Gemeinschaften, 1997: Joint Employment Report 1997 (Rev. 8), Brüssel
Kommission der Europäischen Gemeinschaften, 1998 b: Empfehlungen für die Grundzüge der Wirtschaftspolitik der Mitgliedstaaten und der Gemeinschaft, KOM 1998, 279 endg. Brüssel, Mai 1998
Kommission der Europäischen Gemeinschaften, 1998 c: Joint Employment Report 1998, Brüssel
Kommission der Europäischen Gemeinschaften: Mitteilung der Kommission, 1998 a: Leitlinien für beschäftigungspolitische Maßnahmen der Mitgliedstaaten, Kom (97) 497 endg., Brüssel
Kommission für Zukunftsfragen der Freistaaten Bayern und Sachsen, 1997: Maßnahmen zur Verbesserung der Beschäftigungslage, Bd. III, Bonn
Kuhlmann, Reinhard, 1999: Coordination of collective bargaining policy in the European metalworking sector: response to the challenges post by the EURO, in: Gabaglio, Emilio/ Hoffmann, Reiner (Hrsg.), 1999: European Trade Union Yearbook 1998, Brüssel, European Trade Union Institute
Kuntze, Otto-Ernst, 1998: Neue korporativistische Einkommenspolitik in europäischen Ländern - Anachronismus oder Standortvorteil? In: ifo-schnelldienst 34-35/98, S. 25-43
Kurz, Rudi, 1993: Umweltschutz und Beschäftigung: Gegen einen Solidarpakt zu Lasten von Natur und Umwelt, Zeitschrift für angewandte Umweltforschung 6, S. 269-273
Kurz, Rudi, 1997: Gesellschaftliche Innovationen stehen im Mittelpunkt. In: SPD-Bundestagsfraktion (Hrsg.): Lust auf Zukunft. Nachhaltige Entwicklung - die sozial-ökologische Erneuerung der Gesellschaft, Bonn, S. 40 f.
Kurz, Rudi, 1998: Ökologische Beschäftigungskonzeption - ökologische Wirtschaftspolitik. In: Bartmann, Hermann/ John, Klaus Dieter, (Hrsg.): Umwelt, Beschäftigung und Zukunft der Wachstumsgesellschaften, Wiesbaden, S. 140-160
Kurz, Rudi/ Volkert, Jürgen, 1997: Konzeption und Durchsetzungschancen einer ordnungskonformen Politik der Nachhaltigkeit, Tübingen/Basel
Kurz-Scherf, Ingrid, 1998: Die Krise der Arbeit und die Erosion des Sozialen. Zur politischen Ökonomie der patriarchalen Dominanz in der "Ära der Transformation". In: Regenhard, Ulla (Hrsg.), Die männliche Wirtschaft - Geschlechtertrennung und Konzepte zur Frauenintegration, Berlin
Kurz-Scherf, Ingrid, 1999: Demokratie und Geschlechterverhältnis. In: Berg-Schlosser, Dirk/ Quenter, Dirk (Hrsg.), Literaturführer Politische Wissenschaft, Stuttgart

Lehmbruch, Gerhard, 1996: Der Beitrag der Korporatismusforschung zur Steuerungstheorie. In: Politische Vierteljahresschrift Jg. 37, H. 4, S. 735-751
Leipert, Christian/ Opielka, Michael, 1998: Erziehungsgehalt 2000, ein Weg zur Aufwertung der Erziehungsarbeit, Gutachten im Auftrag des Deutschen Arbeitskreises für Familienhilfe, Freiburg
Leisering, Lutz/ Leibfried, Stephan, 1999: Time and Poverty in Western Welfare States. United Germany in Perspective, Cambridge
Libreria delle donne di Milano, 1996: Das Patriarchat ist zu Ende: Es ist passiert - nicht aus Zufall, Rüsselsheim
Limmer, Hans, 1986: Die deutsche Gewerkschaftsbewegung, München/ Wien
Luhmann, Niklas, 1984: Soziale Systeme, Frankfurt/M.
Luhmann, Niklas, 1996: Die Realität der Massenmedien, Opladen

Marshall, Thomas H., 1992: Staatsbürgerrechte und soziale Klassen. In: ders./ Rieger, Elmar (Hrsg.), Bürgerrechte und soziale Klassen. Zur Soziologie des Wohlfahrtsstaates , Frankfurt/M., S. 33-94.
Meissner, Frank/ Phahl, Svenja/ Wotschak, Philip, 1999: Dienstleistung ohne Ende? Die Folgen der verlängerten Ladenöffnung (Veröffentlichung bei Edition Sigma geplant)
Meyer-Krahmer, F., 1998: Innovation and Sustainable Development. Lessons for Innovation Policies, Berlin et cetera
Mohn, Reinhard/ Strube, Jürgen/ Schmoldt, Hubertus, 1999: Wir ergreifen die Initiative für Beschäftigung! In: Netzwerk-Impulse 1/99
Mückenberger, Ulrich: 1993. Ist der „Sozialraum Europa" noch auf der historischen Agenda? – Neue Beschäftigungsformen und deren europäische Regulierung. In: WSI-Mitteilungen, 9, 1993, S. 593-600
Müller, Hans-Peter/ Wilke, Peter, 1999: Rückkehr in die politische Arena. Die deutschen Gewerkschaften und das Bündnis für Arbeit, Konrad-Adenauer-Stiftung. Interne Studie Nr. 177/1999, Sankt Augustin

Neidhardt, Friedhelm, 1994: Öffentlichkeit, Öffentliche Meinung, Soziale Bewegungen. In: ders. (Hrsg.), Öffentlichkeit, Öffentliche Meinung, Soziale Bewegungen, Opladen, S. 7-41
Nickell, Stephen, 1998: The Collapse in Demand for the Unskilled: What Can be Done? In: Freeman, Richard B./ Gottschalk, Peter (Hrsg.), Generating Jobs. How to Increase Demand for Less-Skilled Workers, New York: Russell Sage Foundation, S. 297-319

OECD, 1997: Environmental Policy and Employment, Paris
OECD, 1997: Implementing the Jobs Study, Paris

Perger, Werner A., 1999a: Der dritte Weg. Europas Linke sucht nach der großen Botschaft. Auch rechts. In: Die Zeit Nr. 11 (http://www.ZEIT.de/archiv/1999/11/199911.dritter weg .html)
Perger, Werner A., 1999b: Kampfansage an die alte Garde. Wie Gerhard Schröder und Tony Blair die Sozialdemokratie auf Vordermann bringen wollen. In: Die Zeit Nr. 24 (http://www.ZEIT.de/archiv/1999/24/199924.blair schroeder .html)
Pierson, Paul, 1996: The New Politics of the Welfare State. In: World Politics 48/2, S. 143-149.
Pochet, Philippe/ Fajertag, Giuseppe (Hrsg.), 1997: Social Pacts in Europe. Brüssel
Presse- und Informationsamt der Bundesregierung, Mai 1999: Bündnis für Arbeit, Ausbildung und Wettbewerbsfähigkeit. Ziele, Organisation, Arbeitsweise, Schriftenreihe Berichte und Dokumentationen, Bonn
Presse- und Informationsamt der Bundesregierung, November 1999: Die Regierungserklärung von Bundeskanzler Gerhard Schröder, Schriftenreihe Berichte und Dokumentationen, Bonn

Regini, Marino/ Regalia, Ida, 1997: Employers, Unions and the State: The Resurgence of Concertation in Italy? West European Politics (20/ 1)
Rennings, Klaus (Hrsg.), 1999: Innovation durch Umweltpolitik, Baden-Baden
Romer, Paul, 1995: Beyond the Knowledge Worker. In: World Link, World Economic Forum, Genf
Rubery, Jill, 1998: Geschlechtsspezifische Arbeitsteilung und die Zukunft der Arbeit. In: Bosch, Gerhard (Hrsg.), Zukunft der Erwerbsarbeit, Strategien für Arbeit und Umwelt, Frankfurt/New York

Sarcinelli, Ulrich, 1987: Symbolische Politik. Zur Bedeutung symbolischen Handelns in der Wahlkampfkommunikation der Bundesrepublik Deutschland, Opladen
Sauer, Birgit, 1997: Krise des Wohlfahrtsstaats. Eine Männerinstitution unter Globalisierungsdruck? In: Braun, Helga/ Jung, Dörthe (Hrsg.), Globale Gerechtigkeit? Feministische Debatte zur Krise des Sozialstaats, Hamburg
Schäfer, Dieter, 1983: Anpassung des Systems der sozialen Sicherung an Rezession und Unterbeschäftigung. In: Sozialer Fortschritt, 32, S. 121-134.
Schäfer, Claus, 1996: Armut trotz Arbeit, Ungerechte Niedriglöhne in Deutschland und Europa. In: Pohl, Gerd/ Schäfer, Claus (Hrsg.), Niedriglöhne. Die unbekannte Realität: Armut trotz Arbeit, Hamburg
Scharpf, Fritz W., 1995: Subventionierte Niedriglohnbeschäftigung statt bezahlter Arbeitslosigkeit? In: Zeitschrift für Sozialreform 2, S. 65-82.
Scharpf, Fritz W., 1999: Regieren in Europa. Effektiv und demokratisch, Frankfurt/M.
Schmidt, Manfred G., 1995: Demokratietheorien. Eine Einführung, Opladen
Schmidt, Manfred G., 1998a: Sozialpolitik in Deutschland. Historische Entwicklung und internationaler Vergleich, Opladen
Schmidt, Manfred G., 1998b: Das politische Leistungsprofil der Demokratien. In: Greven, Michael (Hrsg.), Demokratie - eine Kultur des Westens? 20. Wissenschaftlicher Kongreß der Deutschen Vereinigung für Politische Wissenschaft, S. 181-200

Schmitter, Philippe C./ Grote, Jürgen R., 1997: Der korporatistische Sisyphus: Vergangenheit, Gegenwart und Zukunft. In: Politische Vierteljahresschrift Jg. 38, H. 3, S. 530-554
Schönhoven, Klaus, 1987: Die deutschen Gewerkschaften, Frankfurt/M.
Schroeder, Wolfgang/ Ruppert, Burkard, 1996: Austritte aus Arbeitgeberverbänden - eine Gefahr für das deutsche Modell?, Marburg
Schulten, Thorsten, 1999: Mit Koordinierungsregeln gegen wettbewerbsorientierte Tarifpolitik. In: Die Mitbestimmung, Heft 5
Schulz, Winfried, 1990: Die Konstruktion von Realität in den Nachrichtenmedien. Analyse der aktuellen Berichterstattung, Freiburg/ München
Schulze-Böing, Manfred/ Freidinger, Guido (Hrsg.), 1995: Handbuch der kommunalen Arbeitsmarktpolitik, Marburg
Sennett, Richard, 1998: Der flexible Mensch. Die Kultur des neuen Kapitalismus, Berlin
SPD aktuell, 1998: Aufbruch und Erneuerung - Deutschlands Weg in das 21. Jahrhundert, Koalitionsvereinbarung zwischen der Sozialdemokratischen Partei Deutschlands und Bündnis 90/DIE GRÜNEN. Im Internet (unter http:\\www.spd.de\aktuell\programma-tisches\vertrag.htm) veröffentlichtes Dokument.
Steger, Ulrich (Hrsg.), 1999: Globalisierung gestalten. Szenarien für Markt, Politik und Gesellschaft, Berlin
Stolz-Willig, Brigitte, 1999: Neubewertung der Familienarbeit -Erziehungsgehalt als Perspektive? In: Stolz-Willig, Brigitte/ Veil, Mechthild (Hrsg.), Es rettet uns kein höh`res Wesen..., Feministische Perspektiven der Arbeitsgesellschaft, Hamburg
Streeck, Wolfgang (Hrsg.), 1994: Staat und Verbände, Opladen (PVS-Sonderheft 25)
Streeck, Wolfgang/ Heinze, Rolf G., 1999: An Arbeit fehlt es nicht. In: Der Spiegel Nr. 19, 10. Mai
Streeck, Wolfgang, 1998: Bündnis für Arbeit: Bedingungen und Ziele. In: Gewerkschaftliche Monatshefte, Jg. 49, H. 10, S. 533-540
Streeck, Wolfgang, 1998: Bündnis für Arbeit: Bedingungen und Ziele, Vortrag beim Forum der SPD „Klartext: Moderne Arbeitsgesellschaft, moderner Sozialstaat", Hannover, 3. Juni 1998 (Manuskript)
Streeck, Wolfgang, 1999: ‚Für eine neue Solidarität'. ZEIT-Gespräch mit dem Sozialforscher Wolfgang Streeck über Lohnleitlinien und das Bündnis für Arbeit. In: Die Zeit Nr. 16 (http://www.ZEIT.de/archiv/1999/16/199916.streeck-interv._.html).

Tacke, Bernhard, 1969: Gewerkschaftliche Vorstellungen zur Tarifpolitik im Rahmen der konzertierten Aktion. In: Gewerkschaftliche Monatshefte, Jg. 30, H. 5
Talos, Emmerich (Hrsg.), 1993: Sozialpartnerschaft. Kontinuität und Wandel eines Modells, Wien
Telljohann, Volker, 1999: Italien: Neue Sozialpakte im Vorfeld der EWU. In: Bispinck, Reinhard/ Schulten, Thorsten (Hrsg.), Tarifpolitik unter dem Euro. Perspektiven einer europäischen Koordinierung. Das Beispiel der Metallindustrie, Hamburg, S. 140-167
Tidow, Stefan, 1999: Benchmarking als Leitidee. Zum Verlust des Politischen in der europäischen Perspektive. In: Blätter für deutsche und internationale Politik, Jg. 44, H. 3, S. 301-309
Touraine, Alain, 1998: Links von der Mitte liegt die Zukunft. Die finanzielle Unordnung der Welt verlangt nach sozialem Widerstand. In: Die Zeit Nr. 46 (http://www.ZEIT.de/archiv/1998/46/199846.tribuene toura.html).
Traxler, Franz, 1997, The logic of social pacts, in: Pochet, Philippe/ Fajertag, Giuseppe „Social Pacts in Europe", 1997, Brüssel, European Trade Union Institute, S. 27-36

Ulrich, Bernd, 1999: Der moralisierende Egoismus oder Die Schwachen, das sind die Stummen. In: Kursbuch, Heft 136, Juni 1999, S. 143-153
Umweltbundesamt, 1997: Nachhaltiges Deutschland. Wege zu einer dauerhaft-umweltgerechten Entwicklung, Berlin etc.

Vajna, Thomas, 1998: Bündnis für Arbeit: Konturen und Chancen aus der Sicht der Arbeitgeber, Vortrag MPI Gesellschaftsforschung (www.mpi-fg-koeln.mpg.de/aktuell)
Visser, Jelle, 1998: Fünfzehn Jahre Bündnis für Arbeit in den Niederlanden. In: Gewerkschaftliche Monatshefte, Jg. 49, H. 10, S. 661-668
Visser, Jelle/ Hemerijck, Anton, 1998: Ein holländisches Wunder? Reform des Sozialstaates und Beschäftigungswachstum in den Niederlanden, Frankfurt/M./ New York
Visser, Jelle, 1998: Vortrag auf dem workshop "Soziale Pakte: Aussichten auf ein Bündnis für Arbeit", 16. September 1998, am Max-Planck-Institut für Gesellschaftsforschung, Köln; zitiert nach: http://www.mpi-fg-koeln.mpg. de/aktuell/soziale_pakte/bfa_arbeitgeber.html.

Wagner, Alexandra, 1998: Working times of high-level white-collar workers in Germany. An evaluation of the SOEP, Tagungsbeitrag zur International Labour Market Segmentation, 20th conference, Trento-Italy

Wagner, Alexandra/ Gensior, Sabine, 1999: Zukunft der Arbeit, Berliner Memorandum, unveröffentl. Manuskript

Wagner, Gerd, 1998: Teilzeitbeschäftigung zu Lasten der Vollzeiterwerbstätigkeit? In: DIW Wochenbericht 44/1998

Weiß, Thomas, 1998: Turbokapitalismus? - Zu derzeitigen weltwirtschaftlichen Problemen. In: WSI-Mitteilungen, H. 12

Wendl, Michael, 1998: Der Niedriglohnsektor. In: Bischoff/ Lieber/ Steinitz/ Wendl, Zukunftsstrategien?, Sozialismus-Supplement 11/1998

Wiethold, Franziska, 1998: Hoffnungsträger Dienstleistungssektor: Über Niedrigentgelte zu mehr Arbeitsplätzen? In: WSI-Mitteilungen, H. 1

Wolf, Margareta/ Dückert, Thea/ Robinet, Karin, 1999: Angebotspolitik. In: Die Mitbestimmung, H. 8, S. 21-24

Wompel, Mag, 1999: Fetisch Arbeit und die Gewerkschaftslinke. (K)ein neues Bündnis und offene Fragen. In: express, Jg. 37, Nr. 1, S. 1-4

Zukunftskommission der Friedrich-Ebert-Stiftung, 1998: Wirtschaftliche Leistungsfähigkeit, sozialer Zusammenhalt, ökologische Nachhaltigkeit. Drei Ziele - ein Weg, Bonn

Die Autorinnen und Autoren

Hans-Jürgen Arlt Dr., 1948, Leiter der Abteilung Öffentlichkeitsarbeit des Deutschen Gewerkschaftsbundes in Berlin

Dirk Baecker Dr., 1955, Professor für Wirtschaftsethik, Unternehmensführung und gesellschaftlichen Wandel an der Universität Witten/Herdecke

Angelika Beier, 1955, Mitarbeiterin der Koordinierungsstelle gewerkschaftlicher Arbeitsloseninitiativen, Bielefeld

Ilse Brusis, 1937, Nordrheinwestfälische Ministerin für Arbeit, Soziales, Stadtentwicklung, Kultur und Sport, Düsseldorf

Warnfried Dettling Dr., 1943, Freier Publizist, München

Daniel Enzkat, 1975, Student an der Heinrich-Heine-Universität in Düsseldorf

Anke Hassel Dr., 1965, Wissenschaftliche Mitarbeiterin am Max-Planck-Institut für Gesellschaftsforschung in Köln

Rolf G. Heinze Dr., 1951, Professor für Allgemeine Soziologie, Arbeits- und Wirtschaftssoziologie an der Ruhr-Universität Bochum

Uwe Jean Heuser Dr., 1963, Redakteur, Die Zeit, Hamburg

Reiner Hoffmann Dr., 1955, Direktor des Europäischen Gewerkschaftsinstituts in Brüssel

Dieter Hundt Dr., 1938, Präsident der Bundesvereinigung der Deutschen Arbeitgeberverbände (BDA)

Gert Keil Dr., 1946, Unternehmens- und Politikberater, Freiburg

Martina Klein Dr., 1960, Wissenschaftliches Sekretariat Bündnis für Arbeit in der Hans-Böckler-Stiftung, Düsseldorf

Petra Kodré Dr., 1970, Wissenschaftliche Mitarbeiterin am Zentrum für Sozialpolitik in Bremen

Rudolf Kuda Dr., 1940, Abteilungsleiter für besondere Aufgaben beim Vorstand der IG Metall in Frankfurt

Rudi Kurz Dr., 1952, Professor für Volkswirtschaftslehre an der Hochschule Pforzheim, und Mitglied des BUND-Arbeitskreises 'Wirtschaft und Finanzen'

Ingrid Kurz-Scherf Dr., 1949, Professorin für Politikwissenschaft an der Fachhochschule Bielefeld

Klaus Lang Dr., 1943, Leiter der Abteilung Erster Vorsitzender, IG Metall, Frankfurt

Claus Leggewie Dr., 1950, Professor für Politikwissenschaft an den Universitäten Giessen und New York

Stephan Leibfried Dr., 1944, Professor für Sozialpolitik und Sozialverwaltung an der Universität Bremen, Direktor des Zentrums für Sozialpolitik

Angela Merkel Dr., 1954, Generalsekretärin der Christlich-Demokratischen Union (CDU), Berlin

Ulrich Mückenberger Dr., 1944, Professor für Arbeitsrecht an der Hochschule für Politik und Wirtschaft in Hamburg

Sabine Nehls, 1957, Pressesprecherin des Deutschen Gewerkschaftsbundes, Berlin

Christine Penning, 1976, Werbe- und Medienvorlagenherstellerin, Studentin an der Technischen Hochschule Ilmenau

Gerhard Schröder, 1944, Bundeskanzler der Bundesrepublik Deutschland

Dieter Schulte, 1940, Vorsitzender des Deutschen Gewerkschaftsbundes (DGB)

Brigitte Stolz-Willig Dr., 1950, Professorin für Arbeit und Arbeitsmarktpolitik an der Fachhochschule Frankfurt/M.

Wolfgang Streeck Dr., 1946, Professor für Soziologie und Direktor am Max-Planck-Institut für Gesellschaftsforschung in Köln

Ludolf Georg von Wartenberg Dr., 1941, Hauptgeschäftsführer des Bundesverbandes der Deutschen Industrie (BDI)

Franziska Wiethold, 1946, Vorstandsmitglied der Gewerkschaft Handel, Banken und Versicherungen (HBV), Düsseldorf